CAUSERIES
DU LUNDI

PARIS. — IMPRIMERIE E. CAPIOMONT ET CIE
6, RUE DES POITEVINS, 6

CAUSERIES
DU LUNDI

PAR

C.-A. SAINTE-BEUVE

DE L'ACADÉMIE FRANÇAISE

TROISIÈME ÉDITION

TOME DOUZIÈME

PARIS

GARNIER FRÈRES, LIBRAIRES-ÉDITEURS

6, RUE DES SAINTS-PÈRES, 6

L'auteur de ces Causeries a marqué plus d'une fois le désir de les clore au moins sous forme de recueil distinct; et toujours l'impulsion qu'il s'était donnée l'a entraîné plus loin qu'il n'avait prévu. Aujourd'hui voici un douzième volume qui sera bien probablement le dernier à ranger sous le titre actuel, car les éditeurs MM. Garnier ont acquis, à ce nombre déterminé de *douze* volumes, la propriété des *Causeries du Lundi;* ils ne négligeront rien de concert avec l'auteur pour en perfectionner l'édition qui en ce moment recommence de nouveau par les premiers volumes. Celui-ci contient quelques articles qui pourraient s'appeler à plus juste titre Causeries du *samedi*, ayant paru d'abord à ce jour de la semaine dans l'*Athenœum*. On les a réunis à ceux que l'auteur a depuis donnés dans *le Moniteur* à son jour ordinaire, et ils n'en diffèrent en rien.

Janvier 1857.

CAUSERIES DU LUNDI

28 juillet 1855.

LES CHANTS MODERNES
PAR
M. MAXIME DU CAMP

Paris, Michel Lévy, in-8°, avec cette épigraphe :

« Ni regret du passé, ni peur de l'avenir. »

Il y a de la critique et de la bonne critique de nos jours pour les ouvrages de prose : il y en a peu et très-peu pour les ouvrages de poésie. Cela tient à plus d'une cause, et surtout à ce revirement perpétuel des écoles poétiques qui se succèdent en s'efforçant de se détruire les unes les autres. Et non-seulement chaque école qui s'élève en veut à mort à l'école qui a précédé, mais les branches d'une même école n'ont rien de plus pressé que de se fractionner et de réagir contre leurs voisines et leurs parentes : on a hâte de faire secte. Cet esprit, le plus contraire à celui de la grande et intelligente poésie, produit des jugements systématiques, engouement et anathème, mais le tout se passant le plus souvent entre soi, entre artistes et gens du métier : le public, même celui qui s'occupe volontiers des lettres sérieuses, reste indifférent et regarde ailleurs.

L'ancienne tradition s'étant rompue, la nouvelle n'ayant pris ni le temps ni le soin de s'établir, il en résulte une grande incertitude dans les jugements : une très-belle œuvre, neuve et émouvante, saisirait sans doute et réunirait les esprits, mais de simples vers où il y a du talent n'ont plus ce pouvoir. Ce mot de *talent* couvre d'ailleurs trop de choses bien diverses, des qualités et des défauts qu'on ne se donne plus la peine de discerner. Essayons une fois, et par un exemple, de revenir à la vraie critique des poëtes, à la critique qui tient compte de l'ensemble, mais qui ne craint pas d'entrer dans le détail.

M. Maxime Du Camp nous en fournit l'occasion et le sujet. Dans le volume qu'il intitule *Chants modernes*, il a eu plus d'un dessein : il n'a pas voulu seulement recueillir les vers personnels et lyriques dans lesquels il a célébré ses rêves, ses désirs, ses amours, ses tristesses et ses souvenirs, il a prétendu ouvrir la route à des chants nouveaux, à l'hymne des forces physiques, des machines et de l'industrie. Il a fait précéder son recueil d'une Préface altière, militante, pleine de prédictions et de promesses, comme le sont les préfaces de poëtes. Lui aussi, il vient de lever à son tour son drapeau et de faire sa proclamation. Il mérite d'être examiné.

Et un mot d'abord sur l'école à laquelle il appartient et d'où il est sorti. Un homme qui depuis trente ans tient un des premiers rangs dans la poésie française, et qui a lui-même traversé bien des phases, a vu se rattacher à lui et s'en détacher, pendant cette longue durée plus d'un groupe, plus d'une colonie de disciples et d'imitateurs. Il y en a qui n'ont jamais pu suivre M. Victor Hugo au delà de ses premières *Odes et Bal-*

lades, et qui se sont imaginé qu'il faisait moins bien depuis le jour qu'il fit autrement. Il y en a qui sont allés jusqu'aux *Orientales* et pas au delà; il y en a qui sont allés jusqu'aux *Feuilles d'Automne* et qui croient encore que ç'a été là sa plus pleine et sa plus belle saison. Dans ses drames de même, il est des degrés auxquels plus d'un admirateur s'est arrêté. D'autres, au contraire, selon qu'ils survenaient avec plus de jeunesse et de fougue, ou avec plus de préméditation peut-être et de calcul, prenaient pour point de départ dans les œuvres du célèbre poëte précisément ce qui était le terme extrême au delà duquel n'allaient point leurs aînés. M. Théophile Gautier, devenu chef d'un démembrement et d'une subdivision importante de l'école de Hugo, est de ceux qui n'ont pas craint à l'origine de prendre justement pour point d'appui, dans le talent initiateur, ce qui semblait à d'autres un excès ou une limite. Cela jusqu'à un certain point lui a réussi. Plume habile, savante en couleurs, curieuse en nuances, cherchant l'art pour l'art, ayant moins à dire qu'à décrire, il a fait dans son genre des miracles de hardiesse et d'adresse; il a fait rendre à notre langue plus qu'elle ne pouvait jusque-là. Sa manière est une *manière* s'il en fut jamais; mais elle est bien à lui, et il s'y joue. M. Maxime Du Camp, avec moins de fini, se rattache par le côté de Théophile Gautier à l'école de Victor Hugo; il aime et cultive la description pour elle-même, il la cherche; un de ses premiers soins a été de visiter cet Orient que le maître n'avait chanté que de loin et sur la foi du rêve. Car M. Maxime Du Camp (il est juste de s'en souvenir en jugeant le poëte) est avant tout un voyageur, un voyageur consciencieux, infatigable, qui voit tout des lieux lointains qu'il visite, et qui de cette haute Égypte, de cette Nubie presque inaccessible, rapporte non-seulement des images brillantes, propres à orner des pages de récits, mais les empreintes positives des lieux et des monuments obtenues à l'aide des procédés modernes courageusement appliqués sous le soleil. Voilà son premier titre et son honneur.

Aujourd'hui, cependant, qu'il entre dans la vie littéraire plus franchement, et non pas en simple et riche amateur; aujourd'hui qu'il se fait à la fois critique, historien littéraire et un peu prophète, il nous permettra de compter de plus près avec lui et de peser ses paroles.

Sa Préface est des plus curieuses. L'auteur a la haine du vieux. Il reconnaît avec nous que le public est devenu assez indifférent à la poésie, et il ne trouve pas que le public ait si tort : « Le public, dit-il, n'est ni ingrat ni indifférent; il veut qu'on l'amuse ou qu'on l'intéresse, il a raison. Il veut qu'on ne lui rabâche pas toujours les mêmes sornettes aux oreilles; il veut qu'on lui dise des choses nouvelles, il a raison encore. Quand les hommes forts de notre race ont paru dans la foule, quand Victor Hugo, Lamartine, Auguste Barbier, Alfred de Vigny, Balzac, ont parlé, il s'est fait tout à coup un grand silence autour d'eux; on a recueilli religieusement chacune de leurs paroles, on a battu des mains, et, d'un seul élan, on les a placés si haut que nul encore de nos jours n'a pu les atteindre. »

Ceci n'est pas tout à fait exact, et l'auteur fait là de l'histoire littéraire à sa fantaisie. Parmi les cinq écrivains qu'il rassemble si singulièrement, et dont il fait les *hommes forts de sa race* (ce qui ne saurait se soutenir de deux d'entre eux, à qui ce caractère de *force* convient médiocrement), il en est qui n'ont pas obtenu du premier coup cette admiration religieuse et ce grand silence, en supposant qu'on les leur ait jamais accordés. MM. Victor Hugo, de Vigny et de Balzac ont été plus ou moins lents à percer et ne sont point arrivés à la renommée *d'un seul élan*.

M. Maxime Du Camp, oubliant la chronologie, dit ensuite : « A l'époque où ces hommes sont venus, la France, épuisée, vaincue, conquise, hélas! portait des vêtements de deuil et pleurait en silence; les meilleurs de ses enfants étaient morts, la mère sanglotait comme la Niobé antique ; une grande désolation était répandue sur elle. Les arts rampaient péniblement dans l'ornière d'une tradition à jamais usée... »

Mais est-il donc nécessaire de rappeler que si MM. de Lamartine, Hugo, de Vigny, ont débuté dans les lettres vers 1820, à une époque où la France était encore voisine de 1815, c'est-à-dire du deuil de l'invasion, M. Auguste Barbier n'a réellement débuté qu'après juillet 1830, et qu'on ne saurait, avec toute la bonne volonté possible, le ranger dans une génération si antérieure?

« Quand ceux que j'ai nommés, continue M. Du Camp, se levèrent, semblables à des prêtres de régénération, les vieilles murailles du monument littéraire s'ébranlèrent à leur voix, et tombèrent comme les murailles de Jéricho au bruit des trompettes israélites. Toute une jeune race forte et libérale se rangea derrière eux, et la révolution, longtemps disputée, put enfin s'accomplir. — Ces hommes, nul ne les a remplacés; ils sont encore les plus élevées et les plus vigoureux malgré l'âge qui vient et les événements qui les oppriment... »

Je ne veux pas abuser des citations, mais il est impossible de ne pas montrer tout d'abord à l'auteur combien son appréciation des faits est arbitraire et sa classification des hommes inexacte. Il semblerait vraiment, d'après ce qui précède, que MM. de Lamartine, Hugo, de Vigny et Balzac, à leurs débuts, aient été des libéraux en toute chose et qui souffraient (comme pouvait le faire Casimir Delavigne) des événements de 1815, tandis que tous ceux qui les ont vus et suivis pendant des années savent qu'ils étaient surtout, par leurs origines et leurs premières inclinations, dans le parti contraire, dans le parti dit royaliste, ce dont, au reste, on ne saurait les blâmer ; ils étaient les hommes de leur éducation et du milieu social où un premier hasard les avait placés.

Depuis que ces cinq *hommes forts*, réduits au silence pour une cause ou pour une autre, nous font défaut, « la nuit est revenue, dit M. Du Camp ; chacun se traîne à travers l'obscurité pour chercher la lumière, et nul ne la trouve. Où est-il le dieu génésiaque qui prendra pitié de nous, et qui dira *Fiat lux!* — L'art en est arrivé à une époque de décadence manifeste, ceci n'est pas douteux ; un excès ridicule d'ornementation a remplacé la richesse et la pureté des lignes, etc. »

Mais, en vérité, il y a bien longtemps déjà (vingt ans au moins) que M. Auguste Barbier, qui n'a jamais eu qu'un cri puissant auquel le public ait répondu, se tait ou se fait peu entendre. Cet autre esprit d'un ordre élevé, M. de Vigny, depuis des années aussi, et par une préoccupation de chasteté trop idéale qu'il vaincra enfin, nous l'espérons toujours, se tient à l'écart dans un recueillement mystérieux qui a passé en proverbe. Si la nuit où nous sommes tient à leur silence, il y a longtemps déjà qu'il fait soir. M. Du Camp nous donne là une histoire littéraire qui est par trop à vol d'oiseau et bien moins exacte que ses impressions de voyage.

Et ici, dans le sombre tableau qu'il trace des défauts et des vices de la littérature actuelle, l'auteur fait ce qui est trop ordinaire aux natures impétueuses et sans nuances, il se retourne contre lui-même, et entre en réaction contre les siens. Selon lui, en effet, il n'y a plus dans la littérature actuelle que de la *forme*, la pensée est absente ou sacrifiée : en architecture, en peinture, en sculpture, on ne rencontre, selon lui, que le pastiche, l'imitation du passé, une imitation confuse et entre-croisée des différentes époques, des différentes manières antérieures : « Il en est de même, dit-il, en littérature : on accumule images sur images, hyperboles sur hyperboles, périphrases sur périphrases ; on jongle avec les mots, on saute à travers des cercles de périodes, on danse sur la corde roide des alexandrins, on porte à bras tendu cent kilos d'épithètes, etc. »

Et dans ce style qui n'évite pas les défauts qu'il blâme, l'auteur s'amuse à prouver que tous, plume en main, jouent à la phrase et manquent d'une idée, d'un but, d'une inspiration : « Où sont les écrivains? Je ne vois que des virtuoses. »

Mais, encore une fois, à qui donc s'en prend ici M. Du Camp? Quelle est cette école de *l'art pour l'art* à laquelle il fait tout d'un coup une si rude guerre? C'est sa propre école d'hier, et pas une autre qu'elle. Car enfin si j'énumère dans ma pensée les différents écrivains et poëtes qui ne sont point sans doute les cinq hommes forts proclamés par lui, mais qui, malgré cela, ont leur place au soleil, je trouve des talents élevés et distingués qui, lorsqu'ils s'expriment en vers, veulent dire chacun quelque chose et s'attachent à rendre de leur mieux des impressions, des sentiments. M. Victor de Laprade, dans ses *Symphonies*, s'inspire du commerce de la nature et agite harmonieusement les problèmes de l'âme. M. Brizeux, dans son dernier recueil, s'applique à tirer des simples histoires de la vie privée leur fleur de morale et de poésie. D'autres encore aspirent à soutenir dignement la part légitime de la pensée dans l'art. M. Du Camp néglige tous ces hommes, il ne les compte pas, il ne les connaît pas. En revanche, il s'élève contre les écrivains de nos jours, semblables, dit-il, « à ces pianistes qui exécutent des impossibilités incompréhensibles, mais qui sont hors d'état d'inventer une mélodie, une ariette, une note. » Il s'élève contre les adorateurs idolâtres de la forme : « Cette forme il a fallu la changer, la varier, la modifier à l'infini ; il a fallu la rendre bien feuillue, bien plantureuse, bien luxuriante, afin qu'elle pût cacher le vide sans fond qu'elle recouvrait... Le gothique flamboyant fut le dernier effort de l'ogive mourante : nous en sommes arrivés à la littérature flamboyante... » Mais prenez garde ! que faites-vous ? serait-on tenté de dire à M. Du Camp. En parlant ainsi, vous tirez en plein sur vos troupes ; vous avez même l'air de tirer sur vos généraux.

Il est vrai que M. Du Camp fait aussitôt un détour et qu'il s'en prend résolûment de cette décadence de la littérature actuelle... à qui ?... A l'Académie française, qu'il représente comme la dépositaire et la gardienne obstinée du culte du vieux.

« Voyez ! s'écrie-t-il : le dernier sujet du prix de poésie décerné par l'Académie française a été : *L'Acropole d'Athènes!...* »

Faut-il donc apprendre à M. Du Camp, qui a voyagé dans l'Orient et peut-être en Grèce, que ce sujet de *l'Acropole d'Athènes* a été proposé par l'Académie française à l'occasion de la découverte récente de M. Beulé, et bien moins à titre d'antiquité pure qu'à titre de restitution inattendue et de renaissance. Il y a quelques années, l'Académie proposait pour sujet de prix *la Découverte de la Vapeur*, qui est précisément un des thèmes recommandés dans le programme moderne de M. Du Camp.

La Préface de M. Du Camp devient à cet endroit un champ de bataille ou plutôt une place d'exécution ; il prend corps à corps l'Académie française, il y établit des catégories, il promène sa liste d'amnistie ou de prescription sur la tête des Quarante. Je demande à rectifier sur quelques points l'injustice et l'outrage de ses assertions ; je suis certain que lui-même, mieux informé, ne s'y serait point abandonné de la sorte. Il m'arrive assez souvent, dans l'intérieur de l'Académie, de me trouver en désaccord avec quelques-uns de mes honorables confrères pour qu'il me soit permis de les défendre et de leur rendre toute justice au dehors.

Je dis que M. Du Camp, en parlant de l'Académie, qu'il connaît bien peu, établit des catégories vraiment étranges :

« A part les trois hommes sérieusement littéraires qui font partie de cette compagnie, à part MM. Victor Hugot, Alfred de Vigny et Alphonse de Lamartine, qu'y voyons-nous ? Les incurables de la politique, les débris de tous les ministères et de toutes les tribunes. »

Parmi ces trois hommes que M. Du Camp appelle *sérieusement littéraires*, il en est un qui, par malheur, ne saurait mériter ce nom. Certes, M. de Lamartine a rendu en 1848 à la société des services dont il serait ingrat de perdre le souvenir ; mais littérairement, depuis des années, soit qu'il écrive l'*Histoire de Turquie*, soit qu'il emprunte celle de Russie à M. Schnitzler, en oubliant, dans sa précipitation, de le citer (1), il n'est plus un écrivain *sérieux*. M. Du Camp oublie, à son tour, la valeur de ce terme en le lui appliquant.

A ces trois noms, les seuls qu'il daigne compter, il en faut ajouter encore un qui obtient l'honneur d'être distingué par M. Du Camp, c'est celui d'Alfred de Musset. — « Ah ! celui-là, nous l'avons bien aimé ! » s'écrie-t-il ; mais il le considère comme perdu dès le jour où il est entré à l'Académie.

Entrer à l'Académie, c'est apostasier, selon M. Du Camp, c'est renier tout son passé et ce qu'on a adoré. Il s'attache à quelques phrases polies des discours de ré-

---

(1) Voir la lettre publiée dans le *Journal des Débats* du 2 juillet 1855.

ception, crime chez les uns, faiblesse chez les autres ou lâcheté encore ; car il a tous ces gros mots. Il ne voit pas que si les poëtes qui entrent à l'Académie font un pas vers elle, elle en fait un aussi vers eux en les accueillant, et que, s'il y a une demi-conversion, elle a lieu également des deux côtés.

Je voudrais, en vérité, qu'un des amis particuliers de M. Du Camp, Théophile Gautier, par exemple, fût un jour et dans quelque temps de l'Académie, pour lui apprendre comment les choses se passent dans cette abominable maison qu'il se figure comme une caverne et un repaire de Burgraves.

« M. de Vigny, dit-il, et M. de Musset étaient deux poëtes ; on voulut tuer l'un, on étouffa l'autre...

« J'ai dit que l'Académie n'était plus de nos jours un corps littéraire. J'ai eu tort. J'aurais dû dire qu'elle est un corps essentiellement anti-littéraire ; elle corrompt ou elle tue. »

Toute la diatribe contre l'Académie est de ce ton-là :

« Aussi nous l'avouons sans pâlir, dit l'auteur en parlant de quelques académiciens qu'il désigne sans les nommer, nous les haïssons de toute la force de notre amour pour les lettres et de notre respect pour les grandeurs de l'esprit humain. »

Non, tout cela n'est pas juste, et M. Du Camp, qui, malgré ses violences de parole, a de la générosité dans le talent et dans le cœur, ne saurait nourrir de ces haines contre des gens qu'il ne connaît pas. L'Académie, qui a sans doute ses défauts, n'a pas du moins ceux qu'il lui impute. Elle n'est pas, — elle n'est plus du tout ennemie du progrès ni des tentatives nouvelles en littérature. Dans les discussions des bons jours, dans ces conversations toutes littéraires et habituellement si mûries qui animent les séances intérieures, combien de fois n'ai-je pas eu à m'instruire là où je me croyais sur mon terrain et le mieux préparé ! J'ai souvent admiré, pendant la lecture des pièces de poésie, avec quelle attention, avec quel désir de trouver le bien, sans acception de genre ni d'école, on écoutait jusqu'au bout des choses qui, à nous autres critiques de profession, eussent paru dès l'abord impossibles à admettre et dignes d'un prompt rejet. Dans ces tours d'opinions où chaque académicien développe son avis, j'ai vu les hommes politiques qui y prenaient part motiver excellemment, et avec ce bon sens libre qui est la critique des honnêtes gens du monde, leur jugement détaillé sur des ouvrages dramatiques ou autres dont on avait à mesurer le mérite et à graduer le rang. Que de bons et charmants feuilletons dans la bouche d'anciens ministres, et qui n'ont jamais été écrits ! Encore une fois, je puis le certifier à M. Du Camp avec toute l'impartialité d'un homme qui a très-peu l'esprit de corps, — à cet endroit où il parle de l'Académie, il frappe fort, mais il frappe à côté.

Et la preuve, je ne la demanderai qu'à lui-même. En proposant tout net « la dissolution de cette fade compagnie de bavards » (car c'est ainsi qu'il parle), il a son projet d'une Académie nouvelle : il y veut faire entrer « des lexicographes, des poëtes, des étymologistes, des romanciers, des historiens, des philosophes et des savants, qui recevraient la mission de faire un vrai dictionnaire, d'écrire les origines de la langue française (mais c'est ce qu'on fait aujourd'hui à l'Académie !), d'encourager toute tentative nouvelle et sérieuse (mais c'est là un souhait bien vague !), de veiller à la liberté du théâtre (mais cela regarde l'administration publique et non l'Académie !) de faire l'Encyclopédie moderne (mais c'est à l'Institut en corps qu'il faudrait demander un tel travail !)..., d'envoyer des missionnaires à la recherche de toutes les belles choses encore inconnues dans le monde (mais c'est là encore une direction bien incertaine!), de rééditer nos grands poëtes et nos grands prosateurs (à la bonne heure! et c'est ce que plus d'un académicien a déjà provoqué), afin de chercher le beau, le vrai et le bien par tous les moyens possibles. » On le voit, de tout ce que demande là M. Du Camp dans son projet de réorganisation académique, une moitié est vraiment bien difficile à fixer et à saisir, l'autre moitié est tout admise et en voie de se réaliser.

Après cette charge à fond contre l'Académie, et après une autre sortie contre le dogme catholique et le Diable, qui est très-malmené (un peu moins pourtant que l'Académie), M. Du Camp arrive à la partie positive de son dessein et de son programme. Ici nous retrouvons des paroles connues et qui ont été proclamées il y a plus de vingt-cinq ans. — L'Age d'or, qu'on place toujours en arrière, est devant nous. — Aimons, travaillons, fécondons *l'imprescriptible progrès*. — La littérature, dans l'avenir, aura à *formuler définitivement le dogme nouveau*. — Tout cela encore est bien vague, bien peu défini. Déroulant devant nous le mouvement scientifique et le mouvement industriel de notre temps, l'auteur essaie de préciser ce rôle qu'il assigne au littérateur, au poëte, et qui est, selon lui, d'expliquer la science, de la revêtir de charme et de lumière : « Il se passe parfois, dit-il, de planète à planète, de fer à aimant, de mercure à mercure, de chlore à hydrogène, des romans extraordinaires qu'on dissimule pudiquement derrière des chiffres et des A+B. » L'auteur voudrait que le poëte expliquât et rendît sensibles à chacun de nous ces mystères. Il imagine un *Cosmos* plus clair et plus à la française que celui de M. de Humboldt : « Donnez ce livre à un poëte, dit-il, à un homme familiarisé avec les ressources du langage, avec la valeur des mots, avec la science des effets, et il vous fera trois volumes plus amusants que tous les romans, plus intéressants que toutes les chroniques, plus instructifs que toutes les encyclopédies. » Cet agréable idéal que M. Du Camp réclame, je crois voir qu'un de nos savants des plus lettrés, M. Babinet, est en train de nous le donner petit à petit dans ses articles de la *Revue des Deux-Mondes* (1). Fontenelle en son temps, et en sacrifiant au goût d'alentour, faisait de même. Mais ce n'est pas là, pour l'art, une veine aussi neuve et aussi profonde que M. Du Camp le suppose, et de tout temps, surtout chez nous au dix-huitième siècle, il y a eu des poëtes descriptifs jaloux de prendre à la science ou même à l'industrie ce qui prête au tableau, aux couleurs, et de renouveler ainsi leur matière. Ce renouvellement, qui n'est que de surface, est bientôt usé.

Au reste, en discutant cette portion de la Préface de M. Du Camp, et en trouvant sa recette insuffisante, sa conclusion trop directe et trop roide, je suis loin de méconnaître le besoin vrai dont il est tourmenté. Je suis d'accord avec lui sur un point essentiel, c'est que l'artiste doit être *de son temps*, doit porter dans son œuvre le cachet *de son temps :* à ce prix est la vie durable, comme le succès. Vouloir aujourd'hui refaire de l'antiquité pure, c'est être le disciple des disciples. Étudions l'antiquité comme tous les âges antérieurs au nôtre, pénétrons-nous de son esprit pour la comprendre et l'admirer dans le vrai sens; mais tâchons dans nos œuvres d'exprimer, ne serait-ce que par un coin, l'esprit de notre siècle, de dire à notre heure ce qui n'a pas été dit encore, ou de redire, s'il le faut, les mêmes choses d'une manière et d'un accent qui ne soit qu'à nous.

L'originalité! l'invention! nous l'implorons tous. A

---

(1) Les articles de M. Babinet sont agréables sans doute; ils le seraient encore plus s'ils affectaient moins de l'être.

défaut de la manne céleste, une seule goutte de rosée! Depuis quelques années les cieux semblent devenus d'airain. Nous comprenons toutes choses de mieux en mieux, nous n'imaginons plus rien. On se répète, on tourne dans le même cercle, on épuise les combinaisons trouvées. Cette stérilité tient moins aux sujets extérieurs qu'aux talents mêmes et aux génies : on les dirait à sec. La critique a beau gourmander, frapper comme ici du pied et du poing, le dieu souffle où il lui plaît.

Les vers de M. Du Camp ne répondent qu'en partie aux conditions qu'il a posées dans sa Préface. Des trois divisions du volume, chants divers, chants de la *matière*, chants d'*amour*, il n'y a que ceux du milieu, ceux de la *matière*, qui rentrent dans la voie réputée moderne. Dans les autres chants le poëte a fait comme nous tous en notre saison, il a exhalé ses sentiments, ses regrets d'enfance, ses blessures secrètes, ses tourments de jeunesse. Il y a de beaux vers, surtout des poussées éloquentes. La plus remarquable pièce du recueil est incontestablement la pièce intitulée *Malédiction*, et dont le dernier cri est : *Qu'il soit maudit! qu'il soit maudit!* De qui s'agit-il en cette formidable invective? Peu nous importe. On ne demande pas à la poésie d'être équitable, mais d'être ardente et passionnée. Dans ses vers *à Aimée* sa vieille servante, dans la pièce sur *la Maison démolie*, M. Du Camp exprime avec cœur des sentiments affectueux ; il y porte toutefois la marque de l'imitation. Ce sont ses souvenirs des *Feuillantines* à lui, c'est sa *tristesse d'Olimpio*. Les mêmes mouvements s'y retrouvent. Jusque dans l'expression de ces sentiments tendres, M. Du Camp a parfois une sorte de rudesse, de crudité. Je ne voudrais point, par exemple, qu'en célébrant avec reconnaissance cette bonne servante qui l'a soigné enfant en rappelant les promenades où elle l'emmenait, il allât jusqu'à dire :

> Et le froid Luxembourg où le long des parterres
> J'arrachais, malgré toi, les fleurs à pleine main,
> Pendant que tu causais avec des militaires
> Vers qui tu te penchais en disant : « *A demain!* »

Si la bonne Aimée causait avec des militaires, j'aimerais autant qu'on ne le dît pas dans une élégie en son honneur. Cela s'appelle, je crois, du réalisme. Soyons vrai; mais pourquoi être réaliste, pourquoi être vulgaire? On doit choisir, quand on veut les peindre, entre ses souvenirs et même entre ceux d'autrui.

Pour la diction poétique, j'aurais plus d'une remarque à faire en ce sens. M. Du Camp, dans le détail, est souvent trop prosaïque. Il n'a pas cet éclat, ce charme continu qui naît de la finesse de l'expression; il dit trop rondement des choses trop ordinaires :

> Ah! c'était le bon temps! point de sottes études,
> D'ennuyeuses leçons, point de maître pédant! etc.

Les choses communes, pour qu'elles plaisent, il faut les relever par quelque endroit, par l'accent, la marche du vers, le tour, quelquefois un concours heureux de syllabes. Les anciens, d'Homère à Théocrite, de Catulle à Ovide, savaient cela. Dans ses rimes M. Du Camp se donne trop de facilités, et de celles dont la monotonie ne se dérobe point au lecteur; il fera rimer, par exemple, *accroissements* et *affaissements*, *éducateurs* et *régénérateurs*, *rumeurs* et *clameurs*, *splendeurs* et *grandeurs* *honoré* et *révéré*, des *roseraies* et des *palmeraies*, des *cotonniers* et des *citronniers*. Dans presque tous ces exemples ce sont moins des rimes que des redoublements, des *duplicata* de sens et de sons. Il doit y avoir dans la rime quelque chose de léger et d'imprévu qui donne des ailes. Cette vivacité, cette légèreté, que je regrette de ne point rencontrer plus souvent chez lui, je la trouve pourtant dans quelques strophes de ses chants de la *matière*, là où il fait parler le Chloroforme, le Gaz, la Photographie ; ce sont de très-jolies strophes. La muse de M. Du Camp s'y est évertuée. Mais les pièces où l'auteur me semble avoir le mieux réussi, ce sont celles de voyage ; l'une, par exemple, qui a pour titre *En route!* et où il y a bien de l'entrain, de naturels et engageants tableaux. Dans une autre pièce, il débute très-heureusement ainsi :

> Je suis né voyageur ; je suis actif et maigre ;
> J'ai, comme un Bédouin, le pied sec et cambré ;
> Mes cheveux sont crépus ainsi que ceux d'un nègre,
> Et par aucun soleil mon œil n'est altéré.
> Aussi j'aime à dormir sans bandeaux et sans voiles,
> Loin de toute maison, aux clartés des étoiles,
> Sous l'azur infini de quelque ciel lointain,
> Couché dans un désert immense, infranchissable,
>   Sur un bon oreiller de sable
> Où vient me réveiller le vent frais du matin.

Ce n'est là qu'un commencement d'une pièce fort longue et qui a pour sujet la métempsycose. Le voyageur qui se sent entraîné par son instinct vers des lieux inconnus, se dit que ce sont certainement d'anciennes patries qu'il va revoir :

> J'habitai, je le sais, dans d'autres existences
> Ces pays radieux, et je suis convaincu
> Que je sais retrouver, à travers les distances,
> Tous les endroits certains où j'ai déjà vécu.
> J'étais près de Nestor sur les bords du Scamandre...

Mais tout ceci et ce qui suit est un peu trop appuyé : c'est imité et grossi de Béranger. — En résumé, à lire les vers et même la prose de M. Du Camp, que je n'ai pas l'honneur de connaître, je me dis : Ce doit être une nature forte, franche, un peu rude et dure de fibre, un peu crue, courageuse, véhémente, violente même, mais qui croit avoir plus de haine qu'elle n'en a, car elle est généreuse; une nature plus robuste que délicate. Ce mot de *robuste* revient souvent sous sa plume, c'est un de ses mots favoris; évidemment, c'est sa qualité ou son désir. Poëte, il a du mouvement, de l'ardeur, de l'âme; je lui voudrais un souffle plus léger; paysagiste, il lui manque les crépuscules, les fuites, les fonds vaporeux; il lui manque en tout une certaine douceur qui sied si bien, même aux natures énergiques, et que je ne puis mieux exprimer qu'en traduisant un délicieux sonnet de Wordsworth. A la fin d'une tournée en Écosse, et après en avoir noté en vers les principales circonstances pittoresques, le poëte des lacs, revenant au monde du dedans et maintenant à l'esprit sa prédominance vivifiante, disait pour conclusion :

« Il n'y a rien de doux comme, avec les yeux à demi baissés, de marcher à travers le pays, qu'il y ait un sentier tracé ou non, tandis qu'une belle contrée s'étend autour du voyageur sans qu'il s'inquiète de la regarder de nouveau, ravi qu'il est plutôt de quelque douce scène idéale, œuvre de la fantaisie, ou de quelque heureux motif de méditation qui vient se glisser entre les belles choses qu'il a vues et celles qu'il verra. Si Pensée et Amour nous abandonnent, de ce jour-là rompons tout commerce avec la Muse. Tant que Pensée et Amour sont nos compagnons de route, quoi que puissent nos sens nous offrir ou nous refuser, le ciel intérieur de l'Ame répandra les rosées de l'inspiration sur le plus humble chant. »

1ᵉʳ septembre 1855.

SANTEUL

ou

DE LA POÉSIE LATINE SOUS LOUIS XIV

Par M. MONTALANT-BOUGLEUX

1 vol. in-12. Paris, 1855.

Santeul, le poëte latin si fier de ses vers, si heureux de les réciter en tous lieux ou de les entendre de la bouche des autres, et qui aimait encore mieux qu'on dît du mal de lui que si l'on n'en avait rien dit du tout; Santeul, qui dans une de ses plus grosses querelles écrivait à l'abbé Faydit, qui l'avait attaqué sur son épitaphe d'Arnauld : « Je fais le fâché par politique, mais je vous suis redevable de ma gloire; vous êtes cause qu'on parle de moi partout, et presque autant que du prince d'Orange ; vous avez rendu mes vers de l'épitaphe de mon ami plus fameux que l'*omousion* du concile de Nicée; ceux des autres poëtes sur le même sujet sont demeurés ensevelis avec le mort, faute d'avoir eu comme moi un Homère pour les prôner et les faire valoir; » — Santeul, qui était si fort de cette nature de poëte et d'enfant qui tire vanité de tout, serait presque satisfait en ce moment. Grâce à ce retour en tous sens de la critique vers le passé, le voilà redevenu un sujet présent; on s'occupe de lui. On le malmène, il est vrai; on le veut chasser des bréviaires où ses hymnes avaient obtenu une place depuis cent cinquante ans; je crois même qu'il est déjà chassé de presque tous ces livres diocésains; mais n'importe, de façon ou d'autre, cela fait du bruit, quelque bruit autour de son nom. Il était enterré dans sa gloire, et les fidèles chantaient ses hymnes sans savoir qu'elles fussent de lui. Pour le déplacer, il a bien fallu le nommer, le prendre à partie; on l'a attaqué comme au premier jour, et d'autres aussi l'ont défendu : c'est bien là de la gloire. Les *Mânes* de Santeul, pour parler son langage, se sont donc encore moins indignés que réjouis.

Mais il faut raconter tout cela par ordre et avec méthode, et mettre chacun à même de bien juger de l'état au moins de la question.

Dans la seconde moitié du dix-septième siècle on se croyait dans un grand siècle, et on avait raison; on se croyait dans un siècle régulateur et digne de servir à jamais de modèle aux autres époques, et en cela on s'attribuait un peu plus qu'on ne devait. Le gothique n'était pas à la mode en architecture; on ne se donnait pas la peine de l'étudier ni de le comprendre. Le moyen-âge en masse était réputé purement barbare, et il n'est guère douteux que s'il eût fallu choisir, on n'eût donné sans regret la Sainte-Chapelle pour la Colonnade du Louvre. Or, dans la littérature sacrée, il arriva que ce goût général et dominant produisit ses effets. La littérature latine moderne pâlissait nécessairement en présence des chefs-d'œuvre de poésie française qui venaient d'éclore et qui illustraient le règne; cette littérature et cette poésie latine, déjà de toutes parts en retraite, trouva néanmoins son dernier refuge et son emploi dans les livres d'Église. Les anciennes hymnes, les proses du moyen-âge, dont toutes d'ailleurs n'avaient pas la beauté religieuse, la gravité ou l'onction des principales que nous connaissons, étaient jugées sévèrement par les délicats, et il parut aux hommes les plus considérables du clergé de France que c'était faire acte de convenance et de bonne liturgie que d'en remplacer quelques-unes par des strophes d'un rhythme et d'une latinité plus d'accord avec les règles de l'ancienne poésie classique. Santeul fut l'auteur de choix qu'on employa dans cette œuvre de réparation, disait-on alors, — d'altération, dit-on aujourd'hui, — et il en porte en ce moment la peine. On le traite comme un classique, comme un classique d'arrière-garde, et qui prête flanc par bien des côtés.

Que s'il se mêle à cette question de liturgie une part de dogme, on trouvera tout naturel que je la néglige ici pour ne considérer que ce qui est du ressort du goût, ce dernier ordre de considérations étant très-suffisant pour nous permettre de bien juger du caractère, du rôle et de toute la destinée de Santeul; car il ne fut jamais qu'un homme de verve, et nullement un homme de doctrine.

Or il était immanquable que l'étude et la vogue se reportant aux choses du moyen-âge, on en vint bientôt, pour ce qui est des hymnes dans les rituels et les bréviaires, à contester au moins la convenance et l'opportunité de cette substitution qu'on y avait faite des hymnes de Santeul à des compositions plus anciennes et d'un caractère chrétien et populaire plus marqué. C'est absolument comme en architecture, lorsqu'on trouve à redire à de prétendues réparations, et à des reconstructions en style romain appliquées à des églises gothiques.

Un des bénédictins français modernes, dom Guéranger, souleva le premier et traita la question dans son livre des *Institutions liturgiques* (1841) : il y attaquait tout le système gallican, mais particulièrement cette innovation du dix-septième siècle dans les chants et les hymnes sacrés, innovation dont Santeul fut l'instrument principal, et dont les promoteurs, M. de Harlay, archevêque de Paris, et le cardinal de Bouillon, abbé de Cluny, n'offraient pas toutes les qualités morales désirables chez des hommes voués au service de Dieu et préposés à la célébration de ses louanges. Dom Guéranger se plaisait aussi à faire ressortir le contraste qu'il y avait entre le caractère connu, la belle humeur joviale de Santeul et cet office solennel d'hymnographe dont on l'avait investi.

Dès ce moment, la guerre était déclarée, et le pauvre Santeul remis en cause. Dans un recueil estimé, les *Annales de Philosophie chrétienne*, M. Bonnetty reprenant en détail les objections contre Santeul, et insistant sur les endroits par où il est vulnérable, n'a pas consacré moins de neuf articles (et il n'a pas fini encore) à ruiner son autorité comme chrétien, ou du moins comme poëte et coryphée des fidèles. En même temps, un jeune érudit qui appartient à l'école fervente et savante d'Ozanam, M. Félix Clément, dans un choix qu'il vient de publier des anciens chants chrétiens antérieurs à l'époque de la Renaissance (*Carmina e Poetis christianis excerpta*, 1854), s'est attaché à faire connaître les auteurs de ces hymnes et de ces prières empreintes d'une originalité singulière et souvent touchante jusque dans leur rudesse ou leur subtilité. Comme les écrivains très-convaincus et qu'une croyance impérieuse anime, M. Félix Clément est quelquefois exclusif, et il abonde dans son propre sens : mais si l'on peut contester quelques-unes de ses assertions, il faut rendre hommage à l'idée essentielle de son livre, et le louer de la manière exacte dont il l'a mise en œuvre. Et de plus, quelque chose de l'âme de ceux qu'il expose, et dont il nous exprime les œuvres et la vie, semble le soutenir jusque dans ce travail assez ingrat d'annotateur. Son livre, sans qu'il y soit question nommément de Santeul, est écrasant pour ce dernier par la comparaison involontaire qu'on est amené à établir entre l'enthousiasme un peu factice du gai chanoine de Saint-Victor et la haute source d'inspiration habituelle de ces grands docteurs et promoteurs de la foi, les saint Bernard, les saint Bonaventure, les saint Thomas d'Aquin, le pieux roi Robert, et bien d'autres de ces âges anciens. Et cependant ce n'est pas une raison pour tout sacrifier de celui qui fut aussi et avant tout un poëte. M. Montalant-Bougleux a eu le mérite de le sentir : dans ses Études sur Santeul, il a eu à cœur de le venger d'un trop injuste dédain, et de le maintenir dans l'estime; il a même entamé sur de certains points une discussion en règle contre les principes avancés par M. Félix Clément. Le livre de M. Montalant-Bougleux est estimable par le sujet et par l'intention; il y a des idées justes, mais non assez précises, mais trop mêlées de digressions étrangères, et exprimées dans un style qui est loin d'être celui de la correction ornée : et c'est là le style qui conviendrait si bien à ce genre de dissertations littéraires. On a toutefois à remercier l'auteur de nous faire une dernière fois étudier Santeul, et de nous inviter par son exemple à lui rendre justice dans les limites de la vérité.

Quand on parle de Santeul, l'inconvénient et le péril à chaque instant est de tomber dans la caricature : aussi faut-il avoir sous les yeux le portrait qu'a tracé de lui La Bruyère et n'en jamais sortir. Il y avait dans Santeul plusieurs hommes, nous a dit l'excellent peintre de *Théodas*, — ou plutôt il y avait un grand talent possédé par un enfant. Un portrait que je conseillerais encore d'avoir sous les yeux quand on veut parler de lui, c'est celui qui est dans le recueil des *Hommes illustres* de Perrault, le beau portrait peint par La Grange et gravé par Edelinck. Quel épanouissement dans ce front! quel feu dans ce regard! quelle expression sur tous les points! et même une légère folie agréable n'y est pas étrangère. Comme cette physionomie un moment au repos est impatiente et prête à partir! comme cette lèvre fermée sourit déjà du trait qu'elle va lancer! on sent qu'il est heureux de ce qu'il va dire. Quelle mobilité dans les muscles et dans tout le masque! quelle habitude du rire et de la saillie! et ces cheveux épars qui se dressent en désordre autour du front, ils n'attendent que le souffle du dieu. Cette espèce de chemise plus ou moins blanche sous le manteau, et qui est le costume de son Ordre, joue le déshabillé et achève le personnage. Voilà bien Santeul tout frais le matin, au premier moment où on le rencontre, où il écoute encore, où il ne fait que préluder, et avant que toute sa personne ait commencé la danse et l'orgie sacrée.

Santeul, né en 1630, était un enfant de Paris, d'une ancienne famille bourgeoise : son père était un riche marchand de fer de la rue Saint-Denis. Il avait des frères qui se distinguèrent par leur esprit, notamment l'aîné, Claude, qui fut prêtre et qui faisait de bons vers latins. Santeul fit ses études à Sainte-Barbe, et les termina chez les Jésuites à leur collége de la rue Saint-Jacques, sous le célèbre Père Cossart. Il fut très-remarqué de ce dernier, qui l'encouragea fort, admira ses premiers essais de vers latins (la pièce sur la *Bulle de savon*), et lui donna, à travers ses louanges, toutes sortes de conseils qu'il ne suivit qu'à demi. Il y eut cependant une première époque de ferveur durant laquelle Santeul se tourna vers les idées de retraite, et il prit l'habit de chanoine régulier de l'abbaye de Saint-Victor en 1650, à l'âge de vingt ans. Il ne fut d'ailleurs jamais prêtre; son humeur naturellement impétueuse, son tempérament poétique et glorieux qui triompha toujours de ses projets de réforme, l'avertit à temps de son peu de vocation, et, en faisant de lui le plus étrange des religieux, l'arrêta du moins sur le seuil de l'autel.

En ces années 1650-1660, c'était encore une condition et une carrière que d'être poëte latin. Sur la Liste des gens de lettres que Chapelain proposait aux libéralités de Colbert en 1662, le titre de poëte latin est une qualification qui recommande plusieurs noms depuis célèbres à d'autres titres, Fléchier, Huet. Pour des hommes d'école tels que Gui Patin, la poésie française qui allait se renouveler et atteindre à sa perfection par Despréaux, par Racine et La Fontaine, existait peu; la poésie latine, si florissante au seizième siècle, n'avait pas cessé de régner. Ceux qui pensaient de la sorte, s'ils survécurent jusqu'en 1670, se trouvèrent tout d'un coup de cinquante ans en arrière. Cependant il se formait à cette époque, et surtout chez les Jésuites, toute une génération polie, assez mondaine, qui avait un pied dans la littérature du temps et un autre dans la littérature scolaire, et qui sut faire de la poésie latine une branche de côté, une plate-bande étroite, mais encore admise dans le riche parterre du grand règne. Commire, Rapin, La Rue sont des noms restés agréables et honorés. Mais Santeul n'était pas homme à entrer comme eux dans des compromis habiles ou modestes; il était latin et tout latin, ne voulant céder le pas à aucun poëte et se croyant le premier, et le criant à tout venant. Despréaux, qui savait en quelles mains était alors le sceptre véritable, haussait les épaules quand il voyait les prétentions de ce Pindare égaré; et le seul jour que Santeul parut à Versailles devant le roi pour y réciter ou y hurler des vers, Despréaux fit contre lui une épigramme.

Un homme d'esprit plus impartial que Despréaux, et qui y apportait moins de vivacité de goût, le docte Huet, a jugé Santeul avec beaucoup de vérité quand il a dit : « Si l'on avait dressé à cette date (vers 1660) une Pléiade des poëtes, comme autrefois en Égypte du temps de Ptolémée Philadelphe, ou comme au siècle passé en France, on y aurait certainement donné place à Pierre Petit, médecin, à Charles Du Périer et à Jean-Baptiste Santeul, de la congrégation de Saint-Victor à Paris. Ces deux derniers furent tout entiers poëtes et rien que poëtes, parfaitement ignorants d'ailleurs et étrangers à toutes les branches des lettres humaines. Santeul était plus enflé, Du Périer plus modeste; il se voyait en celui-ci une certaine couleur d'antiquité, laquelle, à y bien regarder, se découvrait avec bien plus d'éclat dans les poëmes de Petit; et ce dernier était de plus un esprit orné et imbu de toutes sortes de lettres... Quant à Santeul et à Du Périer, si le hasard me les amenait parfois (et il ne me les amenait que trop souvent), tout à l'instant chez moi retentissait du bruit de leurs vers; et comme le premier surtout, se tenant, comme on dit, sur un pied, faisait mille vers à l'heure et coulait plein de limon, vous l'auriez exactement comparé à ce Camille Querno dont s'amusait le grand pape Léon X; qui obtint de lui le titre et les insignes d'*archi-poëte*, et qu'on saluait comme décoré d'une couronne *de choux, de pampre et de laurier*. »

Il y a des hommes qui ne savent être qu'une chose, que de bonne heure une seule idée et une seule fumée remplit, et en qui une faculté irrésistible agit dès la jeunesse avec la force, la sagacité et aussi l'aveuglement d'un instinct. Boivin l'aîné, c'est le savant hérissé et sauvage tout pur; il se vantait d'avoir en lui de l'oiseau de Minerve. Balzac, c'est le rhéteur et rien que le rhéteur, l'homme à phrases; il les fait et les cherche à travers tout. Tel autre ne sera que le philologue, bon à posséder le sanscrit, le chinois, toutes les langues d'Asie, toutes les formes indépendamment des idées, tous les vocabulaires. Le *Dominus Simpson* de Walter Scott est le pur bibliothécaire, le bibliothécaire-machine. C'est ainsi que Santeul est le pur et franc poëte. Et qu'on ne me cite pas La Fontaine comme lui disputant l'honneur de le mieux représenter que lui. La Fontaine, une si parfaite et si naïve image du poëte, a trop d'esprit, de finesse, de goûts différents et d'oubli pour exprimer ce qu'ici je veux dire, et ce que Santeul nous personnifie plus au naturel : car ce n'est pas seulement la verve et l'inspiration que j'entends, c'est l'amour-propre, la jactance, l'emportement, l'infatuation de soi-même et de ses vers, c'est l'*animal-poëte* dans toute sa belle humeur et dans toute sa gloire : ne le demandez pas à un autre que Santeul; les curieux de son temps le savaient bien, et il est encore à montrer comme tel à ceux du nôtre.

Une journée de Santeul, vue dans son cadre, et sauf le hasard du détail, dut ressembler à presque toutes les autres. Il fait ses vers en s'éveillant d'ordinaire et de grand matin, en se promenant l'été dans le jardin de l'abbaye à grands pas et avec gestes. Puis, ayant pris son déjeuner, ses devoirs remplis et les offices entendus, il sort à midi sonnant, et va par le quartier latin pour réciter et produire les nouveau-nés, ce sont ses vers que je veux dire; car les vers faits, vite la louange. Il passe par la place Maubert, et les harengères du lieu, qui le connaissent et qui aiment à l'attaquer, ont quelquefois les prémices de la pièce de vers du matin. Il rencontre à chaque pas bien des gens de sa connaissance; il les aborde, il les embrasse et on l'embrasse;

c'est la méthode ordinaire avec lui. Il tutoie ceux même qu'il ne connaît qu'à peine, et les tire à lui familièrement. Il va par la rue Saint-Jacques chez ses amis les Jésuites; il s'arrête aux environs dans la boutique des libraires Thierry ou Cramoisy, chez qui sont en vente quelques-unes de ses pièces de vers publiées séparément en feuilles volantes avec images et vignettes : il expliquerait volontiers aux passants tout cela. Il s'arrête devant les fontaines où il y a des inscriptions de lui, et les lit tout haut. C'est pour aller dîner en ville qu'il est sorti, mais sa route est semée de tant d'accidents et de rencontres qu'il va souvent autre part qu'à l'endroit où on l'attendait. On l'emmène, il s'enivre de sa parole, il ne s'appartient plus; et en même temps il met tout en train autour de lui, il fait le divertissement et les délices de la table qui l'accueille et qui le retient, que ce soit celle d'un bourgeois, d'un magistrat ou d'un prince; et il s'en revient le soir à son couvent comme il peut.

Il y avait des moments où il se disait bien pourtant qu'il s'élevait d'autres gloires que la sienne, et que la poésie latine n'avait plus la faveur dont elle avait joui autrefois auprès des grands; il sentait d'une manière confuse qu'en étalant sa denrée de vers latins à cette heure où tout présageait la grande saison de la langue française, il s'était fait, comme on dit, poissonnier la veille de Pâques. Il ne laisse pas de s'en plaindre dans une pièce de vers à Perrault, ce premier commis de Colbert et ce partisan déclaré des modernes :

 Affer opem, Peralte, meos ne despice questus;
  Obruitur quantis noster Apollo malis!
 Deserimur! . . . .

« Viens à notre aide, ô Perrault! ne dédaigne point ma plainte. De quels maux est accablé notre Apollon! Nous sommes délaissés, et une nuit profonde ensevelit les poëtes latins; plus d'honneur pour eux, pas un sourire pour leurs chants... Les poëtes français ont je ne sais quelle douceur qui attire, et la tendre jeune fille ne lit plus que leurs vers tendres... Il n'a jamais nui de plaire à ce sexe délicat; c'est encore comme cela maintenant, car ce qui leur a plu d'abord plaît à tous. Et nous, poëtes Ausoniens, nous nous obstinons à chercher un nom par nos vers! Mais la Cour ne lit plus les rhythmes d'Ausonie... C'était certes un barbare, celui qui le premier me convia à parler comme un Grec, à parler comme un Romain... »

L'ambition de Santeul, il le confesse dans cette pièce de vers, ce serait d'être connu du grand Mécène Colbert, de lui être présenté, et d'avoir part à ses attentions, à ses munificences. Ce vœu ne paraît pas avoir été complétement rempli; mais il y avait encore pour lui hors du Louvre et dans Paris assez de place pour s'étendre et se développer. Santeul, sorti de la bourgeoisie et connu des principaux de la robe, fut de bonne heure employé par la ville de Paris, par le prévôt des marchands et les échevins, pour les inscriptions des fontaines publiques et des monuments; il fut le poëte municipal, pensionné comme tel, avant d'être le *vates ecclesiasticus* et le fabricateur d'hymnes. Santeul n'était pas pauvre; il ne ressemblait pas, quand il allait par la ville, au chétif poëte de Régnier, qui va *prenant ses vers à la pipée*. Les siens étaient déjà tout pris et le plus souvent payés, et même à l'avance. Sa gibecière n'était jamais vide; c'était le poëte replet et exultant. On commandait de toutes parts à Santeul des épitaphes en vers, comme on commande une croix chez le marbrier; on voit que le prix était six louis, plus ou moins. D'autres fois c'était en cadeaux qu'on le payait. Il fit un distique pour mettre sur la porte de la Chambre criminelle de Paris :

> Hic scelerum Pœnæ ultrices posuere tribunal.
> Sontibus unde timor, civibus inde salus.

Ce que je traduirai de la sorte : « Ici des Châtiments vengeurs des crimes ont établi leur tribunal. Coupables, tremblez de crainte ! honnêtes gens, rassurez-vous ! » Ce distique lui valut une montre de cent cinquante francs. Enfin le poëte victorin avait enseigne au soleil pour tout ce qui concernait sa profession, et de plus il avait le don de faire chaque chose avec verve, — une verve de tête et passagère comme les sujets.

J'ai déjà nommé Du Périer, un des *grands* poëtes latins de ce temps-là, et aujourd'hui tout à fait oublié; il était neveu de cet autre Du Périer, le seul connu, parce qu'une belle ode de notre Malherbe a couronné son nom :

> Ta douleur, Du Périer, sera donc éternelle !...

Ce second Du Périer, et qui se croyait le plus célèbre, avait été l'un des maîtres de Santeul pour les vers latins, et en même temps il était son rival, son antagoniste et son *antipathique*, celui à qui il se comparait volontiers et à qui il se préférait sans cesse. Cette comparaison était pour lui une source de satisfaction perpétuelle. Du Périer, à sa manière, le rendait bien à Santeul, qu'il prétendait avoir formé, et dont il se repentait, disait-il : *Pœnitet me fecisse hominem.* Leurs querelles, leurs paris en présence de Ménage pris pour arbitre, faisaient alors d'amusantes histoires. Santeul, qui se flattait avec raison d'être tout de feu et qui mettait la poésie dans la verve, ne tarissait pas quand il parlait des vers exsangues de Du Périer, qui usait ses ouvrages à force de les polir, et qui s'y consumait lui-même :

> Fecerat exsuccum labor improbus arsque poetam,
> Dum probat et damnat, dumque retractat opus.

Mais un jour Du Périer eut un avantage sur Santeul. Le docte et magnifique évêque de Paderborn, Furstemberg, pour lui marquer son estime, lui avait envoyé, ainsi qu'à d'autres poëtes latins, une médaille d'or massif à son effigie dans une boîte d'or. Du Périer ne manqua pas de la faire voir à Santeul, et Santeul, qui n'avait rien reçu, en eut le cœur gros; il s'en plaignit naïvement au prélat lui-même dans une élégie toute mortifiée : *Conqueritur poeta indonatus.* Lui aussi, au nom d'Apollon, il demande ses étrennes.

Le portrait extérieur que l'on donne de l'homme, et qui va si aisément à faire grimacer ce gai visage, n'offre pourtant pas une juste idée de l'élégance et de l'esprit qu'il y avait souvent dans ces vers de Santeul, dignes d'une dernière Anthologie latine. Pour la fontaine du coin de la rue Saint-Severin, par exemple, tout au bas de la rue Saint-Jacques, il avait fait cette inscription gracieuse :

> Dum scandunt juga montis anhelo pectore Nymphæ,
> Hic una e sociis, vallis amore, sedet.

« Tandis que monte là-haut à perte d'haleine la troupe des Nymphes, ici l'une d'elles, par amour du vallon, a voulu s'asseoir. »

« — Et ne croyez pas, jeune homme, que dans ce premier vers la césure qui manque soit un défaut; c'est la fatigue de monter, c'est la respiration inégale des Nymphes qu'il s'agissait de rendre. » — Santeul a dû bien des fois faire remarquer cette beauté d'harmonie à quelque écolier qui passait devant la fontaine; et si l'écolier avait été un peu émancipé déjà, et un peu précurseur de l'âge futur, ou seulement s'il avait eu pour mère une d'Hervart ou une La Sablière, il aurait pu lui répliquer aussitôt, en le narguant :

« Dans un chemin montant, sablonneux, malaisé,
Et de tous les côtés au soleil exposé,
　Six forts chevaux tiraient un coche.
Femmes, moines, vieillards, tout était descendu ;
L'attelage suait, soufflait, était rendu...

« En fait d'essoufflement pittoresque, voilà, ô poëte latin, ce qui vaut encore mieux que ton vers, et ce qui le fera oublier. »

Mais personne sans doute alors ne faisait ces comparaisons. Santeul avait son public de collége et de quartier qui lui suffisait, et, à défaut de public, il se serait par moments suffi à lui-même. La Seine, une année, en débordant, avait renversé la pompe du pont Notre-Dame, pour laquelle Santeul avait fait de jolis vers dont voici le dernier :

　Fons fieri gaudet, qui modo flumen erat.

Vite il fit sur cet accident de nouveaux vers : Le Fleuve, y disait-il, s'était arrêté sur le pont, avait lu l'inscription, et s'était dit : Voilà un homme qui me méprise, et qui fera avec ses vers un charme qui séduira mes flots et me les dérobera en fontaines. Le Fleuve irrité se met donc à tout détruire et à renverser la pompe, espérant du même coup anéantir les vers ; mais les vers sortent seuls victorieux du naufrage :

　Fulcra domus cecidere, simul domus omnis, eodem
　Superabat demens evertere carmina fluctu :
　Sola sed eversis manserunt carmina tectis.

C'est ainsi qu'en se promenant dans tout Paris, Santeul se voyait comme le roi dans sa bonne ville, et ne trouvait que des occasions de s'applaudir.

Arrivé à un certain âge, il eut cependant une sorte d'événement dans sa vie, et une tentative de retour vers la gravité des mœurs et du ton. La belle humeur en lui n'excluait nullement la religion, et son irrégularité et sa pétulance n'avaient jamais été poussées jusqu'au désordre et au libertinage. Il y avait au premier abord chez Santeul un air de poëte rabelaisien, de poëte de carnaval; mais quand on allait au fond, on voyait que, dans ce cœur d'enfant, la croyance et même une certaine innocence n'en étaient pas atteintes. Pellisson qui, depuis qu'il s'était converti, avait beaucoup de zèle, et qui de plus avait titre et qualité spéciale d'économe de Cluny, engagea un jour Santeul à mieux employer son talent, et à faire des chants religieux, des hymnes qui lui seraient une occupation également lucrative et plus décente, plus digne d'un religieux : « Laissez là, lui disait-il, tous ces artifices menteurs des Muses et d'Apollon; c'est assez donner à Phébus et aux Muses; ces sortes de jeux ne siéent qu'à la jeunesse, et, pour n'être que des jeux, on y trouve aussi quelque gloire. Mais puisque enfin vous voilà homme fait, et dans la pleine maturité de l'âge, de plus grands sujets vous appellent. » Et il lui montrait la troupe glorieuse des Saints et des Martyrs qui, rangés dans le Ciel, n'attendaient que leur poëte.

C'est ainsi du moins que Santeul se fait adresser la parole élégamment par Pellisson, dans une pièce en tête des Hymnes, qui lui est consacrée :

> « Pone, inquis, falsas Musarum et Apollinis artes.
> Sat Musis Phœboque datum; juvenilibus annis
> Ludi conveniunt, his et sua gloria ludis.
> Sed plenos postquam jam vir compleveris annos,
> Te majora vocant. » Simul omnes ordine longo
> Monstrans Cœlicolas, totum mihi pandis Olympum.

Mais là encore, involontairement, l'*Olympe* revenait sous sa plume pour signifier le Paradis.

Une autre influence, et plus intime que celle de Pellisson, agit et opéra en ces années sur Santeul, ce fut celle de M. Le Tourneux, prêtre et prédicateur, un des hommes remarquables de Port-Royal. Il a été dit à ce propos, et dans l'ouvrage même que j'ai précédemment cité de Dom Guéranger, et dans les articles de M. Bonnetty, beaucoup de choses défavorables à M. Le Tourneux (1). Je puis assurer qu'en ce qui est de Santeul, M. Le Tourneux n'eut que l'influence la plus morale, la plus directement chrétienne, et j'en ai pour preuve des lettres mêmes, inédites, adressées par lui au poëte devenu néophyte et un moment repentant. Santeul, en s'occupant à chanter les Saints, et à remplacer leurs anciennes louanges réputées grossières par des hymnes plus polies et plus dignes des concerts célestes, n'avait fait que changer la forme de son orgueil poétique et de sa vanité. M. Le Tourneux, qui vise à réformer en lui le cœur, est attentif à poursuivre en lui ce déguisement nouveau de l'amour-propre : « Considérez, lui écrit-il, mon cher frère, qu'on peut bien, dans l'Église visible et militante, chanter et composer les louanges de Dieu avec un cœur impur et des lèvres souillées, mais qu'on ne chantera pas les louanges de Dieu dans le Ciel avec un cœur impur et des lèvres souillées... Vous avez donné de l'encens dans vos vers, mais c'était un feu étranger qui était dans l'encensoir. La vanité faisait ce que la charité devait faire. »

(1) Ce n'est pas ici le lieu de traiter à fond de M. Le Tourneux et de son esprit, qui n'est autre que celui du vrai Port-Royal. Mais on est allé jusqu'à rappeler contre M. Le Tourneux une insinuation de Feller qui n'a pas craint de dire : « La manière dont il (M. Le Tourneux) a parlé de la prière de Jésus-Christ dans le Jardin des Oliviers a répandu des doutes sur ses sentiments à l'égard de la divinité du Sauveur des hommes. « Ainsi voilà M. Le Tourneux accusé d'incliner au déisme! Mais y pense-t-on bien? Un chrétien de Port-Royal, loin d'être un commencement de déiste, est un redoublement de chrétien; loin de douter de la divinité de Jésus-Christ, il y croirait, s'il était possible, deux fois plus qu'un chrétien ordinaire.

Dans une seconde lettre, il relève quelques expressions d'une oraison que Santeul avait faite à Jésus-Christ : il lui marque qu'à sa place il n'oserait pas se nommer le poëte de Jésus-Christ : « Vous avouez, lui dit-il, que la vaine gloire vous a fait faire des hymnes ; par où osez-vous croire que c'est lui qui vous les a inspirées ? N'êtes-vous pas autant le poëte d'Apollon, puisque vous avez invoqué Apollon et les Muses ? Tout cela est poétique ; mais quand je pense à la sainteté et à la majesté redoutable de Dieu, à qui nous devons rendre compte de toute notre vie, et qui condamnera tout ce qui n'aura pas été fait pour lui, en vérité, mon cher Monsieur, il faut trembler, et j'aimerais mieux lui demander pardon par mes pleurs que faire encore des vers où, en avouant mes fautes, je ne laisse pas de demander récompense de mes ouvrages. Hélas ! si vous étiez comme moi, ou plutôt si nous étions tous deux comme nous devons être, nous tremblerions de peur d'avoir osé, vous chanter, et moi prêcher la sainteté de Dieu, sans l'avoir respecté. Trop heureux s'il nous pardonne et nos sermons et nos vers ! »

On peut trouver qu'il y a dans ces paroles un excès de crainte et de tremblement qui est le défaut de cette école chrétienne austère ; mais, bien loin d'y voir un affaiblissement du christianisme, on y verrait plutôt un redoublement. M. Le Tourneux ne parle pas autrement ici que ne le ferait l'abbé de la Trappe.

Une page bien touchante qui fut jointe aux Hymnes de Santeul, lorsqu'il les publia en volume (1685), est une prière au Christ (*Ad Christum deprecatio*) dans laquelle il est dit : « *Accipe hic, Christe, quod tuum est, ignosce mihi quod meum*, etc. » Ce que je traduis ainsi :

« Reçois ici, ô Christ ! ce qui est de toi, pardonne-moi ce qui est de moi. A toi tout ce que j'ai dit de vrai, tout ce que j'ai dit de saint ; à moi de n'avoir point traité dans une bonne pensée les bonnes choses, et en matière sacrée d'avoir été mû, non de l'ardeur de te plaire, mais d'un excessif orgueil poétique, dont je rougis. Tu m'as donné des chants pour te célébrer; donne-moi les prières, donne-moi les larmes par où je puisse laver les taches de ma vie antérieure, poëte trop peu chrétien; et que tu n'aies point à me percer un jour de cette parole de David, qui est comme un javelot : « *Pourquoi racontes-tu mes justices et prends-tu mon testament à travers tes lèvres?* »

Or, cette prière qui est, je l'ose dire, plus forte et plus pénitente que Santeul, et qui a trouvé grâce auprès de ceux mêmes qui ont parlé de lui le moins favorablement, c'est M. Le Tourneux qui la lui suggéra, qui la lui dicta presque dans les mêmes termes, que le poëte docile a suivis; il n'a fait qu'y changer quelques mots pour la latinité :

« J'aimerais mieux, lui écrivait en effet M. Le Tourneux, que, sans mettre votre nom à votre recueil, ni faire d'oraison en vers, vous missiez quelque chose en prose, à peu près en ces termes : *Tuum est quodcumque verum et sanctum dixi; meum quod bona non bene tractavi, quod non ex animo tibi placendi. Dedisti carmina quibus lauderis : da mihi preces, da lacrymas vitæ non satis christianæ, qua nomen sanctum et magnum tuum pollui non timui, dum illa mea scripta celebrabant...* » Et il ajoutait : « Faites maintenant parler la voix de vos larmes et de vos bonnes œuvres, afin de faire taire celle de vos péchés. Un humble silence est peut-être le sacrifice que Dieu demande présentement de vous. »

Mais la nature chez Santeul échappa vite à ces prescriptions de M. Le Tourneux, qui n'était pas là pour le surveiller. De même que dans La Harpe converti le critique ne le fut jamais, de même dans Santeul devenu auteur de saintes hymnes le poëte resta incurable. On raconte que, lorsque ses hymnes eurent été adoptées dans les bréviaires et qu'elles se chantèrent dans les offices, il ne se tint pas de joie; il courait les églises où on les chantait; il grondait ceux près de qui il était placé lorsque leur ton n'était pas à son gré, et quand le chant lui paraissait convenir à la beauté des paroles, il sautait et grimaçait tellement qu'il lui fallait sortir, de peur d'esclandre. Ce malheureux démon de gloire poétique, qu'on avait cru un moment exorcisé, le possédait et l'agitait de plus belle : « Les autres font leur salut dans l'église, disait-il; mais moi c'est le contraire : pour faire le mien il faut que j'en sorte, de peur d'entendre mes hymnes avec trop d'orgueil. » Il les envoyait cependant à M. de Rancé et aurait voulu qu'on les chantât à la Trappe.

Au reste, sans être Santeul, on comprend la joie, l'enivrement presque légitime qui devait inonder son cœur lorsque lui, fragile, mais croyant et fidèle, perdu dans la foule, il entendait le chœur entier des lévites et de l'assistance entonner quelqu'une de ces hymnes aux nobles accents, dont l'une au moins, le *Stupete gentes*, a été comme touchée du souffle sacré et mérite, ce me semble, de vivre. — Dans ce vent soudain sorti du sanctuaire, et qui tend aujourd'hui à tout balayer de Santeul et à n'y rien laisser de sa mémoire, s'il était permis de faire entendre un humble vœu littéraire, je demanderais grâce pour une seule hymne de lui, et pour celle-là.

SANTEUL

ou

DE LA POESIE LATINE SOUS LOUIS XIV.

Par M. MONTALANT-BOUGLEUX

1 vol. in-12. Paris 1855.

(Suite et fin.)

La vie que Santeul menait à l'abbaye de Saint-Victor nous paraît assez extraordinaire chez un homme de cloître et un moine; elle ne le paraissait pas trop à ses confrères ni à ses supérieurs, qui se contentaient de le rappeler quelquefois au bercail quand il s'en écartait trop longtemps et qu'il s'oubliait pendant des mois dans les riches maisons de campagne où on l'invitait. L'abbaye de Saint-Victor, comme presque toutes les fondations et observances religieuses, était peu à peu tombée dans un complet relâchement et ne présentait plus même une ombre de ce qu'elle avait pu être au moyen-âge, au temps de ses grandes lumières, Hugues et Richard de Saint-Victor. Pendant les années de Santeul il y eut à Saint-Victor un pieux confrère, le Père Simon Gourdan, qui essaya de revenir à la régularité primitive, et ce fut lui qui fit presque scandale et schisme dans la maison. On commença par le persécuter pour sa singularité, et comme semblant accuser publiquement les autres par son exemple. Les supérieurs en référèrent à l'archevêque de Paris, M. de Harlay, qui partagea leurs craintes et crut devoir proposer le cas à la Sorbonne : il fallut un avis en règle des docteurs pour que le Père Gourdan obtînt la permission de vivre à Saint-Victor d'une manière conforme aux Constitutions primitives. Quelques années après, un novice scrupuleux, le frère Gueston, ayant voulu suivre l'exemple du Père Gourdan, s'en vit détourner par l'esprit de liberté et de facilité mondaine qui régnait dans la maison. Ses scrupules redoublant, le jeune frère se réfugia à la Trappe. Une correspondance s'engagea alors entre M. de Rancé et le Père Gourdan lui-même au sujet du transfuge, que Messieurs de Saint-Victor réclamaient. Le Père Gourdan, dans cette circonstance, avait un peu faibli et s'était laissé aller à présenter les explications et les excuses de ses autres confrères. L'abbé de Rancé, qui ne se payait pas de faux-fuyants, lui répondait (octobre 1868) :

« Vous dites que la régularité s'est maintenue dans votre Communauté plus qu'en aucune autre : en vérité, ce n'est pas l'opinion du monde ; elle est dans un décri universel, et il n'y a guère de chose plus connue que sa décadence. Quel rapport y a-t-il entre ce qui se pratique et ce qui est établi par vos Constitutions que j'ai entre les mains ? Je suis fâché de vous parler de la sorte, mais vous m'y forcez. Je vous demande donc, mon très-cher Père, si l'on conserve dans Saint-Victor la même mortification intérieure et extérieure, telle qu'elle était dans son origine... Je vous demande encore si les Frères de Saint-Victor, c'est ainsi qu'on les appelait, allaient à la campagne chez leurs amis, chez leurs parents, passer des trois semaines entières et des mois entiers ; s'ils allaient par la ville rendre des visites ; s'il en recevaient de toutes personnes et de tout sexe ; s'ils changeaient d'habits, s'ils en prenaient de plus propres et de plus mondains quand ils sortaient pour se montrer en public ; s'ils affectaient de ces airs libres et dégagés, pour ne pas dire licencieux, qui sont si contraires à la tristesse sainte de la modestie religieuse; s'ils parlaient indifféremment et sans scrupule dans les lieux réguliers; s'ils s'entretenaient de contes, d'affaires, d'histoires du monde, de plaisanteries, de nouvelles, qui sont choses qui doivent être entièrement bannies des cloîtres. »

Il semblerait qu'en écrivant ceci l'abbé de Rancé songeât expressément à Santeul, comme au plus en vue de ceux qui marchaient *par les voies larges et spacieuses*, et il y songeait en effet. L'abbé de Rancé le connaissait très-bien sur sa réputation et avant les visites que Santeul lui fit plus tard à la Trappe; il le jugeait d'ailleurs personnellement sans trop de sévérité; il faisait cas de ses hymnes et en écrivait à l'abbé Nicaise, le 9 décembre 1683 : « J'ai vu les hymnes pour le jour de Saint Bernard, de M. de Santeul. Elles valent beaucoup mieux que les anciennes, et si la plus grande partie de celles que nous avons étaient changées et faites avec autant de succès, il y aurait beaucoup plus de piété à les dire. Il y en a pourtant qui, pour n'être pas si polies, ne laissent pas d'imprimer du respect et de la révérence. » Ce jugement de l'abbé de Rancé est celui d'un homme de sens et de goût ; il fait les deux parts et reconnaît, même aux vieilles hymnes dont le langage rebute parfois, ce caractère qui *imprime de la révérence*. L'abbé de Rancé, dans les années suivantes, était assez tenu au courant de Santeul et de ses pas et démarches par cet abbé Nicaise, de Dijon, correspondant infatigable et bénévole, qui lui transmettait quelquefois des vers ou des nouvelles du poëte son ami.

Dans une maladie que fit Santeul en 1690, celui-ci se recommanda aux prières de M. de Rancé, qui répondait (24 décembre) : « Je loue Dieu de la patience qu'il a donnée à M. de Santeul dans un mal aussi douloureux que celui dont il a été attaqué. Tout ce qui part de sa plume, mais particulièrement de son cœur, a un caractère qui frappe et qui plaît tout ensemble. Je ne doute point qu'il ne se fasse remarquer dans ses derniers vers, qui peuvent être considérés comme une production de sa douleur. Nous le recommanderons à Notre-Seigneur, comme il le désire. » Ce dut être vers ce temps-là, et sans doute après un voyage à la Trappe, que Santeul fit sa belle ode sacrée, dédiée à M. de Rancé, *Solitudo Sancta*, *le saint Désert*, où il peint la vie de labeur des moines pénitents (1).

Mais avec la maladie cessante s'évanouissaient aussi les graves dispositions de Santeul, et il se laissait de nouveau entraîner au monde et aux applaudissements. En cela il ressemblait à tous les hommes, seulement il leur ressemblait avec plus de promptitude, d'impatience et des mouvements plus marqués. En santé et dès qu'il était tout à fait à lui-même, il avait besoin de joutes, de contradictions, de gageures, de palinodies, en un mot, de tout ce qui donne une petite comédie au public; et comme on savait que ces sortes de querelles lui plaisaient et qu'il excellait à y jouer son rôle, on les faisait naître sous ses pas. Ayant adressé en 1689 une pièce de vers à M. de la Quintinie, directeur des jardins du roi, et l'ayant intitulée *Pomone* parce qu'il y avait introduit cette Nymphe, il s'éleva une grande rumeur de la part de quelques amis de Santeul. Quoi! le poëte qui s'était publiquement consacré à célébrer les Saints dans ses Hymnes, revenir de la sorte à la mythologie païenne! Est-ce donc ainsi qu'en agissaient les vieux poëtes chrétiens? Saint Paulin, après sa conversion, sollicité par Ausone, son maître, de revenir aux Muses, répondait qu'un cœur une fois voué au

---

(1) Je n'en citerai que cette strophe, qui est d'un sentiment vrai:

Cum vacant omnes operi, siletur;
Est suum pensum, sua cuique cura;
Si quis auditur sonus, est precantûm,
Estque canentûm.

Christ ne se rouvrait plus à Apollon : *Nec patent Apollini dicata Christo pectora*. Bossuet en particulier, qui aimait Santeul et qui avait raison de l'aimer (car celui-ci a tracé du grand évêque, en beaux vers, un portrait des plus vivants), Bossuet faisait le fâché ou l'était un peu, tandis que d'autres, l'abbé de Fénelon, l'abbé Fleury, Nicole, après avoir lu la pièce en question, se montraient plus indulgents. Santeul publiait leurs lettres pour se justifier et s'en décorer, et en même temps il ne perdait pas l'occasion de faire amende honorable à Bossuet dans une pièce de vers imprimée, en tête de laquelle une vignette le représentait à genoux, et reçu à pénitence par le grand évêque de Meaux. Mais cette humiliation solennelle tournait encore à la louange. Bossuet y répondait de Versailles par une lettre pleine de grâce et d'enjouement (15 avril 1690) : « Voilà, Monsieur, ce que c'est de s'humilier. L'ombre d'une faute contre la religion vous a fait peur ; vous vous êtes abaissé, et la religion elle-même vous a inspiré les plus beaux vers, les plus élégants, les plus sublimes que vous ayez jamais faits. Voilà ce que c'est, encore un coup, de s'humilier... »

Je crois bien que ce sont ces ouvrages en vers et les diverses pièces du procès de *Pomone* que le curieux abbé Nicaise envoyait à la Trappe au saint abbé, qui ne les désirait pas, mais qui poliment répondait (13 juin 1691) : « J'ai lu monsieur, les vers que vous m'avez envoyés; les gens d'esprit se divertissent, et leurs contestations donnent toujours une scène agréable au public. Le Père de Santeul a une veine pure, aisée ; il n'appartient guère à un homme comme moi d'en juger, je veux dire à un homme destiné à la retraite et à des lectures toutes sérieuses; *cependant on ne laisse pas d'en remarquer les traits.* » Comme, à travers l'austère discrétion du solitaire, on retrouve dans ces derniers mots les restes d'un homme ami des belles-lettres!

L'année 1694 fut une importante année pour Santeul, et depuis ce moment jusqu'à la fin de sa vie il ne cessa de faire encore plus de bruit dans le monde qu'il n'en avait fait jusqu'alors, ce qui était pour lui le souverain bonheur. Il n'avait pas donné d'édition en volume de ses vers profanes depuis 1670; il en donna un nouveau recueil en 1694. En l'envoyant au docteur Arnauld, depuis longtemps réfugié dans les Pays-Bas, et alors près de mourir, il présentait ce volume profane comme lui ayant été arraché par l'imprimeur, qui s'était emparé des pièces volantes ou copies échappées de ses mains, et qui l'allait publier sans sa permission; moyennant ce tour, il espérait que la sévérité du Docteur se laisserait fléchir. Arnauld répondit par un remercîment qui renfermait un blâme et une crainte, la crainte trop bien fondée que le soi-disant converti Santeul ne fût relaps au monde et aux Muses, et infidèle à l'esprit de vérité. Là-dessus, désespoir de Santeul, un désespoir naïf, sincère et légèrement comique : il s'attendait à une louange pure et simple; en écrivant sur le coup à M. Arnauld, il avoue son mécompte; il convient qu'il est dans son tort, et en même temps il regimbe, il se justifie. Puis, craignant d'avoir trop montré le vieil homme, il se hâte de récrire une seconde lettre à M. Arnauld pour rétracter la première, qui n'avait rien d'ailleurs d'exorbitant; et cette seconde lettre ne rétracte presque rien, et ne fait guère que réitérer les mêmes motifs d'excuse, les mêmes désirs d'approbation et les mêmes chatouilleuses inquiétudes.

Santeul avait toujours désiré se voir lancer hors du monde de collége, et avoir, lui aussi, un pied en Cour. Son ambition fut en partie satisfaite, et dans les dernières années il devint un commensal, un favori, et

comme un hôte indispensable de la maison de Condé.
Les grands et les princes ont toujours ainsi aimé avoir
à leur table des fous spirituels, des parasites amusants,
de facétieux conteurs. Cet office, qu'avaient autrefois
rempli avec plus ou moins de distinction et de goût les
Boisrobert, les Voiture, les Sarasin, les Marigny, Santeul le remplissait à Chantilly avec une belle humeur
qui ne le cédait à celle de personne et avec une verve
intarissable. Il y portait une gaieté de réfectoire qu'on
se gardait bien de lui ôter, et qui tranchait avec les
délicatesses de ce monde poli. Plus il restait lui-même
sans se corriger, et mieux il payait son écot. Santeul,
tel qu'il faut se le représenter, non plus dans ses vers,
mais en pratique et en action, dans cette espèce de
comédie à un seul personnage qu'il représentait volontiers du matin au soir, c'est un La Fontaine de collége
au gros sel, un Chapelle moins débauché et plus moral,
bien qu'aimant aussi la bonne chère, un Piron honnête et aussi fertile en bons mots, un Roquelaure plus
honnête également, mais à ripostes toujours plaisantes,
une manière de Désaugiers en vers latins; enfin c'est
Santeul, chanoine très-peu régulier de Saint-Victor, et
unique en son espèce. Il avait réussi à charmer deux
générations de Condé. Je ne compte pas le grand Condé
qui le pria un jour de s'abstenir de célébrer en vers ses
louanges; car les louanges de Santeul passaient aisément les bornes; les sages les craignaient, et elles pouvaient choquer le tact des délicats. A l'hôtel de Condé
et à Chantilly, on aimait mieux Santeul en gaieté que
Santeul dans son sérieux. Mais le fils du grand Condé,
Monsieur le Prince, mais surtout Monsieur le Duc et
Madame la Duchesse, et aussi leur sœur la duchesse du
Maine, firent le plus grand usage de Santeul, l'admirent dans leur familiarité, dans leur train de raillerie
habituelle, et il en est resté des monuments. Le plus

mémorable est l'histoire du soufflet, consacré par une pièce de vers :

> Huc vos, Musæ omnes, vos Pindi gloria poscit :
> Percutimur sacri, media inter pocula, vates.
> Quæ fuit illa manus tam barbara ? quæ Dea, tantum
> Ausa nefas, nostros violavit verbere vultus ?

« A moi, Muses, au secours, accourez toutes ! il s'agit de l'honneur du Pinde : nous, poëte sacré, nous sommes frappé au milieu du festin. Quelle est cette main si barbare ? Quelle déesse, se portant à un tel sacrilége, a déshonoré notre visage de ses coups ?... »

C'était tout simplement madame la Duchesse qui, à table et la conversation s'échauffant sur ce que Santeul avait toujours oublié de la chanter au milieu des merveilles de Chantilly, lui avait donné un soufflet en plein visage. Ce jour-là Santeul fut près de se fâcher, et sa belle humeur hésita un peu ; mais madame la Duchesse ayant pris un verre d'eau le lui jeta incontinent au visage en disant : « C'est la pluie après le tonnerre. » Le second outrage raccommoda le premier, et le tout finit par des rires et des chansons. — Il fut convenu que ce soufflet de Santeul, faisait pendant au baiser autrefois donné par une grande princesse à maître Alain endormi.

La duchesse du Maine, qui, dans les premières années de son mariage, s'essayait dès Chantilly à ce long enfantillage de Sceaux, et qui avait pris pour nom de guerre un nom de nymphe de son invention, *Salpetria*, lutinait tout le jour Santeul, qui entrait tête baissée dans la plaisanterie. On ne lui donnait point l'exemple de la mesure, et il la perdait à tout moment. Il s'émancipait et jouait tout de bon comme s'il n'avait pas été avec des princes. Il alla un jour jusqu'à faire des vers contre une dame de ce grand monde à laquelle sans doute il n'agréait pas. M. le Prince se fâcha de la licence; madame du Maine lui dit de prendre garde à ses deux oreilles, s'il s'avisait de montrer la pièce satirique. Le poëte, à son tour, avait ses susceptibilités et ses ombrages, et l'effarouchement succédait tout d'un coup chez lui au trop de privance. La Bruyère, chargé de raccommoder ces petites déchirures, écrivait à Santeul, ou le chapitrait quelquefois dans l'embrasure d'une croisée ; mais Santeul était difficile à former, et il fallait toujours en revenir sur son compte à cette conclusion du grand moraliste et du *censeur amical*, qui lui disait : « Je vous ai fort bien défini la première fois : vous êtes le plus beau génie du monde et la plus fertile imagination qu'il soit possible de concevoir; mais pour les mœurs et les manières, vous êtes *un enfant de douze ans et demi.* »

Cette insigne faveur de Santeul à Chantilly faisait grand bruit dans la rue Saint-Jacques et ailleurs, et ne laissait pas de donner quelque jalousie : « Santeul est fier, Santeul nous néglige depuis que des Altesses lui font la cour; il ne daigne plus venir même à Bâville, il ne s'abaisse plus jusqu'à nous. » Ainsi disait-on en bien des lieux. C'est alors qu'un léger incident survint, qui amena autour du nom et de la personne de Santeul la plus formidable querelle qu'on pût imaginer.

M. Arnauld était mort à Bruxelles le 8 août 1694; son cœur, selon le vœu des religieuses de Port-Royal-des-Champs, fut rapporté parmi elles. On demanda une épitaphe à Santeul, on l'invita à venir à Port-Royal, où il était déjà allé. Il avait connu M. Arnauld, il l'avait aimé, il fit une belle épitaphe. Les derniers vers surtout étaient bien; il y disait que ce cœur, qui revenait porté sur les ailes de l'Amour divin, n'avait jamais été absent en réalité de ces lieux chéris :

Huc cœlestis Amor rapidis cor transtulit alis,
Cor nunquam avulsum, nec amatis sedibus absens.

Mais il y avait d'autres choses encore dans l'épitaphe; il y disait d'Arnauld qu'il revenait de l'exil, ayant triomphé de ses ennemis, *exul, hoste triumphato;* il l'appelait le *défenseur de la vérité, l'oracle du juste.*

Arnaldus veri defensor, et arbiter æqui.

La traduction qui courut en vers français étendait et aggravait encore ces endroits. Au bruit de cette épitaphe, les Jésuites firent les furieux contre Santeul; le Père Jouvency lui écrivit une lettre qu'on ne peut croire qu'à demi sérieuse, mais que Santeul prit au plus grave : « On m'a dit, lui écrivait ce Père, que vous aviez fait une épigramme à la louange de M. Arnauld; je vous ai défendu autant que j'ai pu; j'ai dit qu'il n'y avait pas d'apparence que M. Santeul, sachant bien que M. Arnauld est mort chef d'un parti déclaré contre l'Église, étant lui-même ecclésiastique et d'un Ordre dont la doctrine a toujours été sans reproche, eût voulu louer et préconiser un hérésiarque, reconnu par l'Église et la France pour tel, et que si le roi savait cela, etc... »

Santeul effrayé, et qui avait une pension du roi de huit cents livres, s'excusa en paroles, désavoua les vers comme il put; mais Jouvency voulait une rétractation non pas seulement verbale, mais écrite. Que faire? Se déclarer contre M. Arnauld? Santeul se révoltait à cette idée. Son cœur saignait, sa tête se troublait. Il s'adressait à tous les Pères Jésuites de sa connaissance, il leur disait ce qu'il écrira un peu après au Père de La Chaise et à Bourdaloue, pour expliquer son épitaphe. Il n'avait pas voulu dire par *hoste triumphato* que M. Arnauld eût triomphé des Jésuites, ni en général de ceux qui l'avaient fait sortir de France, mais bien de Claude et Jurieu et des Protestants; cela n'avait pas été saisi par le traducteur en vers français, et le scandale venait de cette traduction vraiment séditieuse. *Veri defensor* ne se rapportait également qu'à l'ouvrage d'Arnauld *De la Perpétuité de la foi; arbiter æqui* n'était qu'un pléonasme poétique dont il ne fallait pas trop demander compte. Cependant, sur ce premier trouble du pauvre Santeul, un jeune Jésuite, régent à Rouen, le Père Du Cerceau, lança une pièce en vers glyconiques et asclépiades intitulé *Santolius vindicatus*, qui courut manuscrite et vint siffler comme une flèche à l'oreille de l'imprudent. C'était la première attaque ouverte d'un Jésuite contre lui. Il n'y tint pas et courut au Collége des Pères, criant merci et miséricorde. Il se décida à écrire une première, puis une seconde Épître ou palinodie en vers au Père Jouvency. Il cherchait à couvrir le vague et l'indécis de sa rétractation par le pompeux des éloges décernés aux Rapin, aux Commire, aux La Rue, à toute la Société; il fallait bien pourtant aborder ce point délicat d'Arnauld auquel on le ramenait toujours. Vers la fin de la seconde Épître, il disait en un endroit :

. . . . . . Ictus illo fulmine,
Trabeate Doctor, jam mihi non amplius,
Arnalde, saperes. . . . .

c'est-à-dire : « Atteint de ce foudre du Vatican, si grand et si illustre Docteur que tu sois, ô Arnauld ! tu *n'aurais* plus raison à mes yeux. » Les Jésuites voulaient quelque chose de plus positif, de moins conditionnel, et qu'il mît *sapias* au lieu de *saperes*, c'est-à-dire : « Tu *n'as* plus raison à mes yeux. » Le pauvre Santeul fit deux copies, l'une où était *saperes* pour les amis de M. Arnauld, l'autre *sapias* pour les Jésuites.

Il y avait des moments où il essayait d'emporter le tout d'un air dégagé : « Voilà bien du bruit, disait-il, pour six méchants vers que j'ai faits en badinant sur le bord d'un étang. » Mais ce ton-là ne réussissait pas.

Au nom des amis de M. Arnauld, Rollin, de son côté, s'enhardissant sous l'anonyme, lançait le *Santolius pœnitens* où il évoquait l'ombre du célèbre Docteur, qui reprochait tendrement et avec pathétique à Santeul son ingratitude et son reniement. Boivin jeune traduisait la pièce de Rollin en vers français, et dans le premier moment on disait que la traduction était de Racine.

Santeul était bien malheureux et ne savait par où faire sa retraite. Toute la jeune cavalerie légère des Jésuites (*pubes jesuitica sagittaria*, comme il l'appelait) était à ses trousses et le houspillait. Les rieurs du dehors faisaient courir d'autre part des vers français, et pas trop mauvais, censés fait par les Jansénistes courroucés : il était entre deux feux ; ou encore, comme on lui faisait dire en une métaphore gastronomique qui lui allait bien : « Que suis-je pour décider sur de si grands débats ? De côté et d'autre j'aurais été écrasé ; *je suis la gaufre.* »

Un petit livret très-spirituel, publié en 1696, qui donne l'Histoire de ces troubles, nous le représente ainsi au plus fort de la crise :

« Il était dans des transes mortelles, écrivant à tous les Jésuites de ses amis pour leur demander quartier ; il croyait voir partout le *Santolius vindicatus* imprimé ; et le moindre Jésuite qu'il rencontrait, il l'abordait brusquement, et, le reconduisant d'un bout de Paris jusqu'au collége, il lui faisait ses doléances avec le ton, l'air et les gestes que ceux qui ont l'avantage de le connaître peuvent s'imaginer ; et criant à pleine tête, il récitait par cœur l'Apologie qu'il venait de donner au public, appuyant surtout sur ces endroits qu'il répétait plusieurs fois : *Veri sanctissima custos, docta Cohors*, etc., etc. (et autres passages en l'honneur de la Compagnie)... Enfin il fallait l'écouter bon gré, mal gré ; et fut-ce le frère cuisinier des Jésuites, rien ne lui servait de n'entendre pas le latin : de sorte que le chemin n'était pas libre dans Paris à tout homme qui portait l'habit de Jésuite. Santeul les attendait au passage, et, se jetant à la traverse, les poursuivait son Apologie à la main jusqu'à la porte du collége *exclusivement* ; car je ne sais quelle terreur panique l'empêchait de passer outre. »

Il y avait de ces jeunes malins Jésuites, espiègles déjà comme le sera Gresset, qui, pour s'assurer si le repentir de Santeul était bien sincère, se déguisaient en Jansénistes dans des lettres qu'ils lui écrivaient ; ils signaient au bas le nom de quelque curé respectable, du curé de Saint-Jacques-du-Haut-Pas, par exemple : « Quoi ! lui disait-on dans ces lettres, n'est-ce pas honteux et scandaleux à un homme comme vous, que M. Arnauld a honoré de son estime et de son amitié pendant sa vie, de le décrier après sa mort, pour faire votre cour à des gens qui dans l'âme se moquent de vous et ne vous en savent aucun gré ? etc. » Et Santeul donnait dans le piége ; il répondait sur-le-champ « qu'il n'avait jamais désavoué son épitaphe ; qu'il honorait M. Arnauld plus que personne au monde, qu'il portait toujours sur lui, comme une relique, une lettre que cet incomparable Docteur lui avait autrefois fait l'honneur de lui écrire ; » et la réponse allait non aux mains du digne curé de Saint-Jacques qui ne savait mot de ce manége, mais droit au Collége Louis-le-Grand, où c'était la gaieté des récréations. Le Père Commire, alors, jugea qu'il était temps de frapper le grand coup, et pour en finir de tout ce *pour* et ce *contre*, lui qui s'était tenu jusque-là en réserve comme le corps d'élite, il donna brusquement par sa pièce de vers intitulée *Linguarium* (*le Bâillon de Santeul*). Les vers sont jolis, catulliens ; les idées sont piquantes, et le jeu se ferme sur le conseil donné à Santeul de ne plus faire le docteur et de savoir se taire : *Sile et sape*.

Ce Bâillon fut ce qui mordit le plus au sang la langue du malheureux Santeul ; il demanda quartier par une Élégie où il en appelle à la charité chrétienne.

On aime à savoir que l'aimable Bourdaloue contribua plus que personne à sceller la paix, et à réconcilier Santeul avec ses autres confrères plus irrités ou qui le voulaient paraître. Il avait cherché à le rassurer dès ses premières démarches, en lui disant « qu'il avait lu sa justification avec plaisir, et qu'il était fort aise de recevoir de ses lettres, parce qu'elles étaient *pleines d'esprit et réjouissantes.* »

Telle est l'esquisse très-abrégée de cette grande bataille de collége, qui rendit peut-être Santeul au fond moins à plaindre qu'on ne croirait et que ne le supposaient ses adversaires; car, après tout, une si bruyante tempête était une bien bonne fortune, et bien inespérée, pour six ou sept vers. On le croyait un souffre-douleur, mais il avait eu un bien grand porte-voix.

Au sortir de là, nous le retrouvons triomphant et à Chantilly et à Dijon, et dans toute sa gloire. Dijon, dans les dernières années, était devenu comme une seconde patrie pour Santeul : il y accompagnait M. le Duc, qui y allait tenir les États, et il y réussit par son tour d'esprit et son sel plus qu'à Paris même. Il était là sur un théâtre où rien de lui n'était perdu, et où il figurait au premier rang. Quand il allait en carrosse doré par la ville, chacun le montrait du doigt, et il jouissait de sa gloire en plein soleil. On sait ce qu'était alors la capitale de la Bourgogne, avec son docte Parlement, ses magistrats érudits qui faisaient pourtant de si gais Noëls, et sa bourgeoisie gaillarde et prompte aux bons mots. Le père de Piron, ce jovial apothicaire, y tint tête plus d'une fois à Santeul, et ils firent assaut d'épigrammes devant M. le Duc. Les pièces de vers que Santeul composa pour glorifier les États de Bourgogne et leur zèle à fournir des subsides au roi durant la guerre, lui valurent de leur part une sorte de récompense nationale, c'est-à-dire un cadeau de plusieurs feuillettes de vin de

Bourgogne. Quelle source nouvelle d'inspiration pour un poëte tant soit peu bachique! Aussi faut-il voir comme il célébra la promesse et l'espoir de ces divines feuillettes, comme il en déplora le retard par suite des glaces, comme il en salua enfin l'arrivée par des vers pleins d'enthousiasme et d'ivresse, où il se proclamait poëte à jamais Bourguignon jusque dans Paris :

> Sponte Parisina vates Burgundus in urbe.

Santolius Burgundus est même le titre qu'il mit expressément à cette pièce finale de glorification en l'honneur de sa cité adoptive.

Hélas! ce furent là aussi les derniers accents poétiques de Santeul. On a raconté qu'étant à Dijon pendant la tenue des États, en août 1697, un soir, à un souper chez M. le Duc, ce dernier « se divertit à pousser Santeul de vin de Champagne, et de gaieté en gaieté il trouva plaisant de verser sa tabatière pleine de tabac d'Espagne dans un grand verre de vin, et de le faire boire à Santeul pour voir ce qui en arriverait. Il ne fut pas longtemps à en être éclairci, ajoute Saint-Simon, qui a rendu l'anecdote célèbre; les vomissements et la fièvre le prirent, et en deux fois vingt-quatre heures le malheureux mourut dans des douleurs de damné, mais dans les sentiments d'une grande pénitence. »

A ce récit de Saint-Simon, on peut opposer quelques autres témoignages contemporains, notamment celui de La Monnoye, présent à cette mort, et qui écrit, dans une lettre du 13 août 1697 à un ami :

> « Ma joie est moindre que mon deuil,
> J'ai gagné mon procès, mais j'ai perdu Santeuil.

« Ce pauvre garçon est mort le cinquième de ce mois, dans une chambre du logis du Roi, à une heure et demie de la nuit du dimanche au lundi. Il s'était levé le matin, et avait même assisté aux harangues qu'on faisait à M. le Duc avant son départ, louant les uns et blâmant les autres avec sa liberté ordinaire, et si haut que M. le Duc fut, dit-on, obligé de le repousser du bout de sa canne. Peu de temps après, se trouvant mal, il se mit au lit sur les onze heures, avec des cris et des agitations étranges. Comme il ne prétendait partir de Dijon que le jeudi suivant, nous devions, le jour qu'il tomba malade, dîner, lui et moi, chez M. le président Le Gouz-Maillard; j'y allai à midi et demi, et fut bien surpris en y arrivant d'apprendre que Santeul, pour qui la fête se faisait, ne viendrait pas. MM. du May et Moreau, qui ne faisaient que de le quitter, rapportèrent qu'il souffrait des douleurs épouvantables et qu'il se démenait comme un possédé; on crut que c'était une colique, et que ce ne serait rien. Après ce repas, je fus au logis du Roi, où ayant rencontré M. le procureur général, j'entrai avec lui dans la chambre de M. le Duc, à qui j'ai eu l'honneur de parler plus d'une fois. Il me demanda des nouvelles de Santeul, et me témoigna qu'il était très-fâché de son mal. Je lui répondis que, de la façon dont on en parlait, ce mal était très-violent, mais que peut-être il ne serait ni long ni dangereux. Par malheur je ne devinai qu'à moitié. Nous fûmes, au sortir de là, M. le procureur général et moi, dans la chambre du malade. Nous le trouvâmes un peu plus tranquille, apparemment c'était de faiblesse. « Ah! monsieur, s'écria-t-il du moment qu'il me vit, je suis perdu; ils m'ont donné de l'émétique par deux fois! » Il en voulait dire davantage, mais les médecins lui ayant imposé silence, il se tut. Je leur demandai quel était son mal. Il me parut qu'ils étaient persuadés qu'il venait de débauche de table. Je puis cependant rendre ce témoignage à la vérité, qu'en quatre repas où je me suis trouvé avec lui, je n'ai jamais vu d'homme qui, dans une aussi grande chère, fût plus modéré, soit pour le boire, soit pour le manger. Cette prévention où étaient les médecins les obligea à lui donner par deux fois de l'émétique, qu'il garda toujours très-fidèlement; remède entièrement contraire à son mal, qui était, comme on l'a depuis reconnu, une inflammation au bas-ventre. Je me souviens que lui ayant dit, en le quittant, que j'espérais le retrouver en meilleure santé le lendemain, il me répondit, le plus haut qu'il put : *Mort, mort!* se levant même à moitié corps pour appuyer ces paroles, qui sont les dernières que je lui ai ouï prononcer, ne l'ayant point vu depuis. Il est mort fort résigné, dans des sentiments également vifs, touchants et chrétiens, demandant publiquement pardon du scandale qu'il avait pu causer par sa conduite, peu conforme à son état. C'est ce que M. le curé de Saint-Étienne, où il a été enterré honorablement dans le caveau des chanoines, déclara dimanche dernier en son prône, faisant un éloge succinct mais juste du défunt. »

La Monnoye continue en faisant de son côté l'éloge de Santeul, et cet endroit est trop caractéristique et vient trop bien à l'appui de ce que dit La Bruyère pour ne pas être ici rappelé :

« Vous ne sauriez croire combien les personnes qui aiment l'esprit le regrettent ici. On ne pouvait le pratiquer sans l'aimer. Ses saillies, ses plaisanteries, au travers desquelles il faisait paraître un bon sens exquis, étaient les plus agréables du monde. Je voudrais que vous eussiez assisté à la description d'un Chapitre que tinrent ses Confrères, pour délibérer s'ils chanteraient ses Hymnes dans leur Congrégation. Je défie tous les Scaramouches de mieux copier les personnages qui composèrent cette assemblée; ce n'était plus Santeul, c'était une vingtaine de visages, d'airs et de tons, tous différents les uns des autres. »

Santeul avait, on le voit, au nombre de ses talents, celui de la *mimique*, et il excellait à ces légères scènes improvisées, qui faisaient de lui un véritable acteur de société. Mais ce qui frappe surtout dans la lettre de La Monnoye, c'est son peu de rapport et de concordance avec l'assertion si formelle de Saint-Simon. Il paraît de plus, par une lettre de M. de La Garde, autre témoin, que M. le Duc, la veille du jour où Santeul tomba malade vers onze heures du matin, n'avait pas soupé chez lui au logis du Roi où soupa Santeul, mais était allé chez l'intendant. Ce ne serait donc qu'à un souper de l'avant-veille qu'il lui aurait fait cette mauvaise plaisanterie du tabac, et le mal ainsi aurait couvé trente-six heures sans éclater. En proposant ces doutes, je ne suis pas sans me dire que si M. le Duc a été réellement auteur involontaire de cette mort, on a dû le dissimuler dans les récits imprimés. Et pourtant Saint-Simon aime trop à croire à ces morts violentes et à ces empoisonnements pour être cru sur simple parole.

Santeul, quand il mourut, avait soixante-sept ans. On lui fit des obsèques solennelles; toute la Bourgogne se mit en frais pour l'ensevelir avec honneur et lui payer les tributs funèbres en vers et en prose comme à l'un de ses enfants; mais Saint-Victor revendiqua ses dépouilles. Avant de partir pour ce dernier voyage de Bourgogne, Santeul avait été en visite à la Trappe; « il avait trouvé du goût pour tout ce qu'il y avait vu; » mais ce goût avait été passager comme tout ce qui faisait impression sur cette organisation mobile; et l'abbé de Rancé, en apprenant sa mort, que lui annonçait l'abbé Ficaise, écrivait (3 octobre 1697) :

« Il est vrai, monsieur, que je n'ai point reçu le paquet que vous me mandez que vous m'avez envoyé, et que ces paroles, *Santolius Burgundus*, me sont toutes nouvelles. *Ce pauvre garçon s'attachait aux lieux où il passait quand ils lui plaisaient.* Vous avez honoré sa mémoire par ce que vous avez dit de lui après sa mort ; Messieurs de Saint-Victor devraient être contents et ne rien demander davantage. Après tout, le pauvre homme aurait fini plus heureusement sa course, s'il fût demeuré dans Saint-Victor en suivant les conseils et les exemples du Père Gourdan. »

Pour nous, et au seul point de vue littéraire, qui est le nôtre, sans accorder à Santeul plus qu'il ne mérite, en reconnaissant à ses vers les qualités qui y paraissent, la pompe, le feu, la largeur, le naturel et la clarté, mais aussi en y voyant le vide trop souvent et la bagatelle du fond, en nous disant combien sa personne avait besoin d'intervenir à tout instant pour y jeter un peu de cette originalité qui n'était qu'en elle, nous voudrions que tout ce démêlé où il est encore engagé finît par une transaction, qu'il ne fût pas tout entier sacrifié, qu'on ne lui fût point plus sévère que ne l'a été l'abbé de la Trappe, et que les honorables censeurs qui de nos jours l'ont remis en question ne le renvoyassent point hors du temple sans lui laisser au moins un fragment de couronne; car il est bien de ceux, malgré tout, qui, à travers l'anachronisme de la forme, sont véritablement poëtes de race et par nature, il est de ceux qui, comme le disait Juvénal, ont *mordu le laurier*.

13 octobre 1855.

OEUVRES INÉDITES

DE P. DE RONSARD

RECUEILLIES ET PUBLIÉES

PAR M. PROSPER BLANCHEMAIN

Un vol. petit in-8°; Paris, Auguste Aubry, 1855.

Étude sur RONSARD, considéré comme imitateur d'Homère et de Pindare, par M. Eugène Gandar, ancien membre de l'École française d'Athènes. 1 vol. in-8°; Metz, 1854.

Depuis vingt-sept ans déjà que j'ai publié un Choix des Poésies de Ronsard (1828) joint à un Tableau historique de son école, dans lequel j'essayais de remettre en lumière et en honneur un côté du moins de son entreprise, je me suis en général abstenu d'en parler. J'avais eu tellement l'air de l'épouser d'abord aux yeux de certaines personnes, que je sentais bien que je nuirais plus que je ne servirais à son retour de fortune en insistant. J'avais d'ailleurs donné mes meilleures raisons et mes preuves. J'ai donc laissé faire le temps, et j'ai aussi beaucoup laissé dire. Je ne prétends pas aujourd'hui que la cause soit gagnée : il y a très-peu de points qui soient gagnés définitivement en histoire littéraire; les conclusions les plus claires et les mieux motivées suscitent et ramènent de temps en temps des procès qui recommencent. Mais il est pourtant de certaines notions qui, une fois établies et remises en circulation, ne se perdent plus, et qui entrent, bon gré mal gré, dans les jugements mêmes qui aimeraient à n'en pas tenir compte. Aujourd'hui, l'opinion moyenne sur Ronsard et sa tentative est assez fixée pour qu'il ait été possible à M. Gandar, ancien élève de l'École d'Athènes, de faire de ce poëte le sujet d'une thèse en Sorbonne (car telle est l'origine de son livre), et d'y soutenir que Ronsard méritait plus encore que n'avaient réclamé pour lui ceux-mêmes qui avaient paru aller trop loin. Et voilà M. Prosper Blanchemain qui, dans une édition de luxe publiée par un libraire bibliophile, a jugé qu'il n'était pas inopportun de présenter, non plus un extrait et un choix des œuvres connues de Ronsard, mais un surcroît d'œuvres inédites, des variantes ou fragments tirés de recueils manuscrits, en un mot quelque chose de plus que ce qu'on avait déjà. Ce sont là des signes assez évidents que la *question de Ronsard*, comme on pourrait dire, a marché et a fait son chemin depuis vingt-cinq ans dans le monde des lettres. On me permettra donc d'y revenir à mon tour et pour dire un mot de ces travaux récents, et pour rappeler avec précision ce que j'avais désiré et demandé moi-même à l'origine.

Qu'on veuille se reporter en 1827, au moment où la curiosité critique se dirigeait dans tous les sens, non point par un esprit de simple étude et de connaissance impartiale, mais avec un désir de conquête, d'appropriation, et une honorable avidité de s'enrichir au profit de l'art et, s'il se pouvait, de la création moderne. En même temps, une jeune école de poëtes cherchait de toutes parts des veines nouvelles. M. de Lamartine avait du premier coup fait jaillir une source de sentiments élevée, abondante, et qui s'épanchait en une large et facile harmonie. D'autres poursuivaient non sans effort ce qu'ils étaient destinés à atteindre un jour; ils gravissaient les rochers ou fouillaient les plis du vallon. Les principaux de ces poètes, ceux qui avaient le plus d'avenir, se rattachaient à l'ordre d'idées et d'affections inaugurées dès le commencement du siècle par M. de Chateaubriand, et dont la Restauration favorisait le réveil; et, pour cette autre initiation qui tient plus particulièrement à la forme poétique, ils aimaient à se réclamer d'André Chénier, non pas tant pour l'imiter directement que par instinct de fraîcheur, de renouvellement, et par amour pour cette beauté grecque dont il nous rendait les vives élégances et les grâces. Il faut (même après qu'ils sont devenus célèbres) voir les hommes tels qu'ils sont, tels qu'ils étaient, et ne point se payer de mots. La plupart des poètes de cette génération étaient instruits et avaient fait des études suffisantes, mais ils n'étaient point doctes. Il est aisé aujourd'hui à un ancien élève de l'École normale qui a de plus couronné son éducation classique à l'École d'Athènes, et qui a parcouru avec méthode pendant des années le cercle complet des lectures tant latines que grecques, de venir indiquer par où pouvait pécher une tentative d'imitation et un retour quelconque vers l'antique, et de relever les témérités ou les inexpériences. Nos poëtes de 1827 n'avaient pas fait, comme Gœthe, leurs études dans des universités allemandes d'où l'on sortait en emportant *l'Odyssée* dans ses promenades; comme Byron ou les Lakistes, ils n'avaient pas été formés dans des écoles où l'on finit par lire les chœurs des tragiques grecs en se jouant. Ils avaient fait ce qu'on appelait sous l'Empire de bonnes études; ils étaient gens du monde, quelques-uns militaires, pressés d'ailleurs de produire, et dignes de se perfectionner par l'étude sans en avoir les loisirs ni les instruments; mais ils avaient une certaine flamme au cœur et une ardeur d'idéal qui ne s'est pas encore éteinte chez tous, et qui fait l'honneur de ces générations rapides dont les individus isolés se survivent; il y avait eu je ne sais quel astre ou quel météore qui les avait touchés en naissant. Chacun alors prenait donc l'initiation où il le pouvait; l'un entrait dans le sentiment de la haute poésie par Byron, l'autre par Shakspeare, un autre de préférence par Dante; on saisissait un point, et l'on devinait le reste : tout cela se rejoignait dans une noble fièvre et une émulation commune. Ce qui était bien certain pour ceux qui tentaient la pratique de l'art en vers, et surtout dans l'ordre lyrique, c'est que les dernières sources trop fréquentées du dix-huitième siècle, sources de tout temps mélangées et fort minces, étaient taries et épuisées, et qu'il fallait se retremper ailleurs, non pas tant pour les sentiments (on les avait en soi) que pour l'expression, pour la couleur, pour le style. Une grande partie de la difficulté était là.

Or, en ces mêmes années, étudiant de mon côté le seizième siècle français et notre ancienne poésie à un point de vue critique, je ne fus pas longtemps à m'apercevoir d'un certain rapport entre ce qu'on avait voulu alors et ce qu'on désirait dans le présent. Et, en effet, à ce grand moment de la Renaissance, lorsqu'au sortir de l'étude fervente des belles œuvres de l'Antiquité on s'était retrouvé en présence d'une poésie française naturelle, élégante, mais peu élevée, on avait eu conscience à cet égard de la pauvreté domestique; on avait fait effort pour en triompher, et pour monter une lyre au ton des plus graves et des plus héroïques desseins. On avait échoué, mais, selon moi, en partie seulement ; car il était possible encore, dans l'ensemble confus des poésies oubliées de cette époque, de recueillir à première vue et de faire goûter une certaine quantité de pièces vives, neuves, d'un rhythme ferme et varié, d'une couleur charmante, d'une expression imprévue et pourtant bien française. Est-ce à dire pour cela que je conseillais d'imiter ces poëtes du seizième siècle et en particulier Ronsard, soit directement dans la forme et dans la langue, soit dans l'ordre des idées ? Pas le moins du monde. Je disais précisément le contraire, et j'avertissais que tel n'était point mon but. Mais la lyre de Malherbe, celle que ce rigoureux lyrique avait refaite et léguée à ses successeurs, n'était plus qu'à quatre cordes, et je demandais qu'on en ajoutât une cinquième qui y avait été avant lui. Mais le style de la poésie lyrique était fort déchu ; il était entravé et gêné de toutes parts, jeté à froid dans des moules usés ; les heureuses tentatives de quelques jeunes poëtes tendaient à le restaurer, à l'étendre, et à ceux qui s'en étonnaient et s'en irritaient comme d'une innovation inouïe, je rappelais qu'on l'avait déjà essayé et sans tant de maladresse et de malheur qu'on l'avait bien voulu dire. Enrichir la palette de quelques tons agréables à l'œil, ajouter quelques notes aux accents connus, quelques nombres et couplets aux rhythmes en usage, justifier surtout par des exemples retrouvés à propos ce qu'osaient d'instinct les poëtes novateurs de notre temps, renouer la tradition sur un point où l'on n'avait jusque-là signalé que des débris, c'était mon ambition la plus haute. Je la rassemblais autour du nom de Ronsard, et je la limitais moi-même dans ces vers où, ce me semble, je ne demandais que peu. J'y disais en propres termes, et en m'adressant au poëte auquel je venais d'élever dans mon volume une sorte d'*autel expiatoire*

Non que j'espère encore, au trône radieux
D'où jadis tu régnais, replacer ta mémoire.
Tu ne peux de si bas remonter à la gloire :
Vulcain impunément ne tomba point des cieux.

Mais qu'un peu de pitié console enfin tes mânes ;
Que, déchiré longtemps par des rires profanes,
Ton nom, d'abord fameux, recouvre un peu d'honneur ;

Qu'on dise : il osa trop, mais l'audace était belle ;
Il lassa, sans la vaincre, une langue rebelle,
Et de moins grands depuis eurent plus de bonheur.

Ma conclusion, après tout, n'était pas tellement différente du jugement qu'avait porté, sur Ronsard, Fénelon dans sa Lettre à l'Académie française :

« Ronsard, y disait-il, avait trop entrepris tout à coup. Il avait forcé notre langue par des inversions trop hardies et obscures ; c'était un langage cru et informe. Il y ajoutait trop de mots composés qui n'étaient point encore introduits dans le commerce de la nation : il parlait français en grec, malgré les Français mêmes. *Il n'avait pas tort, ce me semble, de tenter quelque nouvelle route pour enrichir notre langue, pour enhardir notre poésie, et pour dénouer notre versification naissante.* Mais, en fait de langue, on ne vient à bout de rien sans l'aveu des hommes pour lesquels on parle. *On ne doit jamais faire deux pas à la fois* ; et il faut s'arrêter dès qu'on ne se voit pas suivi de la multitude. La singularité est dangereuse en tout : elle ne peut être excusée dans les choses qui ne dépendent que de l'usage.

« *L'excès choquant de Ronsard nous a un peu jetés dans l'extrémité opposée : on a appauvri, desséché et gêné notre langue.* Elle n'ose jamais procéder que suivant la méthode la plus scrupuleuse et la plus uniforme de la grammaire : on voit toujours venir d'abord un nominatif substantif qui mène son adjectif comme par la main ; son verbe ne manque pas de marcher derrière, suivi d'un adverbe qui ne souffre rien entre deux ; et le régime appelle aussitôt un accusatif, qui ne peut jamais se déplacer. C'est ce qui exclut toute suspension de l'esprit, toute attention, toute surprise, toute variété, et souvent toute magnifique cadence. »

Rempli de la poésie des Anciens et particulièrement des Grecs, la goûtant dans ses hardiesses les plus harmonieuses et les plus naturelles Fénelon savait tout le faible de la poésie moderne et de la nôtre en particulier; il l'a indiqué encore en d'autres endroits de cette Lettre, et on n'a jamais dit à une Académie accoutumée à se célébrer elle-même, ainsi que sa propre langue, des vérités plus fortes d'une manière plus douce. Mais cela n'a été donné qu'au seul Fénelon.

M. Guizot, parlant de Ronsard dans un morceau sur l'*État de la poésie en France avant Corneille*, et lui tenant compte des services qu'il avait rendus ou voulu rendre, a dit à peu près dans le même sens, et sous forme d'aphorisme politique : « Les hommes qui font les révolutions sont toujours méprisés par ceux qui en profitent. »

Maintenant je viens exprès de relire, de parcourir encore une fois tout Ronsard en me demandant si je l'ai bien compris dans mon ancienne lecture, si je ne l'ai pas surfait, et aussi (car Monsieur Gandar m'en avertit, et c'est un avertissement bien agréable et flatteur puisqu'il implique un succès) si je n'ai pas été trop timide, et si je ne suis pas resté en deçà du vrai dans ma réclamation en sa faveur. Je sais tout ce qu'avaient d'incomplet, et jusqu'à un certain point de hâtif cet extrait et ce jugement de 1828, et je le livre aux corrections de détail de ceux qui y reviennent armés de toutes pièces et avec une application d'érudit; mais en ce qui est d'avoir fait un acte de goût, je ne saurais m'en repentir, et l'idée que je me forme de Ronsard est encore la même, c'est-à-dire celle-ci.

Il est jeune quand il conçoit son dessein : pourtant il a déjà vécu, voyagé; il a fait légèrement ses premières études et les a manquées; il est devenu page, et encore enfant il a couru le monde; il est allé en Angleterre, en Écosse, en Hollande, en Allemagne, en Piémont. A le voir, on le croirait tout destiné au monde et aux armes, voué au service des princes. Il est de belle taille, de mine élégante, alerte et adroit aux exercices du corps, le front ouvert, l'air noble et généreux; il a la conversation agréable et facile. Une surdité qui lui survient et qui l'afflige dès la jeunesse lui est un premier temps d'arrêt, un premier rappel intérieur qui le sollicite à la retraite. Et surtout il y avait alors dans l'air un grand souffle et un grand courant qui enlevait et qui embrasait toutes les âmes studieuses, et, parmi les ignorants mêmes, tous ceux qui étaient capables d'une ambition vraiment libérale. Ce mouvement de la Renaissance, comme on l'a vu du mouvement de 89, était un de ces puissants et féconds orages auxquels la jeunesse ne résiste pas. Ronsard en fut atteint; Lazare de Baïf, auprès duquel il avait été quelque temps en Allemagne, l'initia à ce goût nouveau d'études. Ronsard prit une grande résolution. A l'âge de dix-sept ans, après sept ou huit années de courses, de dissipations, il se dit qu'il fallait être homme, compter dans son temps par un genre d'ambition et de succès qui ne ressemblât point à un autre, et cueillir la seule palme qui ne se flétrit pas. De retour à Paris, il s'enferma dans un collége auprès de Jean Dorat pour maître, et pendant sept ans (1542-1549), avec quelques condisciples de sa trempe et qu'il excitait de sa propre ardeur, il refit de fond en comble son éducation. Il lut tous les poëtes anciens, surtout les Grecs, chose très-neuve alors en France. Ce que fera un jour Alfieri à un âge plus avancé, Ronsard le fit plus jeune, mais par un même principe d'opiniâtre volonté; il se dit : « Je serai poëte, je le suis; » et il le fut. Il sortit de là plein d'enthousiasme et chargé de munitions poétiques, et il leva son drapeau. Lui et ses amis ils avaient conjuré ensemble pour que la langue française eût enfin une haute poésie, et ils se mirent incontinent à l'œuvre pour la lui donner (1550).

Ici j'entends des érudits de nos jours qui en parlent bien à leur aise, et qui disent (Messieurs de Schlegel en tête) : Cette poésie française élevée existait au moyen-âge, elle était dans les romans de chevalerie, dans ces chansons de Geste qu'on exhume chaque jour, dans ces traditions vraiment modernes où il fallait l'aller chercher comme à sa source naturelle, et non chez les Grecs et les Latins. Le poëte polonais Mickiewicz, dans ses considérations d'histoire littéraire, adresse un reproche de ce genre à Ronsard ; il l'accuse d'avoir rompu avec la tradition du moyen-âge, et d'avoir jeté la poésie française dans la route qu'elle n'a plus quittée. Tout ce qu'on a dit plus vulgairement de Malherbe, il l'impute à Ronsard, et il a raison en un certain sens. La poésie française classique, à proprement parler, date bien de celui-ci, et Malherbe n'a fait que recommencer l'œuvre en la corrigeant, en la prenant d'un cran plus bas. Les critiques étrangers romantiques sont donc sévères à Ronsard et à l'esprit même de sa tentative, en tant que revenant sans discrétion à l'Antiquité : de sorte qu'en se chargeant de défendre et de maintenir ce brave poëte, on a à la fois affaire et aux classiques français qui ne veulent pas reconnaître en lui leur grand-père, et aux plus éclairés des romantiques étrangers qui le traitent comme le premier en date de nos classiques. On est entre deux feux.

Mais dans ces considérations générales où l'on opère sur des siècles et des âges tout entiers, et où la critique parcourt à vol d'oiseau d'immenses espaces, on oublie trop un point essentiel, c'est que le poëte vient à une heure précise et à un moment. Or, au moment où s'essaya Ronsard, la tradition du moyen-âge chez nous était toute dispersée et rompue, sans qu'il eût à s'en mêler ; ces grands poëmes et chansons de Geste, qui reparaissent aujourd'hui un à un dans leur vrai texte, grâce à un labeur méritoire, étaient tous en manuscrit, enfouis dans les bibliothèques et complétement oubliés; on n'aurait trouvé personne pour les déchiffrer et les lire. Depuis un siècle on n'avait sur tout cela en France que des romans en prose interminables, affadissants. Rabelais après Villon était venu, et avait fait sa parodie bouffonne, dont le rire au loin retentissait. Ronsard, qui n'avait pas le génie et qui n'était qu'un homme de talent poussé d'érudition, prit la poésie française au point où elle était, et vit, avant tout, un progrès à faire, une victoire à remporter sur Marot et sur Mellin de Saint-Gelais. Il marque nettement chez nous l'époque et l'avénement de la Renaissance, et en est le produit direct en français : elle avait retardé jusque-là, elle fit irruption avec lui.

Ce n'est pas à dire qu'avec plus de ressources et d'imagination il n'eût pu être un poëte de Renaissance tout autrement vif, inventif et léger. A le prendre tel qu'il fut, il eut son utilité et son mérite. Ses premières œuvres, ses Odes (1550) sont remplies d'un feu de tête qui se ressent de la vie renfermée et de l'espèce de serre chaude où il s'était nourri. Il rougirait de paraître imiter en rien les Français, ses prédécesseurs et devanciers, « d'autant, dit-il, que la langue est encore en son enfance. » Il s'est éloigné d'eux tant qu'il a pu, « prenant *style à part, sens à part, œuvre à part.* » Une louange donnée pour la forme à Marot mort, à Héroet, à Scève et à Mellin de Saint-Gelais vivants, ne contredit pas cette prétention qu'il a de marcher le seul et le premier par un sentier inconnu. Ce sentier, non frayé jusque-là, consiste à se jeter tout à fait du côté des Anciens, à suivre de près Pindare, Horace; il met son orgueil à les reproduire, à se modeler sur eux. A l'instar de ces maîtres, il apporte aux Français l'*Ode*, le nom et la chose, et il se pique de l'offrir dans toute sa variété.

Il n'écrit pas pour les rimeurs du jour ni pour les courtisans, dit-il, « qui n'admirent qu'un petit sonnet pétrarquisé ou quelque mignardise d'amour » qui n'a qu'un propos et qu'un ton ; mais il s'adresse aux « gentils esprits, ardents de la vertu. » Il a à cœur d'illustrer, de promouvoir notre langue, et de montrer aux étrangers qu'elle devancerait la leur, si ces beaux diseurs médisants, qui s'attaquent déjà à lui et qui combattent proprement des ombres (il les appelle d'un mot grec effrayant, *Sciamaches*), voulaient aussi bien s'appliquer à la défendre et à la propager. Ces derniers mots couverts paraissent avoir été à l'adresse de Mellin de Saint-Gelais, poëte de cour et homme de goût comme nous dirions, lequel s'était permis dès l'abord, contre Ronsard et sa manière, des railleries qu'il continua encore quelque temps, et dont enfin il se désista : Mellin vieillissait et allait mourir, et, après les premières escarmouches, il sentit qu'il valait mieux faire sa paix avec cette jeunesse que de soutenir une guerre inégale. J'ai sous les yeux dans l'édition première ces Odes de Ronsard ; je les disais autrefois presque illisibles : j'avoue qu'elles continuent de me paraître bien hérissées et bien rudes ; il y justifie par trop ce vers de l'ode finale imitée de l'*Exegi monumentum* :

> Plus dur que fer, j'ai fini mon ouvrage.

Si j'avais à y faire un choix, il ne serait pas autre que celui que j'en ai tiré anciennement. Quelques pièces vives ou même touchantes, telles que l'*Élection de mon Sépulcre*, des vers *à la Fontaine Bellerie*, une épode impétueuse contre une certaine Jeanne trop cruelle, des strophes éparses, voilà ce qu'on y peut glaner : La jolie pièce : *Mignonne, allons voir si la rose*..., n'y était pas d'abord et n'a été introduite que dans des éditions suivantes. Ronsard a le souffle généreux et une certaine force inhérente à son talent : c'en est un trait distinctif ; mais cette force insuffisante, et qui le trahit dans les grands sujets, réussit mieux et le sert quand il se rabat aux moindres. C'est ainsi qu'il a quelquefois du nerf et de la netteté brillante dans la grâce.

Les *Amours* de Ronsard, qui succédèrent (1552), sont moins tendues que les premières odes, et offrent, malgré la monotonie, quelque agrément. Le poëte dans ces sonnets imite habituellement Pétrarque, et par endroits avec fraîcheur et sentiment ; il y a des expressions heureuses, de ces images qui enrichissent la langue poétique :

> Sur le métier d'un si vague penser
> Amour ourdit les trames de ma vie.

L'année suivante (1553), le docte Muret jugea à propos de commenter ce recueil de sonnets ; il voulait venger Ronsard contre la critique des ignorants, contre l'arrogance, disait-il, de ces *acrêtés Mignons* dont « l'un le reprenait de se trop louer, l'autre d'écrire trop obscurément ; l'autre d'être trop audacieux à faire de nouveaux mots. » Muret convient cependant que dans ce volume « il y a quelques sonnets qui d'homme n'eussent jamais été bien entendus, si l'auteur ne les eût, ou à lui ou à quelque autre, familièrement déclarés » et expliqués. Dès ce moment la réputation de Ronsard, aidée de ce concours des doctes et de quelques hautes protections en cour, triompha de toute résistance ; Mellin de Saint-Gelais avait rendu les armes, et dans les années suivantes Ronsard, goûté des princes et adopté de la jeunesse, n'eut plus qu'à développer et à varier les applications de son talent. Il l'assouplit en effet, et dans les nouvelles *Amours* qu'il ajouta aux premières, dans les odes ou chansons qu'il y entremêla aux sonnets, il eut des notes où le feu, la verve et la facilité se font encore aujourd'hui sentir : *Quand j'étois libre, ains qu'une amour nouvelle*, etc. ; *Or' que l'hiver roidit la glace épaisse*, etc. ; *Quand ce beau printemps je voy*, etc. Il y a plaisir ici et profit à le parcourir ; on est vraiment avec un poëte.

La musique se mariait à ses vers ; on le chantait sur les instruments, et il devenait aussi populaire qu'il pouvait l'être : « Qand notre Mabile de Rennes, lit-on dans les *Contes d'Eutrapel*, chantait un lai de Tristan le Léonnais sur sa viole, ou une ode de ce grand poëte Ronsard, n'eussiez-vous juré que celui-ci, sous le désespoir de sa Cassandre, se voulût confiner et rendre en la plus étroite observance et ermitage qui soit sur le Mont-Serrat ?... » Ainsi chanté par Mabile, Ronsard faisait l'effet d'un amoureux passionné.

Dans cette seconde période de sa carrière et de son talent, on voit Ronsard devenu un poëte assez facile, et plutôt trop facile ; il manie avec une grande aisance le vers alexandrin et y dit ce qu'il veut, mais avec quelque prolixité et longueur. Il est en quête de sujets, et ne trouve pas en lui matière à vaste conception ; il médite sa *Franciade* qu'il combine assez froidement et pour laquelle il attend des encouragements et récompenses, faute de quoi il ne l'achèvera jamais. Et cependant il s'exerce en bien des genres qu'on pourrait dire noblement tempérés, dans l'épître, le poëme moral, et il y a fait preuve de sens et de talent : ainsi dans une des pièces qui lui attirèrent le plus d'inimitiés, dans son *Discours des misères de ce temps*, adressé à la reine Catherine de Médicis à l'occasion des troubles et des premiers massacres de religion dont le signal fut donné en 1560, il disait, après avoir dépeint l'espèce de fureur soudaine qui s'était emparée des esprits :

> Mais vous, Reine très-sage, en voyant ce discord
> Pouvez, en commandant, les mettre tous d'accord :

> Imitant le pasteur qui voyant les armées
> De ses mouches à miel, fièrement animées
> Pour soutenir leurs rois, au combat se ruer,
> Se percer, se piquer, se navrer, se tuer,
> Et parmi les assauts forcenant pêle-mêle
> Tomber mortes du ciel aussi menu que grêle,
> Portant un gentil cœur dedans un petit corps :
> Il verse parmi l'air un peu de poudre ; et lors
> Retenant des deux camps la fureur à son aise,
> Pour un peu de sablon leurs querelles apaise.

Dans cette comparaison prise à Virgile, le *Pulveris exigui jactu* est très-bien rendu. Il y a une suspension qui est imitative et d'un effet pittoresque :

> Il verse parmi l'air un peu de poudre...

La plupart des critiques que l'on a adressées à la première manière ardue et rocailleuse de Ronsard trouveraient peu leur application, à considérer cette portion plus rassise de ses œuvres ; je lui reprocherais plutôt d'y être trop détendu et de se relâcher dans le prosaïque, bien que de temps en temps il y ait des retours de verves et que le cheval de race y retrouve des élans.

Si l'on voulait s'en prendre aux événements de ce que l'homme n'a pas su accomplir, il serait naturel de faire comme Ronsard et d'accuser les guerres civiles et domestiques ; elles lui furent plus contraires qu'à personne, et dès 1562 il éprouva, pour s'être loyalement déclaré en faveur de l'ordre existant et de l'Église établie, la fureur et la malignité des factions. Il y eut alors un premier échec porté à sa renommée, et un grand dérangement dans sa tranquillité et ses loisirs. Des amis, des disciples de la veille se tournèrent contre lui, et l'insultèrent dans des libelles dont quelques-uns se sont conservés. Ronsard, selon l'usage du temps, avait reçu pour récompense de ses vers des bénéfices ; les Réformés et prédicants le traitèrent comme ils auraient fait un gras prieur ou un abbé repu. Voici une de ces pièces satiriques que je traduis ; ce sont des distiques latins :

« Tant que tu as bu aux sources d'Aonie ; tant que sur le sommet du Pinde, ô Ronsard, tu as touché avec art la lyre aux onze cordes, ta Muse a fait retentir les champs du Vendômois de ses graves accents que Phébus eût avoués pour siens ; mais dès que tu n'as plus eu souci que de t'engraisser la panse à la manière d'une soyeuse truie, tu as grossi le nombre de ceux qui font les enterrements, qui ressemblent aux frelons, et sont impropres à l'ouvrage. Tu t'es mis dès lors au plain-chant de la Messe ; mais depuis ce temps-là ce n'est plus ta Muse, c'est ta Messe qui chante.

. . . . . . .At tempore ab illo
Non tua Musa canit, sed tua Missa canit. »

En réimprimant cette pièce pour y répondre, Ronsard l'a intitulée : *Coassement d'une grenouille du lac de Genève, Ranæ Lemanicolæ coaxatio.* Car il eut le tort d'y vouloir répondre, et en vers latins, ce qui n'était pas son fort. En tout il est plus grec et français que latin. — Je laisse de côté bien d'autres aménités dont on le gratifia dans cette querelle de littérature et de théologie mêlées ; il y eut de ces fines injures qui allaient jusqu'à la moelle, et dont le seizième siècle, sur la matière que Fracastor a célébrée, n'était jamais avare.

Par compensation, Ronsard reçut du pape Pie V un bref qui le remerciait de s'être montré en faveur de la religion (1). La religion de Ronsard d'ailleurs, en cet âge de fanatisme, paraît avoir été celle d'un homme

---

(1) M. de Falloux dans son histoire de *Saint Pie V*, a rendu cette circonstance en des termes assez singuliers : « Pie V, dit-il, ne dédaigna pas non plus d'adresser des encouragements aux hommes lettrés qui prenaient un rang honorable dans *la mêlée des intelligences*. Ronsard « ayant armé les Muses au secours de la religion, » le pape l'en remercia hautement par un bref. » M. de Falloux est certainement un homme poli : on vient de voir ce que c'était que cette *mêlée des intelligences*.

sage. Il a exprimé son sentiment d'indifférence philosophique autant qu'orthodoxe pour toutes ces divisions et variations des sectes :

> L'un se dit Zwinglien, l'autre Luthérien,
> Et fait de l'habile homme au sens de l'Écriture.
> . . . .
> Chacun songe et discourt, et dit qu'il a raison.

C'est dans un sonnet adressé à Louis prince de Condé qu'il parle de la sorte, et il n'a tenu qu'à ce prince, fauteur et soutien de la Réforme, d'y voir une leçon.

Peu après cette querelle de parti et cette polémique, la seule au reste qu'il eut dorénavant à soutenir, Ronsard publia en 1565 un Recueil intitulé : *Elégies, Mascarades et Bergerie;* ce sont pour la plupart des pièces de circonstance, des divertissements de cour qui furent représentés à des fêtes, et qui sont pour nous purement ennuyeux et sans intérêt; mais j'y trouve en tête, sous le titre d'Élégie, un discours en vers à la reine d'Angleterre Élisabeth, nouvellement en paix avec la France. Le poëte y introduit le dieu Protée, par la bouche duquel il fait dire à la noble reine toutes sortes de belles et flatteuses choses, et même des prophéties très-sensées, par exemple :

> N'offensez point par arme ni par noise,
> Si m'en croyez, la province françoise;
> Car, bien qu'il fût destiné par les Cieux
> Qu'un temps seriez d'elle victorieux,
> Le même Ciel pour elle a voulu faire
> Autre destin, au vôtre tout contraire.
>
> Le François semble au saule verdissant :
> Plus on le coupe et plus il est naissant,
> Et rejetonne en branches davantage,
> Prenant vigueur de son propre dommage :
> Pour ce, vivez comme amiables sœurs.
> . . . .
> Quand vous serez ensemble bien unies,

> L'Amour, la Foi, deux belles compagnies,
> Viendront ça bas le cœur nous échauffer :
> Puis sans harnois, sans armes et sans fer,
> Et sans le dos d'un corselet vous ceindre,
> Férez vos noms par toute Europe craindre :
> Et l'Age d'or verra de toutes parts
> Fleurir les Lys entre les Léopards.

Il y a là dedans un bon sens politique que Malherbe, qui en avait tant, n'aurait certes pas désavoué.

Ce qui me frappe chez Ronsard poëte, et poëte si honorable, si laborieux et même si modeste après son accès de fougue première, c'est comme il se casse de bonne heure, comme il devient vite incapable d'autre chose que de courtes poussées, et comme il a le sentiment que la poésie ainsi que la jeunesse gît toute dans la chaleur du sang, et s'évanouit avec elle. Il a exprimé cela admirablement dans une Épître à son ami Jean Galland, principal du collége de Boncourt ; il lui dit :

> Comme on voit en septembre aux tonneaux angevins
> Bouillir en écumant la jeunesse des vins,
> Qui, chaude en son berceau, à toute force gronde
> Et voudroit tout d'un coup sortir hors de sa bonde,
> Ardente, impatiente, et n'a point de repos
> De s'enfler, d'écumer, de jaillir à gros flots,
> Tant que le froid Hiver lui ait dompté sa force (1),
> Rembarrant sa puissance aux berceaux d'une écorce :
> Ainsi la poésie, en la jeune saison,
> Bouillonne dans nos cœurs...

Mais quand vient l'âge de trente-cinq ou quarante ans (c'est la limite qu'il assigne), le sang se refroidit ; adieu la Muse et les belles chansons :

> Nos lauriers sont séchés, et le train de nos vers

---

(1) Dans toutes les éditions que j'ai vues on lit : *Tant que le froid Hiver lui ait* DONNÉ *sa force...*, ce qui est contraire au sens.

> Se présente à nos yeux boiteux et de travers :
> Toujours quelque malheur en marchant les retarde,
> Et comme par dépit la Muse les regarde.

Il faut lire toute la pièce, qui, avec celle des *muses délogées*, est une des meilleures du Ronsard mûri ou plutôt vieilli, et l'on conçoit, à la lecture de tels vers, qu'on ait rapproché de son nom celui de Corneille. Regnier, dans sa chaude veine, n'a rien fait de mieux. Mais Ronsard, qui n'a plus que des rencontres et par-ci par-là de ces bons accidents, s'en prend alors de son peu d'entrain et de son ralentissement aux rois et princes qui ne l'ont pas assez récompensé ni fait assez riche : au fond, il ne devrait s'en prendre qu'à lui et à sa nature. Cet *esprit gaillard* et ce *cœur généreux* (c'est ainsi qu'il se qualifie avec raison) n'a pas su assez dégager la poésie de la fougue même du tempérament ; sa santé s'est fatiguée avant qu'il ait régulièrement mûri ; il n'a pas eu deux jeunesses. Sauf de rares passages dans le ton de ce que je viens de citer, sauf de courts moments où le vieux coursier de guerre se redresse comme au son du clairon, il s'oublie, il se traîne ; il ne donne pas à sa propre manière son perfectionnement graduel, et, après une si fière et tumultueuse entrée, il a une fin lente, inégale et incertaine. Il meurt à soixante et un ans (1585), mais il a commencé d'être le *bonhomme* Ronsard de bonne heure, vers cinquante ans et plus tôt, — à l'âge où Malherbe, qui est au contraire un poëte de vieillesse, acquerra seulement sa pleine verdeur.

Cela est si vrai, que lorsqu'il veut se corriger lui-même, Ronsard n'a pas la main sûre ni le tact heureux ; il lui arrive de retrancher, on ne sait pourquoi, de ses dernières éditions des vers qui sont charmants, et du petit nombre de ceux qui paraîtront tels à tous les yeux. Ses admirateurs, dans le temps, ne s'expliquaient pas cette sévérité, et ils ont rétabli après lui ces pièces qu'on dirait plutôt de choix que de rebut. Voici un sonnet touchant, mélancolique, qu'il avait rejeté et que la postérité a accueilli ; il l'adressait à sa dame en lui envoyant un bouquet, une après-midi :

> Je vous envoie un bouquet que ma main
> Vient de trier de ces fleurs épanies ;
> Qui ne les eût à ce vespre cueillies,
> Chutes à terre elles fussent demain.
>
> Cela vous soit un exemple certain
> Que vos beautés, bien qu'elles soient fleuries,
> En peu de temps cherront toutes flétries,
> Et comme fleurs périront tout soudain.
>
> Le temps s'en va, le temps s'en va, ma Dame ;
> Las ! le temps non, mais nous nous en allons,
> Et tôt serons étendus sous la lame :
>
> Et des amours desquelles nous parlons,
> Quand serons morts, n'en sera plus nouvelle :
> Pour ce aimez-moi cependant qu'êtes belle.

Remi Belleau, dans son Commentaire, a fait remarquer que ce sonnet est imité d'une petite pièce latine de Marulle ; il ne dit pas qu'il pourrait aussi bien paraître imité de cette jolie épigramme de l'Anthologie, et qui est du poëte Rufin :

« Je t'envoie, Rhodoclée, cette couronne qu'avec de belles fleurs j'ai moi-même tressée de mes mains : il y a un lis, un bouton de rose, une anémone humide, un tiède narcisse, et la violette à l'éclat sombre. Ainsi couronnée, cesse d'être trop fière ! tu fleuris et tu finis, et toi et la couronne. »

J'ai réservé bien des choses à dire, et qui viendront naturellement avec l'examen de l'intéressant travail de M. Gandar et de la publication curieuse de M. Blanchemain.

20 octobre 1855.

ŒUVRES INÉDITES
DE P. DE RONSARD

RECUEILLIES ET PUBLIÉES

Par M. PROSPER BLANCHEMAIN.

Un volume petit in-8°; Paris, Auguste Aubry, 1855.

Étude sur RONSARD, considéré comme imitateur d'Homère et de Pindare, par M. Eugène Gandar, ancien membre de l'École française d'Athènes. 1 vol. in-8°; Metz, 1854.

(Suite et fin.)

Un des plus beaux sonnets de Ronsard, et qui le caractérisent le mieux dans son feu d'étude, dans sa fièvre de poésie et de travail, c'est celui qui commence par ces vers empressés, impétueux :

> Je veux lire en trois jours *l'Iliade* d'Homère,
> Et pour ce, Corydon, ferme bien l'huis sur moi...

Il y ordonne à ce laquais, Corydon, de tenir sa porte exactement close et de ne le déranger pour rien au monde, sous peine d'éprouver à l'instant sa colère. Il n'y aurait que le cas unique où quelqu'un viendrait de la part de sa maîtresse Cassandre : oh ! alors la consigne tomberait à l'instant ; mais, hormis pour elle, il est invisible à l'univers :

> Au reste, si un Dieu vouloit pour moi descendre
> Du ciel, ferme la porte et ne le laisse entrer.

Je le crois bien, en lisant avec cette passion *l'Iliade* d'Homère, il est déjà avec les Dieux mêmes et avec les héros fils des Dieux.

Dans cette petite pièce on sent toute l'ardeur de la Renaissance, cette avidité d'apprendre, de dévorer, de s'incorporer les Anciens. Si Ronsard sort d'une lecture ainsi forcée avec une poésie un peu haute en idée, mais inégale et indigeste, et la tête montée comme on dit, on n'en sera pas surpris. Excusez-le s'il ne gouverne pas son français comme il le faudrait, il vient de faire un excès d'Homère ou de Pindare.

M. Gandar, qui est un adorateur d'Homère (et j'appelle adorateurs ceux qui le sont par un vœu tout spécial et par une pratique fidèle), lui qui a fait le pèlerinage d'Ithaque, qui a visité le port de Phorcys et la grotte des Nymphes, qui a reconnu le lieu certain des étables d'Eumée, et déterminé l'endroit probable de la maison d'Ulysse (1), M. Gandar s'est complu à rechercher dans l'œuvre de Ronsard la trace et l'influence homérique. Il a très-bien montré que c'était une grande nouveauté alors en France de lire Homère en grec, que dans l'Université même, et parmi ceux qui passaient pour doctes, on ne s'en avisait que depuis peu, et il en a fait un mérite à notre poëte, qui, non content de l'étudier sans cesse, voulait encore l'imiter, le repro-

(1) Dans sa thèse latine : *De Ulyssis Ithaca*, 1854.

duire, et doter son siècle et son pays d'un poëme épique : vain effort, mais noble pensée !

Ici je ne puis m'empêcher de remarquer combien l'influence d'Homère, de ce grand poëte naturel, fut petite dans notre littérature, ou, pour parler plus exactement, combien elle en fut absente; et, afin de rendre le fait plus net et plus sensible, je me pose une question :

Quels sont les grands écrivains français qui auraient pu s'aller promener aux champs en emportant un Homère, rien que le texte, ou qui, s'enfermant comme Ronsard en des heures de sainte orgie, auraient pu avoir raison en trois jours de *l'Iliade* ou de *l'Odyssée?* Quels sont-ils, grands prosateurs ou poëtes? et, selon que cette lecture directe et familière leur a été possible ou non, n'y aurait-il pas un certain trait à en déduire par rapport à chacun, une certaine réflexion qui porte sur l'ensemble du talent? et aussi, cette revue faite, n'y a-t-il pas une conclusion générale à tirer sur le caractère presque exclusivement latin de notre littérature ?

Avant Ronsard, il n'est chez nous qu'un seul écrivain célèbre, un seul qui soit capable de cette lecture largement prise à la source : c'est Rabelais, également lecteur de Platon, d'Hippocrate ou d'Homère ; et au milieu de ses bruyantes facéties, — à l'ampleur, au naturel et à la richesse aisée de sa forme, — il s'en ressent.

Depuis Ronsard, je cherche en vain un poëte, un écrivain de renom dans son siècle, qui soit comme lui, je ne dirai pas de la religion, mais de la familiarité et de la fréquentation homérique. Ce n'est pas Des Portes, déjà tout Italien et déchu des grandes sources ; ce n'est pas le doux et languissant Bertaut; ce n'est pas le vigoureux Regnier, purement participant des satiriques italiens et latins. Ce n'est pas même Montaigne. Entre Homère et Virgile, si on les veut comparer, l'auteur des

Essais se récuse et avoue bonnement qu'il n'est pas juge : « Moi qui n'en connois que l'un, dit-il, puis seulement dire cela, selon ma portée, que je ne crois pas que les Muses mêmes allassent au delà du Romain. » D'Homère cependant il est très-tenté de faire un des trois plus excellents hommes et presque un Dieu, mais il ne le lit pas. Il aimerait moins Sénèque, s'il le lisait.

Henri Estienne et Amyot, eux, gens du métier, lisaient Homère à livre ouvert quand ils le voulaient, et leur belle et bonne langue en a profité comme de toute la Grèce; Amyot même a cela de particulier que, sans le savoir, il a donné un air homérique à Plutarque, et il le fait parler un peu comme Nestor.

A continuer, après le siècle de Ronsard, d'adresser cette question à nos poëtes et auteurs en renom : « Lisez-vous Homère? aimez-vous Homère? » ce n'est certes point Malherbe qui répondra *Oui;* ni vous non plus, ô grand Corneille! Stace et Lucain sont trop près de vous et vous sont trop chers. — Je n'oserais dire de Balzac, si instruit, si docte même, qu'il n'a pas eu la connaissance d'Homère, mais je dirai sans crainte que l'habitude d'Homère lui a manqué. — Pascal, au génie sévère et à l'imagination sombre, le connaît peu ; il en parle comme de l'auteur d'un beau roman, il ne voit en lui que le père des mensonges. Saint-Évremond et les spirituels élèves des Jésuites n'y entendaient plus rien. Le grand Arnauld ne l'avait jamais lu, je pense, et ce qu'il savait de grec, vers la fin de sa vie il l'avait oublié.

Avec Boileau, du moins, nous retrouvons un poëte qui, pour les endroits où il l'a étudié, peut emporter avec fruit un volume d'Homère, et qui travaille à le traduire en quelques beaux passages. Racine plus heureux (il le doit à Lancelot) le lit couramment, et il y puiserait sans effort, s'il ne préférait Euripide.

La Fontaine devine Homère comme toutes choses ; il le lit je ne sais comment, mais je croirais volontiers qu'il l'a vu face à face ; il est si digne d'en tout comprendre ! Molière, qui sait son Lucrèce, n'a guère eu le temps ni l'occasion, près de Gassendi, d'aller jusqu'à Homère. La Bruyère l'entend, à coup sûr ; mais en a-t-il bien profité ? Fléchier, dans sa politesse ingénieuse, écrit toujours et en toute occasion comme quelqu'un qui ne l'a ni lu ni entrevu.

Bossuet, dans une Instruction sur le style oratoire, a écrit : « Les poëtes aussi sont de grand secours. Je ne connais que Virgile ; — et un peu Homère. » Il est vrai qu'il écrivait cela avant d'être chargé de l'éducation du Dauphin ; dans le cours de cette éducation il eut des loisirs, et il put se remettre à cette lecture, moins faite pourtant que celle d'un David pour son génie. C'est à Fénelon qu'il en faut venir pour posséder l'esprit familier et adouci d'Homère, tout ce qui pouvait alors se naturaliser de lui en France et y être à l'usage de chacun dans une prose suave et persuasive.

Depuis Fénelon, et durant tout le dix-huitième siècle, nous n'avons à attendre, si nous prononçons le nom d'Homère, que des réponses négatives et sèches ; trop heureux quand ce ne sont pas des épigrammes et des impertinences ! Fontenelle, La Motte, il ne faut point leur en parler ; ils ne le lisent pas, et ils l'abrègent. Sans le connaître, ils sentent en lui comme un grand ennemi personnel, et ils le voudraient supprimer. Par eux, Madame Dacier est restée atteinte de ridicule pour avoir rendu de son mieux le divin poëte et l'avoir trop défendu. Par malheur, aucun de nos grands prosateurs d'alors, ni Montesquieu, ni Voltaire, ni Buffon, ni Jean-Jacques, n'ont lu directement Homère : il n'est entré pour rien dans la composition ni dans la trempe de leur talent ; on s'en aperçoit à leur cachet. — Ce n'est pas la bonne volonté pour Homère qui a manqué à Diderot, et, sans guère le lire, il a dû plus d'une fois en causer de près et par bouffées avec son ami l'Allemand Grimm, l'ancien élève d'Ernesti. — Celui qui l'a lu (j'entends toujours lu à la source), dans tout ce monde du dix-huitième siècle, ce n'est ni d'Alembert, ni Duclos, ni Marmontel, ni même le critique La Harpe, dont ce serait pourtant le devoir et le métier ; ce n'est pas même Fontanes, d'un goût si pur, mais paresseux. Nommons vite André Chénier, pour nous rattacher avec lui au sol sacré et au vrai rivage. Bernardin de Saint-Pierre, par une grâce du Ciel, avait déjà reconnu de loin la grande plage antique, et, sans y aborder, il l'avait saluée à l'horizon. Ajoutons aussi que Chateaubriand, malgré une éducation classique très-incomplète, avait su dans les solitaires études de sa jeunesse revenir directement et mordre tant bien que mal au texte d'Homère ; il en avait ressaisi, pour les reproduire, l'esprit, la grandeur, ou même le charme, autant qu'on le peut sans la simplicité. Je ne pousserai pas plus loin, ni auprès de plus modernes, ma question qui deviendrait indiscrète : « Lisez-vous, avez-vous lu Homère ? » et je reviens vite à ce désordonné Ronsard qui, avec sa débauche de trois jours, me l'a suggérée.

M. Gandar a eu un dessein qu'il est bon de connaître pour mieux apprécier l'intention de son Étude sur Ronsard ; il consacre la meilleure partie des loisirs que lui laisse l'enseignement à une histoire des *Hellénistes français de la Renaissance*. C'est un beau sujet et qui, bien circonscrit, bien approfondi, doit amener des découvertes ou des nouveautés d'aspect au sein de cette époque confuse et si pleine, qu'on ne saurait entamer par trop de côtés. L'écueil à éviter, ce serait de voir de l'hellénisme là où il n'y en a pas, d'abuser de ce genre d'influence, et de la trop étendre. Ainsi, par exemple, Henri IV, qui n'était rien moins que savant, eut un précepteur qui lui apprit un peu de latin; il en eut même un, La Gaucherie, qui essaya de lui apprendre du grec par forme d'usage, sans grammaire, et qui lui faisait réciter par cœur quelques sentences ou maximes. Palma Cayet, qui était pour lors son répétiteur, nous a conservé une ou deux de ces maximes qu'il nous cite et que le jeune prince avait retenues. C'est une pure curiosité. Est-ce une raison pour se poser la question que se fait M. Gandar, et pour se demander si Henri IV ne devait pas en quelque degré, à cette première éducation, « son style et le tour si français de ses lettres? » Je crois qu'ici il y a trop d'envie de tirer à soi et à son sujet ce qui réellement n'y appartient ni de près ni de loin. Non, ce n'est point du tout parce qu'il avait appris une vingtaine peut-être de phrases grecques dans son enfance, que Henri IV parlait si lestement son joli français.

Quant à Ronsard, c'est autre chose, et M. Gandar ne pouvait choisir un plus juste et plus manifeste exemple de l'helléniste français par excellence. Ronsard, en effet, regorgeait de grec quand il se mit à l'œuvre. M. Gandar discute au long le projet de *la Franciade*, ce poëme épique inachevé dont on n'a que les quatre premiers livres, et qui expira faute d'encouragement et aussi de verve. Une sorte d'*Énéide* était-elle possible en France au seizième siècle? Je ne le crois pas. Pour composer une *Énéide*, il faut le talent d'abord; il faut aussi que le temps et les princes y soient propices; et rien de cela ne se rencontrait au berceau de *la Franciade*. Au lieu de venir à l'une de ces grandes époques où le monde se rassoit, Ronsard tombait dans un temps où tout bouillonne, et où, pour ainsi dire, on entre dans la chaudière. Charles IX, qui jouerait ici le rôle d'Auguste, n'est qu'un enfant maladif et gouverné ; il aime les vers, il est vrai, et il en commande volontiers à son poëte ; mais une Saint-Barthélemy jetée à la traverse fait un terrible contre-temps. Imaginez une proscription à la Sylla tombant en pleine composition de l'*Énéide ;* cela coupe l'inspiration, si on l'avait. Lors même que, dans le sujet et la fable de Francus, il y aurait eu matière à une composition nationale, il manquait donc la famille des Jules et un Auguste demandant à Virgile l'*Énéide* au lendemain de son triomphe et de la célébration des jeux de Troie, et comme un magnifique couronnement de la paix du monde. Enfin, il manquait surtout un Virgile, c'est-à-dire ce génie à la fois imitateur, inventif et composite, qui, venu à l'heure de la maturité d'une langue et de la domination universelle d'un peuple, fond et combine toutes choses, souvenirs, traditions et espérances, avec un art intérieur accompli, dans un sentiment présent et élevé. M. Gandar, qui arrive aux mêmes conclusions, n'y est conduit en quelque sorte qu'à regret ; il s'applique à excuser Ronsard de son illusion, tournée si vite en défaillance, et il cherche çà et là dans cette *Franciade* trop insignifiante, que le poëte n'a pas même osé écrire en vers alexandrins, quelques passages heureux, quelques détails pittoresques. On y est plus aisément indulgent lorsqu'on y arrive par le grec que lorsqu'on y va directement par le français.

De même pour les Odes pindariques, M. Gandar explique mieux qu'on ne l'avait fait encore comment Ronsard n'a pu triompher des différences essentielles qu'offre chez les Anglais et chez les Modernes le genre qu'il prétendait embrasser avec audace et renouveler dans toute sa variété. Le poëte lyrique du seizième siècle chercha aussi, comme l'ancien Thébain, à enchaîner ses rhythmes à la musique, et à leur donner ces ailes qui font courir une parole chantante sur les lèvres des hommes : mais il eut beau s'efforcer, sa tentative interrompue, son échafaudage ne sert qu'à marquer sa ruine et à mieux faire mesurer l'infinie distance qu'il y a entre cette ode publique chantée et presque jouée de Pindare, et cette emphase moderne toute métaphorique, plus apparente ici dans une langue roide, neuve, et tout exprès fabriquée.

Ce n'est pas moi qui me plaindrai des constants témoignages de sympathie pour l'auteur, que M. Gandar a pris soin de mêler à ses conclusions inévitablement sévères. Il aime à suivre dans les portions de Ronsard qu'on lit le moins, et qui ont peu prêté jusqu'ici aux extraits, dans les Discours, les Hymnes, les Poëmes moraux, des preuves de cette disposition altière et généreuse qui appartenait proprement au tour d'esprit et au talent du poëte. M. Ampère, quand il a eu à parler de Ronsard dans son Cours, insistait aussi sur cette même fibre héroïque et mâle, un peu Cornélienne à l'avance, et qui était alors très-neuve et originale en français. Voici de beaux vers, non pas tout à fait dans ce ton, mais d'un haut accent, que je viens d'avoir le plaisir de retrouver en refeuilletant une de ces épîtres peu avenantes au premier coup d'œil. Ronsard y raconte à l'un de ses amis, Pierre Lescot, l'un des architectes du Louvre, comment dès son enfance il résistait à son père qui lui disait de renoncer à la poésie, et comment déjà le démon du rêve et de la fantaisie le transportait; je crois bien qu'en la mettant à l'âge de douze ans, *alter ab undecimo...*, il antidate un peu sa jeune manie, pour la mieux peindre ; mais il exprime cela en homme qui n'a pas cessé d'en être possédé au moment où il en parle :

> Je n'avois pas douze ans, qu'au profond des vallées,
> Dans les hautes forêts des hommes reculées,
> Dans les antres secrets, de frayeur tout couverts,
> Sans avoir soin de rien je composois des vers.
> Echo me répondoit et les simples Dryades,
> Faunes, Satyres, Pans, Napées, Oréades,
> Ægipans qui portoient des cornes sur le front,
> Et qui ballant sautoient comme les chèvres font,
> Et le gentil troupeau des fantastiques Fées
> Autour de moi dansoient à cottes dégraffées.

On n'a pas plus d'emportement ni de sainte fureur; on entend le trépignement et les bonds de la danse.

Je ne saurais toutefois, et bien que j'abonde en général dans son sens, accorder à M. Gandar son admiration pour une des pièces morales de Ronsard, intitulée : *De l'Équité des vieux Gaulois*. Il m'en coûte de lui résister; mais dans cette pièce où un grand chef gaulois, Brennus, tue de sa main devant l'autel sa captive, l'épouse d'un étranger, d'un Milésien son hôte, au moment de la lui rendre, et où, après avoir essuyé patiemment les reproches du mari, il lui réplique par un récit de l'infidélité et de la perfidie de sa femme, je verrais bien plutôt le sujet d'un conte de La Fontaine dans le genre de *la Matrone d'Éphèse*. Ronsard n'a pas évité le léger ridicule qui se mêle à ces sortes d'histoires :

> Le mari, spectateur d'un acte si piteux,
> Eut le sein et les yeux de larmes tout moiteux.

A un certain endroit de la pièce, dans une description de sacrifice, M. Gandar croit voir « un bas-relief antique; » mais pour cela il est obligé de découper les vers et de les isoler, en retranchant ceux qui précèdent et qui suivent. Cette pièce de Ronsard, où il y a d'ailleurs du sens et du bon, me paraît être de celles où il tombe dans un prosaïsme ennuyeux et dans la prolixité. A ces moments il est à demi désarmé, et bien loin de son premier nerf : il ne tend plus l'arc d'Apollon.

Il y aurait sur un point, et pour montrer l'insuffisance de son procédé poétique dans cette seconde manière, une comparaison facile à établir. On connaît la charmante pièce de Claudien, *le Vieillard de Vérone* : *Felix qui patriis ævum transegit in agris...* Trois poëtes l'ont imitée : Mellin de Saint-Gelais, Ronsard et Racan. Mellin de Saint-Gelais suit le texte et le délaie; il en fait simplement une paraphrase en gros, sans lutter d'expression, sans chercher d'équivalent. Là où le texte dit : « Heureux qui, vieux, s'appuyant sur un bâton dans la même allée où il s'est traîné enfant, ne sait compter en fait de siècles que ceux de sa cabane ! *Qui baculo nitens, in qua reptavit arena*, etc., » Saint-Gelais dira : *O bienheureux...*

>   Qui d'un bâton et du bras secouru
>   Va par les champs où jeune il a couru !

a couru au lieu de *reptavit !* C'est même un faux sens dans l'esprit de la pièce; car il n'est pas précisément agréable à un vieillard de se souvenir qu'il a couru là où maintenant il marche à peine; mais il peut aimer à se dire qu'il s'est traîné tout petit enfant là où il se traîne encore. En tout, les vers de Saint-Gelais sont assez faciles, mais plats.

Ronsard, à son tour, dans une pièce adressée au cardinal de Châtillon, traduit et encadre cet éloge de la vie rurale d'après Claudien; il suit son texte de plus près, et il y ajoute un joli vers :

>   Il dort au bord de l'eau qui court parmi les prées.

Mais d'ailleurs il ne réussit pas, et il manque tout à fait

de grâce et d'élégance. Par exemple il dira : *O bienheureux celui...*

> Qui se soutient les bras d'un bâton appuyés,
> Parmi les champs où jeune *alloit à quatre pieds!*

Puis quand il en a fini avec le couplet de Claudien, il se ressouvient du beau morceau de Virgile : *O fortunatos nimium...*, et il l'ajoute par une reprise visible : *Heureux* DONCQUES, *heureux qui de son toit ne bouge!...* en se contentant pour cette seconde partie d'imiter librement. Mais ce qui frappe, c'est qu'il met Virgile et Claudien bout à bout; il les coud, il les accole et ne les fond pas; ce n'est pas un tissu qu'il fait, c'est un placage. Il y a des tons qui crient et que ne suffisent pas à racheter d'agréables vers, tels que ceux-ci :

> Quant à moi, j'aime mieux ne manger que du pain
> Et boire d'un ruisseau puisé dedans la main,
> Sauter ou m'endormir sur la belle verdure,
> Ou composer des vers près d'une eau qui murmure...

Mais, quelques vers plus haut, il était question d'un *crocheteur* qui, rien qu'à l'entendre nommer, me gâte cette vue champêtre.

Racan, au contraire, dans sa délicieuse pièce de *la Retraite*, a tout fondu en une parfaite nuance : il a fait quelque chose d'original et d'imité, et où l'imitation s'oublie dans le naturel de la peinture et du sentiment. Il est revenu à la paraphrase, et c'est à son aise qu'il rejoint son modèle, qu'il le développe et le transforme, sans lutte, sans paraître y viser :

> Il soupire en repos l'ennui de sa vieillesse
> Dans ce même foyer où sa tendre jeunesse
> A vu dans le berceau ses bras emmaillottés...

Voilà le *reptavit*. Et au lieu de : *Frugibus alternis,* **non** *consule, computat annum,* sans entrer dans une antithèse difficile, il dira nonchalamment :

Il tient par les moissons registre des années...

Mais surtout il y met à chaque instant ses impressions vraies, et les associe aux tons primitifs sans qu'on puisse les démêler. Je renvoie les curieux aux pièces elles-mêmes. Et c'est ainsi que les trois poëtes, en présence d'un Ancien, nous donnent tour à tour la mesure de leur procédé et de leur goût. Le seul Racan, par la fusion de l'harmonie et de la couleur, a retrouvé le charme et le je ne sais quoi d'enchanté.

Il faut conclure. Je l'ai presque déjà fait au début, par des paroles de Fénelon ; je le ferai encore ici en terminant, et par des paroles de Chapelain. Qu'on n'aille pas s'effaroucher! la chose vaut mieux que le nom. Jamais je n'ai rapproché Chapelain de Ronsard comme poëte ; des deux, il n'y a que Ronsard qui le soit. Chapelain est un esprit judicieux, réglé, de tout temps un peu lourd, venu à la suite, et digne finalement par ses vers de toute la risée de Boileau et de tout notre oubli. Mais à son heure, et encore jeune, il jugeait bien de toute cette littérature antérieure ; et c'est à lui que Balzac adressait, à une date qui doit être des premiers mois de 1640, cette lettre souvent citée où il lui disait : « Mais est-ce tout de bon que vous parlez de Ronsard, et que vous le traitez de *grand ?* ou si c'est seulement par modestie, et pour opposer sa grandeur à notre ténuité? Pour moi, je ne l'estime grand que dans le sens de ce vieux proverbe : *Magnus liber, magnum malum,* et me suis déclaré là-dessus dans une de mes lettres latines que vous avez laissée passer sans y former d'opposition. » Chapelain, ainsi pressé par Balzac, lui répond un peu longuement, mais très-judicieusement, et cette lettre inédite, publiée ici pour la première fois, ne saurait désormais se séparer de la question même qui lui était faite et dont on se souvient encore :

« Vous me demandiez, lui écrit-il le 27 mai 1840 (1), par l'une de vos précédentes, si l'épithète de *grand*, que j'avais donnée à Ronsard, était sérieux (2) ou ironique, et vouliez mon sentiment exprès là-dessus. J'avais alors beaucoup de choses à vous dire plus nécessaires que celles-là, et à peine avais-je assez de temps pour vous le dire. Maintenant que je suis sans matière et sans occupation, je puis bien prendre celle-ci pour remplir ma page et satisfaire à votre désir, plutôt tard que jamais. Ronsard sans doute était né poëte, autant ou plus que pas un des modernes, je ne dis pas seulement Français, mais encore Espagnols et Italiens. Ç'a été l'opinion de deux grands savants de delà les monts, Sperone et Castelvetro, dont le dernier, comme vous avez pu voir dans les livres que je vous ai envoyés, le compare et le préfère à son adversaire Caro dans la plus belle chose et de plus de réputation qu'il ait jamais faite, et le premier le loue *ex professo* dans une élégie latine qu'il fit incontinent après la publication de ses Odes pindariques. Mais ce n'est pas plus leur sentiment que le mien propre qui m'oblige à rendre ce témoignage à son mérite. Il n'a pas, à la vérité, les traits aigus de Lucain et de Stace, mais il a quelque chose que j'estime plus, qui est une certaine égalité nette et majestueuse qui fait le vrai corps des ouvrages poétiques, ces autres petits ornements étant plus du sophiste et du déclamateur que d'un esprit véritablement inspiré par les Muses. Dans le détail je le trouve plus approchant de Virgile, ou, pour mieux dire, d'Homère, que pas un des poëtes que nous connaissons; et je ne doute point que, s'il fût né dans un temps où la langue eût été plus achevée et plus réglée, il n'eût pour ce détail emporté l'avantage sur tous ceux qui font ou feront jamais des vers en notre langue. Voilà ce qui me semble candidement de lui pour ce qui regarde son mérite dans la poésie française. Ce n'est pas, à cette heure, que je ne lui trouve bien des défauts hors de ce feu et de cet air poétique qu'il possédait naturellement, car on peut dire qu'il était sans art et qu'il n'en connaissait point d'autre que celui qu'il s'était formé lui-même dans la lecture des poëtes grecs et latins, comme on le peut voir dans le traité qu'il en a fait à la tête

---

(1) D'après la copie très-authentique des Lettres de Chapelain que j'ai sous les yeux, je rapporte celle-ci à l'année 1640. Dans les lettres imprimées de Balzac à Chapelain, on a porté les lettres correspondantes de Balzac à l'année 1641.

(2) Chapelain ne met pas *épithète* au féminin; il se souvient du latin et du grec, où le mot est neutre.

de sa *Franciade*. D'où vient cette servile et désagréable imitation des Anciens que chacun remarque dans ses ouvrages, jusques à vouloir introduire dans tout ce qu'il faisait en notre langue tous ces noms des déités grecques, qui passent au peuple, pour qui est faite la poésie, pour autant de galimatias, de barbarismes et de paroles de grimoire, avec d'autant plus de blâme pour lui, qu'en plusieurs endroits il déclame contre ceux qui font des vers en langue étrangère, comme si les siens, en ce particulier, n'étaient pas étrangers et inintelligibles. C'est là un défaut de jugement insupportable de n'avoir pas songé au temps où il écrivait, ou une présomption très-condamnable de s'être imaginé que, pour entendre ce qu'il faisait, le peuple se ferait instruire des mystères de la religion païenne. Le même défaut de jugement paraît dans son grand ouvrage, non-seulement dans ce menu de termes et matières inconnues à ce siècle, mais encore dans le dessein, lequel, par ce que l'on en voit, se fait connaître assez avoir été conçu sans dessein, je veux dire sans un plan certain et une économie vraiment poétique, et marchant simplement sur les pas d'Homère et de Virgile, dont il faisait ses guides, sans s'enquérir où ils le menaient. *Ce n'est qu'un maçon de poésie, et il n'en fut jamais architecte*, n'en ayant jamais connu les vrais principes ni les solides fondements sur lesquels on bâtit en sûreté. Avec tout cela, je ne le tiens nullement méprisable, et je trouve chez lui, parmi cette affectation de paraître savant, toute une autre noblesse que dans les afféteries ignorantes de ceux qui l'ont suivi; et jusqu'ici, comme je donne à ces derniers l'avantage dans les ruelles de nos dames, je crois qu'on le doit donner à Ronsard dans les bibliothèques de ceux qui ont le bon goût de l'Antiquité. J'aurais encore beaucoup de choses à dire, mais le papier s'accourcit, et il faut que j'y garde place pour vous assurer du ressentiment que madame de Rambouillet a eu, etc., etc. »

Cette lettre ne vous paraît-elle pas bien justifier l'éloge qu'un jour Balzac adressait à Chapelain : « Si la Sagesse écrivait des lettres, elle n'en écrirait pas de plus sensées ni de plus judicieuses que les vôtres. » Il y aurait peut-être encore quelques remarques à faire sur ce jugement de Ronsard par Chapelain; mais, à le prendre dans son résumé assez pittoresque : « Ce n'est qu'un maçon de poésie, et il n'en fut jamais architecte, » on a l'équivalent du mot célèbre de Balzac : « Ce n'est pas un poëte bien entier, c'est le commencement et la matière d'un poëte. » Fénelon, Balzac, Chapelain, que faut-il de plus ! on n'est pas si loin les uns des autres, et tout le monde, ce me semble, devrait enfin se trouver d'accord (1).

M. Prosper Blanchemain n'est point entré dans ces débats. Il a publié, dans son élégant volume, la Vie de Ronsard par Guillaume Colletet, qui fait partie de l'Histoire des poëtes français appartenant à la bibliothèque du Louvre. Il l'a fait précéder d'une Note bibliographique assez détaillée, et qui permet d'attendre le travail complet que M. Brunet, le savant auteur du *Manuel du Libraire*, prépare sur le même sujet et dont il a réuni les éléments. M. Blanchemain, à la suite de la Vie du poëte, a donné quelques vers extraits des manuscrits de la Bibliothèque impériale, et qui paraissent inédits. et d'autres qui avaient été retranchés dans les éditions dernières. Sous le titre de *Vers attribués à Ronsard*, il y a joint plusieurs sonnets qui flétrissent les désordres de la Cour sous Henri III et l'avénement des Mignons. Ces pièces, si elles étaient en effet de Ronsard, le montreraient sous un aspect assez nouveau, et rivalisant avec d'Aubigné pour l'indignation que soulèvent ces turpitudes :

> Vous jouez comme aux dés votre couronne, Sire !
> J'y perds; vous y perdez encore plus que moi.
> Le blâme, la froideur, la pâleur et l'effroi
> Et la peur d'une mère ont perdu votre empire...

Mais je n'oserais trancher la question, et, comme M. Édouard Thierry dans son article du *Moniteur* (2), j'en reste à me demander si de tels vers d'opposition sont bien de Ronsard, ou s'ils ne sont pas plutôt de

---

(1) Je sais un de nos contemporains, et des plus favorables à Ronsard, qui a encore dit très-bien : « Ronsard n'est pas un modèle, mais il demeure un illustre pionnier. » (Dissertation académique intitulée *Ronsard et Malherbe*, par M. le professeur Amiel. Genève, 1849.)

(2) 16 octobre 1855.

quelque anonyme qu'on aura couvert ensuite d'un nom célèbre. Le volume de M. Blanchemain, orné de portrait, armoiries, fac-simile d'écriture, se termine par quelques lettres et pièces en prose, notamment deux discours moraux qui ont dû être composés par Ronsard pour la petite Académie du Louvre présidée par Henri III. Un de ces discours a été récemment retrouvé dans les manuscrits de la bibliothèque de Copenhague par M. Geffroy. Quand des vaisseaux ont péri dans une tempête, même sous des zones plus heureuses, on découvre quelquefois, après des années, des débris et des épaves du naufrage égarés dans les mers du Nord et conservés aux confins de l'Océan.

Post-scriptum. — On pouvait espérer que la *question de Ronsard*, moyennant tous ces examens contradictoires et ces concessions réciproques, était à peu près close et que l'affaire était vidée; mais est-ce que rien se clôt et se vide jamais? est-ce que tout n'est pas à recommencer toujours? M. Michelet dans le dernier volume publié de son *Histoire de France*, où il traite de la Renaissance des Lettres, a réengagé de plus belle le procès contre Ronsard : « Dans une des tours du château de Meudon, dit-il, le cardinal de Lorraine, ce protecteur des lettres, logeait un maniaque enragé de travail, de frénétique orgueil, le capitaine Ronsard, ex-page de la maison de Guise. Cet homme, cloué là et se rongeant les ongles, le nez sur les livres latins, arrachant des griffes et des dents les lambeaux de l'antiquité, rimait le jour, la nuit, sans lâcher prise... » M. Michelet s'amuse; lui aussi, on peut dire qu'il a une manie, celle de briller, de produire de l'effet, et il y réussit. Avec son savoir, son esprit et son talent, il n'aurait qu'à moins *viser*, il réussirait à moins de frais, et on serait heureux de l'applaudir alors, de l'approuver.

3 novembre 1855.

LE MARQUIS D'ARGENSON

D'APRÈS LES MANUSCRITS.

Le marquis d'Argenson est à bon droit un nom des plus estimés parmi ceux des politiques du dernier siècle et des hommes qui se sont occupés des matières d'intérêt public. Il écrivait beaucoup, et les papiers qu'on a de lui sont considérables ; entre autres ouvrages, il a laissé un livre de *Considérations sur le Gouvernement de la France*, qui a circulé longtemps et a été lu en manuscrit avant d'être imprimé. Voltaire, qui en avait pris connaissance dès l'année 1739, l'appelait un *ouvrage d'Aristide*, et Rousseau, qui s'en autorisa plus tard dans son *Contrat social*, a dit : « Je n'ai pu me refuser au plaisir de citer quelquefois ce manuscrit, quoique non connu du public, pour rendre honneur à la mémoire d'un homme illustre et respectable qui avait conservé jusque dans le ministère le cœur d'un vrai citoyen, et des vues droites et saines sur le gouvernement de son pays. »

M. d'Argenson n'était pas encore ministre lorsqu'il composa cet ouvrage, et il était sorti du ministère lorsqu'il le revit pour y mettre la dernière main. Pendant son ministère d'un peu plus de deux ans aux Affaires étrangères (novembre 1744-janvier 1747), il eut une bonne fortune qu'il ne cherchait pas. Présent à la victoire de Fontenoy, il en écrivit une Relation à Voltaire, qui avait pour lors titre et fonction d'Historiographe de France, et qui était son ancien ami de collége. Cette lettre, publiée par Voltaire, est devenue historique, et elle fait le plus grand honneur auprès de la postérité à l'esprit et à l'humanité de M. d'Argenson : « Vous m'avez écrit, monseigneur, lui répondait Voltaire, une lettre telle que Madame de Sévigné l'eût faite, si elle s'était trouvée au milieu d'une bataille. » Et cet éloge est mérité ; on a la description gaie, vive, émue, du combat, du danger, du succès plus qu'incertain à un moment, de la soudaine et complète victoire ; le principal honneur y est rapporté au roi : puis, après tout ce qu'un courtisan en veine de cœur et d'esprit eût pu dire, on lit ces paroles d'un citoyen philosophe ou tout simplement d'un homme :

« Après cela, pour vous dire le mal comme le bien, j'ai remarqué une habitude trop tôt acquise de voir tranquillement sur le champ de bataille des morts nus, des ennemis agonisants, des plaies fumantes... J'observai bien nos jeunes héros ; je les trouvai trop indifférents sur cet article...

« Le triomphe est la plus belle chose du monde : les *Vive le roi!* les chapeaux en l'air au bout des baïonnettes ; les compliments du maître à ses guerriers ; la visite des retranchements, des villages et des redoutes si intactes ; la joie, la gloire, la tendresse. Mais le plancher de tout cela est du sang humain, des lambeaux de chair humaine.

« Sur la fin du triomphe, le roi m'honora d'une conversation sur la paix. J'ai dépêché des courriers... »

De telles paroles, à une pareille heure, voilà de quoi honorer à jamais un nom dans l'histoire. M. d'Argenson est, en politique, de l'école de Catinat et de Vauban, et un digne prédécesseur de Turgot. Ceux de ses écrits qui ont été publiés après sa mort n'ont pu que confirmer cette idée; les *Considérations sur le gouvernement de la France*, qui parurent en 1764 dans une édition très-fautive, et dont on refit en 1784 une édition qui passe pour meilleure, justifièrent aux yeux du public les éloges de Rousseau et de Voltaire, et montrèrent M. d'Argenson comme le partisan éclairé et prudent d'une réforme au sein de la monarchie et par la monarchie, d'une réforme sans révolution. Des *Essais* de lui, *dans le goût de ceux de Montaigne*, qui furent imprimés en 1785 (retouchés, il est vrai, par M. de Paulmy son fils), le firent connaître par des côtés plus variés et plus littéraires. Enfin, dans la Collection des Mémoires relatifs à la Révolution française, M. René d'Argenson, fils du très-honorable membre de la Chambre des députés, en publiant de nouveau une partie des *Essais* de son grand-oncle (1825), les augmenta de quantité d'articles inédits tirés des manuscrits originaux. Il semblerait donc que le marquis d'Argenson fût suffisamment connu et qu'il n'y eût aujourd'hui qu'à résumer les impressions et jugements que nous laissent ces diverses lectures. Toutefois, ayant eu l'occasion de parcourir à la bibliothèque du Louvre, grâce à la parfaite obligeance du bibliothécaire-administrateur, M. Barbier, le volumineux recueil des manuscrits de d'Argenson, et en ayant étudié avec soin une partie, j'ai pu m'assurer que les ouvrages qui sont imprimés ne nous le présentent que d'une manière très-incomplète; qu'il n'existe aucune édition exacte et fidèle de l'ouvrage qu'on a intitulé : *Considérations*, et que l'auteur désignait lui-même sous un autre titre; que les autres morceaux plus littéraires ou personnels qu'on a donnés au public ont été remaniés, arrangés, affaiblis toujours, soit par M. de Paulmy, soit par M. René d'Argenson; en un mot, qu'il y a lieu, en revenant à la source, de se faire une idée non pas autre, mais plus particulière, plus singulière même, et plus caractéristique, de cet homme de bien original. J'essaierai, en choisissant quelques points, de rendre ce résultat bien sensible à nos lecteurs.

Le d'Argenson dont il s'agit était le fils aîné de Marc-René, le célèbre lieutenant de police pendant les dix-huit dernières années de Louis XIV, et garde des sceaux sous la Régence. Il était né en octobre 1694. Son père, qui eut le génie de l'administrateur et des qualités de véritable homme d'État, méconnut d'abord le mérite assez enveloppé de ce fils aîné et lui préférait de beaucoup le cadet, plus aimable et plus prévenant. Ce cadet fut le comte d'Argenson, longtemps ministre de la guerre sous Louis XV, fort en faveur dans toute sa carrière, fort goûté des gens de lettres, et dont la retraite aux Ormes après sa disgrâce a prêté à une curieuse description de Marmontel. M. d'Argenson l'aîné fut d'abord traité par le monde comme il l'avait été par son père, et on l'avait surnommé d'Argenson *la bête* pour le distinguer de son frère l'homme d'esprit : il n'était que sérieux, réfléchi, et plus occupé d'être que de paraître, tandis que son frère était tout entier tourné à percer et à plaire. Il se forma en grande partie lui-même, si l'on en juge par l'aperçu qu'il a donné de sa première éducation :

« A la fin de 1709, dit-il, je fus mis au collége avec mon frère. Nous étions alors si grands garçons, c'est-à-dire si avancés dans le monde, que sans être nés libertins, nous l'étions devenus, car on imite, d'âge en âge, l'étage un peu devant nous ; les petits garçons veulent trancher du jeune homme, comme les jeunes gens avancés pour leur âge contrefont les hommes importants. Ma mère était bonne, indulgente, et avait quelque goût (1). Notre façon d'être ne la détournait point de

---

(1) Je donne le texte tel que je le trouve et dans ce qu'a d'inachevé une rédaction première, où la plume même a pu, en courant, laisser tomber quelque mot.

nous laisser suivre nos habitudes. Je fréquentais les spectacles, les assemblées, les femmes; je faisais des connaissances; j'allais au cabaret et autres lieux quand j'étais avec des gens du monde; je me figurais être si bien dans le monde!

« Je ne sais où mon père avait pris de nous donner pour gouverneur un des sots hommes que j'aie connus; il se nommait Andoche Gaillardot; il était fol, imbécile, ignorant, libertin et hypocrite; il rapportait tout à mon père, et voilà toutes ses armes pour nous réprimer. Nous eûmes bientôt secoué le joug... Nous entrâmes donc au collége, mon frère et moi, comme des gens du monde, à bonne fortune si vous voulez, qu'on priverait de leur divinité et qu'on réduirait à un état aussi humiliant que celui de devenir écoliers... »

Lorsqu'à quelque solennité de collége, à laquelle assistaient les parents et les étrangers, M. d'Argenson revoyait quelques-uns de ses anciens amis ou des femmes de sa connaissance, lui assis sur un banc de bois avec sa robe et sa toque, il rougissait de cette déchéance, et les jours de sortie il faisait de son mieux pour s'en relever; il redevenait tant qu'il le pouvait homme du monde, mais il ne put jamais être, comme son frère, un homme à la mode, et il n'y visait pas.

Sérieux au fond, ayant des goûts à lui et qui parurent bientôt très-prononcés, aimant les lectures de toutes sortes, l'histoire, les estampes et l'instruction qu'elles procurent sur les mœurs du temps passé, jugeant sainement des choses et des hommes qu'il avait sous les yeux, et soucieux de l'amélioration de l'espèce dans l'avenir, il fut de tout temps très-naturel, au risque même de ne point paraître essentiellement élégant ni très-élevé. Il avait en lui un principe de droiture et le sentiment de la justice qu'il cultiva et fortifia sans cesse, loin de travailler à l'étouffer. Ne lui demandons point d'ailleurs un idéal qui n'est pas son fait, — ni le véritable idéal qui ennoblit la condition humaine et cherche à lui donner toute la beauté dont on la croit susceptible à de certaines heures, — ni ce faux idéal qui ne s'attache qu'aux apparences et qui se prend aux illusions ou ne songe qu'à s'en décorer. Il est trop bon esprit et trop sincère pour le charlatanisme ou pour la chimère brillante; il n'est pas de nature assez haute et assez fine pour concevoir le grand art en rien ni le vrai beau. Honnête homme, il a, à certains égards, les mœurs de son temps; et ce n'est pas de ce qu'il a fait à la rencontre que je m'étonne; ce qui me passe un peu, c'est qu'il ait songé par endroits à l'écrire, à le consigner exactement dans ses cahiers d'observations et de remarques : il n'a pas la pudeur; il parle de certains actes comme un pur physiologiste, notant, sans d'ailleurs y prendre plaisir, le cas qui lui paraît rare et la singularité.

C'est ainsi encore que sur lui, sur sa propre race, sur les qualités et les défauts des siens, de son frère, de sa femme (passe encore), mais aussi de sa fille, de son fils, sur le plus ou moins de sensibilité de celui-ci, sur son absence d'imagination, ses bornes d'esprit et de talent, et son *raccourcissement de génie*, il dit et écrit tout ce qu'il a observé, tout ce qu'il pense ou qu'il conjecture, sauf à être lu de quelques-uns des intéressés et notamment de son fils même, après sa mort. Il ne semble pas s'être posé ce cas de délicatesse paternelle. Il aime tant à observer coûte que coûte, et plume en main, qu'il a ainsi laissé la description pittoresque d'un sien laquais, et le caractère détaillé et assez laid de deux de ses secrétaires (1).

(1) Voici cet incroyable portrait du laquais, digne du *Roman comique* de Scarron ou d'un tableau d'auberge hollandaise.
« 30 juin 1732. — J'ai chassé un laquais nommé *Bourguignon*. J'y ai eu regret par la considération que je fis l'autre jour à quel point ce garçon était véritablement laquais, et au point qu'on ne pourrait en prendre un modèle plus complet si l'on voulait dépeindre un laquais :
Il était ragot, — insolent, — le visage carré, — gros nez, — brunet, — malpropre, — de grands cheveux bouclés, — usant beaucoup ses

Mais si la distinction et l'esprit de choix lui font faute habituellement, il a au plus haut degré la véracité, la bonhomie pleine de sens, le cœur dans les choses essentielles, la naïveté dans les moindres : cela lui donne quelquefois l'expression. Je n'oserais assurer qu'il ait trouvé cette expression et qu'elle lui soit venue aussi vive, aussi légèrement tendre qu'elle aurait pu l'être, le jour où, à peine âgé de vingt ans, il fit un matin à je ne sais quelle dame la déclaration suivante, qu'il a pris soin de nous conserver mot pour mot :

« Déclaration d'amour *prononcée* à une toilette le 25 juin 1714 :
« Jusques à quand, Madame (il débute tout comme Cicéron dans sa fameuse harangue : *Jusques à quand, Catilina...*), — jusques à quand, Madame, prendra-t-on des marques d'amour pour des marques de mépris? Ne peut-on vivre heureux sans cette régularité de mode qui fait passer aux plaisirs par les peines, l'assiduité, l'importunité, l'exclusion de toute autre liaison? Non, il faut que l'amitié inspire la confiance, et la confiance les plaisirs. Que craignez-vous de moi? vous serez mon amie tant que je vivrai. Eh! trahirai-je mon amie? dirai-je ses bontés? l'estimerai-je moins parce qu'elle m'aura aimé davantage? sacrifierons-nous toujours à ce monde sot, scrupuleux, médisant, qui vous imaginerait coupable parce que vous m'auriez rendu fort heureux?... » — J'étais jeune alors, et j'ajoutais l'inspiration à la persuasion. »

Ce qui est singulier, ce n'est pas qu'on ait fait une telle déclaration, qui a dû ressembler à beaucoup d'autres, et qui roule sur un éternel lieu commun de morale facile ; mais c'est que trente ans après on prenne

habits, — malpropre en linge, les pieds tournés si en dehors qu'il tortillait du cu en marchant ; — toujours au cabaret ou au b.....; — ivre de rien. On ne l'entendait point parler par sa grosse lèvre échauffée de vin ; — chercheur de midi à quatorze heures ; — grand raisonneur à tout ce qu'on lui disait ; — et, pour comble de perfection en son état, marié à une cuisinière qui le battait. »
On comprend maintenant ce que Grim a dit de la *platitude* de ton et de la manière de s'exprimer *triviale* et *basse* qui fit plus de tort à M. d'Argenson dans son ministère que n'auraient fait des fautes plus graves.

la peine de se la rappeler en propres termes, et de l'enregistrer comme mémorable au milieu des remarques philosophiques ou politiques qu'on tire de ses lectures. Là est le trait de nature et le coin de physionomie.

On était à la veille de la Régence. M. d'Argenson, tout sérieux qu'il était ou qu'il allait être, ne la traversa point sans en prendre quelque chose, soit pour le fond des mœurs, soit pour le ton. Il eut, à l'âge de vingt-trois ans, une intrigue avec une jeune dame du même âge que lui, et qui fut la première à l'enhardir : elle était parente de la marquise de Prie :

« Madame de Prie était sa cousine germaine. Elle arriva de son ambassade de Turin l'hiver de 1719, dans le temps que nous ne nous quittions guère madame de … et moi. Bientôt elle fut en tiers avec nous. C'était véritablement la fleur des pois que madame de Prie alors, la plus jolie figure, et parée encore plus de grâces que de beauté, un esprit délié et qui allait à tout, du génie et de l'ambition, étourdie avec de la présence d'esprit. Enfin on sait qu'elle a gouverné l'État pendant deux ans : de dire qu'elle l'ait bien gouverné, c'est autre chose. »

Comme elle arrivait ruinée de son ambassade, il fut question de raccommoder les affaires de sa maison : des amies complaisantes s'entremirent; on la livra à M. le Duc. Ce fut un marché, dont plus tard la France paya les frais :

« Cela fut bientôt conclu. Nous fûmes, sa cousine et moi, dans la confidence de tout, et pendant un an on ne nous retrancha pas le moindre détail. — Ensuite nous fûmes en partie carrée. A l'âge que j'avais, cela me flattait de figurer ainsi avec le premier prince du sang, de lui donner à souper, de lui payer le bal de l'Opéra, de le mener dans mon carrosse, de trotter toute la nuit dans son carrosse gris de bonne fortune (ce sien carrosse avait par dehors l'air d'un fiacre et par dedans était magnifique), de nous promener dans le bal bras dessus bras dessous, d'être dans sa confidence : ce que je n'ai pourtant pas bien cultivé dans la suite, je ne sais par quel hasard, car je l'ai toujours trouvé honnête homme, et surtout ayant envie de l'être; mais il est fort borné. »

M. d'Argenson porta très-peu d'idéal dans cette liaison ou intrigue amoureuse qui ne mérite pas le nom de passion, et qui dura une année; tout en parlant convenablement de la dame devenue veuve après la rupture, et remariée depuis, il ajoute en terminant cet article : « Je lui souhaite longue vie et bonheur : pour moi, j'ai à présent de toutes façons bien mieux qu'elle.» — Dans ce genre de relations que j'abrége et qui revient en plus d'un endroit sous sa plume, M. d'Argenson n'est point fat, mais il est très-peu chevaleresque; on ne saurait même l'être moins. Il est honnête homme en tout; mais, comme les honnêtes gens parmi les Latins ou parmi les Gaulois, il ne craint pas de braver l'honnêteté dans les mots : ou plutôt il ne prend pas garde, et il ne paraît pas même soupçonner ce genre de scrupule.

Cependant les années d'application et de travail allaient commencer pour lui. Il était dès le principe conseiller au Parlement; il entra en 1720 au Conseil d'État, et fut envoyé à Lille « pour se mettre en train d'intendance » auprès de son beau-père M. Méliand (car on l'avait marié de bonne heure sans le consulter, et ce mariage maussade aboutit après quelques années à une séparation). Il fut nommé intendant du Hainaut et du Cambrésis en 1721. Il s'y occupa aussitôt des moyens d'améliorer le sort des peuples, le bien-être des troupes. En arrivant dans son intendance de Valenciennes, dit-il, il trouva du soulèvement dans les garnisons par suite de l'excessive cherté de toute chose, qui était le contre-coup du système de Law. Pour y parer, il voulut faire donner le pain directement aux garnisons; mais les fours étaient rompus, et les munitionnaires ne cherchaient qu'à voler. Il fut alors le premier à proposer et à mettre à exécution l'idée de distribuer simplement le grain aux troupes, pour être ensuite donné par les soldats mêmes à la mouture et converti en pain :

« On cria contre mon idée, comme on fait toujours en toute nouveauté ; les vieux commissaires des guerres disaient que c'était parce que je sortais du collége et que j'y avais lu que les Romains donnaient ainsi le blé à leurs légions. Je laissai dire, je commençai. Le Régent, qui avait bien de l'esprit et qui adorait les nouveautés, m'approuva ; les critiques me louèrent ensuite, et le soldat me bénit : il s'en trouva bien, car il avait le pain aussi bon qu'il voulait, il ne redoutait plus la friponnerie du munitionnaire ; le son allait pour la mouture, et il avait encore quelque chose pour boire. »

Il s'appliquait ainsi en toute rencontre à trouver des mesures administratives neuves et justes, et toujours en vue du bien : c'est un trait de son caractère. Ce n'est pas à dire qu'il négligeât absolument sa fortune en cour et le soin d'avancer ; il y aspirait à sa manière et par les voies qu'il estimait les meilleures et les plus solides. Une fois pourtant il lui réussit peu de vouloir faire le courtisan trop zélé, et il le confesse ou plutôt il le raconte bonnement :

« Pendant que j'étais intendant du Hainaut, il arriva qu'un homme d'Avesnes, qui avait été au sacre du roi à Reims se faire toucher par le roi pour les écrouelles qu'il avait bel et bien, cet homme, dis-je, se trouva absolument guéri trois mois après. Dès que j'appris cela, je saisis cette occasion de faire ma cour ; je fis bien vite informer par enquêtes, certificats, etc., etc. ; je n'épargnai pas les courriers et les lettres au subdélégué pour être promptement servi, et j'envoyai cela tout musqué au petit bonhomme La Vrillière (secrétaire d'État de la province), qui me répondit sèchement que voilà qui était bien, et que personne ne révoquait en doute le don qu'avaient nos rois d'opérer ces prodiges (février 1723). »

Il en fut pour son zèle : seulement, au lieu d'en plaisanter et de se moquer de lui-même en le racontant, comme font les gens bien appris, il ajoute, en y revenant avec un certain sérieux et avec persistance : « Mais je sus que cela avait été bien lu au roi, qui, quoique tout enfant, aima à entendre dire qu'il avait opéré ce miracle. »

De retour à Paris après quatre ou cinq années d'intendance, il siégea au Conseil d'État, et peu à peu s'y fit distinguer par le garde des sceaux Chauvelin et par le cardinal de Fleury. Il cherchait de lui-même à se rendre utile; il composait des mémoires sur les différentes matières qui étaient alors en litige, notamment sur les démêlés parlementaires si vivement excités dans l'affaire ecclésiastique de la *Constitution;* lorsqu'il s'élevait une difficulté nouvelle, il arrivait quelquefois que le roi disait : « N'y a-t-il pas là-dessus un mémoire de M. d'Argenson? » Il avait des vues, de l'invention, des expédients sans rouerie, et qui tenaient compte des règles et de l'esprit des corps; il appuyait ses projets d'un savoir étendu et judicieux, qu'il augmentait chaque jour par une lecture assidue.

Vers 1725, il s'était formé à Paris, chez l'abbé Alary, de l'Académie française, une conférence politique qui se tenait tous les samedis; et comme l'abbé demeurait à un entre-sol, place Vendôme, dans la maison du président Hénault, la société avait pris nom *l'Entre-sol.* C'était à la fois un essai de club à l'anglaise et un berceau d'Académie des sciences morales et politiques. On a imprimé (et pas encore aussi exactement qu'on l'aurait dû, car pourquoi sans nécessité y changer des phrases?) un morceau précieux de d'Argenson qui entre dans le plus grand détail sur ce qu'il appelle *cette aimable société.* Il était là dans son centre, avec le degré de sérieux et de laisser-aller qui lui convenait; et s'il n'y avait eu que des politiques comme lui, rassis et prudents, et plus à la hollandaise qu'à la française, la société aurait pu durer longtemps sans porter ombrage. Il n'en fut rien; la mode s'en mêla; on se fit nouvelliste et *jugeur* des événements du jour : « Et véritablement,

dit-il, nous frondions quelquefois *tout notre soûl.* »
L'abbé de Pomponne, homme d'esprit, mais tête de
linotte, allait répétant partout l'opinion qu'il venait
d'entendre, et ébruitait d'un air de mystère des conversations bonnes à huis clos. *L'Entre-sol* fut donc prié
un jour d'être plus circonspect, et sous ce ministère
tranquille de Fleury, un tel avis donné à voix basse
équivalait à une interdiction (1734).

Le garde des sceaux Chauvelin, qui avait fort contribué à cette mesure, avait pris d'ailleurs d'Argenson en
grande estime et amitié; il voulait lui servir comme de
père, disait-il, et faire sa fortune politique. S'il appréciait ses qualités de travailleur, d'homme de mérite et
qui avait la fertilité du fonds, il sentait aussi ses défauts
et n'épargnait rien pour l'en corriger. Il lui disait sans
cesse, en le louant sur son activité et son ardeur d'être
utile, et sur « une *certaine fermeté de cœur et d'esprit*
avec laquelle il sympathisait, » qu'il fallait absolument
le tirer de l'espèce d'obscurité où il était, qu'il n'était
bien connu ni des autres ni de lui-même. L'emmenant
à Grosbois, l'initiant à ses manuscrits les plus secrets
et à ses papiers d'État, il l'engageait toujours, après ces
choses essentielles, à n'en pas négliger d'autres moins
petites et moins inutiles qu'on ne le croirait, à se faire
du monde plus qu'il n'était, à jouer quelquefois (le jeu
crée des relations, rapproche les distances, adoucit des
inimitiés); il en venait jusqu'à lui donner des leçons
sur les façons de faire sa cour et de réussir auprès du
vieux cardinal. Il se citait lui-même en exemple, et lui
disait de quelle manière il s'était conduit. A cela et à
ses vues encore vagues sur lui, mais qui allaient à le
faire un jour ou ministre, ou ambassadeur, ou même
premier président du Parlement, d'Argenson, sans trop
résister, répondait toutefois en rappelant ce qui lui
manquait : qu'il était honteux et timide au premier

abord; qu'il avait été mal élevé sur un point; que son père, en portant ses préférences trop longtemps sur son cadet et en le méconnaissant hormis dans les deux dernières années de sa vie, l'avait découragé ou trop habitué à se renfermer en lui, et *avait par là engourdi son entrée dans le monde;* qu'il était balourd au jeu, qu'il s'y ennuyait et ne savait qu'y perdre son argent, etc., etc. Sur quoi le refrain continuel du garde des sceaux était « de se tenir prêt à tout » et, en attendant, « de se fourrer hardiment dans le monde plus qu'il n'y était. »

Une de ces idées favorites de M. de Chauvelin, à la date de 1732, et qui fut même accueillie un moment du Cardinal, était de faire de d'Argenson un premier président du Parlement. Celui-ci opposait qu'il n'était point harangueur, qu'il n'avait jamais prononcé d'arrêt en public, et d'autres raisons encore; puis il ajoutait pour lui : « Sans doute que nos deux premiers ministres (car c'est de la sorte qu'il qualifiait alors M. de Chauvelin conjointement avec le cardinal de Fleury) ne m'ayant encore connu principalement que touchant les démêlés parlementaires dont je raisonne avec application, *le temps présent ne nous offrant meilleur champ,* ils s'imaginent que c'est là le fort de ma capacité, et se trompent. »

D'Argenson n'eut même d'abord la perspective de quelques fonctions diplomatiques et de quelque ambassade (bien avant celle de Portugal où il n'alla jamais) que dans cette vue éloignée de la première présidence du Parlement : « Si l'on vous employait en quelques négociations étrangères, et de peu d'années, lui disait M. de Chauvelin, au sortir de cela vous seriez bien enhardi. »

Depuis la clôture de *l'Entre-sol,* d'Argenson avait toujours l'idée de renouer et de continuer ailleurs avec quelques amis, parlementaires pour la plupart, des conférences sur le droit public, sur les matières politiques : c'était son goût dominant. Il crut devoir en parler à M. de Chauvelin, qui lui répliqua avec assez de feu : « qu'il ne le souhaitait pas, que cela était au-dessous de lui, qu'il trouverait à s'instruire dans son cabinet de toutes choses, et que c'étaient des fanatiques et de mauvais royalistes que tous ceux qu'il lui nommait... » Il ressort de ces indications précises que M. de Chauvelin, qui voulait toute sorte de bien à d'Argenson et faire de lui un homme de gouvernement, s'efforçait de le *mondaniser* le plus possible, et aussi de le prémunir contre son penchant à traduire la politique en discussion et en raisonnement : il voulait l'empêcher de tourner à l'abbé de Saint-Pierre.

D'Argenson sait bien où est l'excès, et ayant dans la suite à parler des historiens modernes comparés aux anciens, il dira, en rendant aux autres le conseil qu'il avait reçu : « J'ai déjà prévenu d'une des plus grandes difficultés pour les auteurs : ils devraient être en même temps hommes de cabinet et hommes du monde. Par l'étude on ne connaît que les Anciens et les mœurs bourgeoises, et dans la bonne compagnie on perd son temps, l'on écrit peu, et l'on pense encore moins. » Mais remarquez ici même comme, en conseillant de mêler la bonne compagnie à l'étude, il trouve moyen de la flétrir de ce mot dédaigneux, si cher aux doctrinaires de tous les temps, de ce reproche de *ne pas penser !*

Il dit cela dans un Mémoire lu à l'Académie des inscriptions et belles-lettres ; il y succéda en 1733, comme membre honoraire, à l'abbé de Caumartin, son oncle, évêque de Blois, et dont nous savons les grâces d'esprit.

Il est curieux de suivre pas à pas l'attente et les lents progrès de la fortune politique de d'Argenson. Un jour, le roi lui a parlé pour la première fois; c'est en mai 1724. Jusque-là il avait bien pu lui adresser la parole au Conseil pour lui demander son avis, mais pas autrement; ici c'est en déjeunant et au moment de partir pour la chasse au renard. Sur une question du roi à ceux qui l'entourent, d'Argenson se hasarde à dire son mot, et assez hors de propos, très-peu chasseur qu'il était. « *Oh! monsieur*, repartit le roi, *il y a bien de la différence d'un renard à un loup.* » — « Voilà tout ce que Sa Majesté m'a encore jamais dit, ajoute d'Argenson, quoique ma personne en soit bien connue et que je me donne bien de la peine pour son service. » — La seconde parole que le roi lui adresse se fait attendre; elle est de huit ans plus tard, à un voyage de Fontainebleau (septembre 1732), et presque aussi insignifiante. D'Argenson, tout philosophe qu'il est, se montre attentif à noter ces légères marques d'attention du maître, de même qu'il recueille les bonnes paroles échappées sur son compte au cardinal de Fleury. Si peu ambitieux qu'il soit, il en tire d'heureux augures pour son avancement.

Le nom et la mémoire de son père lui servent beaucoup en tout lieu, et il le reconnaît. Ceux même qui n'aimaient guère de son vivant le garde des sceaux d'Argenson l'apprécient mort et le classent au rang des meilleurs ministres, un des derniers de l'école de Louis XIV, et en même temps ils parlent de lui comme d'un homme qui, vu de près, était bon homme et d'excellente compagnie. D'Argenson, qui s'en réjouit, fait de son père, à ce propos, un curieux portrait qui n'a été imprimé qu'avec je ne sais quels adoucissements et corrections qui en dénaturent ou du moins en diminuent le caractère, et qui ôtent au style du fils sa verdeur et sa séve. Je ne puis ici que présenter de courts exemples, mais je les donnerai. D'Argenson se plaît donc à relever les éloges qu'il a entendu faire de son père au cardinal de Fleury et à d'autres qui autrefois étaient peu de ses amis, et cela le remettant en veine filiale, il trace à diverses reprises des esquisses vigoureuses et franches de cette figure où le sourcil redoutable recouvrait tant de qualités diverses, et une riche ou même une aimable nature. Il va sans doute un peu loin lorsqu'il dit: « De tout ce qui a été en place de nos jours, je puis dire que personne n'a plus ressemblé par le grand au cardinal de Richelieu que feu mon père. » La première condition, en effet, pour être un Richelieu, c'est de sentir qu'on l'est, et de ne pas se confiner au détail comme le fit l'ancien lieutenant de police d'Argenson. Ses débuts et son long assujettissement dans des emplois inférieurs ou secondaires durent y être pour beaucoup. Issu d'une ancienne maison, fils d'un père noble et généreux qui s'était ruiné dans l'ambassade de Venise et qui vivait en Touraine, né dans Venise même où il avait eu pour marraine la République, et salué en naissant d'une lettre complimenteuse de Balzac, il fut d'abord et pendant des années simple lieutenant général du bailliage d'Angoulême : c'est là que dans une tournée de Grands-Jours, vers 1691, il fut en quelque sorte découvert par M. de Caumartin, qui se prit aussitôt d'enthousiasme pour lui et le mit en relation étroite avec M. de Pontchartrain, contrôleur général et depuis chancelier. Ils n'eurent point de cesse qu'ils n'eussent attiré et fixé M. d'Argenson à Paris; ce dernier avait pour lors trente-neuf ans. Il épousa une sœur de M. de Caumartin, et devint ce qu'on sait et ce que nul n'a si bien exposé que Fontenelle. Voici maintenant en quels termes vrais et non mitigés le fils nous peint la jeunesse de son père ainsi confiné en province, avant de voir jour à en sortir, mais ne s'y laissant point engourdir ni étouffer:

« M. Houllier (son grand-père maternel) vivait encore et était lieutenant général du bailliage d'Angoulême... Il proposa de résigner sa charge à mon père. Cela choquait qu'un homme comme mon père fût lieutenant général d'un bailliage, quoique ce soit un des beaux ressorts du royaume ; mais son âge était passé de servir (à la guerre), il trouvait à cela une subsistance et de l'occupation.

« Quoique ce ne fût véritablement pas un homme ambitieux que mon père, cependant le Diable le berçait sans qu'il s'en aperçût ; il cheminait volontiers sur les voies de faire sans songer à faire, et à mesure que le goût des bagatelles diminue dans de tels esprits, ils vont jusqu'à s'ennuyer de tout ce qui n'est pas chemin de fortune. Les moyens qu'il en embrassait étaient de se rendre fort capable et de s'exercer à un grand travail. Il avait ce qu'on appelle l'esprit travailleur ; j'ai des preuves de ses travaux, des remarques sur des lectures, dissertations dans le grand et politiques, extraits historiques, études du droit public et particulier ; j'ai des volumes de pareils travaux. De quoi cela pouvait-il servir à un pauvre gentilhomme de campagne, ou bien à un juge de province? Mais cette charge était une magistrature ; si ce n'était pas tourner le nez à la fortune que ses inclinations lui promettaient, c'était toujours n'y pas tourner le dos.

« Au reste il était gaillard, d'une bonne santé, donnant dans les plaisirs sans crapule ni obscurité ; la meilleure compagnie de la province le recherchait ; il buvait beaucoup sans s'incommoder, avait affaire à toutes les femmes qu'il pouvait, séculières ou régulières, un peu plus de goût pour celles-ci, camuses ou à grand nez, grasses ou maigres ; il disait force bons mots à table, il était de la meilleure compagnie qu'on puisse être. C'était un esprit nerveux, un esprit de courage, et le cœur presque aussi courageux que l'esprit ; une justesse infinie avec de l'étendue. Il ne connaissait pas tout ce qu'il avait de génie et d'élévation, et, sur la fin de ses jours, il s'était fait l'habitude de les resserrer encore et de les méconnaître (1).

« Le voilà donc à Angoulême plus abondamment et plus honorablement qu'il n'avait jamais imaginé d'être. Peu après son installation, M. Houllier mourut. Il avait une maison à la ville et une à la campagne que ma grand'mère lui prêtait, c'est la Poyade sur les bords de la Charente, qu'on dit être un séjour charmant ; la charge lui valait un revenu honnête.

« Il vivait médiocrement bien avec quelques portions de sa compagnie, des sots de provinciaux qui tenaient leur morgue. Mon père prenait avec eux des manières cavalières ; il allait vite sur les formes

---

(1) Cette espèce de rétrécissement de vues a été également remarquée par Saint-Simon, et c'est en quoi le garde des sceaux d'Argenson, qui eut le génie administratif et l'exécution, n'était pourtant pas de la première volée comme homme d'État.

afin d'aller grandement sur l'essentiel et le grand de la justice; il accommodait des procès, il épargnait des épices; il faisait le plus de bien qu'il pouvait au genre humain. En voilà assez pour animer bien fort contre leur chef des âmes basses et mercenaires, prétextant les règles, c'est-à-dire les formes, et vantant les droits de leurs charges. Ils se plaignaient, entre autres choses, de ce que mon père menait avec lui à l'auditoire (à l'audience) un grand chien à collier, à peu près comme était le mien, mort depuis peu et nommé *Calot*... »

Et il continue sur ce ton, en passant aux commencements de la fortune et de l'élévation de son père, due tout entière à son mérite et à ses talents dès qu'ils furent connus. Je ne crois pas devoir demander grâce pour avoir osé conserver le grand chien de l'audience, qu'on a eu soin par décorum d'effacer dans l'imprimé, comme s'il n'y en avait pas un souvent aux pieds du maître dans les antiques portraits de famille. On a dit quelquefois que d'Argenson n'avait pas de *style à lui:* que vous en semble? Ce n'est pas un écrivain, il est vrai, mais il a sa manière de parler et de dire qui, pourvu qu'on la lui laisse et qu'on n'y fasse pas de demi-toilette, a son caractère et son originalité. Ce n'est pas le style d'un académicien ni d'un homme essentiellement poli; ce n'est pas celui d'un grand seigneur, mais plutôt d'un bourgeois comme du temps de d'Aubray dans la *Satyre Ménippée,* ou si l'on aime mieux, d'un gentilhomme campagnard, de bonne race, nourri de livres, et qui s'exprime crûment, rondement et avec séve. Il nous rappelle le ton des pères et aïeux de Mirabeau. Il a de vieux mots qu'il écrit sans y prendre garde ni se détourner : *postposant, gubernateur,* les belles et *idoines* qualités, etc., etc. Il n'a pas d'élévation, au moins continue; il se passe à tout moment des trivialités d'expression qui font de son langage l'opposé du langage noble et digne; il était certes, à cet égard, très-peu propre, on l'a dit, à être un ministre des Affaires étrangères et à représenter dans la forme sans déroger. Mais il a souvent des franchises de sens excellentes; il rencontre même des images heureuses (1). Parlant quelque part d'un homme d'un esprit étroit et faux qui mettait son orgueil à déplaire, et qui méprisait par principe la bonté et la douceur des gens véritablement grands : « Il n'admire du fer, dit-il, que la rouille. » Parlant du caractère des Français qu'il a si bien connus, qui sont portés à entreprendre et à se décourager, à passer de l'extrême désir et du trop d'entraînement au dégoût, il dit : « La lassitude du soir se ressent de l'ardeur du matin. » Enfin, voulant appeler et fixer l'attention sur les misères du peuple des campagnes dont on est touché quand on vit dans les provinces, et qu'on oublie trop à Paris et à Versailles, il a dit cette parole admirable et qui mériterait d'être écrite en lettres d'or: «Il nous faut des âmes fermes et des cœurs tendres pour persévérer dans une pitié dont l'objet est absent. »

Si ce n'est pas un écrivain, ce n'est donc pas non plus le contraire que d'Argenson : sa parole, livrée à elle-même et allant au courant de la plume, a des hasards naturels et des richesses de sens qui valent la peine qu'on s'y arrête et qu'on les recueille. Je n'ai pu cette fois que l'effleurer ; nous n'en sommes qu'à ses commencements, et il y aura profit à prolonger avec lui le tête-à-tête.

(1) Je lis dans une de ses *Remarques* : « Pourquoi avoir banni du beau langage une expression populaire *une jeunesse*, pour parler d'une jeune fille ou de plusieurs jeunes gens ensemble? Rien ne supplée à cela, et la langue en était d'autant plus riche... On entendait en même temps de bonnes et d'aimables qualités avec quelques défauts ; enfin cela présentait une image... De dire *C'est une jeune personne*, ne dit point cela. Quand on dit *C'est une jeunesse qui se divertit*, c'est comme si on disait : Cela se divertit parce que cela est jeune. » — On a depuis fait droit jusqu'à un certain point à cette réclamation; Paul-Louis Courier a remis en honneur ces vieilles locutions populaires, et madame Sand, dans ses jolis romans rustiques, dit couramment *une jeunesse*. Il est vrai que, dans le beau style, on s'en prive toujours.

10 novembre 1858.

LE MARQUIS D'ARGENSON

D'APRÈS LES MANUSCRITS.

(SUITE)

Ce qui fait à mes yeux une grande partie de l'intérêt des écrits de d'Argenson et ce qui doit les rendre précieux pour quiconque aime la vérité, c'est que tout y est successif et selon l'instant même ; il ne rédige pas ses Mémoires après coup en résumant dans un raccourci plus ou moins heureux ses souvenirs ; il écrit chaque jour ce qu'il sait, ce qu'il sent ; il l'écrit non pas en vue d'un public prochain ou posthume, mais pour sa postérité tout au plus et ses enfants, et surtout pour lui, pour lui seul en robe de chambre et en bonnet de nuit. La dignité peut trouver à y redire, la curiosité en profite d'autant.

Il se destinait donc et on le destinait, ainsi fait par goût et par nature, à devenir ministre. Il y eut des retards. Dès 1736, il avait presque la certitude d'être nommé à l'ambassade de Portugal. Il s'agissait de lier un grand commerce entre cette nation portugaise et la France, d'y combattre l'influence et les intérêts de l'Angleterre. M. d'Argenson désirait depuis longtemps savoir avec précision vers quoi on le voulait diriger, afin de s'y préparer et de se rendre digne de l'emploi par l'étude approfondie et le travail : il était de cette nature d'esprits probes qui n'aiment à traiter et à raisonner des choses qu'après s'en être instruits à fond. Il se mit à se préparer en conscience à son métier d'ambassadeur, et il fut bientôt le meilleur qu'on pût envoyer à Lisbonne et le plus capable, autant qu'on l'est par la lecture. La disgrâce de M. de Chauvelin, qui survint alors (février 1737), fut pour lui un fâcheux contretemps : en prenant part à cette disgrâce en loyal ami, il crut y voir cependant une occasion d'arriver. La succession de M. de Chauvelin se composait des Sceaux et des Affaires étrangères. Les Sceaux étant rendus au chancelier Daguesseau, M. d'Argenson crut que les Affaires étrangères allaient lui venir presque d'elles-mêmes : « Je ne postulai point, dit-il, mais on postula pour moi... Je vaux peu, mais je brûle d'amour pour le bonheur de mes *citoyens*, et si cela était bien connu, certainement on me voudrait en place. » N'est-ce pas là un peu de cette candeur dont on l'a souvent loué? Sans se croire précisément des droits, il voyait toutes sortes de raisons en sa faveur. Il n'y avait point de concurrent pour ainsi dire :

« Il y faut (aux Affaires étrangères) un homme de robe suivant l'usage présent; je suis, de plus, homme de condition; mon père a bien servi le roi et a été grand officier de la Couronne; j'ai étudié assidûment les affaires politiques depuis sept ans; M. le Cardinal le sait et a vu de mes mémoires, M. le garde des sceaux Chauvelin lui en a rendu de grands témoignages en tous les temps. Son Éminence me vante à tout le monde, et enfin il m'a destiné actuellement à une ambassade délicate. »

Il se crut donc presque à coup sûr nommé, et ses amis l'en félicitaient déjà; mais parut tout à coup M. Amelot, intendant des finances, ayant le département des Aides, et si peu au fait des Affaires étrangères, qu'il n'avait seulement pas lu la *Gazette*, selon qu'il l'avoua lui-même à M. d'Argenson; de plus, bègue et sans aucune élocution; il était créature et allié de M. de Maurepas. Ce fut lui qu'on choisit et auquel d'Argenson ne succéda que sept ans plus tard. La sortie de M. de Chauvelin affaiblit le ministère du cardinal de Fleury et laissa libre cours aux mauvaises influences : « Il avait ses défauts, écrivait d'Argenson après quelques années (1748), mais plus de grandeur et de droiture que tout le reste du ministère d'aujourd'hui (1), » Il perdit en lui un bon guide et un conseiller utile, qui le tenait en garde contre ses défauts. Il continua d'étudier et d'attendre. Cette position de ministre en expectative se prolongea assez longtemps pour M. d'Argenson, qui s'en accommodait fort bien; on sentait autour de lui qu'il le deviendrait tôt ou

---

(1) Dans les derniers temps de sa vie, M. d'Argenson était devenu plus sévère pour M. de Chauvelin, et je trouve dans ses cahiers la note suivante, sous le titre de *Véritables Causes de la guerre de 1733* :

« Je n'ai jamais été si surpris que causant avec M. de Chauvelin, ancien garde des sceaux de France, et lui ayant dit que la guerre de 1733 avait pu être causée pour réhabiliter la France, dont le cardinal de Fleury avait flétri la réputation en se montrant pacifique jusqu'à l'excès, cet ancien ministre me répondit que ce n'était point cela, mais que le roi ayant épousé la fille du roi Stanislas qui n'avait été reconnu roi par aucune puissance de l'Europe, Sa Majesté se trouvait ainsi n'avoir épousé qu'une simple demoiselle; qu'il était donc devenu nécessaire que la reine fût fille d'un roi, *quoquo modo*, et que c'était à cela qu'il avait travaillé heureusement.

« Je trouvai à ce propos que ledit M. de Chauvelin n'était aucunement homme d'État comme je l'avais cru, et que ce n'était qu'un courtisan peu intelligent *au* bonheur de la nation ni *aux* sentiments que nous devons à l'humanité. J'ai vu dans ma jeunesse que l'on n'était pas plus philosophe que cela; mais, grâce à Dieu, la philosophie nous éclaire davantage, et nous le devons à la liberté anglaise. »

tard : « Mes bonnes intentions, dit-il, et des méditations fort sérieuses que j'ai faites sur les affaires d'État, commencent à percer beaucoup dans le monde; à quoi joignant de la retraite qui me donne de la rareté, cela me fait passer pour un homme singulier dans le bien, et bien des gens qui ne me connaissent que d'imagination me prônent et m'élèvent. » Il lui venait des offres de services ; on lui proposait de le pousser auprès du roi par les domesticités; des financiers habiles et administrateurs émérites (un M. de Bercy, gendre de l'ancien contrôleur général Desmarets), lui proposaient de servir sous lui en second, de travailler sous ses ordres, ce qu'ils ne feraient avec personne autre, et qu'il se laissât porter au ministère des finances : « Voilà de l'intrigue, car il en faut, ajoute en toute bonhomie M. d'Argenson, et heureusement j'y suis *passivement*. On vient à moi, je laisse faire, et pendant ce temps-là je travaille d'autant. »

On ne saurait mieux définir l'intrigue comme les vertueux se la permettent, l'intrigue à la Caton. — Ce qui ne l'empêchait pas de se dire avec satisfaction :

« Août 1738. — Le fondement de ma fortune a pour texte ces deux mots, que j'ai déjà déclarés à plusieurs personnes : *Il y a un métier à faire où il y a prodigieusement à gagner, c'est d'être parfaitement honnête homme*. Joignant à cela une grande application, qui amène nécessairement quelque intelligence, il est impossible qu'on ne soit pas recherché de degrés en degrés pour les premiers emplois, car on a besoin de vous. »

Il eut, en ces moments, des fumées d'ambition (qui n'a eu les siennes?), et il se laisse aller à nous les dire. Il y a de lui une page bien naturelle, où il pense tout haut, et qui est toute l'histoire du *Pot au lait* :

« Le 28 avril 1737. — J'ai été nommé par le roi ambassadeur en Portugal; tout mon dessein, en acceptant pareil emploi, a été de me rendre digne et de me mettre à portée des places du ministère, où mon ancienneté au Conseil pouvait naturellement m'élever dès que je ne démériterais pas, à plus forte raison si je montrais du mérite et du courage. Et quand je me trouve avoir été cinq ans intendant de frontière, et avec assez d'approbation, puis quatorze ans au Conseil, fort assidu et en bonne réputation d'intégrité, et que je joindrai à cela une connaissance des pays étrangers et des négociations, alors, si je mérite place dans quelque ministère, on ne dira pas que j'y suis promu comme tant d'autres, et je m'y soutiendrai plus aisément par la justice que par la grâce et la faveur.

« Un de mes amis (1) me faisait remarquer l'autre jour que si M. le Chancelier (Daguesseau), qui a soixante-neuf ans, venait à manquer, on devait naturellement me choisir, car personne du ministère n'est à portée de cela :

« M. Orry n'a point de magistrature; M. Amelot est bègue et ne peut haranguer en public; M. d'Angervilliers devient vieux, usé, et très-paresseux de travailler; M. de Maurepas n'est pas gradué, et M. de Saint-Florentin n'y est pas propre. M. Hérault le briguerait, mais quel sujet !

« Dans le Conseil, je n'en ai que quatre devant moi, sur qui on juge aisément que le choix ne peut tomber, excepté M. Fagon (intendant des finances), mais qui est content de son état et ne voudra jamais sortir de la finance. D'ailleurs, la différence de naissance peut être aussi écoutée; il est fils d'un médecin, et j'ai l'honneur d'être d'ancienne noblesse.

« Or, qui deviendrait Chancelier de France avec des connaissances d'affaires de l'État pourrait, dans l'âge et les circonstances du règne, devenir premier ministre par la primauté que donne ce ministère. Voilà comme on se laisse aller à des pensées ambitieuses. »

Il ferait un singulier premier ministre à cette date et au milieu d'une telle Cour. Causant vers ce temps-là (novembre 1736) avec le maréchal de Noailles qui revenait de l'armée d'Italie, et entendant ce maréchal se plaindre de n'avoir pas été aidé du côté de Versailles, à ce terrible mot M. d'Argenson s'empressait de tourner court et de parler d'autre chose, par exemple, de matières de droit public et des *biens allodiaux* de la Toscane; « car les bruits sont grands aujourd'hui,

---

(1) On a toujours, même quand on est seul, de ces amis-là.

disait-il, de brigues contre le premier ministre; » et la seule idée d'en être informé l'effrayait :

« A propos de cet article, dit-il, je donnerai avis à mes enfants de ne se jamais fourrer dans toutes ces intrigues de Cour. Les imprudents se battent, et les gens sages viennent à profiter de l'objet du combat quand on est bien sûr qu'ils ne s'en sont pas mêlés; et cette aventure de *Tertius gaudet* arrive dans les Cours les plus intrigantes tout comme pendant les Gouvernements forts et tranquilles... Dans ces intrigues, ajoute-t-il, le moindre risque, selon moi, surpasse les plus hautes espérances; je crains extrêmement la disgrâce et la Bastille; j'aime ma liberté et ma tranquillité, et je ne les veux jamais sacrifier qu'au bonheur de mes citoyens; mais quelle sottise de les sacrifier à ses vues personnelles! Immoler soi heureux à soi grand, quelle folie! quelle platitude! »

Folie, à la bonne heure; mais je ne vois pas là de platitude.

Ce ne fut donc jamais très-sérieusement que M. d'Argenson fut ambitieux. Il aimait la réflexion, l'étude, le vrai pour le vrai, le bien pour le bien; il avait un sentiment de justice, de droiture, de cordialité que rien n'altéra, et qu'il exprime en des termes d'une sensibilité incomparable :

« Je suis tout accoutumé, disait-il, à cette espèce d'ingratitude ordinaire, qui est l'oubli des bienfaits, qui ne consiste qu'à ne pas rendre le bien pour le bien.

« Mais pour celle qui va jusqu'à rendre le mal pour le bien, c'est à quoi je ne me ferai jamais, quelque habitude que j'aie eue de l'éprouver. Ma vie n'en est qu'un tissu; je ne dirai pas que j'aie comblé de biens certaines gens, mais j'ai rendu des services gratuits; je me suis acquis quelques amis par là, mais je n'y ai jamais compté; je n'ai compté que sur ceux avec qui la sympathie et le cœur m'ont lié, mais non les bienfaits, et de ceux-là il est prodigieux quels mauvais offices j'en ai souvent tirés.

« Cela m'est toujours nouveau; j'en ai le cœur flétri, j'en suis accablé quand j'y pense; cela a attenté sur mes jours; l'injustice me révolte et me passionne, ma voix tremble en en parlant et y pensant. Je voudrais n'être jamais né. »

Il écrivait cela quelques mois avant d'entrer au

ministère : qu'aurait-il dit lorsqu'il en fut sorti ? On voit nettement le défaut de la cuirasse ; pour vivre et résister dans un tel milieu, il n'avait pas la trempe. Il a, pour se peindre lui-même, des traits uniques et qu'on peut lui emprunter avec sécurité, tant ils paraissent sincères. J'en rassemblerai quelques-uns. Parlant des siens et de sa race :

« On ne peut, dans ma famille, nous définir autrement que ce qui suit :

« Le cœur excellent, l'esprit moins bon que le cœur, et la langue plus mauvaise que tout cela. »

Il entend cette langue mauvaise dans le sens de l'éloquence et de l'élocution, qui ne répond pas au reste; et comme c'est en partie affaire d'habitude, il convient que lui et son frère s'en tirent mieux que le reste de la famille. Il a dit encore;

« J'ai de l'imagination, l'esprit vif pour peu que quelque **nouveauté** ou désir sympathique l'anime. Cela va extrêmement loin, et à la folie si on n'y prenait garde. Ce que j'ai d'esprit, je l'ai juste. J'ai le cœur et le sentiment lent, mais rude et tenace pour quelque temps, c'est-à-dire opiniâtre... »

Il a dit :

« Je ne puis vaquer à aucune besogne, qu'au bout de fort peu de temps le *cœur* ne se mette de la partie, soit pour, soit contre, soit pour les affaires, soit pour les hommes ; je m'affectionne ou je m'indigne. Peut-être est-ce un défaut, et je le reconnais pour tel dans les occasions où le premier mouvement m'ôte le sang-froid ; mais quant à l'affection, ordinairement cela me donne joie et succès à ce que je fais; cela peut plaire à ceux qui servent avec moi, me les attacher davantage et surtout à leur besogne. »

Il a dit d'une manière piquante, et qui se rapporte bien à sa première timidité et gaucherie naturelle ;

« Je ne veux pas être *loué*, mais *approuvé* seulement : voilà l'aliment de mes succès, et si je vivais tout de suite avec des gens dont je sentisse l'approbation continuelle et pas autre chose ni moins, je ne sais pas jusqu'où j'irais. La louange me déconcerte encore plus que le blâme; je peux me retrancher dans quelque retour favorable contre le blâme, mais à la louange je ne sais plus comment soutenir cela. En un mot, pour bien faire, je veux m'ignorer; que je ne m'aperçoive pas que je suis là seulement, mais qu'on m'éclaire dans le chemin et qu'on me dise : Allez, vous allez bien, allez sûrement. »

Il nous apprend qu'on lui faisait l'honneur de dire de lui « que comme don Quichotte avait eu la tête tournée par la lecture des romans, il lui était arrivé la même chose par celle de Plutarque. »

Il n'est que bizarre, et il montre plus de bonhomie que de tact et de goût (de ce goût qu'avait si fort son ami Voltaire, et qui est avant tout sensible au ridicule), lorsqu'il écrit de lui-même à la date de juin 1743, environ un an avant de devenir ministre :

« Je me sens doux et sévère, je tiens beaucoup de *Paméla* et de Marcus Porcius Caton. »

Le roman de *Paméla*, traduit en français, était alors dans sa nouveauté.

A un autre endroit, se montrant, non pas avare mais homme d'ordre et d'économie, qui aime mieux améliorer ses terres que de les étendre, et conserver son bien que de convoiter celui d'autrui, il ajoute sans qu'on soit tenté de le contredire : « Je me crois *le contraire de Catilina*, dont Salluste dit, etc. »

Quand il se considère ainsi en face et qu'il s'applique à se définir lui-même, d'Argenson se peint à nous, mais moins bien que lorsqu'il se compare et s'oppose à son frère, plus homme de Cour et futur ministre également. Il faut le voir dans cette comparaison à laquelle il se complaît et qui jette un jour distinct sur deux figures qu'on est porté à confondre.

Ici, et sur ce point, j'ai à prévenir que ce qui est imprimé dans le volume de d'Argenson donné en 1825, est à peu près le contraire de ce qu'on lit dans les manuscrits. Il était naturel que le petit-fils du comte d'Argenson, ayant à choisir dans les papiers de son grand-oncle, ne fît point porter précisément les extraits sur ce qui était au désavantage de son aïeul : mais l'omission eût mieux valu qu'une altération qui fausse jusqu'à un certain point la physionomie des deux hommes et le sens des caractères.

Ce ne sont pas seulement, en effet, des nuances qui les différencient; il y a entre eux des profondeurs.

Dès l'abord on voit le marquis d'Argenson se plaindre de son frère, qui songe avant tout à se pousser dans le monde et à faire son chemin par ce que l'autre appelle les petits moyens; qui s'est fait moliniste (lui libertin) pour plaire au vieux Cardinal et pour obtenir une bonne partie des fonctions essentielles dont on dépouille, sous prétexte de jansénisme, le chancelier Daguesseau :

« Que je suis malheureux, s'écrie-t-il, d'avoir un frère qui ne songe qu'à lui, qui ne veut que pour lui, qui est en tout le centre de son cercle! Une telle passion exclut la vertu et cet amour du bien public, qu'on doit adorer après son simple bonheur et bien avant sa propre grandeur...

« Il faut remarquer, ajoute-t-il (et l'on n'a que le choix entre vingt passages), que mon frère aime mieux une place qui lui vient par une brigue, par un parti et par une intrigue, que par la voie simple et noble de sa capacité reconnue et placée. C'est ainsi que les joueurs croient que l'art de jouer fait tout, et qu'ils ne veulent rien attribuer qu'à ce qui dépend d'eux. »

En juin 1737, dans l'un des passages les plus favorables, il dit :

« J'ai remarqué plusieurs fois que mon frère aimait les grandes fins et les petits moyens pour y parvenir. Cela vient de ce qu'il a du génie; mais l'esprit s'est rétréci par l'habitude du bon air et de la courtisanerie, où il s'est adonné plutôt qu'à la lecture de l'histoire. Il y aurait puisé de grands modèles, et le monde ne lui a inspiré que la mode actuelle. »

Ce *génie*, il le lui refuse expressément ailleurs et par de très-bonnes raisons, et il se borne à lui accorder beaucoup d'esprit :

> « Ses mérites consistent véritablement dans beaucoup d'esprit, mais nul génie (on entend par esprit la facilité à entendre et à rendre); la hardiesse, le courage, la tranquillité devant les grands objets, ce qu'on prend pour force d'âme et qui ne l'est que de cœur; un goût porté au grand et à l'élevé pour soi-même. Mais voici le grand défaut, c'est cette concentration dans son propre avantage. »

Je ne cherche pas, on le croira sans peine, à triompher de cette différence et de cette discorde intestine des deux frères, et je ne donnerai même pas la préférence au plus vertueux sur l'autre comme ministre. Je crois que le marquis d'Argenson était médiocrement propre à l'être, tandis que le comte l'a été fort dignement et avec assez d'éclat pendant des années : celui-ci avait certes quelques qualités supérieures et des parties brillantes. La seule vérité historique que je tiens à marquer, c'est que les deux frères appartiennent à des familles d'hommes politiques toutes différentes et même opposées, l'un étant de ceux qui vont au fond des objets et aspirent à un but réel et constant, l'autre de ceux qui s'en tiennent en tout aux expédients, et s'inspirent uniquement de la circonstance. Le marquis d'Argenson, du reste, a exprimé cette séparation de vues et d'inspiration dans des pages fort belles, mais qui auraient besoin d'être légèrement dégagées. Il y mêle une théorie à lui sur l'amour-propre : après quoi il ajoute, en en faisant l'application à son frère (août 1738) :

> « Il s'aime en tout bien, il aime son élévation et toute la plus grande élévation; par delà lui, il aime sa maison; il a encore le sentiment du moment pour quelques objets de parenté ou étrangers. Voilà tous les mouvements de son amour, cela lui remplit tout le cœur, qui doit être étroit ou extrêmement occupé des mouvements que je viens de dire.
>
> « Il n'est pas susceptible de haine, sa bile ne s'y allumant pas;

mais il s'indigne d'avoir des égaux, et il est porté naturellement à la moquerie contre ses supérieurs. De là son âme est égale en tout temps ; s'il a peu de plaisirs sensibles, du moins ses peines sont légères, car il a les passions douces. Son ambition n'est qu'un acheminement fin, délié et spirituel vers le grand, où rien ne l'étonne, et, de jeunesse, il a eu ce sentiment. Ceux qui ne le connaissent pas le croient dévoré d'ambition ; non, il n'en est qu'occupé ; il la médite même gaiement, à cause de l'opinion qu'il a de sa supériorité ; il se voit lui-même au-dessus de tout, il croit apercevoir les fils des marionnettes, il se moque de tout, il se *rit* de tout et perpétuellement. Le fond de sa pensée attaque toujours ses supérieurs, quoique avec l'abord humble, honteux et embarrassé à leur égard, sans se jouer pour cela, mais par habitude ; mais il ne se ravale pas pour cela avec les inférieurs, ce qui est la suite de ce caractère chez les gens véritablement généreux ; au contraire, il y porte un air important et distrait qui en impose aux égaux et qui le fait respecter des inférieurs.

« De tout cela il lui a résulté peu de soif de la justice, et comme il ne se commande rien à lui-même, par facilité de vivre et par habitude de suivre ses penchants, il ne s'est formé aucuns principes de morale, de justice, ni de droit public ; il ne voit ces règles qu'à mesure des occurrences et de l'offre de chaque espèce, ce qui rend nécessairement cette conduite fautive et peu profonde, n'étant conduite que par l'esprit. Il n'a pas médité un moment le bien public ; il y a toujours apporté de l'indifférence ; il n'en a pris que quelques traits par-ci par-là, chez les uns et chez les autres, comme je sais quelques racines grecques que j'ai prises je ne sais où. L'indifférence a donc malheureusement causé cette ignorance, plutôt que le défaut de capacité. Cependant il faut convenir que la faculté y manque, aussi bien que l'étude et l'acquis.

« Si la faculté y était, je ne lui dénierais pas, comme je fais, le *génie*, qui est l'*invention* et l'*inspiration*. Ce beau feu céleste fait d'un savetier un poëte, et un général d'un laboureur comme Sforce ; et, en politique, d'un moine un Ximénès. Quand la passion du bien de la monarchie se joint au génie inventeur, alors le cœur se remplit de bien d'autres choses que de soi-même ; ordinairement même, le *soi* s'oublie et s'abandonne absolument, comme cela se voit chez ces chasseurs qui le sont par goût, chez tous les hommes à passions ardentes, à passions de goût et de curiosité, dans les amours violents comme celui de Moïse pour son peuple, et chez les savants qui ont recherché l'objet de leur étude en se détruisant visiblement (1).

---

(1) J'ai dû, à cet endroit, changer et mettre deux ou trois mots dans le texte, mais seulement pour éclaircir la phrase, restée elliptique et inachevée.

« Cependant, sans cette faculté, il n'y a point d'homme d'État, il n'y a que des serviteurs mercenaires, intelligents si vous voulez ; mais, n'étant jamais que le centre de leur cercle, ils ne travaillent que pour ce qui est vu, pour ce qui leur fait honneur, pour ce qui leur attire récompense, et tout le reste est négligé et abandonné ; et bientôt le maître clairvoyant se dégoûte de tel serviteur. »

Il me semble que dans ces pages d'Argenson s'élève, et qu'après avoir donné l'idée de quelque homme de bien et de quelque Turgot ministre, il va jusqu'à embrasser l'idéal d'un Richelieu et d'un Pitt, d'un de ces puissants serviteurs du monarque, du public et de la patrie, et qui ne distinguent plus leur égoïsme personnel de la grandeur et de l'intérêt universel ; et il y oppose moins encore son propre frère que la race de ces hommes politiques du dix-huitième siècle, qui avaient presque tous en eux *du Maurepas*, c'est-à-dire quelque chose de radicalement léger et frivole, de fat, de moqueur, de non-sérieux, et, avec de l'habileté quelquefois et beaucoup d'esprit, le contraire du grand (1). Il est loin d'avoir fini, et sur ce sujet qui lui est cher il ne tarit pas. Il s'y montre lui-même par contre-coup mieux que partout ailleurs, et il plaide indirectement pour ses propres qualités et un peu aussi pour ses défauts ; continuant donc son monologue et ce parallèle secret entre son frère et lui :

« Qui prendra, dit-il, pour des affaires sérieuses son choix à la figure, aux airs importants, au discours spirituel, et au bon air dans la dépense et dans le maintien, fera toujours une mauvaise affaire ; ce n'est là que la superficie, et même la perfection de cette superficie a dû nécessairement prendre sur le fond, et être faite à ses dépens. Il

(1) En nommant Maurepas, je nomme l'antipathique de d'Argenson et l'homme qui personnifie le mieux le vice en question et cette mauvaise influence : « Août 1738. — Mon frère est naturellement fait pour le secret, le mystère, et même la profonde dissimulation ; mais il est si esclave du bon air et du goût d'imitation, que, voyant M. de Maurepas indiscret, il se pique de l'être aujourd'hui. »

faut de la suite, du bon sens, un sens suivi, une méditation approfondie pour trouver du neuf échappé aux autres, et ce fond demande des négligences sur les choses extérieures. Cependant voilà le malheur du Français : on prend pour médecins des gens d'imagination (Silva), et pour ministres les robins qui ont le plus fréquenté la Cour, c'est-à-dire ceux qui ont le plus perdu leur temps et qui ont le plus négligé les pauvres et la justice.

« Une juste vanité me fera ajouter que mon père ni mes aïeux n'étaient point faits comme cela. Où diable donc a-t-il pris cela? du seul archevêque de Bordeaux, mon oncle, lequel était un petit esprit, taquin et triste, grand économe, homme à vues bourgeoises, aimant sa maison avec orgueil, mais sans générosité, plein de lui et vide des autres, dur et sec, haïssable, et échappant seulement à la haine publique par son économie; mais mon père et mes aïeux ont toujours passé dans leur temps pour gens francs, nobles, courageux et dignes de l'ancienne Rome, surtout de nulle intrigue à la Cour; aimant la vie de province, ce qui est la vraie vie de la province; riches ou pauvres, et cependant s'y faisant d'abord distinguer par les lumières de leur esprit et la bonté de leur cœur. Or rien n'est si à propos que de s'attirer dans le monde la même espèce de considération par où sa race est connue; il y faut conserver les qualités comme le nom et les armes : d'où je conclus que nous sommes bien étrangers dans le monde par l'intrigue de Cour, et par ce machiavélisme italien qui réussit peu dans les grandes choses, ou y succède mal tôt ou tard. »

On retrouve dans cette fin toute la verve que nous lui avons vue précédemment à nous parler de son père, et cette touche qui sent sinon le vieux Romain, du moins le vieux Français.

Je laisse les détails, qui n'auraient d'intérêt que dans une biographie. Le cardinal de Fleury, depuis la disgrâce de M. de Chauvelin, n'était plus aussi bien disposé pour M. d'Argenson, et il lui était même devenu ennemi. Un jour (mai 1741), il parla tout haut de lui avec humeur et conclut en ces mots : « Enfin, pour tout dire, c'est le digne ami de Voltaire, et Voltaire son digne ami. » En février 1741, M. d'Argenson succéda à son cadet dans la place de chancelier du duc d'Orléans, et cette succession peu expliquée parut singulière dans le monde. Le fait est que son frère s'étant dégoûté de cette place, et ayant obtenu l'intendance de Paris qui était un motif de congé, avait engagé son aîné à s'en accommoder à son défaut et nullement à son détriment : ce qui n'empêcha point qu'il n'y laissât ensuite donner une fausse couleur. Trois ans après, en mai 1744, le cardinal de Fleury étant mort, le roi nomma M. d'Argenson conseiller au Conseil royal, à la condition qu'il quitterait les affaires du duc d'Orléans, car on ne peut servir deux maîtres. Enfin, M. d'Argenson devint ministre des Affaires étrangères en novembre 1744 ; son frère l'était déjà de la Guerre. L'histoire de ce ministère, qui dura jusqu'en février 1747, serait celle de la France pendant cette période : M. d'Argenson en a laissé les éléments les plus riches et les mieux distribués à qui voudra traiter ce point du dix-huitième siècle. Pour moi, qui ne cherche que l'homme moral en lui et l'écrivain philosophe, je me bornerai à remarquer qu'il échoua dans cette carrière active. Il voulait la paix, une paix qui, selon lui, eût été plus avantageuse à la France que celle qu'on signa ensuite à Aix-la-Chapelle ; il croyait qu'on l'eût obtenue moyennant une grande guerre défensive de toutes parts. Il avait des plans de reconstitution politique à l'étranger, notamment pour l'Italie ; il prétendait y former « *une République ou Association éternelle des puissances Italiques, comme il y en avait une Germanique, une Batave, une Helvétique*, la plus grande affaire qui se fût traitée en Europe depuis longtemps. » Tout cela manqua. Il fut renvoyé purement et simplement, sans un éloge dans la *Gazette*, sans pension, mais aussi sans exil. On l'avait fait passer en dernier lieu près du roi pour « incapable de toutes affaires publiques (pour un utopiste comme nous dirions) (1) ; et toutes voies désormais lui étaient fermées. » Le fond de

---

(1) Le maréchal de Richelieu appelait d'Argenson « le secrétaire d'État de la République de Platon. »

son cœur, à cette occasion, nous est révélé dans une sorte d'épanchement involontaire qui se trouve au milieu de ses *Remarques* sur ses lectures, et qui a pour titre assez singulier, *De la Providence :* «Que l'idée de la Providence est aimable ! s'écrie-t-il tout à coup; que ses espérances et ses consolations sont douces à tout malheureux ! mais que ses décrets sont impénétrables ! » Et il part de là pour décrire le spectacle qui s'offre à lui au moment où il écrit, en 1748, c'est-à-dire un an après sa sortie du ministère. Ce ne sont partout à ses yeux qu'iniquités heureuses et triomphes apparents de l'injuste sur l'innocent. Son successeur M. de Puisieux, M. de Saint-Severin le plénipotentiaire d'Aix-la-Chapelle, M. de Maurepas, enfin et surtout son propre frère le comte d'Argenson, n'y sont pas épargnés comme étant les artisans présumés de sa disgrâce ou les héritiers empressés de sa dépouille. Mais il ne serait pas juste, à notre tour, de prendre au mot, et dans toute la vivacité d'un éclat secret, l'irritation de cet homme de bien. Je me bornerai à dire avec lui : «N'ayant aucune intrigue à la Cour, il est aisé de sentir ce qui en arrive : tout ce qu'on fait de bien est peu senti, ou est attribué à d'autres, et la moindre faute qu'on peut faire devient un crime qui vous met à découvert.» Et à un autre endroit, trouvant à son fils M. de Paulmy, alors ambassadeur en Suisse, quelques-unes des qualités de mesure, d'insinuation et d'adresse qu'il n'avait pas, il dit, par un retour sur lui-même et en indiquant le contraste: « Il loue..., il approuve, il sait réduire ses idées et les diminuer quand il faut; on est bien heureux d'être de cette souplesse, car il faut plaire pour réussir; *les hommes sont plus difficiles que les affaires* (1).

---

(1) Il a dit aussi, en pensant aux efforts contre nature qu'il avait

Son premier étonnement passé, il redevint aisément, le lendemain de sa sortie du ministère, ce qu'il était la veille, un homme studieux, un grand lecteur, l'étant avec délices, faisant de son cabinet son royaume et son monde, et plein de pensées et d'observations sur les livres et sur les choses. En lisant ce qu'il a ainsi écrit pour lui seul et dont on a le recueil depuis 1742 jusqu'en 1756, au milieu des mille variétés de chaque jour, je suis frappé d'une remarque fréquente et suivie, d'une plainte qui revient sans cesse sous sa plume jusqu'en 1750 : elle tient de près à ce que nous l'avons déjà vu dire à propos de son frère sur le genre frivole et léger, sur l'esprit de moquerie et de malice qui détruit tout, et sur l'absence de cœur et d'amour du bien. La manière vive et précise dont il nous décrit ce vice, tel qu'il le voit, ôte à ses reproches tout air de lieu commun. Jamais je n'ai mieux compris qu'en lisant les cahiers du marquis d'Argenson quelle a été la maladie du dix-huitième siècle, de la première moitié surtout.

« Le cœur est une faculté, dit-il, dont nous nous privons chaque jour faute d'exercice, au lieu que l'esprit s'anime chaque jour. On court à l'esprit, on le cultive, on devient tout spirituel. C'est l'esprit joint au cœur qui forme l'héroïsme, le courage, le sublime, et d'où résulte le génie. Faute d'affection et de la faculté cordiale, ce royaume-ci périra, je le prédis. On n'a plus d'amis, on n'aime plus sa maîtresse ; comment aimerait-on sa patrie ? »

dû faire pendant quelque temps pour être courtisan et pour réussir auprès de Louis XV :

« Il faut flatter les princes absolument pour les bien servir. Les meilleurs philosophes s'y tromperaient en usant autrement. J'ai bien examiné les princes, ce qu'ils ont de vertu vient d'amour-propre ; si vous ne les aimez pas, ils vous haïssent. Ils en savent jusque-là, que l'amour vient d'estime. Ainsi ils n'admettront point d'amour pour eux sans estime et même sans admiration. Il faut donc se battre les flancs pour leur trouver des qualités, les louer pour ce qu'ils ont, se taire sur ce qui leur manque : tels seront les flatteurs de probité et qui mèneront au bien par ce radoucissement, qui pareront la vertu des attraits de la volupté. »

Il le dit et le redit, comme un bon citoyen qui s'en alarme, comme un homme qui en souffre, d'une manière pénétrée et touchante : il discerne un principe de mort, à travers cet esprit qui scintille, sous cette politesse méchante et glacée :

« J'en reviens au progrès des mœurs. Je disais que la politesse ayant fait des progrès, les effets des vices étaient peu de chose en comparaison du temps de la barbarie... Ce qui est aujourd'hui *tracasserie* était *anthropophagie* du temps des Druides...

« Mais j'observe une chose terrible de notre âge : l'amour s'éteint, on n'aime plus par le cœur; peu de cœurs sensibles; adieu la tendresse! Certes les sens appètent la beauté; la débauche, ce faux amour, règne plus que jamais; ce ne sont que liaisons apparentes; mais je ne vois plus, surtout dans notre jeunesse, qu'on fasse usage de son cœur; nuls amis, peu d'amants; dureté de cœur, ou simulation partout...

« Où cela va-t-il? Sans doute à pire que la barbarie; car chez les ogres on aimait, on ne se nuisait pas tant, ni si assidûment, ni continuellement.

« Si vous détruisez l'amour, Ἔρως (c'est lui qui met ce mot grec), le monde retombera dans le chaos.

« Qu'on sente donc son cœur, qu'on l'écoute, ne fût-ce que quelques moments; c'est toujours cela. »

Dans le monde, dans les lettres, depuis Fontenelle, La Motte, Marivaux, Duclos, Maupertuis, jusqu'à Voltaire lui-même; depuis les Richelieu, les d'Ayen, les Duras, les Forcalquier, les Maurepas, jusqu'à M. de Choiseul, c'était un genre que la finesse, surtout la finesse caustique, l'épigramme continuelle, l'ironie, épouvantail du simple et du bien, ennemie mortelle du grand ; « et la politesse semblait ne réprimer toute violence extérieure que pour faire germer davantage la noirceur intérieure. » *La politesse sans la sensibilité*, voilà quelle était la définition du monde d'alors :

« Voici où nous en sommes, écrivait d'Argenson : *un beau matin tout spectacle disparaît, et il ne reste plus que des sifflets qui sifflent.* Il n'y aura bientôt plus en France ni de beaux parleurs ni d'auteurs comiques ou tragiques, ni musique, ni livres, ni palais bâtis, mais des critiques de tout et partout. On n'ose plus parler en bonne compagnie, car les faiseurs de bons contes vous traduisent en ridicule. Remarquez qu'il y a aujourd'hui plus de journaux critiques périodiques par mois qu'il n'y a de livres nouveaux; la satire mâche à vide, mais mâche toujours. »

Il me fait bien comprendre par tout ceci, d'une part le succès du *Méchant*, cette comédie de Gresset, aujourd'hui si peu sentie et qui vint si à propos alors (1747) pour traduire aux yeux de tous le vice régnant, *la méchanceté par vanité* (1), et aussi cet autre succès, bien autrement fécond et durable, de Jean-Jacques Rousseau venant apporter au siècle précisément ce dont il manquait le plus, un flot de vrai sentiment. On suit bien chez d'Argenson la maladie qui précéda cette venue de Rousseau, le persiflage par bel air ou l'affectation fausse de sensibilité de la part de ceux qui en manquaient le plus : « On ne voit, dit-il énergiquement, que de ces gens aujourd'hui dont *le cœur est bête comme un cochon*, car ce siècle est tourné à cette *paralysie du cœur;* cependant ils entendent dire qu'il est beau d'être sensible à l'amitié, à la vertu, au malheur; ils jouent la sensibilité presque comme s'ils la sentaient. » Le grand mérite de Rousseau fut de sentir avec vérité ce qu'il exprima avec force et quelquefois avec emphase : car par lui on passa brusquement de la presque paralysie du cœur à une sorte d'anévrisme soudain et de gonflement impétueux. C'était du moins la vie au prix du néant.

(1) On lit dans le Journal de d'Argenson : « Juillet 1737. — J'ai dit à M. de Maurepas que mes équipages d'ambassade (pour le Portugal) étaient bien avancés, et que je n'avais pas encore reçu un sol du roi. J'ai vu alors chez lui une joie maligne et vive, quoiqu'il soit de mes amis; le bon air aujourd'hui est de se réjouir de l'incommodité des autres, et de s'attrister de leur bien-être. » On ne saurait un meilleur commentaire à Gresset.

Tous les hommes de sensibilité et de cœur désiraient, appelaient vaguement un Rousseau quand il parut.

D'Argenson me donne, par ses remarques de chaque jour, le sentiment vif de la corruption du milieu du siècle, de cette corruption sèche et qui était sans ressources, tandis qu'il y aura des ressources dans la corruption ardente et plus neuve de la seconde moitié. Quand la génération qui avait traversé la Régence eut cinquante ans, que fut-elle? on en a le tableau non flatté chez d'Argenson.

Sur cet article et tout ce qui s'y rapporte, on n'a avec lui que le choix entre les belles paroles et les plus expressives :

« Les hommes d'aujourd'hui devenant polis de plus en plus, je remarque qu'ils n'ont plus de *passions*, mais seulement des *desseins* qu'ils suivent comme des passions. Aussi, quand l'esprit est mauvais, le sophisme fait les vices. » —
« Il me semble qu'il n'y a plus aujourd'hui d'hommes d'esprit et de conversation, comme dans ma jeunesse. Ceux-là écoutaient, entendaient finement, répondaient avec profondeur et connaissance, réduisaient la question, disaient du neuf, étaient *gais avec esprit et même avec bonté*. Ce que nous avons aujourd'hui d'hommes d'esprit à la Cour ou à la Ville ne le sont qu'avec une telle malignité, qu'ils ressemblent *à des singes ou à des diables* qui ne prennent leur plaisir qu'au mal d'autrui et à la confusion du genre humain; et s'il leur reste quelque franchise, c'est pour ne pas cacher leurs grands défauts de malice. »

Sur la conversation en particulier, il a de ces observations qui portent, et dont on n'a jusqu'ici donné quelques-unes au public qu'en les éteignant et les émoussant. Une des raisons pour lesquelles il n'y a plus, selon lui, de bonne conversation (qu'il y a longtemps qu'on a dit cela!) à la date de 1750, « c'est que la conception ou la patience à écouter diminue chaque jour, dit-il, parmi nos contemporains. Rien n'est plus vrai qu'il n'y a plus de *bons écouteurs* en France, ni même d'*écouteurs.* La pétulance a pris la place de la vivacité et de l'enjouement. »

On ne peut tout dire ni tout extraire : qu'il me suffise de bien marquer qu'en ce qui est de la corruption sociale de son temps, d'Argenson est un témoin précis, véridique, et quelquefois même une preuve de ce qu'il avance. Ce n'est point par excès de sévérité qu'il pèche; le Caton était fort tempéré en lui, et on a moins affaire ici à un censeur qu'à un spectateur. Sorti du ministère, voyant son frère y rester et s'y ancrer plus que jamais, il a pu lui adresser cette parole qui résume admirablement quelques-unes de ses plus habituelles pensées :

« J'ai dit à mon frère (1748) : « Vous avez une belle charge, vous êtes chargé de faire valoir *la seule vertu qui reste aux Français*, qui est *la valeur* ; car l'esprit n'est pas une vertu : la franchise, la bonne foi, toutes les autres vertus se sont séparées de nous. »

Et ce n'est pas la misanthropie qui a dicté cette parole. Il n'a point de parti pris. Quand le siècle lui paraîtra, en avançant, présenter quelques meilleurs symptômes, il sera le premier à les noter et à nous en faire part, avec la joie d'un homme qui ne désespère pas des hommes et qui aime à croire au progrès de la raison publique.

17 novembre 1858.

LE MARQUIS D'ARGENSON

D'APRÈS LES MANUSCRITS.

(Fin.)

C'était un homme heureux que le marquis d'Argenson dans les neuf ou dix dernières années de sa vie, après sa sortie du ministère. Il mourut en janvier 1757 : nous avons de lui ses Remarques sur ses lectures jusqu'en décembre 1756, et nous le suivons dans l'intimité. Il vivait tantôt à Paris, tantôt à la campagne; il avait loué à Segrès, près Arpajon, une maison très-agréable :

« Rien, disait-il, ne ressemble plus aux Champs-Élysées, séjour des Ombres heureuses, que cette maison de Segrès : il y a un jour doux, et non brillant comme celui des vues étendues sur le bord des grandes rivières; cet affaiblissement du jour vient de quantité de montagnes vertes qui rendent ce séjour sauvage avec peu d'échappées de vues. Il y a des prairies et surtout des eaux courantes. Derrière la maison, au bas d'un rocher, est une futaie d'arbres débroussaillés avec des ruisseaux qui coulent, des nappes, cascades et bouillons d'eau qui vont nuit et jour, et qui rendent ce séjour tout semblable aux Champs-Élysées. Avec cela on y vit fort heureux et sans bruit du monde. »

Il éprouvait qu'une maison de campagne sans domaine était bien plus délicieuse qu'un château au milieu d'une terre; car il y était exempt des soins de l'administration et tout entier à son cabinet et à ses livres. Comme il avait observé que l'esprit quelquefois se dissipe, et pour ainsi dire s'extravase dans un lieu trop vaste, et que « pour étudier, pour lire, méditer, écrire, les petits endroits ont beaucoup d'avantages sur les plus grands, » il avait imaginé et s'était fait faire une sorte de *cabinet-sopha* ou de cage allant sur roulettes, assez pareille à une maison de berger, où il n'y avait place que pour une personne, où l'on ne pouvait se tenir debout, où l'on était assis très à l'aise, à l'abri de tous vents coulis, et où il suffisait d'une bougie pour échauffer le dedans. Il nous en a donné le plan et la figure. C'est dans ce réduit qu'il se plaisait souvent à lire et à méditer, mais il ne s'y confinait pas. Dans ses plans de vie heureuse qu'il diversifie avec assez d'imagination, il faisait entrer plus de choses qu'il n'en tenait dans cette boîte ou petite cellule. Il recevait quelquefois à sa campagne du monde de Paris, d'Alembert, La Condamine, Condillac, etc.; Voltaire y alla au printemps de 1750. Il aimait les conversations longues, suivies, sérieuses, bien qu'animées de bons et gaillards propos; il les aimait non pour briller ni pour l'effet, mais pour se communiquer les idées et être en vrai commerce d'esprit : c'est ainsi qu'on étend ses horizons. « Quiconque n'écoute pas ou écoute mal, pensait-il, s'accourcit l'esprit plus encore que celui qui ne lit pas. J'appelle bien écouter et bien lire, d'y procéder sans prévention contre l'interlocuteur ou l'auteur du livre. » C'est de la sorte aussi qu'il lisait, ses Remarques l'attestent; il ne rapportait pas tout à lui; il jouissait en tous sens de son intelligence en s'oubliant: « César disait qu'il n'était jamais moins seul que quand il était seul. Il avait raison, et j'irai plus loin : l'on n'est jamais moins occupé de soi que quand on est seul, et on n'en est jamais si occupé, si embarrassé qu'avec le monde. » Ainsi en liberté avec sa pensée et avec celle des autres, il se donnait toute carrière. Il lisait toutes sortes de livres anciens et nouveaux : c'était une nourriture qui lui était nécessaire. « Les jeunes gens surtout, disait-il, devraient se mettre en tête cette maxime bien véritable, que *plus on lit plus on a d'esprit...* Celui qui a lu aurait encore plus d'esprit s'il avait lu davantage. » Il lisait toutes les nouveautés, et notait l'impression qu'il en recevait ; il n'était pas de ces *dédaigneurs* (comme il les appelle) qui déclaraient d'un livre à première vue que cela ne valait rien ; il lisait jusqu'au bout le livre une fois commencé, biographies, mélanges, anecdotes, même les *Ana*, même les contes de Fées; il les prenait par leur bon côté et y trouvait presque toujours sujet à quelque réflexion, à quelque plaisir : « Je dis à nos amis ordinaires : Que je vous plains de toujours critiquer! quand commencerez-vous à vous délecter de quelque chose ? » Mais ce qu'il préférait à tout, c'étaient les livres de politique, de considérations sur le bien public et sur les matières sociales, « les choses d'un sens suivi et de *génie,* » c'est-à-dire où l'auteur produisait avec vigueur ses propres pensées. Les livres traduits de l'anglais l'intéressaient particulièrement; à propos des Discours sur Tacite, de Thomas Gordon : « Avec quelles délices, s'écrie-t-il, on lit ces raisonnements forts et fortement exprimés des Anglais, quand on aime *la politique comme je fais depuis longtemps!* »

Il se demande pourquoi ces livres traduits de l'anglais ont tant d'attrait pour lui ; il s'aperçoit bien de ce qui y manque pour l'ordre, pour la méthode, et combien « à décliner les choses par les règles » les écrivains français paraissent supérieurs; il sent le besoin de s'expliquer cette action si réelle sur les esprits sérieux :

« C'est qu'ils raisonnent avec grande force, dit-il, et qu'il n'y a jamais de lieux communs comme dans nos auteurs, même comme dans ceux des nôtres qui raisonnent le plus à l'anglaise. La Bruyère seul découvre et raisonne à neuf...

« Ce qui caractérise les écrivains anglais, et toute cette nation si approfondissante, si réfléchissante, c'est un grand sens en tout. »

Cela ne le rend pourtant pas injuste pour nous Français, ni aveugle sur les défauts de nos voisins, et il met des correctifs énergiques à ce grand sens qu'il leur reconnaît :

« Ce sont des sauvages philosophes et avares ; leur profondeur en philosophie est même une passion ; mais la douceur et la politesse qui leur manquent, et que les Français ont naturellement, les rendent inférieurs à nous pour faire passer les bons principes jusques à l'action. »

Parlant du roman de *Tom Jones* que tout le monde lisait alors, et qu'il goûte singulièrement (février 1750) :

« Qui nous aurait dit, il y a quatre-vingts ans, que les Anglais auraient fait des romans et nous auraient surpassés ? Oui, cette nation va bien loin, à force de liberté en tout. Nous l'*émulons* et nous y parviendrons ; nos esprits cherchent à se montrer libres, et l'on sait qu'après avoir imité, nous perfectionnons, puis nous surpassons. »

D'Argenson, arrivé à cette date du milieu du siècle, en vient donc à le juger moins désespéré et moins incurable qu'il ne l'avait déclaré d'abord. Auparavant ses conclusions allaient à n'admettre nul goût et nul génie, ni presque ressources d'aucun genre, et il y avait des moments où l'on se sentait avec lui à la fin des temps et comme au bout du monde : il se relève à partir d'une certaine heure, et s'aperçoit qu'un souffle nouveau passe dans l'air, et pour ainsi dire que la brise fraîchit ; il la signale des premiers et la salue. Il reconnaît et constate un esprit d'amélioration générale et de raison moyenne qui gagne sensiblement. Il a sur notre nation et sur notre caractère des observations très-originales, et s'il dit des vérités aux autres peuples, il nous en adresse assez à nous-mêmes les jours d'éloges, pour qu'on puisse tout citer sans faire de jaloux :

« On ne le croirait pas, dit-il, la nation française est, des nations de l'Europe, celle dont les peuples ont communément plus de jugement mêlé avec le plus d'esprit.

« Il est vrai que le jugement pur, sans mélange d'imagination et d'esprit, comme chez les bons Hollandais et chez les Allemands et les Suisses, produit des effets plus corrects et plus sages.

« Vous ne le croiriez pas, les Anglais, ces grands approfondisseurs, manquent totalement de jugement... »

Ici il est près de passer d'un extrême à l'autre dans l'expression, comme il arrive lorsqu'on écrit tout entier sous l'impression du moment; mais, en continuant, il va toucher de main de maître un défaut que nous savons très-bien combiner avec l'inconstance, celui d'être routiniers et dociles à l'excès pour les autorités que nous avons adoptées une fois et les admirations que nous nous sommes imposées :

« Pour nous frivoles, jolis, légers, nous avons tout, mais nous nous tenons à trop peu de chose; notre inconstance est notre seul tort, elle nous emporte si bien qu'elle nous dégoûte de nous-mêmes plus que de personne, et nous lasse de nos propres idées au lieu de nous plonger dans l'admiration de nous-mêmes comme ces vaniteux Espagnols et Portugais; nous avons une docilité d'enfants qui nous rend disciples et admirateurs des autres nations du monde.

« On ne le croirait pas, c'est notre excès de bonté et de docilité qui bannit de chez nous le goût et le génie tous les jours davantage; nous sommes (habitués à jurer) *in verba magistri*, nous ne sommes pas assez volontaires, nous admirons chez les autres et chez nous tout ce qui nous en impose. Par cette facilité de mœurs, semblables à de pauvres petits enfants trop corrigés et rendus timides, quoique d'un naturel excellent, nous prenons l'importance pour le mérite et la modestie pour insuffisance. Cela nous rend circonspects et craintifs; nous nous sommes remis au Rudiment, nous étudions les premiers principes avec détail et *invita Minerva*. Nous ne sommes pas faits pour tant de difficultés et de circonspection.

« Véritablement nous sommes mal élevés, c'est la faute des chefs que nous nous sommes donnés; nous craignons *nos mies*, nous respectons leurs injustices grossières et leur mauvaise conduite, quoique nous en disions de bonnes sur cela entre nous.

« Il nous faudrait des chefs qui nous éduquassent mieux, qui sussent donner l'essor à nos mouvements, qui laissassent aller nos saillies pour mettre les esprits dans l'habitude d'un mouvement noble et d'un feu qui les élèverait, et rétablirait le génie et le goût comme dans le beau siècle de Louis XIV, et peut-être mieux ; des chefs qui récompenseraient à propos et ne puniraient les Français que par la privation des grâces, seule façon de diriger les gens à talents. Croyez que par là on retrouverait ce qu'on a eu, des poëtes, des auteurs, des généraux, des peintres, des politiques, des prédicateurs, etc. »

D'Argenson, on le voit de reste, est un philosophe, mais il l'est à sa manière, comme il convient quand on l'est, et sans se laisser influencer par aucune école ni cabale. Ses croyances religieuses se réduisent à peu près à celle de la Providence; mais il y tient, il y insiste, et il trouve à redire à ceux qui s'en passent. Il semble d'ailleurs se contenter de la distribution de biens et de maux qui, malgré les apparences, se fait, selon lui, tôt ou tard en ce monde. Il veut et voit le bonheur à notre portée dès à présent : « Ayant tout bien pesé, je trouve que l'homme est né ici principalement pour son propre bonheur. Y travaillant, l'entendant bien, il sert au prochain autant qu'il doit ; n'y nuisant pas, c'est beaucoup ; le mal ôté, le bien reste. » Ce système de bonheur, qui mènerait aisément à l'égoïsme, est vivifié chez lui par une nature active et une cordialité qui s'étend à l'entour. Il estime que le malheur de la plupart des hommes provient d'inquiétude, et de cette poursuite éternelle de quelque chose d'autre, au lieu de jouir de ce qu'on a : « Les hommes, dit-il, sont toujours *in via* et jamais *in mansione.* » Il attribue cette inquiétude à l'exemple, à l'imitation, à des causes étrangères à la nature de l'homme : « C'est une mauvaise et extraordinaire habitude, croit-il, dont nous pouvons être corrigés par *le progrès de la raison universelle,* comme on l'a été de la superstition et de quantité d'habitudes barbares et de façons de penser peu approfondies. » Pour lui, il est heureux et content de vivre; il lui semble assister à un beau spectacle, à un joli songe; si l'envie prend parfois au spectateur de faire l'acteur, c'est une faute, on est sifflé (il en sait quelque chose), et l'on s'en repent. Tenons-nous à notre place. D'Argenson est le contraire de Pascal, de Byron, de Prométhée, et de ceux qui se tourmentent. Ce n'est pas qu'il n'ait par moments des velléités remarquables de grandeur et d'immortalité :

« Il est vrai que nous nous sentons une âme gigantesque et bien plus grande que notre corps. Chacun peut dire de soi : Mais ce n'est pas là l'âme de ce corps-là, — surtout quand on est à jeun et qu'on s'est modéré aux repas (d'Argenson mêle toujours la matière et les sens à ses considérations).

« Ce composé de volonté, d'élévation, de conception, d'imagination, d'invention, de génie, le dédain de tant de choses, le mépris, les passions, etc., tout cela compose une âme trop forte pour le lieu et le temps. On dirait que c'est une divinité renfermée dans une chatière (d'Argenson mêle toujours du trivial à son élevé et à son pittoresque).

« Et voilà sans doute ce qui a le plus accrédité la Religion, d'autant plus que cela a flatté l'amour-propre de trouver son âme *un si grand morceau.* La dignité qu'on lui a attribuée, la grande estime, le personnage qu'elle joue en tout cela, la revanche en l'autre monde des dommages reçus en celui-ci (ce sont des encouragements à croire). Ces dernières réflexions ont l'air d'illusions si vous voulez, mais convenons que les apparences sont grandes, qu'il y a quelque chose de caché sous cette disproportion réelle et sensible; nous avons l'air de rois détrônés et emprisonnés. »

Il ne paraît pas se douter qu'ici il parle comme Pascal; une telle rencontre est rare chez lui. Son idéal habituel reste fort au-dessous de cet ordre de pensées.

De même qu'il a eu quelquefois des velléités d'immortalité spirituelle, il éprouvait aussi, bien que rarement, des aiguillons de gloire humaine. Avec un homme sincère et qui dit tout, on peut aller très-loin dans l'analyse qu'on en fait. Cette analyse pourtant va lui enlever le seul brillant aspect sous lequel de loin on se le figure : il ne gardera pas intacts les honneurs mêmes de Fontenoy ; mais laissons-le faire :

« A peine ai-je pensé peu de moments en ma vie à ma gloire particulière ; je n'ai cependant jamais manqué de sentir combien elle réclame dans le cœur et dans les sens. J'ignorais ce que je sentais, mais cette voix se faisait entendre à chaque occasion ; je sentais un ver rongeur quand j'avais eu soupçon de honte, et je ne me consolais pas quand je n'avais rien de bon à répondre à ce soupçon. Il est donc arrivé que j'en ai eu trop peu de soin, m'occupant trop du gros de mes objets, qui sont toujours vertueux. De là est arrivé que je ne me suis pas trouvé aux dangers du combat de Fontenoy, et que je n'arrivai que pour être témoin de la victoire, étant allé au camp, à trois lieues du combat, dès la veille, pour travailler à mes dépêches, que je n'avais pas alors visitées depuis dix jours. Mille autre choses m'ont distrait ainsi à la Cour. »

Ainsi, lui qui a écrit une si belle lettre sur ce champ de bataille où il est arrivé vers la fin, il n'a pas eu de près les honneurs de son attitude et du rôle où l'histoire aime de loin à le présenter. Un autre aurait oublié ses dépêches un jour de plus, et serait resté à l'action. Là aussi il a été malencontreux et gauche comme il en avait trop pris l'habitude ; occupé de son gros bagage, il a *manqué le coche,* comme on dit. L'occasion et lui n'étaient pas faits l'un pour l'autre.

Ces remords de gloire d'ailleurs troublaient peu sa sérénité philosophique. Il s'est amusé à tracer divers plans de vie heureuse à son usage, avec des variantes. L'idéal du bonheur, avec considération et indépendance, s'offre le plus volontiers à ses yeux sous la forme assez bourgeoise d'un *juge-consul* ou d'un *conseiller au Parlement de Paris;* mais il y ajoute certaines conditions supplémentaires qui en font une existence pas du tout ennuyeuse et des plus variées. Le tempérament physique et les sens tiennent chez lui une très-grande place, et une place très-avouée comme dans tout son siècle (1).

Je ne veux pas faire d'Argenson plus grand ni plus élevé qu'il n'est, je ne veux que le montrer avec quelque ressemblance. Il était bon, bienfaisant, il aimait à donner, et il ne voyait là qu'une qualité et un don de la nature et de Dieu : « Les hommes généreux craignent de dépenser et aiment à donner, ils se privent avec délices et se donnent (à eux-mêmes) avec chagrin. En cela ils cherchent leur plaisir et fuient la peine. Dieu a fait ces *machines à bienfaits;* ils obéissent à leur instinct. » Voyez comme il aime à matérialiser les choses dans l'expression ! Il définit la bienfaisance de

---

(1) Une fois cependant les goûts de race et d'antique noblesse semblent lui revenir, et il écrit vers la date de 1750, sous ce titre : *Gradation pour vivre noblement :*

« J'aimerais à l'imitation des Anglais, à vivre ainsi graduellement en ces différents postes :

« A la ville ne vivre qu'en *bourgeois* aisé; petite maison bourgeoise, mais commode, et d'une grande propreté au dedans; chère bonne et propre; quelques amis seulement le fréquentant.

« A la campagne, vivre en *gentilhomme* simple et aisé, plus abondamment qu'à la ville.

« Dans mes terres, dans le château principal, manoir du grand domaine titré, je voudrais y vivre en *prince souverain,* y avoir gardes, pages, écuyers, gentilshommes, chevaux, attelages, chiens, aumôniers, et quantité de courtisans; musique, comédie.

« A la ville, je chercherais à plaire.

« A la campagne, j'étudierais.

« Dans mes terres, je régnerais.

« Je partagerais ainsi mon année :

« A la ville, six mois.

« A la campagne, quatre mois.

« Dans mes terres, deux mois. »

D'Argenson aimait à faire ces sortes de plans; il ne les faisait pas toujours aussi grandioses, et il les réalisait à moins de frais quelquefois (Voir, par exemple, dans ses *Remarques en lisant,* le n° 2338, qui commence par ces mots : « Une vie parfaite avec sa maîtresse est celle-ci, etc. »).

façon presque à dégoûter d'y chercher l'idée plus élevée et la flamme de charité. Il n'y introduit en rien le sacrifice, ou du moins ce sacrifice n'est que celui d'un plaisir moindre à un plaisir plus grand. Il applique volontiers à tout ce mode d'explication *naturaliste*.

En cessant d'être un homme d'État et un ministre possible, d'Argenson tournait de plus en plus aux idées de réforme sociale et de pure philanthropie. Il n'en voulait pas trop à Louis XV ; il avait mieux auguré de ce prince dans sa jeunesse, il avait cru un moment qu'il serait un bon roi ; du temps que Madame de Mailly était la maîtresse favorite (décembre 1738), il lui semblait qu'elle n'avait qu'un crédit limité ; que le roi ne lui cédait pas trop, « et que, comme Henri IV, il aimait mieux les affaires de son État que celles de sa maîtresse. Louis XV, ajoutait-il, par paresse et par trop de flegme, ne travaillera pas beaucoup pour son État, mais ce qu'il fera sera bon, fin et profond. » Ce favorable augure, que justifiait peut-être le bon jugement du prince, avait été bien déjoué depuis par l'abandon et la défaillance de volonté, qui était son grand vice (1). D'Argenson a écrit sur Cromwell de

---

(1) D'Argenson nous a rapporté un mot odieux de Louis XV, mais sans trop le désapprouver. C'est dans un endroit où lui-même il semble démentir la belle parole dite précédemment à son frère sur la valeur guerrière, qui était la seule vertu restée aux Français :

« L'on ne doit point aller à la guerre qu'on ne se sente une très-grande résignation à perdre la vie en la *postposant* à l'ambition et à la gloire. Il est vrai que c'est une folie, de là vient que les philosophes ne sont pas propres à la guerre, au lieu que les gens à passions y sont propres ; les jeunes gens, les sanguins s'y dévouent légèrement et franchement, mais tout philosophe qui réfléchit mûrement trouve que le plus grand bien est de vivre, et le plus grand mal du monde est l'anéantissement ; car les gens à passions trouvent, disent-ils, la vie plus mêlée de maux que de biens, au lieu que les philosophes trouvent le contraire et ont raison, la vie leur est délicieuse.

« J'ai entendu le roi parler légèrement de la vertu qu'on nomme

fortes pages où, en reconnaissant ses qualités, il s'attache à flétrir son hypocrisie, son machiavélisme, et ne peut se décider même à lui tenir compte des services rendus par lui à son pays : « Les hommes, dit-il, ne lui en avaient aucune obligation ; jamais homme n'a plus haï l'humanité et toute vertu gratuite. » A côté de ces pages moralement fort belles et qui méritent d'être lues telles qu'elles sont, il retombe dans des bonhomies de jugement. Il se montre très-favorable au grand Frédéric, rien de mieux ; mais non-seulement il admire ses écrits, il admire encore (juin 1751) l'apologie de sa politique : « Quel homme ! quel grand homme ! s'écrie-t-il ; avec cela il est philosophe et aime l'humanité. » Il prend sans objection *le Philosophe de Sans-Souci* pour ce qu'il se donne. Ce qui est plus curieux pour nous, et ce qui d'ailleurs répond bien à l'idée qu'on doit se faire du philosophe et du solitaire de Segrès, c'est cette page qui est tout à fait d'un disciple de l'abbé de Saint-Pierre :

« Je ne connais aujourd'hui qu'un bon roi en Europe et un bon gouverneur en France, c'est le *roi Stanislas*, comme souverain de la *Lorraine*, et mon ami et voisin *M. de Vertillac*, gouverneur de la petite ville de *Dourdan*. Tous deux ont les plus petits districts qu'on puisse avoir à gouverner, chacun suivant leurs titres ; tous deux sont bienfaisants ; ils donnent aux pauvres tout ce qu'ils peuvent donner, et avec grande intelligence ; ils inspirent à leurs peuples la vertu par l'exemple ; ils réussissent à la police par les soins ; ils encouragent leur travail, et avec cela sont très honorables quand il le faut. »

Pour le passé il place son âge d'or dans les dernières

bravoure. On lui faisait la description d'un de ses officiers qui n'avait pas le sens, qui était brutal, stupide, etc. : « *Enfin*, dit le roi, *c'est un brave homme, c'est tout dire.* »

Il ne manquait à Louis XV que d'avoir dit ce mot-là pour achever de le peindre. Ce roi corrompu ne veut pas même laisser à sa nation sa vertu unique et dernière, et il la flétrit.

années du règne de Henri IV, de qui il fait « un brave militaire et un *bonhomme de roi*, qui gâtait un peu ce à quoi il touchait, mais qui avait bon cœur et qui heureusement revenait toujours à *son Sully*. » Ce sont ses termes. Il avait le culte de Louis XII, du bon roi René, et même du petit roi d'Yvétot. — En revanche, il disait : « Le prétendu grand Colbert est très-petit et fut un ministre fort pernicieux, etc. » On voit le reste.

Les jugements et témoignages de d'Argenson sur les écrivains qu'il a connus et les livres d'eux qu'il a lus sont plus sûrs et ont beaucoup de prix à nos yeux. Sur Voltaire, par exemple, il est à écouter plus que personne : il était son camarade de collége ; il le goûtait vivement et l'admirait ; ministre, il avait tout fait pour l'employer, pour le mettre en lumière et en valeur. La Correspondance de Voltaire avec lui est pleine de chaleur et d'intérêt, et d'une intimité respectueuse. Pour être juste, il faudrait rassembler les nombreux articles de d'Argenson où il est question de Voltaire, car ils se complètent et se corrigent les uns les autres. Je me bornerai à en citer deux ou trois des plus marquants, en avertissant bien à l'avance que d'Argenson ne se fait aucune illusion sur l'homme éminent qu'il admire ; il qualifie nettement ses défauts de caractère et de conduite, et il a même à ce sujet des paroles parfois si crues qu'on n'aime pas à s'en faire l'écho à cette distance. Et d'ailleurs n'a-t-il pas dit :

« On n'a jamais été aussi ingrat que tous les lecteurs de Voltaire le sont à son égard ; j'ai vu de ces lecteurs transportés d'admiration, mais, le livre fermé, se récrier contre l'auteur, et, à force de le haïr, ils trouvent moyen de priser peu ce qui vient de leur donner tant de plaisir. » —

« Je l'ai dit une fois à feu M. le Chancelier (Daguesseau), qu'il se damnait sans y penser, par sa haine contre Voltaire. »

A la date d'avril 1752, après une lecture du *Siècle*

de Louis XIV, il ne se contient pas et laisse échapper son admiration comme un hymne :

« O le livre admirable ! que de génie que d'esprit, que de choix de grandes choses ! que cela est vu de haut et en grand ! quel style noble et élevé ! peu de fautes, beaucoup de grandes vérités ; Voltaire sait tout, parle de tout en expert. Je n'ai à le reprendre que d'avoir mal vu le dedans du royaume ; il dit que ce dedans est resté à peu près comme il était ; il se trompe, il est fort dépéri. Il aime le luxe à cause qu'il idolâtre les arts, étant poëte, bel-esprit et homme de goût ; il n'est pas fait pour se ravaler aux choses communes et éloignées des excès. C'est pourtant dans ces choses communes qu'est le bon, le vertueux, le bonheur, et par là le sublime. »

Que le bonheur et la vertu soient dans les choses communes, cela peut être, mais c'est trop d'y voir le sublime. Chacun abonde et verse dans son sens : le brillant séduit Voltaire ; le commun n'est jamais ce qui effraie d'Argenson : il lui suffit à lui d'être commun avec originalité.

C'était vers ce moment que Voltaire revenait de Berlin et de la Cour de Frédéric, où il était allé faire sa dernière école et ses dernières folies. L'opinion du monde de Paris lui était fort contraire ; on n'en était pas encore avec lui à ce degré d'admiration où l'on ne raisonne plus, quand l'amour-propre de tous se met de la partie et se sent intéressé à louer l'objet de l'idolâtrie universelle. On n'en était pas là encore ; on était à l'affût de ses fautes, qui ne se faisaient jamais attendre ; on n'eût pas été fâché de voir qu'il baissât de talent et d'esprit, et à tout hasard on s'empressait de le dire ; l'ouvrage peu agréable intitulé : *Annales de l'Empire* offrait un prétexte, et à ce propos d'Argenson écrivait (juillet 1754) :

« L'on m'avait dit qu'il paraissait fort baissé dans cet ouvrage, et véritablement il devrait l'être, Voltaire ayant soixante ans et son corps ayant été le théâtre de tant d'agitations. Cependant je trouve ici du grand comme de la chaleur, surtout les derniers cahiers de ce second volume où il décrit l'état de l'Empire sous Léopold, Joseph et Charles VI. Il voit les choses du plus haut des clochers, et voit bien et grandement, sans que rien l'arrête. Il est très-avancé dans la science politique ; il a tout manié, morale surtout et politique ; mais les défauts de son caractère percent à la vérité quelquefois dans ce qu'il prise, dans ce qu'il admire et dans ce qu'il rejette. Au fond, il est avare et avide de biens ; il est porté aux excès : ainsi ses préceptes dépendent de la carrière qu'il envisage en enseignant. Comme il a vu que l'argent lui était bon, il s'est jeté dans celle d'en acquérir. Il est délicat, sensible aux mouches et poussé d'amour-propre ; cela l'a rendu malheureux. Il s'est trouvé plus prudent que téméraire quant à l'exécution de ses démarches (1) ; de là lui sont venues bien des disgrâces et une mauvaise réputation. Il a bien jugé les autres et s'est mal jugé lui-même ; il s'est éloigné de son bonheur, et est plutôt le Juif errant que le philosophe Socrate. Il est tout nerf et tout feu ; il est malheureux pour lui, et délicieux pour ses lecteurs. Il juge bien de son talent, il s'est presque retiré des vers à l'âge qui ne promet plus de fleurs et qui peut rendre de bons fruits. Il s'est bien tiré de son rôle d'auteur, et mal de celui de galant homme. »

On a là au vrai le jugement d'un ami impartial et clairvoyant sur Voltaire homme et écrivain, à cette époque déjà si avancée de sa carrière, mais avant qu'il fût devenu cette espèce de personnage amplifié de la légende philosophique et le patriarche de Ferney.

D'Argenson a connu et lu Montesquieu. Qu'en pensait-il? à peu près ce qu'en a pensé de nos jours M. de Tracy. Il y avait dans Montesquieu une partie d'art à laquelle d'Argenson était peu sensible : il était fort choqué au contraire des conjectures hasardées et trop générales, des raisonnements incomplets et qui n'allaient pas jusqu'au bout ; il ne tenait pas assez compte de l'élément historique que Montesquieu respectait en toute rencontre et mettait en relief avec tant d'éclat ;

(1). Pour bien comprendre cet endroit, il faut se rappeler une remarque qui revient souvent chez d'Argenson, à savoir que le courage spirituel est très distinct du courage corporel, et que Voltaire, qui a dans l'âme beaucoup de hardiesse et même de témérité, devient peureux et poltron dès qu'il s'agit du moindre danger pour son corps ; il jette le gant et ne soutient pas la gageure.

ce qui l'a conduit à dire, après une seconde lecture du livre des *Considérations sur la Grandeur et la Décadence des Romains :*

« Septembre 1754. — Lu pour la seconde fois. Fameux ouvrage de ce fameux auteur. Il débuta par les *Lettres Persanes*, il avança par ce livre-ci, et il a couronné l'œuvre par l'*Esprit des Lois*. Les chapitres en sont fort inégaux. Il y en a d'une grande supériorité. Cet auteur est un homme d'une imagination forte, et son jugement ne vient qu'à la suite de son esprit. Ainsi l'on trouve de grands pas en avant dans la politique, mais quelques-uns rétrogrades et qu'il faudrait bien se garder de suivre. Son expression fait une grande partie de son génie. *Magna sonaturus, parva facturus; nobilis fama, illustris cantator vis* (ou *rei*) *politicæ.* »

Je ne suis pas très-sûr d'avoir compris, mais il me semble qu'il fait de Montesquieu un virtuose en politique.

Si j'étais en ce moment plus soigneux de la renommée de d'Argenson que de la vérité, j'omettrais de dire que, tout en appelant l'*Esprit des Lois* un *grand livre*, il mettait bien au-dessus, pour la solidité du raisonnement, plus d'un ouvrage oublié de ce temps-là, par exemple un livre qu'on croyait alors traduit de l'anglais et qui était du maître des comptes Dangeul, intitulé *Remarques sur les avantages et les désavantages de la France et de la Grande-Bretagne par rapport au Commerce;* et même un livre bien autrement radical et qui nous ferait peur aujourd'hui, intitulé *Code de la Nature ou le véritable Esprit des Lois*, qu'il croyait de Toussaint et qui est de Morelly : « Excellent livre, s'écriait d'Argenson (juin 1756), le livre des livres, autant au-dessus de l'*Esprit des Lois* du président de Montesquieu, que La Bruyère est au-dessus de l'abbé Trublet, mais contre lequel il n'y aura jamais assez de soufre pour le brûler, etc. » Morelly, dans cet ouvrage, dénonce la propriété comme le principe de tous les maux et de tous les vices existants. C'est ainsi que le côté d'utopiste se prononçait de plus en plus chez d'Argenson à mesure qu'il s'éloignait des affaires positives, et depuis que sa rêverie solitaire ne trouvait plus rien qui la gênât.

Il y a sans doute une part à faire à la boutade dans ces notes écrites pour soi seul dans le feu d'une lecture, mais le trait fondamental est manifeste : « Je ne sais pas bien nos lois, dit-il quelque part, mais je sais mieux qu'un autre comment elles devraient être. »

Il méditait lui-même un grand ouvrage dont on a les matériaux, et dont le titre devait être : *Les Lois de la Société en leur Ordre naturel*. Il reproche aux modernes de ne connaître que la *politique pratique* et de n'avoir pas même l'idée de la *philosophie politique*, de cette science « qui a pour principal objet de subordonner les hommes les uns aux autres pour les policer et les rendre heureux. » Le seul maître qu'il connaisse de cette science politique est l'abbé de Saint-Pierre, qu'il admire sans réserve, sauf la forme, et dont, selon lui, le seul malheur a été de ne pas être agréablement éloquent : « Quelques termes bizarrement placés, quelques idées de minuties qui l'occupent sur le chemin du grand, lui donnent du ridicule, et le ridicule dégoûte trop du bon en notre jolie patrie. » Mais au fond il lui accorde que « ses projets sont *tous* bons. Du premier coup d'œil on les rejette, et, en les approfondissant, on voit qu'il n'y en a *aucun* qui ne soit sûr et fondé sur les principes les seuls vrais. » Telle est, à l'offrir sans déguisement, la véritable pensée du marquis d'Argenson. Il porte en lui 89 tout entier et même un peu au delà.

En parlant des premiers écrits de Rousseau, sa sympathie aussitôt se déclare ; il lui reconnaît, à travers ses exagérations, noblesse, élévation, éloquence, et, qui plus est, d'être un bon politique. Il avait concouru, en même temps que lui, sur le sujet de l'*inégalité des conditions* proposé par l'Académie de Dijon, et il ne lui en voulait point de se l'être vu préférer. D'Argenson n'avait plus rien dans sa retraite ni de l'ancien ministre ni même de l'homme qui tient à un rang quelconque : c'était un homme de lettres amateur. Il y avait des jours où, pressé d'émettre une idée qu'il croyait utile, il envoyait des articles au journal de Fréron : ainsi l'article qu'on lit dans *l'Année littéraire*, 1756, page 37, sur la *Noblesse commerçante* de l'abbé Coyer, est de lui.

Si je pouvais citer un plus grand nombre de ses jugements, je ne les donnerais pas comme vrais, mais comme siens, et à ce titre presque toujours remarquables. A propos de l'*Histoire de Louis XI* par Duclos, lequel aimait l'antithèse et le trait, et qui, en affectant la concision, copiait son ami le président de Montesquieu :

« Je lui ai dit une fois (à Duclos) que l'histoire n'était qu'une galerie meublée d'une étoffe simple et noble, avec de parfaitement beaux tableaux qui l'ornaient, mais avec choix et goût. »

Il a dit de Montaigne :

« Jamais Montaigne n'est mieux que *cité* ; on ne lui trouve pas tant de grâces à le lire de suite. Ses passages sont plus agréables que ses traités, et sa bonne grâce est au-dessus de son autorité. Plus profond que sublime ; c'est le meilleur philosophe moral que nous ayons en français. »

Il a dit du maréchal de Saxe, sous le titre de *Génie, esprit :*

« On n'a jamais si bien reconnu les effets de l'esprit et du génie qu'à l'occasion du maréchal de Saxe ; il n'avait point l'esprit de la guerre, mais il en avait le génie. Il discutait peu, il discutait mal ; mais il saisissait le bon et le grand : faible de raisons, fort de persuasion.

« Tels sont les grands artistes, ordinairement mauvais ouvriers sous des maîtres. Le génie est plus près de l'instinct que de l'esprit, cependant il est fort au-dessus de l'esprit. »

Il a ses auteurs favoris. Aux uns il accorde trop, aux

autres trop peu. Ses jugements littéraires proprement dits ne sont pas toujours très-fins. Madame de Sévigné est jugée sévèrement et avec assez de dédain, qu'elle partage avec tout son sexe. Il lui oppose Saint-Évremond, La Rochefoucauld, « qui avaient pour eux une force de génie qui leur faisait dire de grandes choses à travers leurs antithèses, au lieu, dit-il, que les femmes chiffonnent, et leur légèreté dégénère toujours en frivolité, malgré le jugement, l'esprit et le bon goût qu'elles peuvent avoir. » Il l'a donc lue avec assez de plaisir une fois, mais il se promet de ne pas la relire. En revanche, il y a tel ouvrage de l'abbé Terrasson qu'il juge fort supérieur à sa réputation, et qu'il place à certains égards au-dessus de La Bruyère lui-même. Il semblera naturel, quand on juge si sévèrement madame de Sévigné, qu'on ait un goût marqué pour l'abbé Terrasson.

Pour Saint-Évremond, il y a mieux, il a des raisons plus particulières de l'aimer :

« C'est mon auteur favori. C'est un philosophe de la bonne compagnie. Il écrit, dit-on, d'un style un peu précieux, mais ses antithèses expriment de grandes choses, comme Balzac; *magna sonaturus*. Quelle variété! quels objets relevés et excellents ont occupé cette tête jusqu'à une extrême vieillesse! L'heureux homme! le grand homme! Avec cela les sens l'ont bien servi, et il a joui des plus grandes délices de la vie et de l'humanité. »

Ces sens, qui ont bien servi Saint-Évremond et que d'Argenson lui enviait, jouent ici, jusque dans ces Extraits de lectures, un rôle bien plus important qu'on ne le croirait.

A côté de Saint-Évremond, dans son goût et son estime, il place pourtant une femme, madame de Staal-Delaunay, dont les Mémoires, alors nouveaux (1755), l'ont ravi : « Elle écrit mieux que madame de Sévigné, dit-il; moins d'imagination, plus de sagesse, plus de sentiment, plus de vérité. » Si l'on y réfléchit, tous ces jugements concordent et se tiennent; ils sont bien du même homme (1).

Ce qui plaît dans ces Remarques manuscrites et ce qui permettrait d'en tirer avec choix et discrétion un volume tout à fait agréable et qui prendrait le lecteur, c'est le naturel franc, et aussi la manière de dire. D'Argenson ose être lui-même sans peur du ridicule et parler à sa guise sans rien de cette *petite circonspection* qui en France, dit-il, *étête* tous nos personnages. Il le pouvait, il est vrai, mieux qu'un autre, écrivant à huis clos; mais il fallait encore en avoir le goût et l'allure. Quand à son style, il l'a défini lui-même en disant qu'il aime un style qui soit *entrant*, « comme les marchands de vin appellent un *vin entrant* celui qui se fait boire de lui-même. » Noble ou non, j'accepte l'image. Son style se fait donc lire et a sa saveur. Il nous dit de la sorte, d'une manière vive et qui se communique :

« J'ai cherché d'où j'aimais *Don Quichotte* et à le relire vingt fois dans ma vie, ainsi que plusieurs autres romans : c'est que *j'aime les mœurs qu'ils dépeignent*. Je vis avec de bonnes gens en les lisant; dès que ce sont des romans de mœurs, les auteurs y peignent les mœurs de leur temps, et non celles du temps où vivait le héros. Ainsi (mademoiselle de) Scudéry, dans *Cyrus*, peint les mœurs et les idées des hôtels de Longueville et de Rambouillet. J'aime beaucoup ce temps-là, j'aurais voulu y vivre; j'aime les alcôves et les balustrades; je recherche les dessins de Berain et de Mellan. Dans *Don Quichotte*, je vois aussi des mœurs espagnoles du *bon temps*, du temps raisonnable de l'Espagne... Ainsi dans les comédies j'aime la peinture des mœurs, comme dans les estampes celle des modes. Ce n'est point l'art ni la difficulté surmontée que je cherche et j'admire. Mon esprit a peu de curiosité d'autres esprits, mais *mon imagination aime les images*, et le bonheur coule de là chez moi par les sens. »

Je ne puis cependant ne pas dire un mot du livre des

---

(1) Son opinion sur madame de Maintenon, d'après une lecture des Mémoires et Lettres donnés par La Beaumelle (1756), vient en-

Considérations sur le Gouvernement de la France, qui est ce qu'on cite d'abord quand on parle du marquis d'Argenson. Cet ouvrage lui fait honneur en ce qu'il représente le côté modéré et le plus pratique de ses opinions politiques. Le vrai titre et l'idée de l'ouvrage était : *Jusques où la Démocratie peut être admise dans le Gouvernement monarchique;* avec cette épigraphe tirée de *Britannicus* et exprimant le vœu de conciliation qui est l'esprit du livre :

> ..... Que dans le cours d'un règne florissant
> Rome soit toujours libre, et César tout-puissant

D'Argenson conçut l'idée de son ouvrage par opposition à celui de M. de Boulainvilliers, tout en faveur de la féodalité et de la noblesse. Lui, il était plutôt un adversaire de la noblesse, bien que la sienne fût bonne, et il n'entrait pas dans les doléances qu'il entendait faire autour de lui : « Les gentilshommes, disait-il, qui se plaignent en leur qualité de n'être pas assez accommodés des biens de la fortune, sont de pauvres brochets de l'étang qui n'ont pas assez de carpes à manger; non, il n'y a à plaindre que ceux qui manquent selon la nature. » D'Argenson aimait à la fois la royauté et le peuple; il voulait le bien du public, sans être pour cela républicain : « Les républiques n'ont point de tête; les monarchies n'ont bientôt plus de bras, car la tête les énerve. Comment faire ? » se demandait-il. Il pensait que les abus et les maux de l'ancien régime étaient venus au point d'exiger qu'on tirât la France, « non de dessous ses rois, à Dieu ne plaise ! mais de dessous une aristo-

core à l'appui du reste. Il ne la juge pas trop mal ni trop défavorablement; sauf sa dévotion qu'il ne lui passe pas, il lui reconnaît des qualités solides, même de la bonté : « Enfin nous composerions bien, dit-il en concluant, pour ne voir jamais à la Cour d'autres reines ni d'autres favorites que faites comme celle-ci. »

cratie odieuse, — non une aristocratie de noblesse qui penserait plus généreusement, — mais une *satrapie de roture* qui a tout mis en formes, en mauvaises règles, en méchants principes et en ruine. » Il avait donc pensé que, « pour mieux gouverner, il ne s'agissait que de gouverner moins, » et d'organiser la monarchie elle-même à l'aide d'une démocratie bien entendue, très-divisée, non périlleuse, c'est-à-dire d'un système municipal et cantonal; il en forme le plan détaillé, essayant en quelque sorte de provoquer un second établissement des Communes par le bienfait direct de la royauté. Cet ouvrage ne serait pas indigne d'être réimprimé, si l'on réunissait dans une Collection les principaux publicistes originaux du dix-huitième siècle: il faudrait alors recourir au manuscrit du Louvre, car des deux éditions de 1764 et de 1784, la première est criblée de fautes qui troublent le sens, et la seconde, qui se lit couramment, a subi des corrections arbitraires et tous les adoucissements de M. de Paulmy.

M. de Paulmy, ce noble amateur de livres, dont aucun homme de lettres ne doit parler qu'avec estime et respect, avait des qualités assez différentes de celles de son père : spirituel, sage, discret, insinuant, avec une nuance de douceur que le père, dans sa rudesse, appelait doucereuse.

Dix-huit mois avant sa mort, d'Argenson, qui mourut à soixante-deux ans et qui était encore plein de santé et de verdeur, se promettait une longue vieillesse ; il se la prédisait sous une forme indirecte dans un portrait intitulé *Goûts d'un vieux philosophe*, et qui est de juin ou juillet 1755 :

« Le vieux *Damon* m'a dit avoir conservé ses goûts sans passions en plus grand nombre et le plus longtemps qu'il avait pu. Il poussa jusqu'à la fin celui pour l'Opéra, qui surpassa chez lui celui de la Comédie. Il avait cinq à six connaissances de femmes ou de filles qui lui avaient conservé de l'amitié et lui accordaient ce qu'on appelle en galanterie *la petite oie* (il me faut, bon gré mal gré, abréger un peu sur ce point le détail des goûts médiocrement platoniques du vieux *Damon*)...... Avec cela, la fréquentation des bons esprits plus que des beaux esprits, d'honnêtes gens surtout; une imagination assez pittoresque, de la sensibilité sans aucun intérêt personnel, tout en générosité, nulle bigoterie; il arriva à une longue et saine vieillesse. »

C'est là le dernier aspect sous lequel nous apparaît cet homme original qui a tant écrit, tant fait de confidences sur lui-même et sur son temps, et qui offre en lui un mélange de vertueux, de cordial, de sensé, de singulier, de naïf et même de grossier, bien fait pour appeler l'étude et les explications de plus d'un moraliste. La matière est riche, la mine est profonde; je n'ai fait que la sonder en quelques points et la reconnaître.

J'ai voulu, avant de finir, voir au cabinet des Estampes les deux portraits gravés du marquis d'Argenson et du comte son frère. La figure du premier est triste, un peu sévère, réfléchie, la lèvre plus fermée qu'on ne croirait; l'idée de bonté qu'il avait n'y paraît pas. Le visage de son frère, qui lui ressemble par le nez et le menton, est au contraire riant, agréable, et la prévenance est sur les lèvres.

POST-SCRIPTUM.

Ces articles sur le marquis d'Argenson m'ont valu des réponses, lettres et dissertations de toutes sortes de la part de M. René d'Argenson qui avait donné l'édition des Mémoires en 1825, et qui a cherché à prouver par quantité de raisons que ces curieux documents nouveaux sur son arrière-grand-oncle étaient d'autant moins dignes de confiance qu'ils étaient plus intimes et plus personnels, plus complétement sincères et écrits en vue du bonnet de nuit. Je n'aurais jamais cru rencontrer, je l'avoue, tant d'esprit de chicane et d'argutie chez une personne qui se pique d'ailleurs de libéralisme et d'aimer la vérité. Je donnerai ici une partie de la réponse que j'ai faite dans l'*Athenæum* du 29 décembre 1855 :

« Il m'en coûte de ne voir dans le fils de M. d'Argenson qu'un éditeur critiqué et mécontent, qui vient faire l'apologie d'une édition dont je n'ai relevé les défauts qu'incidemment, qui pouvait être suffisante pour le temps où elle parut, mais qui ne remplit aucune des conditions d'exactitude exigées aujourd'hui dans ces sortes de travaux.

« Et, en effet, il y a dans cette édition de 1825 des adoucissements poussés jusqu'à l'altération, portant sur le fond des sentiments mêmes du marquis d'Argenson, et sur le vrai de ses relations avec son frère le ministre de la guerre. L'éditeur a agi comme ayant droit de réconcilier après leur mort des membres de sa famille qui n'avaient pas été bien unis. J'ai abordé cet endroit dans mes articles avec discrétion, mais avec évidence. J'ai les mains pleines de preuves se rapportant à des dates très-différentes; mais c'en est assez sur un fait qui n'intéresse le public qu'en tant que servant à bien marquer la physionomie distincte et même contraire de deux personnages historiques assez notables.

« D'ailleurs, au point de vue littéraire, l'éditeur de 1825, dans les portions où les manuscrits nous permettent de le contrôler, a perpétuellement agi comme s'il avait eu droit d'arranger et de traduire à sa guise les paroles du marquis d'Argenson, telles qu'il les trouvait toutes vives et ayant sauté du cœur sur le papier. Il y a ôté tant qu'il a pu le mordant et le caractère. Notez bien que je ne le blâme pas d'avoir omis, d'avoir laissé de côté ce qui ne pourrait, dans aucun cas, souffrir l'impression; mais je lui reproche (puisqu'il veut que je m'adresse directement à lui) d'avoir, là où il faisait porter son choix, modifié arbitrairement et dénaturé le ton. En faut-il des preuves? Je les ai données indirectement dans mes articles en citant le vrai texte. Mettons-en ici un passage en regard de celui qu'a publié M. René d'Argenson. Il s'agit du garde des sceaux d'Argenson tel qu'il était en province dans sa jeunesse :

Voici le vrai texte :	*Voici le texte arrangé de l'édition de* 1825 :
« Au reste, il était gaillard, d'une bonne santé, donnant dans les plaisirs sans crapule ni obscurité; la meilleure compagnie de la province le recherchait; il buvait beaucoup sans s'incommoder, avait affaire à toutes les femmes qu'il pouvait, séculières ou régulières, un peu plus de goût pour celles-ci... Il disait force bons mots à	« Cependant mon père était recherché par ce qu'il y avait de meilleure compagnie dans la province; il était de toutes les fêtes, convive aimable et plein d'enjouement; avec cela un esprit nerveux, une âme forte, le cœur aussi courageux que l'esprit; de la finesse dans les aperçus, de la justesse dans le discernement; peut-être ne se

table, il était de la meilleure compagnie qu'on puisse être. C'était un esprit nerveux, un esprit de courage, et le cœur presque aussi courageux que l'esprit; une justesse infinie avec de l'étendue. Il ne connaissait pas tout ce qu'il avait de génie et d'élévation, et, sur la fin de ses jours, il s'était fait l'habitude de les resserrer encore et de les méconnaître. » reconnaissait-il pas lui-même; il ignorait la portée de son génie. »

« Tout le caractère énergique de la race a disparu. — Ailleurs, et au hasard, veut-on un autre exemple :

Voici le vrai texte :

« J'ai cherché d'où j'aimais *Don Quichotte* et à le relire vingt fois dans ma vie, ainsi que plusieurs autres romans : c'est que *j'aime les mœurs qu'ils dépeignent*. Je vis avec de bonnes gens en les lisant; dès que ce sont des romans de mœurs, les auteurs y peignent les mœurs de leur temps, et non celles du temps où vivait le héros. Ainsi (mademoiselle de) Scudéry, dans *Cyrus*, peint les mœurs et les idées des hôtels de Longueville et de Rambouillet. J'aime beaucoup ce temps-là, j'aurais voulu y vivre; j'aime les alcôves et les balustrades; je recherche les dessins de Berain et de Mellan. »

Voici le texte corrigé et arrangé.

« J'ai relu *Don Quichotte* vingt fois dans ma vie. Il est tel de nos vieux romans que je ne me lasserai point de relire. J'aime les peintures de mœurs dans les romans, comme dans les estampes celles des modes. J'aime ces auteurs qui me décrivent les usages de leur temps, peu soucieux, il est vrai, du temps où vécut leur héros. Ainsi Scudéry, dans *Cyrus*, me fait connaître le ton des hôtels de Longueville et de Rambouillet, lieux que j'affectionne et où j'aurais voulu vivre. J'aime les alcôves et les balustrades. Je recherche les dessins de *Bercy* et de *Meullan !* »

« Et comme le marquis d'Argenson dit en terminant : « Mon imagination aime les images, et le bonheur coule de là chez moi par les sens, » au lieu de cette parole expressive, l'éditeur de 1825 lui fait dire : « Mon imagination aime les images; il me semble qu'à la lecture de nos vieux romanciers le bonheur me pénètre par tous les pores; » transportant ainsi à la lecture des romans ce qui est dit, au sens physique, de la seule vue des images et des estampes.

« Ce genre de transformation et de traduction est habituel dans l'édition de 1825; ce n'est pas une reproduction, c'est une refonte. Là où d'Argenson qui aime le mot énergique, fût-il trivial, dit, en parlant des réunions à huis clos de *l'Entresol* : « Nous frondions tout notre soûl, » on lui fait dire : « Nous frondions parfois *bien ouvertement* : » ce qui n'a pas le même sens. Je pourrais pousser à satiété ce genre de démonstration et de parallèle; mais il ne faut pas abuser de l'avantage d'avoir raison sur un terrain tout littéraire et envers un homme qu'on respecte et qui n'est pas de notre métier.

« Ceci tient d'ailleurs à tout un système de vérité ou de convention en littérature et en histoire.

« Cromwell disait à son peintre, en lui montrant les verrues et les poireaux qu'il avait sur le nez et le visage : « J'espère bien que vous « ne m'allez pas ôter tout cela. » Je suis, en littérature et en histoire, de l'école de ceux qui veulent des portraits vrais, quand même les visages y auraient quelques verrues.

« Un dernier mot pourtant sur une question de principes qu'il ne faut pas abandonner. M. René d'Argenson semble croire qu'à cette distance de plus d'un siècle il a plus de droits qu'un autre sur ceux qu'il appelle les *siens*, et qui par leurs actes ou leurs pensées sont dévolus à l'histoire. Il semble vraiment, à lire sa lettre, qu'il faille une licence de lui pour s'occuper de son arrière-grand-oncle. Or je maintiens que le marquis d'Argenson, philosophe et citoyen, philanthrope en son temps, s'occupant des intérêts du genre humain, et qui écrivait tous les matins ses idées pour qu'elles ne fussent point perdues, appartient à quiconque sait le lire, le comprendre et le peindre ; et si un éditeur de sa famille vient après un siècle nous l'arranger, nous l'affaiblir, lui ôter son originalité et l'éteindre, je lui dirai hardiment : « Laissez-nous *notre* d'Argenson. »

24 novembre 1855.

HISTOIRE
DU
CONSULAT ET DE L'EMPIRE

Par M. THIERS

(Tome XII.)

J'étais un peu en arrière avec cette Histoire, et avant le tome XIIe dont j'ai à rendre compte, j'ai dû lire le XIe, qui contient les événements de la guerre d'Espagne et de Portugal pendant la première moitié de l'année 1809, l'expédition des Anglais sur Walcheren, et, après la paix de Vienne, le divorce avec Joséphine et le mariage avec une archiduchesse, — le tout formant deux livres seulement. Le tome XIIe, qui est d'un volume plus considérable, renferme trois livres, — le premier qui a titre : *Blocus continental*, où sont exposées les mesures relatives à cet immense système prohibitif, et les démêlés avec la Hollande dont elles sont l'occasion ; — un second livre qui a pour titre: *Torrès-Vedras*, et un troisième, *Fuentes d'Onoro*, contiennent principalement le récit de l'expédition de Masséna en Portugal (1810-1811), mais aussi toutes les opérations militaires et autres en Espagne, et de plus les premiers préparatifs de Napoléon vers le Nord contre la Russie. Ce sont là des portions de l'Histoire de l'Empire plus essentielles que brillantes, et auxquelles il faut tout le talent de l'historien pour nous intéresser comme il est parvenu à le faire.

M. Thiers, en tête de ce tome XII°, que les circonstances avaient retardé et qui sera suivi rapidement de trois autres, a mis une Préface vive, animée, dans laquelle il expose sa manière d'entendre et d'écrire l'histoire, et où il parle aussi de lui-même et des choses présentes avec dignité et convenance.

Il me serait facile de m'occuper d'abord et uniquement de cette Préface, qui, pareille à une conversation rapide, impétueuse, familière, touche à mille points, soulève mille questions, fait dire *oui* et *non* à la fois, dessine l'auteur et le livre, et dispense jusqu'à un certain point le critique qui n'a qu'un moment d'aller au delà. Mais j'ai lu trop attentivement ces derniers volumes, et je me suis remis par là trop avant dans le train du récit et dans le procédé de l'historien pour n'en pas dire encore une fois ma pensée et d'une manière directe.

Trop souvent les historiens ne savent bien que quelques points de leurs sujets, et à ces points ils sacrifient le reste : ils sont obligés par des suppositions, par des vues, par des phrases, de combler des intervalles et de dissimuler leur embarras; ces historiens-là sont plus ou moins de la race des rhéteurs. Ici on a affaire à un historien qui, par un concours unique de circonstances, a eu en main une quantité innombrable de pièces et papiers d'État, les vraies sources, dans tout leur secret et leur continuité, et qui, les ayant dépouillés, analysés au complet, ne va que d'un pied sûr. Je ne veux pas dire que d'autres écrivains ayant les mêmes pièces sous les yeux n'en tireraient pas d'autres idées, une autre conclusion; mais, dans l'Histoire de M. Thiers, c'est moins la conclusion qui m'importe que le chemin lui-même et les éléments dont il se compose : il a établi, grâce aux matériaux qu'il avait en main et au soin qu'il y a mis, la plus belle route et, si j'ose dire, le plus beau *pavé* de l'histoire qu'on ait jamais vu.

Je ne prendrai pas pour exemple, dans ce volume même, tout ce qui tient au blocus continental et à ces questions de douanes qu'il fait suffisamment comprendre, à la seule condition d'y donner tout leur développement : mais si l'on s'attache à cette expédition de Masséna en Portugal, expédition ingrate s'il en fut, pleine de mécomptes, où tout avorte, où les combats acharnés restent indécis, où personne n'a d'illusions, et où, si peu qu'on en ait, le résultat trouve encore moyen de tromper un reste d'espérance ; si l'on suit cette expédition dans l'Histoire de M. Thiers, carte en main, non pas en courant, mais en lisant tout (c'est ainsi qu'il convient de le lire), on est profondément intéressé ; car on se rend compte de toute chose, et des difficultés, et de l'importance, et des dangers, et de la force d'âme et de l'héroïsme qu'il a fallu même pour aboutir, sans désastres, à un résultat si neutre et si négatif. Ce vieux guerrier simple, rude, opiniâtre, qu'on vient de voir dans toute sa grandeur militaire à Essling et à Wagram, mais qui par ses manières fait déjà contraste avec les généraux plus jeunes formés à l'école de Napoléon, est dessiné par l'historien, dans cette campagne de Portugal, en traits naturels et ineffaçables. M. Thiers ne fait pas proprement de portraits : le portrait, genre dont je ne médis pas, appartient à une école d'histoire qui n'est pas la sienne et qu'il juge sans doute un peu trop académique. Il a pu en essayer quelques-uns à ses débuts dans son Histoire de la Révolution, mais on dirait que sa maturité les répudie. Cela lui paraît bon à faire quand on n'a rien de mieux à dire. M. Thiers, dans l'ordonnance majestueuse et comme dans l'architecture de son Histoire, ne met ni tableaux proprement dits ni portraits. Ses exposés sont tout au plus de grands dessins tracés d'un crayon net et léger, avec le sentiment vrai des lignes, mais sans couleur. Les physionomies d'hommes qu'il nous présente ne sont que des esquisses rapides en deux ou trois mots ; mais il y revient plus d'une fois, et ces généraux que de loin on serait assez porté à confondre se peignent chez lui bien moins par les traits de l'historien que par leurs actes mêmes. On en a, dans la campagne de Portugal, autour de Masséna, tout un groupe dont les principaux, n'étant plus contenus par un maître, se donnent carrière et se permettent la contradiction. On y voit Ney, « à qui la présence de l'ennemi rendait ses éminentes qualités ; » le plus habile manœuvrier de l'armée ; « héros au cœur infaillible, à la raison quelquefois flottante, inébranlable sur un terrain qu'il pouvait embrasser de ses yeux, moins sûr de lui-même sur un terrain plus vaste qu'il ne pouvait embrasser qu'avec son esprit. » On y voit Reynier, officier savant et d'ordinaire peu heureux, ayant en lui je ne sais quel défaut qui paralysait ses excellentes qualités et justifiait cette défaveur de la fortune, « fort possédé du goût d'écrire sur les événements auxquels il assistait, et dissertant sur les opérations qu'on aurait pu entreprendre. » On y voit Junot, « malheureusement moins sensé que brave, » et à qui une blessure reçue au front n'était pas propre à rendre l'équilibre ; de l'avis de Ney quand il est avec Ney, de l'avis de Reynier quand il est avec celui-ci, et devant Masséna pourtant, n'osant contredire. On y voit Drouet, honnête, minutieux, méticuleux, obstiné sous des dehors tranquilles, flottant ici entre des ordres contradictoires, et ne trouvant ni en lui ni dans les circonstances l'éclair qui illumine dans l'obscurité. Au milieu de ces hommes destinés cette fois à être ses lieutenants, Masséna nous est montré avec sa supériorité, mais une supériorité qui ne sait pas s'imposer ni se faire assez reconnaître :

« Par malheur, Masséna, dit l'historien, s'il avait la vigueur du commandement, n'en avait pas la dignité. Simple, dépourvu d'extérieur, ne cherchant pas à montrer son esprit, qui était pourtant remarquable, négligent même lorsqu'il avait encore toute l'activité de la jeunesse, déjà très-dégoûté de la guerre, sacrifiant beaucoup à ses plaisirs, il n'avait pas cette hauteur d'attitude, naturelle ou étudiée, qui impose aux hommes, qui est l'un des talents du commandement, que Napoléon lui-même négligeait quelquefois de se donner, mais qui était suppléée chez lui par le prestige d'un génie prodigieux, d'une gloire éblouissante, d'une fortune sans égale. Masséna arrivant à son quartier général avec trop peu d'appareil, accueillant ses lieutenants déjà mécontents avec une simplicité amicale, mais peu empressée, suivi d'un entourage fâcheux, et notamment d'une courtisane, se plaignant indiscrètement de sa fatigue, ne captiva ni l'affection ni le respect de ceux qui devaient le seconder. Masséna a vieilli, fut le propos qu'on entendit répéter tout de suite, etc »

Au moment le plus critique de l'expédition, et lorsqu'il s'agit de savoir si après des mois d'attente au fond du Portugal devant les lignes inexpugnables de Torrès-Vedras, sans secours reçus, on passera ou non le Tage, et à quel parti on s'arrêtera, il y a un déjeuner chez le général Loison à Golgao, où, dans une sorte de conseil de guerre amical, on a en présence et en action la physionomie, le caractère et les idées des principaux chefs consultés par Masséna : c'est un récit des plus piquants, et qu'il n'eût tenu qu'à l'historien de rendre plus piquant encore ; mais M. Thiers craint avant tout de pousser au tableau, à la couleur, au relief, à tout ce qui se détache et qui vise à un effet littéraire ou dramatique. Il craint de créer des choses plus vives que nature, en les exprimant trop. C'est une crainte et un scrupule que bien peu d'historiens de nos jours partagent avec lui.

A ce déjeuner de Golgao commence à figurer et à se distinguer déjà par l'émotion de la parole un noble et enthousiaste militaire, qui revenait en toute hâte de Paris où il avait causé avec Napoléon, « le général Foy, si célèbre depuis comme orateur, joignant à beaucoup de bravoure, à beaucoup d'esprit, une imagination vive, souvent mal réglée, mais brillante, et qui éclatait en traits de feu sur un visage ouvert, attrayant, fortement caractérisé. »

Cette expédition de Masséna en Portugal, dont le but était de rejeter les Anglais et lord Wellington hors de la Péninsule et de ne laisser aucun pied de ce côté, était la question même de la paix de l'Europe qui allait se décider à ces extrémités lointaines. M. Thiers fait bien sentir toute l'importance politique d'une lutte en apparence si ingrate, et les conséquences qu'elle renfermait. Notre tentative manquée, au lieu d'un rembarquement à Lisbonne, lord Wellington revenait contre nous avec l'énergie d'un ressort refoulé; et bien que ce fût avec lenteur et avec bien des gênes encore, c'était pour ne plus s'arrêter ni reculer. Les vicissitudes et les haltes sanglantes de la retraite sont rendues vivantes par la curiosité et le soin de l'historien à expliquer les détails des moindres actions militaires. On y admire jusqu'à la fin, surtout dans le chef malheureux, des qualités de bravoure, de sang-froid, de ténacité, auxquelles il n'a manqué que la fortune. Masséna y apparaît réhabilité des mains de l'équitable histoire, et honorablement relevé de sa dernière et unique disgrâce. Quant à ses lieutenants qui vers la fin lui font faute par excès de lassitude et se refusent à ce qu'il attendait d'eux pour une revanche possible encore, mais tardive, l'historien dit très-bien ici, par une de ces pensées morales qu'il ne prodigue pas, mais qu'il sait aussi rencontrer : « Les hommes habitués au danger le bravent toutes les fois qu'il le faut, mais à condition qu'il ne soit pas sorti de leur pensée et qu'ils y aient à l'avance disposé leur âme. »

Dans la relation qu'il fait des diverses opérations de guerre, l'historien ne manque jamais de noter les points faibles et sujets à la critique. J'avoue cependant que, pour mon compte, j'aimerais mieux qu'il insistât moins sur cette partie critique, et qui laisse toujours des doutes dans l'esprit du lecteur non expert. Qu'aurait-il fallu faire en telle occasion pour gagner la bataille, au lieu de la perdre ou de ne la gagner qu'à demi? Comment distribuer exactement la part du blâme et de l'éloge? Comment tenir la balance, lors même qu'on serait de ceux qui auraient tenu ce jour-là l'épée? Je voudrais que l'historien, quand il n'est pas tout spécial et militaire, n'entrât dans cette voie de considérations qu'à son corps défendant, et qu'en tant que cela est strictement indispensable pour l'intelligence du fait tel qu'il paraît s'être passé. Il y a tant de hasard en ces choses, que le trop de précision qu'on veut y porter m'inquiète plus qu'il ne me rassure. Je ne sais si je limite mon observation au point juste où je le désire : je ne voudrais rien retrancher à l'exposé des faits de guerre, tels que les présente M. Thiers; je ne voudrais qu'un peu moins de certitude et de particularité dans les résumés de jugement.

Le caractère destructif et ruineux de notre lutte prolongée en Espagne est parfaitement décrit et rendu sensible. On comprend bien comment et pourquoi nos meilleures armées y fondent, quelles pertes chaque jour amène, même sans bataille ou avec d'apparents succès. On a affaire à un peuple pour qui « être battu n'est rien, pourvu qu'il ne soit jamais soumis. » —

« Une armée dont on détruit les détachements est un arbre dont on coupe les racines, et qui est destiné, après avoir langui quelque temps, à bientôt sécher et mourir. » Le procédé de formation des guérillas est présenté en des pages excellentes (219-226) qu'on pourrait presque détacher, mais qui, comme toutes les pages de M. Thiers, font mieux dans le cours même du récit.

Une publication récente, celle des *Mémoires* du roi Joseph a mis le public dans le secret des pièces politiques qui se rapportent au gouvernement de l'Espagne et à ses plaies intestines en ces années malheureuses. M. Thiers, dans son soin de ne pas aller à l'excès et de ne pas charger le tableau, est resté en deçà du vrai. Quand il fait parler Napoléon, il le traduit volontiers et le paraphrase plutôt que de le citer dans ses paroles textuelles, brusques, incisives, saccadées, impératives. Il a fait quelque part une très-belle analyse des explications que demande et que donne l'empereur Alexandre, à M. de Caulaincourt au moment du refroidissement avec la France. Ces pages sont pleines de clarté, de lucidité, et presque de charme. Ce procédé qu'il emploie si bien avec l'empereur Alexandre, il l'applique un peu trop uniformément en général aux paroles de Napoléon; il en a tant lu et vu de curieux échantillons qu'on aimerait à avoir le texte même, dût le papier en être déchiré quelquefois. J'ai sous les yeux des paroles vraies de Napoléon telles qu'elles ont été prononcées dans un entretien avec M. Rœderer, qu'il chargeait d'une mission auprès du roi Joseph. Celui-ci commençait à sentir vivement les inconvénients et les impossibilités de sa position en Espagne; il avait écrit une lettre à la reine Julie, alors à Paris, dans laquelle il parlait d'abdiquer, de se retirer en simple particulier à Morfontaine :

« Il est bon que vous alliez près de lui, disait Napoléon à Rœderer (mars 1809); il continue à faire des choses qui mécontentent l'armée, il fait juger par des Commissions espagnoles les Espagnols qui tuent mes soldats. Il ignore que partout où sont mes armées, ce sont des Conseils de guerre français qui jugent les assassinats commis sur mes troupes... Il veut être aimé des Espagnols, il veut leur faire croire à son amour. Les amours des rois ne sont pas des tendresses de nourrices, ils doivent se faire craindre et respecter. L'amour des peuples n'est que de l'estime... Le roi m'écrit qu'il veut revenir à Morfontaine : il croit me mettre dans l'embarras; il profite d'un moment où j'ai, en effet, assez d'autres occupations... Il me menace, quand je lui laisse mes meilleures troupes, et que je m'en vais à Vienne seul avec mes petits conscrits, mon nom et mes grandes bottes... Il dit qu'il veut aller à Morfontaine plutôt que de rester dans un pays acheté par du sang injustement répandu. C'est une phrase des libelles anglais. Eh! qu'est ce donc que Morfontaine? C'est le prix du sang que j'ai versé en Italie... Oui, j'ai versé du sang, mais c'est le sang de mes ennemis, des ennemis de la France. Lui convient-il de parler leur langage? Si le roi est roi d'Espagne, c'est qu'il a voulu l'être. S'il avait voulu rester à Naples, il pouvait y rester. Quand je lui laisse mes meilleures troupes, de quoi peut-il se plaindre? Il croit me mettre dans l'embarras; il se trompe fort; rien ne m'arrêtera; mes desseins s'accompliront; j'ai la volonté et la force nécessaires. Rien ne m'embarrasse. Je n'ai pas besoin de ma famille; je n'ai point de famille, si elle n'est française!...

« J'aime le pouvoir, moi; mais c'est en artiste que je l'aime... Je l'aime comme un musicien aime son violon. Je l'aime pour en tirer des sons, des accords, de l'harmonie; je l'aime en artiste. Le roi de Hollande parle aussi de la vie privée. Celui des trois qui serait le plus capable de vivre à Morfontaine, c'est moi. Il y a en moi deux hommes distincts, l'homme de tête et l'homme de cœur. Je joue avec les enfants, je cause avec ma femme, je leur fais des lectures, je leur lis des romans...

« Je veux, ajoutait-il s'adressant toujours à Rœderer, que vous voyiez la lettre qu'il m'a écrite. »

L'entretien continue encore assez longtemps sur ce ton. Et dans les lettres qu'on a du roi Joseph à cette date et depuis, tant à l'Empereur qu'à la reine Julie, la contre-partie de la situation est exprimée avec une vivacité et une anxiété douloureuse et poignante :

« Car enfin que serai-je si on m'enlève l'armée d'Andalousie, écrivait Joseph à l'Empereur (août 1810)? le concierge des hôpitaux de Madrid, des dépôts de l'armée, le gardien des prisonniers? Sire, je suis votre frère, vous m'avez présenté à l'Espagne *comme un autre vous-même*. Je sens toute l'exagération de cet éloge sous le rapport des talents ; mais je ne serai jamais au-dessous par la vérité de mon caractère, par la noblesse de mes sentiments, par ma tendre affection pour mon frère...

« Dans la position où je suis, il me faut une confiance absolue, Sire ; si je ne l'ai pas, la retraite absolue, comme vous le voudrez. Votre intérêt, Sire, et j'ose dire votre gloire, ne vous permettent pas de prolonger davantage l'ignominieuse agonie d'un frère sur le trône d'Espagne, exposé, dans un lieu si élevé, aux risées de vos ennemis et à la déconsidération de ses amis...

« Toute entrave qui nuirait au but que doit se proposer tout prince honnête homme me rend la place que j'occupe insoutenable. Je ne trouve pas mauvais que l'Empereur la fasse occuper par un autre ; je resterai son ami et son frère dans la retraite, comme si la grandeur n'eût jamais existé. Mais il doit aussi être juste, et ne pas prétendre que je reste plus longtemps où je suis, mannequin responsable de tout le mal qu'il ne peut ni prévoir ni empêcher... (Septembre 1810.)

« La nation espagnole est plus compacte dans ses opinions, dans ses préjugés, dans son égoïsme national, qu'aucune autre de l'Europe... (Octobre 1810.)

« Aujourd'hui l'opinion est bouleversée ici, on ne sait que devenir ; on voyait un port en moi, on n'y voit plus aujourd'hui qu'un jouet de l'orage qui n'est bon à rien...

« Jamais je ne consentirai aux traitements horribles que lui font éprouver (à la nation espagnole) les gouvernements militaires ; jamais mes mains ne déchireront ses entrailles et ne démembreront ses provinces, et je mourrai digne du trône en le quittant lorsqu'il sera bien démontré que je ne puis pas y remplir les devoirs d'un roi... (Novembre 1810.)

« Mais, me dit-on, l'Empereur veut que vous restiez à Madrid. L'Empereur ne peut pas dire à un homme, *Parlez*, et lui mettre un bâillon dans la bouche. »

Je n'essaie pas d'entrer, comme bien l'on pense, dans le fond de la question, je ne prends que la forme. On a l'idée du ton des deux côtés : or ce ton est très-adouci chez M. Thiers. Il a eu un pareil soin également envers les autres personnages de son Histoire. En général, il évite d'exprimer les passions du temps et des hommes dans ce qu'elles ont de trop impétueux, de trop saillant : il pense que cela n'est pas conforme à la dignité de l'histoire. Je comprends que lorsqu'on a à écrire, non pas seulement quelques pages, mais des volumes tout entiers, et à fournir un long cours de récit, on ne se laisse pas trop aller à ces bonnes fortunes qui tentent, que l'on choisisse de préférence un ton simple, uni, qu'on s'y conforme et qu'on y fasse rentrer le plus possible toutes choses, au risque même de sacrifier et d'éteindre quelques détails émouvants. Toutefois, n'oublions pas qu'on est ici avec Napoléon, non-seulement le plus grand guerrier et héros des temps modernes, mais un des hommes qui ont le plus traduit et livré leur propre nature par des paroles. On aimerait plus souvent à entendre ces paroles telles qu'elles furent, telles qu'elles jaillirent de ses lèvres et volèrent au but ou au delà du but, et comme M. Thiers en a eu sous les yeux les plus curieux exemples. La familiarité à tout instant s'y mêlerait au grandiose, à la crudité peut-être. Qu'importe, si cela est vrai? quel mal en résulterait-il? Le lecteur, à tous les instants aussi, et dans le détail même de la lecture, serait pénétré du véritable esprit du sujet, il en serait nourri, et au bout de ces quinze volumes l'homme réel, l'homme naturel, exprimé en mille façons, lui sortirait par tous les pores.

Masséna, par exemple, hésitait fort à s'engager dans cette expédition de Portugal; il sentait qu'il n'avait pas assez de forces, et que les Anglais en avaient plus qu'on n'en accusait. Il résistait donc, autant qu'il l'osait faire, aux ordres de Paris, et il avait des objections, contre son habitude. On lit dans une lettre de Napoléon à Berthier, du 19 septembre 1810 : « Mon cousin, faites partir demain un officier porteur d'une lettre pour le prince d'Essling, dans laquelle vous lui ferez connaître que mon intention est qu'il attaque et culbute les Anglais; que lord Wellington n'a pas plus de 18,000 hommes dont seulement 15,000 d'infanterie, et le reste de cavalerie et d'artillerie; que le général Hill n'a pas plus de 6,000 hommes d'infanterie et de cavalerie; qu'il serait ridicule que 25,000 Anglais tinssent en balance 60,000 Français, etc. » On comprend ce que ce mot de *ridicule* a ici de poignant; ce fut le coup d'éperon qui fit partir Masséna. On aimerait à le sentir plus au vif chez l'historien. Cette remarque serait continuelle et s'applique à l'ensemble.

Mais ceci tient à tout un système général d'écrire l'histoire, et nous sommes ramené à la Préface de M. Thiers. Préface dont une moitié est charmante, et qui ressemble à une conversation vive, abondante, inattendue; allant tout droit devant elle, et comme en a matin et soir cet esprit si fertile et si en train à toute heure.

M. Thiers, plein de son objet, et y portant, comme il fait toujours, le courant et le torrent de sa pensée, raconte comment et pourquoi il aime l'histoire, la connaissance complète des faits, leur exposé exact et lumineux, comment un seul point resté douteux l'excite à la recherche et à la découverte, comment une seule erreur qui lui échappe le remplit de confusion. Il veut savoir, il veut s'expliquer le mouvement des choses humaines, mais se l'expliquer d'une manière si particulière, si précise, si appropriée à chaque ordre de faits et à chaque branche d'affaires, que cette seule connaissance, pourvu qu'on y atteigne, lui paraît constituer la condition fondamentale, l'essence même de l'histoire; il appelle cela l'*intelligence*. Prenez les historiens les plus divers de ton et de caractère, « Thucydide, Xénophon, Polybe, Tite-Live, Salluste, César, Tacite, Commynes, Guichardin, Machiavel, Saint-Simon, Frédéric le Grand, Napoléon; » ces hommes si diversement supérieurs et si grands historiens chacun dans son genre, ont tous en commun une qualité principale et la plus sûre de toutes, et cette qualité, c'est l'*intelligence*.

Avec l'intelligence, et presque sans art d'ailleurs, on arrive, selon lui, à des narrations, non-seulement suffisantes, mais à des chefs-d'œuvre, et il en cite pour preuve les Histoires de Frédéric le Grand et de Guichardin.

Tout cela est dit si vivement, d'un jet si net, si aisé, avec de si agréables détails et des excursions si heureuses, si imprévues, qu'on n'est pas tenté de contredire et qu'on aime mieux écouter. L'auteur évidemment y abonde dans son sens : « Chacun, a dit Madame de Staël, se fait la poétique de son talent. » M. Thiers donne ici raison à ce qui lui ressemble, et voit des ressemblances là même où il y en a le moins. Il fait d'une remarque juste un semblant de système; d'une condition essentielle qu'il nomme d'un nom nouveau, il fait la condition unique et universelle. Peu s'en faut même qu'il ne la préconise comme le principe de tout le style historique.

> Ce que l'on conçoit bien s'énonce clairement,

avait dit le vieux Boileau. Cela est vrai des idées, cela est vrai même des événements et des faits en histoire. Chacun, s'il se laisse aller, parle bien ou assez bien de ce qu'il sait à fond, de ce qu'il a vu, de ce qu'il a compris en détail; et s'il laisse courir sa plume avec naturel, il trouve moyen d'intéresser. Je ne sais si, par l'improvisation de ce système simple, M. Thiers a songé à faire la critique de tant de fausses manières historiques du jour, de tant de figures d'historiens à nous connues; mais en les voyant de toutes parts, à droite et à gauche de la rive, se réfléchir dans sa parole limpide comme dans un ruisseau, elles ne m'ont jamais paru plus contournées ni plus grimaçantes.

Maintenant, je ne saurais être de l'avis de l'auteur en bien des choses. Si je ne savais combien il aime Raphaël, je ne verrais pas trop ce que vient faire Raphaël en cet endroit :

« Voulait-il peindre une Vierge, ce beau génie, dit-il, cherchait dans les trésors de son imagination les traits les plus purs qu'il eût rencontrés, les épurait encore, y ajoutait sa grâce propre, qu'il puisait dans son âme, et créait l'une de ces têtes ravissantes qu'on n'oublie plus quand on les a vues. Au contraire, voulait-il peindre un portrait, il renonçait à combiner, à épurer, à inventer enfin. Dans la figure d'un vieux prince de l'Église, au nez rouge et boursouflé, au visage sensuel, aux yeux petits mais perçants, il n'apercevait rien de laid ou de repoussant, cherchait la nature, l'admirait dans sa réalité, se gardait d'y rien changer, et n'y mettait du sien que la correction du dessin, la vérité de la couleur, l'entente de la lumière, et ces mérites, il les trouvait dans la nature bien observée, car dans la laideur même elle est toujours correcte de dessin, belle de couleur, saisissante de lumière. L'histoire, c'est le portrait, comme les Vierges de Raphaël sont la poésie. »

Mais premièrement l'histoire est plus qu'un portrait; les faits ne posent pas devant l'historien comme une figure, il faut les assembler, les grouper, en construire une trame et un ensemble. L'exemple même de Raphaël dans ce portrait de Léon X prouverait, au besoin, qu'il ne faut pas craindre de représenter les physionomies des personnages au naturel; et ceci me rappelle une esquisse d'un prince de l'Église, du cardinal Maury, par M. Thiers (à la page 70), et commençant ainsi : « Cet illustre défenseur de l'Église, etc., » qui est bien la chose la plus flattée, la plus épurée et la moins réelle; il n'y est tenu aucun compte de la nature grossière, jointe au talent, et de la déconsidération trop méritée du cardinal Maury. Enfin, et dans tous les cas, il fallait beaucoup plus que de l'intelligence, même en regardant et en comprenant très-bien de son vivant la figure de Léon X, pour la retracer par le pinceau. En un mot, il faut encore dans l'historien un talent à part, un don, celui de narrer, celui qu'a M. Thiers et que bien des esprits intelligents n'auraient pas.

Je ne saurais accorder non plus que le plus parfait style en histoire doive être si limpide, si incolore, qu'il ressemble à la *grande glace* de l'Exposition, qui laisse voir tous les objets au delà sans qu'on la voie elle-même ; car remarquez, encore une fois, que les faits de l'histoire ne sont pas tout existants et tout disposés avec ordre indépendamment de celui qui les regarde. Chaque esprit d'historien porte en quelque sorte au dedans de lui son ordre de faits tels qu'il les voit et les conçoit dans le passé. Chaque historien a sa glace et aussi son diorama du fond (1), ou plutôt glace et diorama ne font qu'un, et il est des historiens, tels que Tacite, chez qui l'expression et la couleur sont tellement inhérentes à la pensée et la pensée tellement inhérente au fait, que l'on ne peut les séparer ni concevoir l'un sans l'autre : ce n'est qu'un tableau.

Mais aussi il y a un historien des plus heureusement doués dont le procédé est autre : il lit, il étudie, il se pénètre pendant des mois et quelquefois des années d'un sujet, il en parcourt avec étendue et curiosité toutes les parties même les plus techniques, il le traverse en tous sens, s'attachant aux moindres endroits, aux plus minutieuses circonstances; il en parle pendant ce temps avec enthousiasme, il en est plein et vous en entretient constamment, il se le répète à lui-même et aux autres; ce trop de couleur dont il ne veut pas, il le dissipe de la sorte, il le prodigue en paroles, en saillies et en images mêmes qui vaudraient souvent la peine d'être recueillies, car, plume en main, il ne les

(1) Les objections sortent de tous côtés ; car M. Thiers étant d'avis qu'il convient d'adoucir et d'amortir un peu les couleurs, il s'ensuivrait que sa glace, à lui, devrait être non pas simplement incolore, mais adoucissante à l'égard des objets et légèrement décolorante

retrouvera plus : et ce premier feu jeté, quand le moment d'écrire ou de dicter est venu, il épanche une dernière fois et tout d'une haleine son récit facile, naturel, explicatif, développé, imposant de masse et d'ensemble, où il y a bien des négligences sans doute, bien des longueurs, mais des grâces; où rien ne saurait précisément se citer comme bien écrit, mais où il y a des choses merveilleusement dites, et où, si la brièveté et la haute concision du moraliste font défaut par moments, si l'expression surtout prend un certain air de lieu commun là où elle cesse d'être simple et où elle veut s'élever, les grandes parties positives d'administration, de guerre, sont si amplement et si largement traitées, si lumineusement rapportées et déduites, et la marche générale des choses de l'État si bien suivie, que cela suffit pour lui constituer entre les historiens modernes un mérite unique, et pour faire de son livre un monument.

J'aurais bien encore à présenter quelques remarques, mais les volumes prochains m'en donneront l'occasion. L'intérêt capital de ce volume-ci est dans l'expédition de Masséna en Portugal et sa retraite, devenue si nécessaire, et payée d'une disgrâce non méritée. Il n'y a là ni victoire ni grand désastre, rien de ce qui parle à l'imagination; ce ne sont que journées pénibles : cependant il n'est aucun récit plus attachant et plus instructif dans toute l'Histoire de M. Thiers. L'intérêt qu'on éprouve est celui qui sort du fond des choses.

8 décembre 1855.

ŒUVRES COMPLÈTES
DE SAINT-AMAND

Nouvelle édition, augmentée de pièces inédites, et précédée
d'une Notice par M. Ch.-L. LIVET, 2 vol.

Les goûts et les vocations sont divers et à l'infini. Il n'est guère de visage de femme qui, dans sa jeunesse, ne trouve son adorateur ; il n'est guère de poëte ni d'auteur qui, en vieillissant, n'ait ses admirateurs et ses disciples. En un mot, il y a des pèlerins pour toute chapelle qui a ses reliques, et cela est fort heureux, fort consolant, surtout quand on aspire soi-même à laisser un jour sa relique dans l'histoire littéraire. Voici un curieux investigateur, M. Livet, qui s'est attaché dès son début à étudier, à remettre en lumière et en honneur la littérature et la poésie du règne de Louis XIII, cette poésie que ne continue guère Malherbe et que balaiera Boileau. Studieux, modeste, plein du désir de savoir et de bien faire, M. Livet sortant à peine du collége fut conduit par son père dans une bibliothèque de province : il y avait de ces vieux auteurs français ; il les lut. Il commença par Chapelain et par sa *Pucelle ;* mais *la Pucelle* et Chapelain lui produisirent l'effet qu'ils ont toujours produit : ils l'ennuyèrent et allaient le dégoûter de poursuivre de ce côté, lorsqu'il ouvrit un autre volume de poésies de ce temps-là, les OEuvres de Saint-Amant, et il se sentit au contraire amorcé, affriandé. Dès ce moment (à quoi tiennent les directions des esprits?) son choix fut fait. Par Saint-Amant, ce guide de joyeuse humeur, il se mit à entamer la lecture des autres poëtes et écrivains de l'époque de Louis XIII, et depuis quelques années il n'a cessé de s'en occuper et de travailler à les faire connaître. Il a fait de cette portion d'histoire littéraire comme sa province. On a de lui des notices sur Boisrobert, l'amusant parasite de Richelieu; sur Le Pays, qui, attaqué par Boileau, se vengea en faisant une visite polie et de galant homme; sur Cospeau, l'évêque de Nantes, puis de Lisieux (appelé vulgairement *Cospéan*), qui fut à la Cour un prélat véridique et dans son temps un orateur. Mais aujourd'hui la Bibliothèque elzévirienne de M. Jannet, en accueillant les OEuvres de Saint-Amant, procure à M. Livet l'occasion de s'étendre sur son poëte favori et celui qu'il a le plus particulièrement étudié. L'édition est faite avec grand soin, accompagnée de notes explicatives, et précédée d'une biographie très-complète de Saint-Amant.

Je voudrais concilier ici deux choses, d'une part louer M. Livet de son zèle à faire connaître les vieux poëtes, l'encourager à poursuivre ces travaux d'une intéressante érudition domestique, et d'autre part apprécier moi-même Saint-Amant à sa valeur sans le surfaire, sans le flatter, et en maintenant le fond du jugement de Boileau, mais en tenant compte de toutes les circonstances historiques et autres dans lesquelles Boileau n'est pas entré.

Saint-Amant et Théophile sont de vrais poëtes ayant verve, mouvement et une sorte d'originalité; ils se distinguent entre tous ceux de cette époque intermédiaire (j'excepte bien entendu Rotrou et Corneille, *par nobile fratrum*, dans l'ordre des auteurs dramatiques). Ce n'est pas en ce moment le lieu de revenir sur Théophile dont on annonce une réédition prochaine, et je m'en tiendrai à Saint-Amant.

Saint-Amant, de petite noblesse, né à Rouen vers 1594, avait pour père un marin commandant d'escadre; il eut des frères navigateurs ou militaires, et lui-même il s'adonna dès sa jeunesse à la vie mondaine, aventureuse. Il n'étudia point, ne sut point le latin, mais apprit les langues vivantes par l'usage et par les livres à la mode. Il possédait à fond la littérature italienne, celle des Tassoni, des Marini, et savait mieux que Chapelain lui-même combien il y avait au juste de stances dans le poëme de l'*Adone* (1). Il avait des facultés naturelles très-remarquable pour la poésie et le bel-esprit : « C'était, a dit de lui l'exact et honnête abbé de Marolles, *l'un des plus beaux naturels du monde pour la poésie*, et de qui les bons sentiments de l'âme égalaient la gaieté de l'humeur. » Tallemant lui reproche une outrecuidance et une habitude de vanterie qui est un des caractères de la littérature de ce temps-là ; mais Saint-Amant ne paraît point avoir poussé ce défaut aussi loin qu'un Scudéry, et il n'en resta pas moins avant tout un bon vivant. Son coup d'essai, qui remonte par la date aux années de Malherbe et aux débuts de Théophile, fut l'ode intitulée *la Solitude;* elle est de 1619 environ. Pareil à bien des poëtes de hasard, il n'a jamais, depuis, surpassé ce coup d'essai. Cette ode fit, dès sa naissance, grand bruit et sensation ; on l'imita, on l'imprima en la défigurant, on la traduisit en vers latins. Elle mit bien des gens en goût de solitude : il

---

(1) Il fit un jour un pari là-dessus avec Chapelain, et le gagna.

leur prenait, en la lisant, comme un soudain accès, un accès anticipé de pittoresque et de romantique. L'ode de *la Solitude* est restée longtemps la peinture expressive et fidèle de quantité de vieux châteaux perdus dans les forêts druidiques, et prêtant aux rêves et aux imaginations bizarres : « Je suis ici, écrivait du fond du Maine M. de Lassay vers 1695, dans un château, au milieu des bois, qui est si vieux qu'on dit dans le pays que ce sont les Fées qui l'ont bâti. Le jour, je me promène sous des hêtres pareils à ceux que Saint-Amant dépeint dans sa *Solitude ;* et depuis six heures du soir que la nuit vient, jusqu'à minuit qui est l'heure où je me couche, je suis tout seul dans une grosse tour, à plus de deux cents pas d'aucune créature vivante : je crois que vous aurez peur des esprits en lisant seulement cette peinture de la vie que je mène. » Saint-Amant, grâce à son ode, avait autrefois sa place assurée dans la bibliothèque de tout vieux château.

Si nous nous demandons aujourd'hui, en lisant *la Solitude,* ce que vaut pour nous cette ode et quel rang elle mérite dans le trésor lyrique de notre poésie, nous trouvons qu'elle a perdu. Elle ne satisfait point l'homme de sensibilité et de goût, comme le font les stances de Racan sur *la Retraite* ou l'ode de Maynard *à Alcippe;* elle a cependant son charme et sa grâce par une touche large et naïve, bien qu'il s'y mêle des tons déplaisants et même incohérents. C'est de vive voix et dans le plus particulier détail qu'il faudrait faire sentir ces choses; mais indiquons du moins en quelques mots le sens de la critique, telle qu'on peut l'appliquer à ces pièces légères :

> Oh ! que j'aime la Solitude !
> Que ces lieux sacrés à la nuit,
> Eloignés du monde et du bruit,
> Plaisent à mon inquiétude !

Mon Dieu! que mes yeux sont contents
De voir ces bois qui se trouvèrent
A la nativité du temps,
Et que tous les siècles révèrent,
Être encore aussi beaux et verts
Qu'aux premiers jours de l'univers!

Un gai Zéphire les caresse
D'un mouvement doux et flatteur;
Rien que leur extrême hauteur
Ne fait remarquer leur vieillesse.
Jadis Pan et ses demi-Dieux
Y vinrent chercher du refuge
Quand Jupiter ouvrit les cieux
Pour nous envoyer le déluge,
Et, se sauvant sur leurs rameaux,
A peine virent-ils les eaux.

Que sur cette épine fleurie
Dont le printemps est amoureux,
Philomèle au chant langoureux
Entretient bien ma rêverie!
Que je prends de plaisir à voir
Ces monts pendants en précipices,
Qui, pour les coups du désespoir,
Sont aux malheureux si propices
Quand la cruauté de leur sort
Les force à rechercher la mort!

Il y a dans ce rhythme aisance, harmonie, douceur, et les deux vers à rimes rapprochées qui terminent la strophe lui donnent par leur monotonie un air de complainte qui ne déplaît pas.

Le poëte, tout en se vantant presque de n'avoir point étudié et de ne savoir, comme Homère, que la langue de sa nourrice, sait pourtant bien des choses; il connaît, bon gré, mal gré, la Fable, Pan et les demi-Dieux, le Déluge de Deucalion, Philomèle. C'est une mythologie à peu près inévitable qui se mêle à tous les paysages de ce temps-là, et qui tend à les gâter par le convenu. Il va continuer ainsi ses descriptions des lieux d'alentour, celle du torrent roulant au creux du vallon, celle du marais et du peuple aquatique qui s'y joue ; il arrive ensuite aux ruines gothiques, là où un moderne verrait le sujet de la ballade :

> Que j'aime à voir la décadence
> De ces vieux châteaux ruinés,
> Contre qui les ans mutinés
> Ont déployé leur insolence !
> Les sorciers y font leur sabbat ;
> Les Démons follets s'y retirent,
> Qui d'un malicieux ébat
> Trompent nos sens et nous martyrent ;
> Là se nichent en mille trous
> Les couleuvres et les hibous.
>
> L'orfraie avec ses cris funèbres,
> Mortels augures des destins,
> Fait rire et danser les Lutins
> Dans ces lieux remplis de ténèbres.
> Sous un chevron de bois maudit
> Y branle le squelette horrible
> D'un pauvre amant qui se pendit
> Pour une bergère insensible,
> Qui d'un seul regard de pitié
> Ne daigna voir son amitié.

Boileau, à ce sujet, a dit de Saint-Amant : « Ce poëte avait assez de génie pour les ouvrages de débauche et de satire outrée, et il a même quelquefois des boutades assez heureuses dans le sérieux : mais il gâte tout par les basses circonstances qu'il y mêle. C'est ce qu'on peut voir dans son ode intitulée *la Solitude*, qui est son meilleur ouvrage, où, parmi un fort grand nombre d'images très-agréables, il vient présenter mal à propos aux yeux les choses du monde les plus affreuses, des crapauds et des limaçons qui bavent, le squelette d'un pendu, etc. »

Ici je demande à faire une distinction. Si, comme on peut le croire, dans le paysage probablement décrit d'après nature par Saint-Amant, il y avait en effet un coin de ruine mal famé, où l'on montrait encore de loin avec effroi ce qu'il appelle le squelette d'un amant qui s'était pendu par désespoir, je ne vois pas pourquoi il ne l'aurait pas conservé : mais autre chose est ce trait trop important pour être omis dans un paysage de ce caractère, et qui n'en occuperait dans tous les cas qu'un côté funeste et maudit, autre chose est la *limace* et le *crapaud* qu'il s'amuse à nous montrer dans la strophe suivante sur les parois de la cave ou du souterrain effondré du château :

> Le plancher du lieu le plus haut
> Est tombé jusque dans la cave,
> Que la limace et le crapaud
> Souillent de venin et de bave...

Ce qui paraît d'autant plus choquant que cette cave, ainsi présentée de si laide façon, devint chez lui tout aussitôt la grotte sacrée du Sommeil :

> Là-dessous s'étend une voûte
> Si sombre en un certain endroit,
> Que, quand Phébus y descendroit,
> Je pense qu'il n'y verrait goutte ;
> Le Sommeil aux pesants sourcils,
> Enchanté d'un morne silence,
> Y dort, bien loin de tous soucis,
> Dans les bras de la Nonchalence,
> Lâchement couché sur le dos
> Dessus des gerbes de pavots.

Et, le moment d'après, il se représente avec son luth allant porter son harmonie au creux de cette grotte *fraîche*, où l'Amour se pourrait *geler* et où Écho ne cesse de *brûler*, combinant de la sorte tous les genres de pointe et de mauvais goût : il réussit très-médiocrement, malgré ses accords soi-disant célestes, à nous rendre attrayante par sa *fraîcheur* une grotte où il dit qu'on *gèle,* et où il vient de nous montrer des crapauds. C'est ainsi que dans une peinture large et libre où on lui permettrait bien des tons, il trouve moyen d'en assembler d'impossibles à concilier et qui se heurtent. « Il a du génie, mais point de jugement, » disait de lui Tallemant des Réaux, singulièrement d'accord en ceci avec Boileau. Cette pièce même, qui est sa meilleure, nous le prouve. »

Sa description se termine par une vue de la mer rongeant la falaise, et tantôt courroucée, tantôt unie et réfléchissant le soleil, le tout avec ce mélange de naturel presque excessif et aussi de mythologie un peu grotesque : il y met une mascarade de Tritons. Puis s'adressant pour finir à Bernières, à qui il dédie son ode :

> Tu vois dans cette poésie
> Pleine de licence et d'ardeur
> Ces beaux rayons de la splendeur
> Qui m'éclaire la fantaisie :
> Tantôt chagrin, tantôt joyeux,
> Selon que la fureur m'enflamme
> Et que l'objet s'offre à mes yeux,
> Les propos me naissent en l'âme,
> Sans contraindre la liberté
> Du Démon qui m'a transporté.
>
> Oh! que j'aime la Solitude!
> C'est l'élément des bons esprits;
> C'est par elle que j'ai compris
> L'art d'Apollon sans nulle étude...

On sent dans tout cela l'harmonie, la facilité, mais aussi, comme il l'indique, un certain échauffement de tête et de fantaisie. Tout en reconnaissant les heureux traits épars dans cette *Solitude* de Saint-Amant et en m'expliquant très-bien le succès qu'elle eut à sa date, je me dis qu'à la relire aujourd'hui, je n'y trouve ni la solitude du chrétien et du saint, celle dont il est écrit « qu'elle bondira dans l'allégresse et qu'elle fleurira comme le lis; » ni la solitude du poëte et du sage; ni celle de l'amant mélancolique et tendre; ni celle du peintre exact et rigoureux. Il n'y mêle aucune idée morale ni aucun sentiment fait pour toucher, et lorsqu'il s'écrie en terminant : *Oh! que j'aime la Solitude! c'est l'élément des bons esprits*, il ne l'a pas suffisamment prouvé, et il a plutôt fait une solitude moitié naturelle, moitié de fantaisie, dans laquelle les objets ont tant soit peu dansé devant sa vue, et où si d'un côté il ôtait le masque à la nature, il lui en mettait un à l'autre joue.

Toutefois il a entrevu quelque chose, il a eu un éclair de nouveauté et de libre peinture; sa chaleur de jeunesse l'a bien servi, et dans cette pièce, de même que dans la suivante, intitulée *le Contemplateur* et adressée à l'évêque de Nantes Cospeau, il a eu en présence de la nature l'aperçu de certains genres de poésie descriptive ou méditative qui ont sommeillé durant près de deux siècles encore, pour n'éclore et ne se développer dans leur vraie et pleine saison que de nos jours.

La Solitude pouvait être un excellent commencement, et il ne s'agissait, ce semble, que de se corriger un peu, de se perfectionner et de mûrir : mais avec les natures de poëte les choses ne vont point ainsi. Saint-Amant était dominé par son humeur, par son tempérament : homme de plaisir et de table, il vivait avec des grands seigneurs qu'il égayait, dont il animait les festins et bombances, et l'improvisation devint bientôt sa seule muse. Attaché au duc de Retz avec qui il séjourna à Belle-Isle, s'y gorgeant de vin et de bonne chère; attaché ensuite au comte d'Harcourt avec qui il fit de longs voyages maritimes, et dont il célébrait verre en main les exploits, il prit des habitudes dont son talent ne put désormais se séparer. C'était un homme précieux à bord d'une escadre, et un bon compagnon dans l'ennui d'une traversée; à terre, il était dépaysé, s'il ne menait même train et ne faisait vie qui dure. Le glouton en lui se développa, et dévora vite le commencement de solitaire et de contemplateur qui s'était d'abord montré (1). *Le bon gros Saint-Amant* comme il s'appelait lui-même en riant tout le premier de sa bedaine, ne réussit plus qu'à être un franc poëte de la race pantagruélique; il chanta *la Vigne, le Melon, le Fromage,* celui de *Brie,* celui du *Cantal, l'Orgie, la Crevaille,* comme il dit; il y mit sa verve, une verve réelle, copieuse, rabelaisienne, grotesque avec feu, mais souvent repoussante et avec des odeurs de taverne ou de fond de cale. Boileau a pu dire de lui « que Saint-Amant s'était formé du mauvais de Regnier, comme Benserade du mauvais de Voiture : — Opinion fausse qu'il serait inutile de discuter, » ajoute M. Livret, qui cite le mot.

Comment! il serait inutile de discuter l'opinion de Boileau si finement résumée dans ce jugement à double tranchant! mais c'est cette opinion même qui renferme toute la question de goût au sujet du poëte dont nous parlons. Regnier, à côté de peintures énergiquement naïves et qui plaisent, en a fait d'autres horribles et hideuses à dessein, où il s'est complu. Saint-Amant fait de même : il insiste sur ce côté grotesque et même crapuleux, et s'y joue. Il reconnaît si bien Regnier comme son parent et son auteur, qu'étant allé en Pologne, où il s'était bien trouvé de boire à la polonaise, tandis que Desportes, oncle de Regnier, qui y était allé en son temps à la suite de Henri III, s'en était fort repenti, il dit qu'il n'y a rien là d'étonnant :

C'était un mignon de cour

(1) Les jeunes gens le savaient bien; et ceux qui, venus quelque temps à Paris, voulaient se donner un genre de *mauvais sujets*, disaient par vanterie, après s'en être retournés en province : « J'ai fait la débauche avec Saint-Amant. »

Qui ne respirait qu'amour :
Il sentait le musc et l'ambre,
On le voit bien à ses vers ;
Et jamais soif en sa chambre
Ne mit bouteille à l'envers.

Ce gentil, ce dameret
N'entrait point au cabaret :
La seule onde Aganippide, etc.
. . . .
On ne peut jamais tout citer de Saint-Amant.

Regnier, son rare neveu,
S'entendait mieux à ce jeu :
Et s'il eût vu cette terre
Où Bacchus est en crédit,
Je jurerais sur le verre
Qu'il n'en aurait pas médit.

C'est donc de Regnier, c'est de Rabelais que Saint-Amant relève, et il se rattache à eux par le côté qui n'est certes pas le plus délicat; mais il ne déshonore pourtant point la parenté par l'entrain et l'espèce de fureur poétique qu'il porte en ces sujets de goinfrerie et de débauche.

Parmi celles de ses pièces qu'on peut citer, on appréciait fort dans le temps *le Melon ;* il y célèbre à pleine bouche ce roi des fruits, et raconte son origine, sa première apparition sur la table de l'Olympe le jour où les Dieux firent gala après la défaite des Titans. Chacun apportait son mets et son fruit : Thalie, de la part d'Apollon, présenta à son tour le melon, qui obtint le prix au jugement des gourmets immortels. — Une autre pièce que Perrault trouvait fort agréable, et que je suis fort tenté aussi de trouver jolie, est celle de *la Pluie;* le poëte y décrit au naturel l'effet bienfaisant que produit sur la terre, après une aride attente et une sécheresse de Canicule, une ondée longtemps désiré. Le nuage crève, l'eau tombe à larges et pesantes gouttes; le bruit en résonne agréablement. Les laboureurs, les vignerons hâlés se réjouissent, et le jardinier Thibaut, tout noyé qu'il est dans son allée, y reste et chemine à pas lents. Quant au poëte, il fait ce qu'il fait toujours, et, pour mieux célébrer l'eau, il demande du vin. Cette pièce est d'un sentiment très-vrai; il n'y a pas trop de charge, contre l'ordinaire de Saint-Amant; il n'y manque qu'un certain vernis, un certain éclat et un tissu plus serré d'expression, pour l'élever à l'art et en faire un petit chef-d'œuvre. Mais Saint-Amant n'était pas un disciple d'Horace (1).

Un assez agréable sonnet est celui où Saint-Amant se représente fumant (il avait pris en mer l'habitude du tabac) et rêvant sur la destinée :

> Assis sur un fagot, une pipe à la main,
> Tristement accoudé contre une cheminée...

Ses espérances montent avec la fumée du tabac et s'éteignent en même temps que la cendre. Ce sonnet est une bonne petite toile hollandaise.

Lié avec tous les beaux-esprits de l'époque, Saint-Amant fut un des premiers membres nommés par l'Académie française : il demanda et obtint d'être exempté

---

(1) Ainsi, pour ne citer que la dernière strophe :

> Vois de là, dans cette campagne,
> Ces vignerons tout transportés
> Sauter comme genêts d'Espagne,
> Se démenant de tous côtés ;
> Entends d'ici tes domestiques
> Entrecouper leurs chants rustiques
> D'un fréquent battement de mains ;
> Tous les cœurs s'en épanouissent,
> Et les bêtes s'en réjouissent
> *Aussi bien comme* les humains.

Conçoit-on un dernier vers aussi faible et aussi lent qui termine toute la pièce, et vient couronner une strophe faite surtout pour exprimer la joie et le bondissement? C'est là ce que j'entends par ne pas être un disciple d'Horace ni de Malherbe.

de la harangue d'usage, « à la charge qu'il ferait, comme il s'y était offert lui-même, la partie comique du Dictionnaire, et qu'il recueillerait les termes *grotesques*, c'est-à-dire, comme nous parlerions aujourd'hui, *burlesques*. » C'est Pellisson qui parle. Le mot de *burlesque* ne s'introduisit, en effet, qu'un peu plus tard, et à dater de Sarazin et de Scarron. Il serait à souhaiter que Saint-Amand eût rempli sa promesse, ou du moins qu'il eût dressé son propre dictionnaire de termes grotesques, car ses poésies en sont farcies comme d'un argot, et restent souvent énigmatiques et obscures.

Il y a des poëmes de lui que je ne puis souffrir; sa *Rome ridicule*, imprimée furtivement en 1643, et pour laquelle l'imprimeur fut mis en prison, me révolte. Saint-Amand ne vit dans Rome, même dans la nature romaine, même dans les ruines, que matière à pasquinade et à parodie :

> Il vous sied bien, monsieur le Tibre,
> De faire ainsi tant de façon,
> Vous dans qui le moindre poisson
> A peine a le mouvement libre ;
> Il vous sied bien de vous vanter
> D'avoir de quoi le disputer
> A tous les fleuves de la terre,
> Vous qui, comblé de trois moulins,
> N'oseriez défier en guerre
> La rivière des Gobelins !
> . . . .
> Piètre et barbare Colisée,
> Exécrable reste des Goths,
> Nid de lézards et d'escargots, etc.

C'est un mauvais genre appliqué ici au sujet qui s'en offense le plus, et qui est le plus propre à en faire mesurer la petitesse et la difformité. Le malheureux ! il n'a songé qu'à charbonner une caricature sur la pierre même du Colisée. On était loin sans doute alors de ce grand moment de renaissance pittoresque et historique où Chateaubriand devait écrire ses admirables pages sur Rome et la Campagne romaine : mais Poussin n'était-il pas là, qui à cette heure y traçait tant de graves et doux tableaux, ce même Poussin, parent en génie de Corneille, et qui, ayant reçu *le Typhon ou la Gigantomachie*, poëme burlesque de Scarron, écrivait : « J'ai reçu du maître de la poste de France un livre ridicule des facéties de M. Scarron, sans lettre et sans savoir qui me l'envoie. J'ai parcouru ce livre une seule fois, et c'est pour toujours. Vous trouverez bon que je ne vous exprime pas tout le dégoût que j'ai pour de pareils ouvrages. »

Voilà bien un mépris tranquille, et tel que les natures hautes et nobles en conçoivent pour la difformité qui s'ingénie et qui s'évertue. Et sans être un Poussin en gravité, Saint-Évremond, cet esprit délicat, n'a-t-il pas dit dans un écrit sur *la vraie et la fausse Beauté des Ouvrages d'esprit*, et en traitant de *l'honnêteté des expressions* :

« Je m'avise peut-être trop tard de faire ces réflexions ; mais c'est ordinairement lorsque l'on est arrivé où l'on voulait aller, et que l'on parle du chemin que l'on a fait et de la route que l'on a tenue, que l'on s'aperçoit de ses égarements.

« C'en est un, et je ne sais s'il y en a quelque autre plus extrême, que de s'adresser à tous les hommes de son temps, et à tous ceux qui viendront dans la suite des siècles, sans avoir rien que de malhonnête à leur dire. »

Saint-Évremond dit cela en pensant à Pétrone, et il continue en appliquant ses observations à ce qui n'est que grossier et répugnant à la propreté et aux sens :

« Notre délicatesse va plus loin, et l'on n'aimerait pas aujourd'hui la description d'un objet rebutant. C'est tout ce que l'on peut permettre à une personne malade, de conter son mal : on la soulage en l'écoutant avec un peu d'attention ; mais cette complaisance que l'on a pour son infirmité n'est pas une excuse pour elle, principalement si elle fait un trop grand détail.

« Mais, excepté cette occasion, il n'est pas possible de faire une description supportable de choses pour lesquelles on a naturellement de l'aversion. Cependant ç'a été un défaut de beaucoup d'auteurs : Buchanan a décrit une vieille avec toutes les figures de sa rhétorique; Saint-Amant a fait une *Chambre de débauché* avec toute la naïveté de son style. C'est de la rhétorique et de la naïveté perdues mal à propos. »

La rhéthorique regarde Buchanan le docte : pour ce qui est de Saint-Amant, Saint-Évremond lui reconnaît de la *naïveté*, en en regrettant l'abus et le faux emploi.

J'ai nommé Scarron : il ne serait pas juste de le mettre tout à côté de Saint-Amant. Celui-ci était d'une bien autre étoffe. Scarron a de l'esprit, de la gaieté, mais du prosaïsme, de la platitude, et une facilité banale qui lui a procuré auprès de la bourgeoisie de son temps les honneurs du genre. Saint-Amant est poëte : il a du relief et de l'expression, il abonde en images. Il a donné quelque part sa théorie pour ce genre poétique grotesque, dont les plus gaies productions contribuent, selon lui, à l'entretien de la santé et devraient être les plus recherchées et les plus chéries de tout le monde :

« Ce n'est pas, dit-il, que je veuille mettre en ce rang les bouffonneries plates et ridicules, qui ne sont assaisonnées d'aucune gentillesse ni d'aucune pointe d'esprit, et que je sois de l'avis de ceux qui croient, comme les Italiens ont fait autrefois à cause de leur Berni, dont ils adoraient les élégantes fadaises, que la simple naïveté soit le seul partage des pièces comiques : je veux bien qu'elle y soit, mais il faut qu'elle soit entremêlée de quelque chose de vif, de noble et de fort qui la relève : il faut savoir mettre le sel, le poivre et l'ail à propos en cette sauce ; autrement, au lieu de chatouiller le goût et de faire épanouir la rate de bonne grâce aux honnêtes gens, on ne touchera ni on ne fera rire que les crocheteurs. » Il a donné en cet endroit la recette de son ragoût ; je laisse à de plus connaisseurs que moi à décider si le cuisinier a réussi.

Malgré ces prédilections grotesques et bachiques auxquelles il s'abandonnait sans mesure, Saint-Amant n'avait pas entièrement renoncé à la poésie sérieuse; il avait sur le chantier, comme on dit, plus d'un de ces longs et nobles ouvrages desquels on se promet beaucoup d'honneur, dont on ne finit jamais, et qui, avant d'ennuyer le lecteur, ennuient l'auteur tout le premier. Un de ces ouvrages, le poëme ou idylle héroïque de *Moïse*, parut à la fin, dédié à la reine de Pologne (1653). Saint-Amant, en effet, avait une grande attache et un culte pour cette reine, Marie de Gonzague, née princesse de Nevers, et qui sur son trône agité et vacillant se ressouvint toujours avec affabilité de ses amis de France. Il obtint de sa libéralité titre de gentilhomme et pension (pension d'ailleurs assez inexactement payée), il l'alla visiter en Pologne, en un mot il s'était *donné à elle*, selon l'expression d'alors, et autant que le lui permettaient les autres prodigalités qu'il faisait de sa personne. Dès qu'il a à parler de cette princesse, il change subitement de ton, il sort du cabaret pour donner dans le sublime et dans la dernière quintessence. Son *Moïse* s'évertue de même à être héroïque et noble. Le malheur est que le talent, fût-il des plus riches, ne suffit pas à ces tours de force ; on ne se dédouble pas ainsi.

Je ne dirai presque rien de ce poëme raillé par Boileau : il n'a pas la prétention d'être tout à fait une *épopée*; c'est une *idylle*, et dont le sujet n'est proprement que l'exposition du berceau de Moïse par ses parents, et la découverte qu'en fait quelques heures après la fille de Pharaon. Les tableaux de l'histoire des Hébreux ou de la vie de Moïse ne s'y trouvent présentés qu'en récit ou en songe. L'écueil du poëme est d'être ennuyeux. Les vers sont mous et lâches comme le seraient des vers de Scudéry; l'auteur ne paraît pas se douter de *l'art d'écrire* en vers sérieux. Il y a cependant des détails assez agréables, et je n'en veux pour preuve que cette comparaison qui termine le premier chant, et qui nous montre la mère ayant déposée à contre-cœur le berceau flottant, et ne s'en éloignant qu'avec anxiété et avec lenteur :

> Telle que, dans l'horreur d'une forêt épaisse,
> Une biche craintive, et que la soif oppresse,
> Quitte à regret son faon depuis peu mis au jour,
> Quand pour chercher à boire aux fosses d'alentour,
> Ayant au moindre bruit les oreilles tendues,
> On la voit s'avancer à jambes suspendues,
> Faire un pas, et puis deux, et soudain revenir,
> Et de l'objet aimé montrant le souvenir,
> Montrer en même temps, par ses timides gestes,
> Le soupçon et l'effroi des images funestes
> Qui semblent l'agiter pour autrui seulement :
> — Telle fut Jocabel en son éloignement.

Ce qui plaît en cet endroit, malgré le traînant de quelques vers, c'est encore le naturel, ce qu'on appelait alors la *naïveté*, un des caractères de Saint-Amant là où il est bon.

On dit qu'il eut dans les dernières années un retour de cœur à des sentiments élevés et religieux, et l'on cite de lui des Stances à Corneille, au *noble et cher Corneille*, sur sa traduction en vers de *l'Imitation*. Dans ses nombreuses Stances, l'intention me semble valoir beaucoup mieux que le résultat ; voici, au reste, un des meilleurs endroits où il rappelle, en se l'appliquant, une parole du saint livre : *Profaner le talent, c'est pis que l'enfouir.*

> Ces hautes paroles m'étonnent,

> J'en dois être en mon cœur bien plus touché que toi ;
> J'en blêmis, j'en tremble d'effroi,
> Et jusque dans mon âme à toute heure elles tonnent ;
> Ma plume en est confuse, et tous ses jeunes traits
> N'en forment à mes yeux que d'horribles portraits.
>
> Aussi ma main les désavoue ;
> Leur feu trop estimé me fait rougir le front ;
> Leur honneur ne m'est qu'un affront,
> Et, fussent-ils tout d'or, je les crois tout de boue ;
> Enfin dans mon regret, mon cœur sincère et franc,
> Pour en effacer l'encre, offrirait tout mon sang.

Saint-Amant mourut le 29 décembre 1661, rue de Seine, où il s'était venu loger, et dans un état que la tradition présente comme voisin de la pénurie (1). On peut dire qu'il mourut à temps, au moment où la noble figure de Louis XIV allait mettre en déroute tous ces grotesques de l'art, et avant d'avoir essuyé les traits satiriques de Boileau. Je dois cependant avertir que depuis cette défaite des genres auxquels il s'était voué, Saint-Amant n'a pas cessé de garder çà et là des fidèles, et qu'il a même retrouvé en dernier lieu des admirateurs, ou du moins des curieux passionnés. J'en sais de nos jours, j'en ai rencontré plus d'un, même avant l'édition présente, qui est destinée à les rallier, à en accroître le nombre, et qui peut ressembler à une revanche ou à une victoire. Pour moi, qui me réserve de faire un choix sévère dans cette masse de poésies, ma simple conclusion sera : relisons ces livres du passé, connaissons-les bien pour éviter les jugements tout faits et nous former le nôtre, pour nous faire une

---

(1) Saint-Amant ne paraît pas avoir été marié. Il est question, dans les Lettres de Voiture, de madame de Saint-Amand (voir Œuvres de Voiture, publiées par M. Ubicini, tom. I, p. 65) ; mais cette madame de Saint-Amand n'est autre que l'abbesse de Saint-Amand de Rouen, une Souvré, sœur de madame de Sablé, et n'a rien de commun avec notre poëte qui hantait peu ces délicats.

juste idée avant tout des mœurs et des modes d'esprit aux diverses époques; soyons comme les naturalistes, faisons des collections; ayons-les aussi variées et aussi complètes qu'il se peut, mais ne renonçons point pour cela au jugement définitif ni au goût, cette délicatesse vive : c'est assez que nous l'empêchions d'être trop impatiente et trop vite dégoûtée, ne l'abolissons pas.

La vraie critique, telle que je me la définis, consiste plus que jamais à étudier chaque être, c'est-à-dire chaque auteur, chaque talent, selon les conditions de sa nature, à en faire une vive et fidèle description, à charge toutefois de le classer ensuite et de le mettre à sa place dans l'ordre de l'Art.

15 décembre 1855.

ŒUVRES

DE VOITURE

Lettres et Poésies; nouvelle édition revue, augmentée et annotée, par M. UBICINI, 2 vol. in-18 (Paris, Charpentier).

Il n'aurait pas été juste que la curiosité littéraire qui se reporte en tous sens vers le passé, et qui ne laisse aucun nom d'autrefois dans la négligence et dans l'oubli, n'arrivât point jusqu'à Voiture, cette renommée longtemps réputée la plus charmante ; son moment devait revenir, et il est venu. Voici une édition aussi complète qu'on le peut désirer de ses lettres et de ses vers ; on y trouve surtout des éclaircissements dont on a besoin à chaque pas. M. Ubicini, qui s'est fait connaître avec distinction dans les dernières années par des études et des travaux d'un ordre différent, avait de longue main fréquenté Voiture et noué une étroite connaissance avec lui; il avait préparé les matériaux de l'édition qu'il vient de donner, et il l'a fait précéder d'une Notice vive, spirituelle, dans laquelle il juge son auteur avec goût, sans l'exagérer et sans en être ébloui, et d'un ton tout à fait aisé. Voiture y est vu dans son vrai jour; sa mesure y est très-bien prise, et son rôle parfaitement présenté.

Ce rôle ne saurait se séparer du souvenir et de la représentation fidèle de la société où il a vécu. A la différence de tant d'hommes distingués et d'écrivains de renom qui, ayant eu une partie de leur fortune viagère, en ont une autre partie durable et immortelle, Voiture a tout mis en viager : il n'a été qu'un charme et une merveillle de société; il a voulu plaire et il y a réussi, mais il s'y est consumé tout entier; et aujourd'hui, lorsqu'on veut ressaisir en lui l'écrivain ou le poëte, on a besoin d'un effort pour être juste, pour ne pas lui appliquer notre propre goût, nos propres idées d'agrément, et pour remettre en jeu et dans leur à-propos ces choses légères.

Voiture était né l'esprit le plus fin et le plus délicat, formé par la nature pour la compagnie la plus choisie, pour en être l'enfant gâté et les délices : il fut quelque temps avant de rencontrer ce doux climat auquel il était destiné. Il naquit à Amiens en 1598, aux limites des deux siècles. Son père, qui était un marchand de vin en gros suivant la Cour, et fort connu des grands, lui fit donner la meilleure éducation : Voiture étudia à Paris, au collége de Boncourt, et de là il alla faire son droit à l'université d'Orléans. De bonne heure on parla de lui pour ses vers, pour ses lettres; une lettre surtout qu'il adressa à madame de Saintot en lui envoyant le *Roland furieux* traduit par Rosset (« Madame, voici sans doute la plus belle aventure que Roland ait jamais eue, etc., ») courut et commença à le mettre en réputation. Malgré l'amitié de M. d'Avaux, son ancien condisciple, avec qui il avait renoué un commerce familier, il ne brillait encore que dans les cercles bourgeois, lorsque M. de Chaudebonne, l'ayant un jour rencontré dans une maison, lui dit : « Monsieur, vous êtes un trop galant homme pour demeurer dans la bourgeoisie ; il faut que je vous en tire. » Par lui Voiture fut présenté chez la marquise de Rambouillet, l'oracle du mérite et de la politesse, et dès ce moment il entra dans sa vraie sphère ; il n'eût plus qu'à suivre sa vocation, qui était d'être le bel-esprit à la mode dans une société d'élite. Il n'avait que vingt-sept ans (1625). Il s'est peint à nous petit, « la taille de deux ou trois doigts au-dessous de la médiocre, la tête assez belle, (ses portraits nous la montrent même très-belle), les yeux doux, mais un peu égarés, et le visage assez niais. » Ailleurs il parle encore de cette mine *entre douce et niaise*, et de ses sourcils joints. Il eût de bonne heure les cheveux grisonnants, et sa complexion résista peu à cette continuelle fatigue de plaire. Il n'y eût que trop de succès. L'esprit et la grâce qui animaient ce petit corps, l'étincelle qui en jaillissait à la première rencontre, la hardiesse et l'aisance, le don de l'à-propos, un soin vif entrecoupé parfois d'un air de rêverie et rehaussé d'un grain de caprice, faisaient de lui la personne la plus agréable et la mieux accueillie, et en particulier, auprès des femmes et des grands.

C'était le moment où Balzac, de quatre ans plus âgé que Voiture, atteignait par la publication de ses Lettres (1624) à cette haute réputation d'éloquence et de beau style qu'il conserva et maintint pendant toute sa vie. Voiture, en homme d'esprit (et il avait bien autrement d'esprit proprement dit que Balzac, qui avait principalement du talent), ne songea point à lutter avec lui : il laissa ce provincial superbe et solennel croire qu'il régnait de sa maison d'Angoulême sur l'empire des Lettres ; il lui rendit même hommage : quant à lui, il ne se piqua que de bien vivre, de vivre le plus agréablement, de conquérir la faveur des plus grands et des plus belles, et, tout en s'amusant à tous les étages, de s'épanouir par son côté précieux au centre de la vraie urbanité dans la plus douce lumière. Il ne publia rien de son vivant; il ne disposa rien pour l'avenir; heureux de jouir à l'instant même, il mit une négligence de galant homme à assurer le sort futur de ses œuvres, et il sembla ne viser qu'à une gloire, à faire que ceux qui l'avaient connu et goûté dissent après lui : « Il n'y a eu, il n'y aura jamais qu'un Voiture. »

La livrée qu'avait l'esprit en son temps, il la prit, il la donna aux autres en renchérissant, et se contentant de la marquer d'un tour unique qui était le sien. Il n'essaya pas de lutter contre les abus du goût; il n'avait rien en lui du réformateur ni du critique : ce n'était qu'un courtisan enjoué et sans fadeur. Il naviguait à fleur d'eau sur les courants du jour, s'amusant à y suivre ou à y précéder les autres, et à y faire mille jeux; déroulant ses flatteries, dérobant ses malices. Ce ne sont chez lui que plaisanteries de société et de coterie, tours de force subtils dont on ne sait d'abord que dire quand on le lit aujourd'hui, et qu'on n'est pas très-sûr d'entendre à moins d'être initié. Et par exemple, une des premières lettres est à mademoiselle de Bourbon (depuis duchesse de Longueville); elle était indisposée, et on lui avait envoyé Voiture pour la divertir : mais il était en rêverie ce jour là, où elle était difficile à distraire : elle dit qu'il y avait fort mal réussi et qu'il n'avait jamais été si peu plaisant. Là-dessus grande colère de ces dames, de madame et de mademoiselle de Rambouillet et de leurs amies, qui le veulent punir d'avoir si mal répondu à leur attente en une telle occasion. Mais laissons-le parler :

« Mademoiselle, écrit-il à mademoiselle de Bourbon, je fus berné vendredi après dîner pour ce que je ne vous avais pas fait rire dans le temps que l'on m'avait donné pour cela ; et madame de Rambouillet en donna l'arrêt à la requête de mademoiselle sa fille et de mademoiselle Paulet. Elles en avaient remis l'exécution au retour de madame la Princesse et de vous; mais elles s'avisèrent depuis de ne pas différer plus longtemps, et qu'il ne fallait pas remettre des supplices à une saison qui devait être toute destinée à la joie. J'eus beau crier et me défendre, la couverture fut apportée, et quatre des plus forts hommes du monde furent choisis pour cela. Ce que je puis vous dire, mademoiselle, c'est que jamais personne ne fut si haut que moi, et que je ne croyais pas que la Fortune me dût jamais tant élever. A tous coups ils me perdaient de vue et m'envoyaient plus haut que les aigles ne peuvent monter, etc.

Suit toute une histoire burlesque de ce supplice à la Sancho-Pança, où s'entremêlent de fins compliments pour celle à qui il écrit; on appelait cette lettre la lettre de *la Berne*, elle était fameuse en son temps. Il n'y manque qu'une petite note, pour nous très-nécessaire. Voiture a-t-il été réellement *berné*, c'est-à-dire lancé sur une couverture, ce qui serait à la rigueur possible, ces sortes de mystifications et de plaisanteries étant assez fréquentes alors dans cette haute société? ou bien n'est-ce là de sa part qu'une folle invention et un badinage? La lettre est tellement tournée qu'on ne sait si c'est une pure métaphore ou une simple hyperbole, et s'il y a eu commencement d'exécution.

Avec lui, à tout instant, il en est ainsi. Il n'y a rien de plus particulier, de plus approprié à l'heure et à la minute présente que la conversation et le genre de plaisanterie qui y circule. Cela ne se transmet pas et ne s'écrit jamais que très-imparfaitement. Ce qu'on a à faire en lisant aujourd'hui Voiture, ce n'est donc pas tant de chercher si ce qu'il dit est pour nous réellement plaisant, c'est plutôt de se figurer par lui quel pouvait être le tour d'esprit et d'amusement en vogue dans cette société ingénieuse, recherchée et souverainement élégante, de qui date chez nous l'établissement continu de la société polie. On le devine très-bien en s'y prêtant un peu. Cet esprit de Voiture et de son monde n'était pas seulement un esprit de riposte et de trait, c'était aussi un esprit inventif, et qui se mettait en frais d'imagination pour divertir et pour plaire avec abondance et récidive. On entrevoit des parties montées, improvisées, de vraies petites scènes, qui variaient à l'infini cette vie de loisir, ces journées de promenades et d'entretiens. On jouait aux Muses, on jouait aux Grâces et aux Nymphes. On avait des plaisanteries qui duraient des années, on en avait qui ne servaient qu'un jour. On inventait des motifs à aimable querelles, on se créait des tournois. L'esprit de Voiture était toujours en action et en mouvement comme pour un théâtre de société. Mademoiselle de Rambouillet avait-elle témoigné son admiration pour le roi de Suède Gustave-Adolphe, on se mettait à lui faire la guerre de ce qu'elle était éprise de lui, et Voiture, saisissant ce beau prétexte du roi de Suède, faisait travestir cinq ou six hommes en Suédois, lesquels arrivaient un jour en carrosse à la porte de l'hôtel de Rombouillet et présentaient à mademoiselle de Rambouillet, comme de la part du conquérant, son portrait avec une lettre : « Mademoiselle, voici le lion du Nord et ce conquérant dont le nom a fait tant de bruit dans le monde qui vient mettre à vos pieds les trophées de l'Allemagne, et qui, après avoir défait Tilly, etc., etc. » Une autre fois Voiture, alors en voyage, écrivait de Nancy à madame de Rambouillet, sous le nom de Callot, en lui envoyant un recueil de ce graveur. Une autre fois, jouant sur le nom de *lionne* qu'on donnait à mademoiselle Paulet à cause de la couleur de ses cheveux, il écrivait de Ceuta en Afrique (où réellement il était alors), et signait *Léonard, gouverneur des lions du roi de Maroc*. Au duc d'Enghien, après le passage du Rhin, il écrit la fameuse lettre de la *Carpe* à son compère le *Brochet*. Sarazin, dans sa jolie pièce de la *Pompe funèbre*, a pu présenter les exploits d'esprit de Voiture en une suite d'épisodes et de chapitres distincts comme ceux d'un roman. En tout cela on trouve le même art, le même talent de société déguisé, métamorphosé en cent façons, et jaloux de tirer d'un rien tout ce qui peut donner à une familiarité d'habitude le piquant de la diversité et de l'imprévu. Cette vie oisive eût paru trop longue et trop monotone si le travestissement ne l'avait sans cesse renouvelée. On brodait ingénieusement tous les thèmes ; on filait en mille nuances le bel esprit.

Voiture suffisait à tout, mais il n'allait pas au delà et pensait guère à nous autres gens du lendemain, ni à la postérité. Il avait d'ailleurs lui-même ses passions et ses entraînements. Très-libertin, très-joueur, un peu duelliste même, il avait ses propres penchants, auxquels il avait joint par vanité quelques-uns des défauts à la mode. On peut dire de lui qu'il jouait franc jeu tous les jeux de son temps, et, naissance à part, tous ces beaux seigneurs avec qui il vivait l'eussent avoué pour un des leurs. Il eut aussi, au milieu de sa vie délicieuse, ses difficultés et ses traverses. Attaché à Monsieur (Gaston, frère du roi) en qualité d'introducteur des ambassadeurs, il dut suivre par fidélité son maître dans quelques-unes de ses équipées et de ses folles aventures. C'est ainsi qu'on le voit à Bruxelles, puis dans le midi de la France, et bientôt à Madrid, chargé d'une mission secrète pour son prince pendant les années 1632-1633. Cet homme, qui « passait sa vie entre dix ou douze personnes, en cinq ou six rues et deux ou trois maisons, » et qui ne pouvait souffrir un vent coulis dans le cabinet de Madame de Rambouillet, s'en va courir par monts et par vaux, et jusque par delà les colonnes d'Hercule. Au milieu des légèretés qu'il continue d'écrire aux beautés de sa connaissance, on entrevoit là cependant un Voiture plus sérieux que celui qu'on s'imagine d'ordinaire, et M. Ubicini a eu raison de remarquer que si de Voiture on connaît aujourd'hui l'écrivain bel-esprit, le négociateur politique est encore à retrouver.

Dans sa correspondance de cette époque, il est un passage entre autres qui m'a frappé par le caractère de philosophie et d'élévation qui y est empreint. Il écrit à M. de Puylaurens, le favori de Gaston, et qui plus tard paiera de sa liberté et de sa vie le malheur ou le tort de n'avoir point répondu aux intentions de Richelieu. Puylaurens, en s'engageant à ce degré dans le parti de Monsieur et en s'attachant coûte que coûte à sa fortune, ne se fait aucune illusion, et en face de Richelieu, ce grande adversaire, il présage ce qui d'un moment à l'autre l'attend. Il n'en témoigne rien toutefois, et n'en a pas moins l'air de marcher sur des roses. Voiture, dans une lettre fort belle et qui porte plus que d'habitude un cachet de vérité, lui dit :

« (De Madrid, 8 juin 1633.)... Ceux qui occupent des places comme la vôtre sont d'ordinaire traités comme les Dieux; plusieurs les craignent, tous leur sacrifient, mais il y en a peu qui les aiment, et ils trouvent plus aisément des adorateurs que des amis. Pour moi, monsieur, je vous ai toujours considéré vous-même, séparé de ce qui n'en est pas. Je vois des choses en vous plus éclatantes que votre fortune, et des qualités avec lesquelles vous ne sauriez jamais être un homme ordinaire. Vous jugerez que je dis ceci avec beaucoup de connaissance, si vous vous souvenez de l'entretien que j'eus l'honneur d'avoir avec vous dans cette prairie de Chirac où, m'ayant ouvert votre cœur, je vis tant de résolution, de force et de générosité, que vous achevâtes de gagner le mien. Je connus alors que vous aviez de si saines opinions de tout ce qui a accoutumé à tromper les hommes, que les choses qu'ils considéraient le plus en vous étaient celles que vous y estimez le moins, et que personne ne juge d'un tiers avec moins de passion que vous jugez de vous-même. Je vous avoue, monsieur, qu'en ce temps-là, vous voyant tous les jours marcher sur des précipices avec une contenance gaie et assurée, et ne jugeant pas que la constance pût aller jusque-là, je trouvais quelque sujet de croire que vous ne les aperceviez pas tous. Mais vous m'apprîtes qu'il n'y avait rien en votre personne ni à l'entour que vous ne connussiez avec une clarté merveilleuse, et que voyant à deux pas de vous la prison et la mort, et tant d'autres accidents qui vous menaçaient, et, d'autre côté, les honneurs, la gloire et les plus hautes récompenses, vous regardiez tout cela sans agitation et voyiez des raisons de ne pas trop envier les unes et de ne point craindre les autres. Je fus étonné qu'un homme nourri toute sa vie entre les bras de la Fortune sût tous les secrets de la philosophie, et que vous eussiez acquis de la sagesse en un lieu où tous les hommes la perdent. Dès ce moment, monsieur, je vous mis au nombre de trois ou quatre personnes que j'aime et que j'honore sur tout le reste du monde... »

De telles paroles s'ajoutent bien au peu que nous en apprend l'histoire, pour laisser en nous l'idée de M. de Puylaurens comme n'étant ni un factieux ni un favori vulgaire.

Dans le même temps, Voiture voyait souvent à Madrid le comte-duc d'Olivarès et gagnait son amitié; car il est à remarquer à son honneur que cet homme si chéri du beau sexe ne sut guère moins réussir auprès des hommes considérables, guerriers et ministres, pourvu qu'ils aimassent l'esprit. Il a plus tard esquissé, sans le terminer, un Éloge du comte-duc dans lequel on lit cette magnifique définition de la monarchie espagnole : « Celui-ci, au rebours (des ministres précédents plus favorisés), a toujours cheminé avec un vent contraire : parmi les ténèbres, et lorsque le ciel était couvert de toutes parts, il a tenu sa route au milieu des bancs et des écueils, et durant la tempête et l'orage il a eu à conduire *ce grand vaisseau dont la proue est dans l'Océan Atlantique et la Poupe dans la mer des Indes.* »

Mais ce n'est là qu'un trait de talent et une belle image, comme l'écrivain doué d'une imagination poétique peut en trouver. La véritable pièce historique de Voiture est sa lettre écrite en 1636 après son retour en France, à l'occasion de la reprise de Corbie sur les Espagnols, qui s'en étaient emparés quelques mois auparavant ; il y embrasse d'un coup d'œil sensé et supérieur tout l'ensemble de la politique du cardinal de Richelieu, et, se mettant au-dessus des misères et des animosités contemporaines, il en fait à bout portant un jugement tout pareil à celui qu'a confirmé la postérité. Quels que fussent les motifs de Voiture en composant cette pièce, et quoiqu'il ait pu avoir intérêt à faire par là sa paix particulière (s'il en avait eu besoin) avec le Cardinal, il n'est pas douteux qu'il exprime ce qu'il pense et l'on n'écrit pas de la sorte, avec cette simplicité et cette fermeté, sans être convaincu. Il faut citer quelque chose de ces pages, qui égalent sur ce grand sujet ce qu'on a pu dire de mieux :

« Je ne suis pas de ceux, dit-il, qui, ayant dessein, comme vous dites, de convertir des éloges en brevets, font des miracles de toutes les actions de M. le Cardinal, portent ses louanges au-delà de ce que peuvent et doivent aller celles des hommes, et, à force de vouloir trop faire croire de bien de lui, n'en disent que des choses incroyables; mais aussi n'ai-je pas cette basse malignité de haïr un homme à cause qu'il est au-dessus des autres, et je ne me laisse pas non plus emporter aux affections ni aux haines publiques, que je sais être quasi toujours fort injustes. Je le considère avec un jugement que la passion ne fait pencher ni d'un côté ni d'autre, et je le vois des mêmes yeux dont la postérité le verra. Mais lorsque, dans deux cents ans, ceux qui viendront après nous liront en notre histoire que le cardinal de Richelieu a démoli La Rochelle et abattu l'Hérésie, et que, par un seul traité, comme par un coup de rets, il a pris trente ou quarante de ses villes pour une fois; lorsqu'ils apprendront que, du temps de son ministère, les Anglais ont été battus et chassés, Pignerol conquis, Casal secouru, toute la Lorraine jointe à cette couronne, la plus grande partie de l'Alsace mise sous notre pouvoir, les Espagnols défaits à Veillane et à Avein, et qu'ils verront que, tant qu'il a présidé à nos affaires, la France n'a pas un voisin sur lequel elle n'ait gagné des places ou des batailles : s'ils ont quelque goutte de sang français dans les veines, quelque amour pour la gloire de leur pays, pourront-ils lire ces choses sans s'affectionner à lui? Et, à votre avis, l'aimeront-ils ou l'estimeront-ils moins, à cause que de son temps les rentes sur l'Hôtel-de-Ville se seront payées un peu plus tard, ou que l'on aura mis quelques nouveaux officiers dans la chambre des Comptes? Toutes les grandes choses coûtent beaucoup : les grands efforts abattent, et les puissants remèdes affaiblissent. Mais si l'on doit regarder les États comme immortels, y considérer les commodités à venir comme présentes, comptons combien cet homme, que l'on a dit qui a ruiné la France, lui a épargné de millions par la seule prise de La Rochelle, laquelle d'ici à deux mille ans, dans toutes les minorités des rois, dans tous les mécontentements des grands et toutes les occasions de révoltes, n'eût pas manqué de se rebeller et nous eût obligés à une éternelle dépense. »

Ainsi il y avait un homme de grand sens dans Voiture ; il y avait peut-être, sous l'homme aimable et sous l'ingénieux badin, un homme sérieux qui n'a pas eu le temps ni les occasions de se dégager. Quoi qu'il en soit, il a eu un singulier bonheur, puisqu'en ne songeant qu'à vivre dans le présent il a su enchâsser son nom dans un moment brillant de la société française et dans cette guirlande des noms de madame de Longueville, de madame de Rambouillet et de madame de Sablé, et que par cette lettre sur Corbie il a scellé une de ses pages dans le marbre même de la statue du grand Armand.

Cela dit, n'insistons plus sur le sérieux de Voiture, et laissons-le revenir à ses jeux, à ses folâtreries, à toutes ses gentillesses raffinées et galantes; coquet, friand, fripon, dameret, aussi gâté que Ver-Vert, aussi lascif que le moineau de Lesbie.

Dans sa correspondance, les dernières lettres en date ne sont pas les moins bonnes ; elles font une suite ; elles sont adressées à l'un de ses aimables patrons, M. d'Avaux, alors plénipotentiaire à Munster, et dont il était *le commis et l'ami*. Tous deux, le diplomate et l'écrivain, ils font assaut d'esprit, de citations; les souvenirs classiques leur reviennent; leurs lettres en sont toutes parsemées, et jusqu'à l'indiscrétion. Voiture s'y fait un peu trop le commentateur enthousiaste de ce qu'ils s'écrivent mutuellement: « Ma lettre, lui dit-il, et les deux que j'ai reçues de vous, me font souvenir de ces trois lignes que Protogène et Appelle firent à l'envi l'un de l'autre. La première que vous m'avez envoyée était admirable et digne d'un grand ouvrier ; celle que j'ai faite dessus n'était pas non plus de mauvaise main ; mais cette dernière que vous venez de tirer, *ultima linea rerum est*, elle est au delà de toutes choses, et pour moi je n'oserais plus jamais faire un trait après cela. » C'est donc spirituel, mais on y sent le métier. Les lettres de M. d'Avaux, dit-on, sont les meilleures, et je le crois d'après les échantillons. Elles sont d'ailleurs restées manuscrites et dans les papiers de Conrart ; je regrette que dans l'édition présente on n'en ait pas inséré une ou deux au moins, en entier, pour donner l'exacte mesure des deux jouteurs. Mais on conçoit très-bien cette supériorité de M. d'Avaux sur son ami ; les esprits sérieux et nourris de choses solides, s'ils viennent à se détendre, l'emportent sur les esprits légers qui ont passé leur vie à voltiger sur des pointes d'aiguilles et à enfler des bulles de savon. M. d'Avaux insinuait dans ses lettres quelques conseils de sagesse à Voiture, et il lui rappelait à l'oreille ses *dix lustres* presque accomplis. Voiture regimbait vivement à ce chiffre malhonnête ; il était trop tard pour lui de recevoir et de pratiquer de si utiles conseils.

Il mourut l'année suivante (1648), à cinquante ans ; il disparut à temps avant la Fronde : « Ce fut son dernier trait d'esprit, » M. Ubicini l'a très-bien noté. On ne se le figure pas, en effet, dans ce conflit où tous ceux qu'il louait le plus se combattirent et, qui pis est, se vilipendèrent. Il n'y eût pas eu de position plus fausse que la sienne entre madame de Longueville qui était sa divinité, M. le Prince qui était son héros, et le cardinal Mazarin qu'il appelait son Jules César. Avec toute son adresse, il n'aurait jamais pu s'en démêler.

Parmi les divers portraits qu'on fit de lui depuis sa mort, il en est un qui est peu connu et qui mérite d'être cité, parce qu'on l'y représente sous un jour assez particulier dans ses relations auprès des femmes et comme pratiquant un art raffiné de fatuité. Au tome VIe du *Grand Cyrus*, mademoiselle de Scudery parlant des amants qui se sont attachés à une certaine princesse Parthénie (qui n'est autre que madame de Sablé), après en avoir décrit deux qui étaient de qualité, ajoute :

> « Le troisième était un homme d'assez basse naissance, nommé *Callicrate*, qui par son esprit en était venu au point qu'il allait du pair avec tout ce qu'il y avait de grand à Paphos, et parmi les hommes et parmi les dames. Il écrivait en prose et en vers fort agréablement, et d'une manière si galante et si peu commune, qu'on pouvait presque dire qu'il l'avait inventée : du moins sais-je bien que je n'ai jamais rien vu qu'il ait pu imiter, et je pense même pouvoir dire que personne ne l'imitera jamais qu'imparfaitement ; car enfin, d'une bagatelle il en faisait une agréable lettre, et si les Phrygiens disent vrai lorsqu'ils assurent que tout ce que Midas touchait devenait or, il est encore plus vrai de dire que tout ce qui passait dans l'esprit de *Callicrate* devenait diamant, étant certain que du sujet le plus stérile, le plus bas et le moins galant, il en tirait quelque chose de brillant et d'agréable. Sa conversation était aussi très-divertissante à certains jours et à certaines heures ; mais elle était fort inégale, et il y en avait d'autres où il n'ennuyait guère moins que la plupart du monde l'ennuyait lui-même. En effet, il avait une délicatesse dans l'esprit qui pouvait quelquefois plutôt se nommer caprice que délicatesse, tant elle était excessive. Sa personne n'était pas extrêmement bien faite : cependant il faisait profession ouverte de galanterie, mais d'une galanterie universelle, puisqu'il est vrai que l'on peut dire qu'il a aimé des personnes de toute sorte de conditions. Il avait pourtant une qualité dangereuse pour un amant, étant certain qu'il n'aimait pas moins à faire croire où il était aimé qu'à l'être. »

Et ce dernier trait de vanité artificieuse va se démontrer dans toute l'histoire à laquelle le personnage de Callicrate est mêlé. Mademoiselle de Scudéry nous le peint capable, en matière galante, de petites noirceurs et de fourberies : par exemple, faisant un mystère affecté de lettres qu'il recevait de la princesse pour qu'on crût qu'elles disaient plus qu'il n'y en avait ; faisant de grands apprêts de voyage pour donner à croire qu'il allait passer chez la princesse, à la campagne, un temps d'amoureuse retraite, tandis qu'il se cachait à quelque distance de là chez un de ses amis. Et cependant il a tant d'esprit que mademoiselle de Scudéry conclut en lui pardonnant :

« *Callicrate* mourut peu de temps après cette fourbe, extrêmement regretté de tous ceux qui l'avaient connu, et même de celles qu'il avait le plus cruellement trompées, tant il est vrai que les rares qualités de son esprit faisaient excuser je ne sais quelle maligne vanité dont son âme était remplie. La belle *Parthénie* le plaignit aussi comme les autres, quelque sujet de plainte qu'il lui eût donné. »

On dirait que, selon l'usage des romanciers, mêlant plusieurs personnes en une, mademoiselle de Scudéry ait ici prêté à la princesse Parthénie quelques-uns des griefs qu'avait contre Voiture mademoiselle Paulet.

On a comparé Voiture, et de son temps et depuis, à bien des écrivains et des poëtes célèbres, à Horace, à Catulle, à Lucien, à Voltaire, à Delille, à d'autres encore. Essayons un peu de quelques-uns de ces divers noms comme de pierres de touche pour éprouver ses qualités et pour achever de nous le définir.

Horace! il faut courir vite sur ce nom quand on parle de Voiture, de peur d'être trop sévère à celui-ci. Pourtant on ne peut s'empêcher de remarquer que si Boileau avait ajouté à ses talents de poëte et à sa finesse de critique les grâces et le monde de Voiture, son art de vivre sur un pied de familiarité avec les plus grands et de jouer sans cesse avec eux sans s'oublier, il eût mieux ressemblé à Horace. D'ailleurs Voiture n'avait d'Horace ni la justesse morale, ni l'élévation, ni le noble souci de l'immortalité et ce qui fait qu'on a droit à chanter son *Exegi monumentum*, rien de solide, ni même cette libéralité d'âme qui achève le goût, et qui fait qu'Horace, par exemple, en toute occasion, a parlé si honorablement de son père : Voiture, on le sait, était embarrassé du sien (1).

(1) C'est ce qu'ont dit les contemporains de Voiture, et je m'en

Avec Catulle, on est plus à l'aise pour lui comparer Voiture, qui évidemment a songé quelquefois à l'imiter. Mais quelle distance encore! Catulle, au milieu de ses jolis hendécasyllabes et de ses mordants badinages, est un poëte profond, un poëte sérieux ayant le culte de son art. Il a eu, en parlant de Lesbie, des accents d'une simplicité brûlante et passionnée, et il est *au comble de la perfection* (Fénelon l'a dit) quand il fait parler son désespoir. Il a sur la mort d'un frère des accents d'une sensibilité tendre et douloureuse. Peintre d'Ariane, il a trouvé de grandes images et des jets d'antique et immortelle beauté. Voiture n'avait rien de passionné ; il *en contait* à toutes les femmes, mais on doute qu'il ait jamais aimé une seule fois avec ardeur et avec flamme. Sa poésie passait presque toute en compliments et en dragées de société. Mademoiselle de Rambouillet disait des douceurs que répandait Voiture en conversant ou en

---

tiens là-dessus à l'impression qu'il nous ont transmise. Aujourd'hui qu'on veut savoir de chaque époque toute chose mieux que les contemporains, on essaie de contredire la tradition sur ce point; on objecte que Voiture a lui-même parlé de son père dans une lettre, et n'a pas craint de comparer sa naissance, pour la roture, à celle d'Horace; qu'il a logé chez son père dans un passage de la Cour à Amiens... Je répondrai que la lettre dans laquelle Voiture parle de son père est un billet à Costar, et que tout ce qui est censé adressé par Voiture à celui-ci est suspect d'arrangement. Costar aura bien pu supposer et fabriquer ledit billet, précisément pour réfuter le reproche qu'on faisait à Voiture de n'aimer pas à entendre parler de son père. Voiture, en écrivant à son familier Costar, a pu d'ailleurs se donner les airs de parler une fois avec aisance sur un sujet qui d'ordinaire lui plaisait moins. De ce que Voiture a logé dans la maison paternelle en passant à Amiens, il ne s'ensuit nullement que cela lui ait fait plaisir. Ce fin monde ne s'y trompait pas. Il faut bien que les contemporains aient cru voir sur le visage de ce charmant homme une certaine grimace quand il parlait de son père ou quand on lui en parlait, pour qu'ils l'aient dit. « Il faisait son possible, a dit Tallemant, pour cacher sa naissance à ceux qui n'en étaient pas instruits. » J'en reste donc là.

écrivant des lettres : « C'est toute poésie. » Il était trop paresseux, trop insoucieux de l'avenir, pour travailler ses vers : ayant eu à copier je ne sais quelle de ses pièces qu'on lui avait demandée en Angleterre, il dit « que ce sont les seuls vers que jamais il ait écrits deux fois. » J'admets qu'il se vante un peu, mais cette affectation de négligence équivaut à la négligence même. Après cela il faut dire de Voiture ce qu'a dit Voltaire : « On a de lui de très-jolis vers, mais en petit nombre. » Ces jolis vers, c'est d'abord son fameux sonnet : *Il faut finir mes jours en l'amour d'Uranie....* On y sent une certaine tendresse voluptueuse et passagère. Ce sont les vers improvisés à la reine Anne d'Autriche dans une promenade à Ruel :

> Je pensais que la destinée
> Après tant d'injustes malheurs...

C'est surtout l'Épître à M. le Prince, après son retour d'Allemagne où il avait failli mourir de maladie (1645), pièce charmante, philosophique et de la plus douce veine. Joignez-y quelques chansons et rondeaux. Voiture a cela d'original comme poëte, qu'il rompt la lignée majestueuse de Malherbe et s'en revient au seizième siècle, au premier seizième siècle, à celui des Marot, des Brodeau. Entre l'ode élevée et le genre burlesque alors en vogue, il tient sa route aisée et il continue en français la *poésie* véritablement *légère*.

Il devance donc à quelques égards Voltaire, et leurs noms se peuvent rapprocher ; mais ce n'est qu'en un ou deux points qu'est leur rencontre. Voltaire sérieux sous ses badinages, ou du moins passionné pour ou contre certaines idées et certaines institutions sociales, y mettant à tout instant la main comme l'enfant imprudent et terrible, mais parfois aussi comme l'ami de l'humanité, ne saurait être ramené et diminué jusqu'à Voiture, qui n'a jamais épousé dans sa vie aucune cause, et qui n'a été que le héros de la bagatelle. Voiture avait dans la volupté, pratiquée comme il l'entendait, un principe de sagesse relative et d'indifférence. Son ambition était du côté des femmes; celle de Voltaire était partout ailleurs. Avec les princes et les grands, bien que d'abord excellent à s'y produire et à gagner une faveur brillante, Voltaire excédait tôt ou tard la mesure et s'attirait de fâcheux retours; ce que Voiture eut le tact d'éviter. Toutefois on sait que ce dernier avait aussi ses saillies et ses velléités d'émancipation et d'incartades. Le prince de Condé disait de lui : « Si Voiture était de notre condition, on ne le pourrait souffrir. » Si Voiture était venu un siècle plus tard, on ne peut trop dire ce qu'il aurait fait, et de quel côté se serait tournée cette vocation décidée de réussir et de plaire. Nos passions et nos désirs taillent en nous, selon le temps et l'occurrence, plus d'une figure et d'un personnage. Qu'aurait été Voiture venu au dix-huitième siècle, et à qui eût-il ressemblé? c'est là une question sur laquelle la conjecture est ouverte, et où il y a de quoi rêver. Aurait-il été un président Hénault beaucoup plus vif, un Gresset plus durable, un abbé Galiani mitigé et de meilleur ton? A coup sûr, c'était bien plus qu'un Moncrif que Voiture. Mais je ne puis même alors, et même les conditions sociales, les excitations d'alentour étant si changées, me décider à faire de lui un autre Voltaire. Seulement, le bruit de ses succès charmants eût quelquefois de loin alarmé Voltaire.

Il m'est arrivé autrefois de rapprocher la destinée et la fortune de l'abbé Delille (dans sa première moitié) de celle de Voiture : tous deux coquets, brillants, sémillants, adorés, idoles et un peu victimes de la mode.. Là s'arrête la ressemblance. Voiture me semble avoir eu plus d'étoffe que l'aimable abbé, si grand versificateur et resté un si espiègle enfant. Voiture vu de loin ne nous paraît pas aujourd'hui plus sérieux que Delille, mais il est capable de l'être; il l'a été sans doute dans ses négociations. Il n'avait pas un meilleur goût, mais un goût qui, mieux entouré ou portant sur de grands sujets, aurait pu devenir meilleur, et il l'a prouvé. Delille n'eût jamais écrit ni *pensé* la belle page sur le cardinal de Richelieu. Concluons qu'il n'y a eu qu'un Voiture.

Entre Balzac et lui je n'ai fait qu'effleurer le parallèle; il est curieux d'y mieux entrer : c'est un chapitre à part et qui mérite d'être traité en soi.

Janvier 1856

UNE PETITE GUERRE

SUR

LA TOMBE DE VOITURE

(Pour faire suite à l'article précédent.)

Balzac et Voiture, qu'on voit de loin comme deux rivaux, observèrent très-bien entre eux tous les égards que se doivent des hommes en renom qui courent à peu près la même carrière ; ils eurent le bon esprit de sentir qu'ils ne visaient pas précisément à la même louange. Balzac avait précédé Voiture dans la réputation et aussi dans l'art d'écrire : l'invention en tout est chose si rare, si peu à la volonté de chacun, que même lorsqu'elle ne porte que sur la forme, il faut en savoir un gré infini à ceux qu'elle a une fois visités. Balzac, jeune, fut un Malherbe en prose : il put se vanter, et avec raison, « *d'avoir trouvé ce que quelques-uns cherchaient*, c'est-à-dire de savoir un certain petit art d'arranger des mots ensemble et de les mettre en leur juste place. » Il eut l'harmonie, la mesure; sa prose marcha régulière et presque cadencée; dans les membres bien proportionnés de sa phrase il disposa symétriquement les plus belles paroles, il fit jouer les figures, et simula des effets d'éloquence. Ses cadres et ses tours étaient bien plus grands que sa pensée, et pour les remplir il usa continuellement de l'hyperbole. Quoi qu'il en soit, il était bien le créateur de sa forme et, à sa date, le père du style noble et nombreux. La haute idée qu'il avait de lui le rendait naturellement indulgent aux autres lorsqu'on ne l'offensait pas. Il ne leur marchandait point les louanges, bien assuré qu'il était d'un ample retour. « La mémoire de son auteur m'est chère, disait-il du livre de Voiture lorsqu'il eut paru, et je suis intéressé en sa réputation, parce que je puis dire sans reproche que j'y ai contribué quelque chose (1). S'il est vrai, ce que vous croyez, que j'aie montré le chemin à beaucoup de gens, comme j'avoue qu'ils y ont fait plus de progrès que moi, ils ne peuvent pas nier que je ne leur aie ouvert le passage en leur montrant le chemin. M. de Voiture a été de ces gens-là... » Dans ces termes, Balzac n'exagérait point, et ne s'accordait pas plus qu'il ne méritait.

Voiture, loin de vouloir lui rien disputer, se piqua de lui tout rendre. Dès ses premières lettres, on en trouve une à Balzac (1625) qui est magnifique de louanges. C'était Balzac pourtant qui avait commencé à lui écrire. Après s'être vus à Paris et s'être fait toutes sortes de bonnes grâces, Balzac fut le premier à attaquer de lettres Voiture : « Monsieur, bien que la moitié de la France nous sépare l'un de l'autre, vous êtes aussi présent à mon esprit que les objets qui touchent mes yeux, et vous avez part à toutes mes pensées et à tous mes songes. Les rivières, les campagnes et les villes ont beau s'opposer à mon contentement, elles ne sauraient m'empêcher de m'entretenir de vous avec ma mémoire... » Voiture répondait sur le même ton, mais leur correspondance ne fut jamais très-vive; ils se con-

(1) *Contribuer* avait alors le sens actif et latin.

tentèrent d'être bien ensemble et de se complimenter par des tiers : « L'amitié que nous conservons ensemble sans nous en rien écrire, disait Voiture à un ami, et l'assurance que nous avons l'un de l'autre est une chose rare et singulière, mais surtout de très-bon exemple dans le monde, et sur laquelle beaucoup d'honnêtes gens, qui se tuent d'écrire de mauvaises lettres, devraient apprendre à se tenir en repos et à y laisser les autres. » Ils sentaient tous deux que de s'écrire les aurait constitués en une trop grande dépense d'esprit et les aurait mis à sec pour plusieurs semaines. Balzac usa quelquefois de la faveur de Voiture en cour, et le mit en mouvement pour faire arriver de ses œuvres sous les yeux du cardinal de Richelieu ou du cardinal Mazarin : Voiture, qui savait les difficultés et avait du tact, se prêtait à ces démarches autant qu'il fallait, et rien de plus. Au retour d'un voyage que Costar avait fait du Mans aux bords de la Charente et d'une visite chez Balzac, Voiture, en l'en félicitant, lui disait : « ... Je vous porte envie d'avoir été huit jours avec M. de Balzac. Je sais que vous aurez bien su profiter de ce bonheur-là, car, sur tous les hommes que je connais, vous êtes celui qui savez le mieux jouir d'une bonne fortune *et Deorum muneribus sapienter uti;* vous prendrez ce *sapienter* comme il vous plaira, en sa propre signification (1), ou en la métaphorique ; car si on fait de beaux discours à Balzac, on y fait aussi de bons dîners; et je ne doute pas que vous n'ayez su goûter admirablement l'un et l'autre. M. de Balzac n'est pas moins élégant dans ses festins que dans ses livres, il est *magister dicendi et cœnandi*. Il a un certain art de faire bonne chère qui n'est guère moins à estimer que sa

---

(1) C'est-à-dire, d'après l'étymologie, dans le sens de *savoureusement*, en fin gourmet.

rhéthorique, et, entre autres choses, il a inventé une sorte de potage que j'estime plus que le Panégyrique de Pline et que la plus longue harangue d'Isocrate. Tout cela a été merveilleusement bien employé en vous. » On serait tenté de voir là une pointe de raillerie moqueuse, mais c'était sa manière.

Telles étaient donc les relations très-convenables et et très-dignes de ces deux célèbres auteurs de lettres, du *vieux* Balzac, comme celui-ci aimait à s'appeler depuis longtemps, et du brillant Voiture, lorsque celui-ci mourut et laissa le dernier mot à dire à son devancier. Les amis de Voiture songèrent aussitôt à recueillir ses Lettres, et l'édition, qui demanda bien des soins, ne parut qu'en 1650, suivie presque aussitôt d'une seconde; l'une et l'autre furent dévorées. Les gens du monde, les femmes, dans ce court intervalle des deux Frondes, se jetèrent sur les restes de leur auteur bien-aimé. Les doctes se montrèrent un peu plus réservés dans l'admiration. Balzac, qui ne mourut que quatre ans après, eut tout le temps de voir et de méditer ces Œuvres d'un rival et, selon lui, d'un disciple. Tout en en faisant le plus grand cas, il conçut l'idée de provoquer autour de lui quelques remarques et quelques critiques. Il ne courait risque, après tout, d'y recueillir lui-même que des louanges; c'était du moins ce que la voix intérieure lui disait.

Il sollicita donc un de ses savants amis et voisins, Paul Thomas, sieur de Girac, un galant homme de son pays d'Angoumois, ami des lettres pour elles-mêmes, grand lecteur des Anciens, des Latins, des Grecs, et sachant même un peu d'hébreu, de lui écrire ce qu'il pensait des Lettres de Voiture. La demande de Balzac à M. de Girac était en latin, et la réponse se fit de même. Tout cela était manuscrit, et le public n'y avait rien à faire.

Mais Balzac n'était pas homme à s'en tenir là. Une fois qu'il eut en main la Dissertation latine de M. de Girac, il voulut savoir ce que d'autres à leur tour en penseraient ; il l'envoya à Costar, archidiacre du Mans, homme d'esprit, ou plutôt bel-esprit de profession, ami et un peu copiste de Voiture, mais qui faisait aussi à Balzac de grandes démonstrations de fidélité et de tendresse. Balzac espéra qu'en provoquant Costar à répondre à Girac il s'ensuivrait un démêlé assez agréable, que par là les critiques que Girac avait faites sur les Lettres de Voiture serait connues, et que, pendant ce temps-là, lui Balzac, sur sa chaise de malade, serait juge du camp, et se bercerait encore une fois, avant de mourir, aux bruits des louanges qui lui viendraient des deux côtés. Il n'y aurait pour le prochain que conflit et contradiction, et lui seul recevrait toutes les caresses.

Balzac, s'il avait été ici mieux avisé, et si le besoin de fumée et d'encens ne l'avait séduit, se serait pourtant méfié de Costar, caractère peu droit, très-compliqué, atteint non-seulement de la passion mais du vice littéraire, ne songeant qu'à se faire un nom, à faire preuve d'esprit curieux et superfin, et qui, une fois amorcé sur cette question chatouilleuse, n'y devait plus voir qu'une occasion de s'insinuer dans la renommée, à la suite et à la faveur du nom de Voiture.

Costar, si bien connu aujourd'hui depuis la publication de Tallemant des Réaux, était de ces hommes comme il s'en rencontre dans les âges d'extrême civilisation littéraire, nourri sur les limites du beau monde et du collége, et n'ayant jamais pu être qu'entre les deux ; pédant chez les galants, et galant chez les pédants ; tout d'affectation et composé, tout d'artifice et de calcul ; bel-esprit plus que savant, ne lisant que pour trier des fleurs, de jolis mots, des traits d'ornement et qui feraient merveille en citation. Sensuel et prudent, il avait dû commencer par établir sa fortune et son bien-être ; il s'était attaché pour cela à des prélats qui l'avaient pourvu de bénéfice, et en dernier lieu à l'évêque du Mans, M. de Lavardin, qui l'en avait comblé : depuis des années, il vivait grassement dans les obscures délices et la meilleure chère du Maine, en ecclésiastique épicurien. Cependant, sincèrement amoureux des lettres, *dilettante* à sa manière, il employait la fleur de ses matinées dans son joli et commode appartement, et en vue des jardins de l'évêché, à lire ou plutôt à se faire lire (goutteux et myope qu'il était) les Modernes et même les Anciens, à les parcourir en tous sens, à en tirer, non pas une science solide et continue, mais de jolies pensées, des anecdotes curieuses, des raretés galantes et graveleuses même dès qu'il s'en offrait, le tout pour en enrichir ses cahiers de lieux communs et ses tiroirs : il songeait qu'un moment pouvait venir où tous ces magasins d'esprit lui seraient utiles et lui feraient honneur à débiter. En attendant, il correspondait avec quelques illustres, avec Voiture notamment, et se plaisait à assaisonner ses lettres de tout ce qu'il trouvait de plus fin et de plus piquant dans ses auteurs. Que si quelque savant tel que Ménage, venant à passer au Mans, lui faisait visite, Costar l'invitait à un de ces dîners recherchés qu'un de ses commençaux nous a décrits, où le buffet était brillant, le linge riche et propre, l'argenterie somptueuse, le vin exquis, la chère succulente, et les raretés de tout genre en abondance, à titre le plus souvent de cadeaux lointains et faits pour flatter la vanité de l'Amphitryon autant que le goût des convives : mais rien n'était si bien apprêté que le maître, qui, doué d'une excellente mémoire, s'était dès le matin préparé à un extraordinaire de grec, d'italien et de latin. Que si toutefois on lui avait dit qu'il était savant, comme il aurait fait le modeste ! Il ne visait, vous aurait-il répondu, qu'à être un *demi-savant*, un galant homme qui a du goût pour les belles choses : « *Nous autres polis*, aurait-il dit d'un ton câlin, ne saurions prétendre à plus d'honneur; » et il était homme à répliquer, comme La Monnoye, qui, un jour, complimenté sur sa science, en faisait bon marché, en même temps que montre, et avec ce grain de libertinage cher aux érudits, s'appliquait les vers d'un *Baiser* de Jean Second :

> Non hoc suaviolum dare, Lux mea, sed dare tantum
> Est desiderium flebile suavioli.

« Ce n'est pas là de la science, ce n'est que ce qu'il en faut pour donner envie de la science, et en faire venir l'eau à la bouche... » — Je crois que j'ai là montré Costar en l'un de ses plus beaux jours. Le reste du temps il eût semblé aussi peiné que peigné, et laborieusement prétentieux.

Costar avait souvent la goutte, et des accès longs, douloureux ; il les supportait assez patiemment, et se figurait même qu'il y gagnait en fond de santé comme en sérénité d'intelligence. Dès que sa goutte était passée, son cerveau lui paraissait, dit-on, plus dégagé qu'auparavant, son imagination plus nette et plus pure ; il se sentait alors plus en train d'étudier, et singulièrement démangé de l'envie de produire et de mettre en œuvre toutes les belles matières *qu'il avait amassées*. Or précisément le jour où lui arriva cette demande de Balzac de répondre à la Dissertation de M. de Girac, Costar relevait d'un violent accès de goutte ; il était à jeun d'esprit, et empressé de verser sur quelque sujet le trop-plein de ses tiroirs. Mais quel sujet plus à propos et plus engageant pour lui que celui de Voiture ! Si Costar, y pensant déjà, avait pu être retenu dans son désir de parler de Voiture et de se porter pour son second par la crainte de fâcher l'illustre rival M. de Balzac, voilà que, par la plus favorable rencontre, c'était Balzac lui-même qui venait le solliciter et lui faire l'ouverture naturelle de défendre un ami, de plaider pour un homme à qui il avait la secrète prétention de ressembler et sur qui il s'était modelé tant qu'il avait pu. On peut juger si sa joie fut grande.

Il n'a été donné à personne en son temps d'imiter Voiture; le seul que la nature semble avoir créé alors pour être son second tome, un peu moindre, mais faisant suite sans effort, c'est Sarazin. Quant à Godeau, ce nain qui avait grandi à l'hôtel de Rambouillet pendant l'absence de Voiture et durant son séjour en Espagne, ce n'était qu'un diminutif sans l'aiguillon et une fade copie du maître. Mais Costar est un copiste avéré et compassé, qui a étudié Voiture, s'est guindé jusqu'à lui, s'est rendu capable, plume en main, de lui donner la réplique, et ne demanderait pas mieux que de faire croire en province que les beaux cercles de Paris lui manquent ou qu'il y manque lui-même.

Une fois appelé sur le terrain par Balzac et mis en situation de répondre à M. de Girac, il semble qu'il n'y avait rien de plus simple que le rôle de Costar : il n'avait qu'à relever ce qui lui paraissait peu juste dans la critique du savant ami de Balzac, à balancer lui-même les éloges entre le mort et le vivant, et à se faire honneur par un ton d'impartialité généreuse et un air de fidélité envers une chère mémoire. Mais le bel-esprit cauteleux ne l'entendait pas ainsi. Il fit semblant de reculer devant la tâche qu'on lui proposait, il parut résister pendant plus d'un an et se laissa presser, assiéger par Balzac (ou du moins il affecta de le dire), ne cédant au dernier moment que comme s'il eût été contraint. Cependant il préparait ses batteries, car il était de ceux à qui il faut du temps pour être malins, ironiques, et pour avoir tout leur esprit. Lorsque enfin il eut achevé d'écrire et de distiller sa *Défense des ouvrages de M. de Voiture*, ainsi qu'il l'intitula, il en fit faire deux copies, dont il envoya l'une à Balzac comme pour prendre son avis, et dont il dépêcha l'autre à Paris chez Conrart, le centre et la source des curiosités, comptant bien sur l'indiscrétion de ce dernier, et que l'ouvrage paraîtrait imprimé comme à son insu, et avant que les observations et les corrections de Balzac y pussent atteindre ; c'est en effet ce qui arriva. Balzac, dès qu'il eut l'éveil, écrivit là-dessus à Conrart des choses fort sensées et fort droites :

« Je ne comprends point ce qu'a fait le neveu de M. de Voiture, sans en parler à personne, sans vous en donner avis, sans savoir si le Mans et Angoulême le trouveraient bon. Cette action est de très-mauvais exemple. Quel droit a-t-il de publier un ouvrage composé par Costar et adressé à Balzac? Et qui lui a dit que Balzac n'usera point du pouvoir que Costar lui donne de changer, de rayer ce qu'il lui plaira de cet ouvrage, et de supprimer même l'ouvrage, si bon lui semble? Avec votre permission, je continuerai mes interrogations. Quel inconvénient y avait-il de faire attendre quelque temps un si bel ouvrage?... L'impression d'un excellent livre ne doit pas être un larcin, ne doit pas être une action de surprise, une action de ténèbres et de nuit. Il faut donc, s'il vous plaît, avant toutes choses, avoir des nouvelles de M. Costar, qui aura des miennes par le premier ordinaire. Il entrera dans mes sentiments, je n'en doute pas, et retouchera cinq ou six endroits essentiels... »

Balzac, en écrivant ainsi à la date du 16 juin (1653), était bien naïf : dès le 12 du même mois le livre était achevé d'imprimer, et il appartenait désormais à la Galerie du Palais : il était trop tard.

La *Défense des Ouvrages de M. de Voiture*, dédiée à M. de Balzac, parut avec une préface de Martin de Pinchêne, neveu de Voiture, lequel reconnaissait tenir le manuscrit des mains de Conrart et prenait sur lui la responsabilité de la publication. Il y louait fort Costar :

« Sans flatter ici, disait Pinchêne, le mérite de M. Costar qui en est l'auteur, il me sembla qu'en pareille matière je n'avais rien vu de si bien écrit, de si judicieux, de si élégant, ni de si fleuri. J'y vis même je ne sais quel air de l'heureux génie de feu M. de Voiture. En un mot, la pièce me parut si belle que je ne consultai pas longtemps sur ce sujet; je crus d'abord, sans m'en conseiller qu'à moi-même, qu'un ouvrage également avantageux à deux si excellents hommes ne se devait point cacher, et que n'y allant pas moins, à le mettre au jour, de la gloire de M. de Balzac, à qui il s'adresse, que de l'honneur de mon parent, pour qui il est fait, je devais, pour la satisfaction de tout le monde, faire un présent au public de l'Apologie de M. de Voiture ainsi que j'avais fait de ses OEuvres. »

Voilà donc le livre lancé, et dédié par une adresse piquante à Balzac lui-même, qui ne pouvait guère se plaindre des malices fourrées et du contre-coup qu'il en recevait, se les étant lui-même attirés par son insistance. « Cette pièce, a dit Sorel, fut d'abord estimée fort galante et fort subtile. » Elle eut du succès; il s'en fit l'année suivante une seconde édition. M. Rose, alors premier secrétaire du cardinal Mazarin, en ayant lu des passages à Son Éminence, Costar reçut, sans savoir à qui il était redevable de ce bon office, une gratification de cinq cents écus; il faisait bon en ce temps-là de défendre la mémoire de Voiture, cet auteur chéri dont Sorbière disait : « On est forcé de louer Hobbes, Descartes, Balzac, mais on est bien aise de louer Voiture. »

Costar ne se tenait pas de joie; une fois en veine, il ne crut pas devoir s'arrêter, il ouvrit et desserra tous ses lieux communs et publia en 1654, sous ce titre un peu prétentieux : *les Entretiens de M. de Voiture et de M. Costar*, un volume non pas d'entretiens, mais de lettres que l'un et l'autre s'étaient adressées, et qui roulaient sur leurs études et leurs lectures d'alors. Ici le pédantisme s'étalait trop à nu; ce n'étaient que phrases latines, italiennes, commentaires sur des points particuliers, tout l'arrière-fond et les arrière-coins de l'érudition. Voiture y prenait part beaucoup plus volontiers qu'on ne l'aurait cru. Il est vrai que, dans toutes ces lettres ou billets produits après la mort d'un des correspondants, Costar peut être soupçonné d'avoir ajouté quelque chose du sien. Il a été pris quelquefois sur le fait de telle fabrication, quand son amour-propre y trouvait son profit. Ce second ouvrage eut peu de succès, et ce n'était déjà plus le goût du temps ni des mondains, qui ne s'étaient jamais représenté Voiture comme un homme d'étude et de science. Balzac n'eut pas le temps de voir cette publication des *Entretiens* ; il était mort dès février 1654.

C'est alors seulement que M. de Girac reparaît et qu'il fait à son adversaire une humble *Réponse* (1655). Il était bien dans son droit : il n'avait écrit sa Dissertation latine sur Voiture qu'à la demande de Balzac, il n'avait jamais songé à l'imprimer ; c'était Costar qui avait publié la Réfutation avant la pièce même à laquelle il répondait, et qui ensuite avait donné au public la Dissertation elle-même : « J'entre, disait Girac en commençant, dans un combat que je n'ai pu éviter, y étant provoqué de la plus pressante manière qu'on le puisse être ; car, quelque ennemi que je sois de toute sorte de contestation, le défi qu'on m'a fait étant public, et mon adversaire se présentant comme en triomphe à la vue du peuple, il ne m'a pas été libre de demeurer sans lui repartir. Il est donc à propos, lecteur, puisque tu dois être l'arbitre de nos différends, que je t'instruise de leur origine. » Et il racontait les choses telles qu'elles s'étaient véritablement passées.

Reprenons nous-même les pièces dans leur ordre, la *Dissertation* de Girac sur les Œuvres de Voiture, la *Défense* qu'y opposa Costar, la *Réponse* de Girac, et, sans nous enfoncer dans les profondeurs de cette querelle où les in-quarto s'accumulèrent et qui finit par des monceaux d'injures, tirons-en quelques vérités littéraires, de celles qui intéressent l'histoire des deux grandes renommées.

Et d'abord, il est à remarquer que, malgré les termes de bonne intelligence et les bons rapports dans lesquels avaient eu l'art de vivre à distance Balzac et Voiture, se ménageant l'un l'autre et évitant de se froisser, la force des choses l'emporta, le souffle rival de leurs deux réputations finit par s'entre-choquer et par faire un orage. L'un avait pour admirateurs et pour disciples des hommes savants de la province, de forte étude et de doctrine, des demeurants du seizième siècle, gardant un reste de la toge romaine, et qui prenaient au sérieux son élévation de ton et sa magniloquence empruntée; l'autre avait pour adorateurs et défenseurs passionnés des gens du monde, des femmes, des militaires, des petits-maîtres ou qui voulaient s'en donner l'air. Les deux chefs avaient vécu entre eux dans les termes les plus décents; mais après leur mort, leurs disciples et les gens de leur suite n'y tinrent pas, ils en vinrent aux mains, ils se gourmèrent: c'est l'histoire du débat de Girac et de Costar.

Une seconde remarque à faire, c'est que les auteurs contemporains sont toujours jugés de leur temps, et que la vérité sur eux est connue et se *dit*, si elle ne s'*écrit* pas. Ainsi Voiture est à la mode, l'engouement pour lui est à son comble, sa mort précoce exalte avec encore plus de vivacité les admirations et les tendresses: et cependant voilà un homme appelé Paul Thomas, sieur de Girac, un provincial, un propriétaire campagnard, un homme d'un autre monde et d'un autre camp, qui va trouver à dire, sur cette fleur des pois et cette coqueluche des Grâces appelée Voiture, toutes les choses raisonnables et justes, et qui va faire toutes les saines réserves. Je ne prétends pas que M. de Girac, dans la suite de la querelle, n'ait pas été au delà et ne se soit pas emporté et fourvoyé; mais à l'origine, et en ce qui concerne Voiture, il a trouvé à redire et à rabattre tout ce que le bon sens pouvait désirer. Et, de l'autre côté, voilà Costar, cet esprit peu loyal, mais subtil et fin, qui va insinuer sur Balzac et ses enflures, sur ses procédés de style et ses moules de phrase qu'il ira même jusqu'à contrefaire, toutes sortes de critiques ironiques et sensées. Si l'on y regarde bien, il en est plus ou moins toujours ainsi : à chaque époque, quelles que soient les réputations régnantes et les vogues qui paraissent tout envahir, il y a toujours dans la diversité des esprits un nombre suffisant de contradicteurs, de critiques qui voient juste; seulement, ils n'écrivent pas, on ne les imprime pas, ou quand ils écrivent, ils écrivent souvent mal, hors de portée et hors de saison, ils mêlent à leurs vérités des choses inutiles, ils sont à contre-temps, comme l'est ici ce sieur de Girac qui s'en va dire la vérité sur Voiture, mais en latin, ou, quand il écrira ensuite en français, qui la dira dans un style chargé de latinismes et à la mode du seizième siècle. Toutefois, le bon sens y est; dès qu'un certain nombre d'hommes sont en présence, il est toujours quelque part, grâce à la diversité et à la contrariété des natures; et si, plus tard, la postérité croit trouver la première les jugements justes et se flatte en quelque sorte de les inventer, c'est qu'elle n'a pas été informée des contradictions et protestations contemporaines : mais, après tout, les hommes qui se voient de près ne sont pas tous dupes ou enthousiastes, il se connaissent et se jugent ou tout haut ou tout bas, mais aussi bien qu'on le fera jamais.

M. de Girac, dans sa *Dissertation*, assez élégante, ce me semble, mais composée sans prétention et s'adressant peu au public, disait donc, non sans s'excuser d'avoir à donner son avis en matière de grâces, lui homme de campagne et vivant au milieu des bois, que des trois genres de lettres où s'était exercé Voiture, l'un sérieux et grave, l'autre enjoué et badin, et le troisième amoureux, il n'avait bien réussi ni dans le premier ni dans le dernier, et n'avait atteint à une véritable perfection que dans le second genre, celui de l'ingénieuse familiarité et de l'enjouement; mais cette perfection qui lui était propre, il n'hésitait pas à la lui reconnaître. Parlant de cette partie excellente de Voiture : « Il n'est rien, disait-il, qui sente mieux le sel attique ou l'urbanité romaine. »

Girac allait plus loin, il voyait dans quelques-unes des lettres de Voiture un caractère *moral* assez marqué pour qu'on pût se représenter une image de l'âme de l'auteur, de ses mœurs, de son esprit plaisant et doux, de son agréable liberté de parole; il citait comme exemple quelques-unes des lettres adressées à M. d'Avaux, et celle entre autres où il parlait de la duchesse de Longueville faisant diversion et lumière au milieu des graves envoyés germaniques au congrès de Munster.

Il indique ainsi avec goût les lettres qu'il distingue et qu'il préfère; il les approuve à peu près sans réserve, et il ajoute : « Et hæc omnia sane, *facete, lepide, laute, nihil supra* (1). » Que pouvait-on demander davantage? N'était-ce pas là bien nettement reconnaître Voiture pour ce qu'il était avant tout, pour *le plus charmant instrument de société?*

Il est vrai qu'il continuait en relevant quelques fautes et des imperfections dans ce recueil de lettres ramassées de toutes parts et sans assez de choix. Il y en avait, selon lui, de tout à fait frivoles où l'on ne trouvait que des mots et un vide complet de matière et de fond. Dans la critique qu'il faisait de ces lettres qui lui plaisaient moins, il remarquait certaines manières de dire nou-

---

(1) Ce sont des mots de Térence, acte III, scène 1re de *l'Eunuque.*

velles, tout à côté d'autres locutions trop usées et trop communes, quelque chose qui n'était pas assez poli ni assez soigné, et qui, pour tout dire, n'était pas assez *à la Balzac :* « Et aliquid non satis politum et accuratum, et, ut ita dicam, *non satis Balzacianum.* »

Dans les lettres badines même il trouvait trop de familiarité et de sans-gêne, et du mauvais goût à plaisanter sur certains sujets, comme lorsque Voiture parle de ses *clous* à Madame la Princesse et à Chapelain, et qu'il nomme de vilains petits insectes qui font mal au cœur.

Il le reprenait ensuite lorsqu'il faisait le savant et qu'il citait, en écrivant particulièrement à Costar, force passages d'auteurs latins. M. de Girac qui, dans sa solitude, lisait ses auteurs pour les connaître à fond et non pour en tirer d'agréables bribes et des gentillesses d'allusions à faire valoir à la rencontre, n'avait pas de peine à prendre le léger Voiture en faute en bien des endroits, tronquant ici un vers d'Horace, écorchant là un mot grec, donnant à un passage un sens hasardé, appelant quelque part Homère *l'aveugle Thébain,* on ne sait pourquoi. A cela près, il déclarait admirer sincèrement l'auteur pour ses grâces d'esprit, et n'avoir voulu que noter quelques taches dans un beau corps.

En présence d'une Dissertation écrite dans cette mesure et sur ce ton, il n'y avait pas, ce semble, de quoi si fort se courroucer, et Costar ne put d'abord prendre l'affaire en main que d'un air souriant et sur le pied d'une *aimable controverse.* Son premier but d'ailleurs était moins d'offenser les autres en tout ceci que de se caresser lui-même, et il se piquait moins dans le principe d'atteindre M. de Girac que de persifler, à travers lui, l'illustrissime Balzac. Il supposa d'abord inexactement que M. de Girac avait blâmé Voiture de ce qu'il n'écrivait point du tout dans le goût de Balzac, *nihil*

Balzacianum, ce que M. de Girac n'avait pas exprimé de
la sorte ni dans ces termes absolus :

« Il dit (c'est Costar qui parle) que M. de Voiture n'écrit pas de
votre manière; qu'*il ne parle pas Balzac*; qu'il ne tient rien de ce
noble caractère qui relève si fort vos pensées et vos paroles. Il est
vrai, monsieur, et je n'attendrai point la question pour le confesser :
ces violentes figures, qui dans vos ouvrages ravissent les esprits, les
transportent, les entraînent, les saisissent d'admiration et d'étonnement, ne se remarquent point dans les siens. On n'y voit point la
grandeur, la majesté, la magnificence et la pompe de votre style, cette
rapidité impétueuse semblable aux torrents... M. de Voiture a fait
judicieusement de vous laisser toute libre cette large et vaste carrière
du genre sublime, ayant reconnu que vous en aviez remporté le prix,
et qu'il ne restait plus d'honneur à y acquérir après vous. Il a jugé
que cette sorte d'éloquence ne pouvait souffrir deux Balzacs, non
plus que l'Empire d'Asie deux souverains, et le monde deux soleils;
que même la Nature, je dis *la jeune Nature*, lorsqu'elle était la plus
féconde en miracles (1), eût eu de la peine de produire en France
deux hommes faits comme vous, et que sur son déclin, pour vous
donner au monde, elle a épuisé ses derniers efforts. Il s'est donc
résolu de vous laisser foudroyer et tonner tout seul... »

Il y a dans tout cela une ironie prolongée, aigre-
douce, une sorte de parodie qui se complaît à contrefaire le Balzac tout en ayant l'air de le célébrer. Le
grand homme raillé était assez vain pour ne sentir qu'à
demi le vinaigre dans l'encens. Mais l'intention de Costar se démasqua de plus en plus dans les écrits suivants
qu'il publia dans cette querelle après la mort de Balzac.
Dès ce premier ouvrage il opposait assez finement la
modestie de Voiture, ou du moins son bon goût à repousser les éloges trop directs, à la passion bien connue
de Balzac pour les compliments, et à ce *grand appétit*

(1) Costar se souvient ici du beau passage et de la belle expression de Sénèque, peignant dans toute leur sève et leur jet vigoureux
les premiers grands hommes encore voisins de l'origine des choses,
et qui en avaient retenu je ne sais quel souffle divin : « ... Alti spi-
ritus viros et, ut ita dicam, *a Diis recentes*. » La *jeune Nature*, c'est
le *Mundus nondum effetus* qui vient après (Lettres à Lucilius, xc).

de louange qu'il ne craignait pas de lui rappeler, en l'en supposant gratuitement guéri :

« Je suis assuré que s'il (Voiture) revenait au monde, et qu'il fût informé des bonnes qualités de M. de Girac et de la franchise de son procédé, il ferait tous ses efforts pour le satisfaire, et pour l'éclaircir de ses doutes; car je suis obligé de rendre ce témoignage de lui, que je n'ai connu personne, jusques ici, qui souffrît de meilleure grâce qu'on le contredît et qu'on eût des opinions contraires aux siennes. Il se sentait plus chargé de la plupart des louanges qu'il ne s'en trouvait honoré, et pour les lui rendre agréables on était contraint de les déguiser avec adresse, et il y fallait bien de l'artifice et de la façon; mais il n'en fallait point pour le reprendre, et rien ne fut jamais mieux reçu que les avis qui lui venaient des personnes intelligentes. Il aimait la vérité quand elle lui était favorable, et la révérait quand même elle lui était contraire... Il m'est arrivé souvent de l'entendre parler de l'ambition déréglée de ces écrivains qui se proposaient pour fruit de leurs veilles l'approbation universelle... »

En le louant ainsi de cette facilité à écouter la critique, Costar se mettait peu en devoir de le suivre : car l'instant d'après il reprenait en détail toutes les objections de Girac, il se faisait fort de les réfuter une à une, et de maintenir Voiture sans tache d'un bout à l'autre et, pour ainsi dire, impeccable. C'était, pour lui Costar, un heureux prétexte de s'étendre, de déployer toutes ses connaissances et d'étaler avec lenteur ses épices les plus raffinées. Il trouvait enfin amplement à satisfaire sa principale passion, qui était le désir de paraître.

Girac ne put se dispenser de répondre : il le fit en 1655 par un in-quarto respectable. Aux yeux des lecteurs qui examinent et vont au fond, Costar n'y avait point l'avantage. Girac exposait le procédé de l'archidiacre qui avait eu l'air de se piquer, au nom de tous les amis de Voiture, d'une Dissertation ignorée qu'il avait été le premier à divulguer et à faire connaître : « Avouez le vrai, lui disait Girac, c'est que vous aviez besoin de matière pour exercer votre bel-esprit, fût-ce aux dépens de vos meilleurs amis, et pour ne pas perdre tant de bons mots que vous gardiez dans vos Recueils. » Observant la méthode que lui avait tracée Costar, Girac repassait en revue la plupart des assertions de l'adversaire; il revenait par conséquent sur les défauts de Voiture et insistait particulièrement sur le peu de solidité de ce bel-esprit en matière de science. Dans une seconde partie, s'attaquant aux *Entretiens* ou *Lettres* de Costar, il s'attachait à montrer que celui-ci, bien qu'ayant plus de connaissance des belles-lettres et plus d'étude que son ami, avait commis lui-même bien des erreurs et des bévues. Ici, en portant la guerre au cœur du pays ennemi, il touchait le côté faible, le point vulnérable et irritable de Costar. Par exemple, il y avait un chapitre ainsi conçu : « *Que M. Costar n'a fait que copier ses Recueils; qu'il applique très-mal un passage de Tacite.* » — Et un autre chapitre : « *Que M. Costar n'a pas fort lu les anciens poëtes; qu'il se trompe en disant que la Lune n'a point eu d'amant; qu'il ignore que l'étoile du matin est la même que celle de Vénus.* » Quand on en est là, on est bien près d'en venir aux grosses injures : la querelle allait prendre une tournure décidée de seizième siècle, et elle fut portée en effet bientôt aux dernières extrémités. On eut un combat de commentateurs.

Costar répliqua par deux nouveaux in-quarto (1655 et 1657), et Girac par un seul qui fut arrêté à l'impression et ne parut qu'assez longtemps après (1). Son adversaire avait d'abord obtenu du lieutenant civil l'interdiction et la saisie; car il est à remarquer que Costar se montra fourbe jusqu'au bout, et qu'après avoir en-

---

(1) Cette *Réplique de M. de Girac à M. Costar* ne put être imprimée à Paris qu'en 1664; elle avait déjà paru imprimée à Leyde en 1660.

tamé à son heure la controverse et s'être donné toute licence de plume, il eut recours aux puissances quand il eut tout dit, pour faire prononcer la clôture et pour fermer la bouche à l'adversaire. Bayle s'est même fort amusé d'une menace que fit Costar à Girac, à savoir que les capitaines des troupes qui passaient en Angoumois pourraient bien lui faire payer cher sa levée de boucliers contre Voiture. Il paraît en effet qu'un jour un capitaine bel-esprit et du dernier goût, qui passait près du manoir de M. de Girac, lui avait dit que, pour cette fois et par considération pour M. de Montausier, il ne lui mettrait pas sa compagnie de gendarmes à loger dans son village, mais qu'à l'avenir il eût à être plus sage et à ne plus écrire contre M. de Voiture. Costar rapporte ce propos d'un air triomphant. Si on l'avait laissé faire, il aurait organisé une dragonnade anticipée contre Girac au nom de l'infaillibilité de Voiture, érigé en *pape du bel-esprit*. C'est Bayle ici qui badine, et qui tire à ce propos sa leçon ordinaire de modération et de tolérance.

M. de Girac, poussé à bout, traité comme un sauvage qui, pour juger des élégances, sortirait tout hérissé de la lecture d'un rabbin ou du scholiaste de Lycophron, ne se contint plus, et, comme s'il eût voulu justifier le reproche, il se mit à puiser à pleines mains dans l'arsenal des Scaliger et des Scioppius, ou, si l'on aime mieux, dans le vocabulaire de Vadius. Il reprocha à Costar (qui s'appelait primitivement *Coustart*) son nom, sa naissance, l'état de ses père et mère, et jusqu'à celui de son grand-père, qui apparemment n'était pas en parfaite odeur. La querelle avait passé à la place Maubert en même temps qu'au quartier Latin. La science de Costar une fois mise en cause, il fut à peine question désormais du gentil Voiture, mais beaucoup de Pausanias, d'Eusèbe, de Lactance, et surtout d'un passage très-peu agréable d'Hérodote sur la maladie des Scythes. Voici, au reste, un léger aperçu des titres de chapitres dans ce dernier ouvrage de Girac :

« Que M. Costar a publié des libelles contre l'auteur sans en avoir eu sujet; que c'est un calomniateur...

« Que l'auteur a été obligé, pour sa défense, de découvrir les impuretés de M. Costar...

« Que M. Costar ressemble plutôt à un gueux dont parle Homère, qu'aux gentilshommes de Poméranie à qui il se compare...

« Que M. Costar est un insigne menteur...

« Que M. Costar a peu de jugement...

« Diverses bévues de M. Costar... Si Roboam était fort gros ; si l'Écriture sainte remarque qu'il fût fort dispos et fort léger...

« Que M. Costar est un étourdi...

« Que M. Costar est un grand chicaneur...

« Que M. Costar affecte les ordures...

« Que M. Costar est un imposteur; qu'il parle avec insolence de l'apôtre saint Paul...

« Que M. Costar est un plagiaire...

« Incartade de M. Costar; qu'Homère ne peut être appelé *l'Aveugle Thébain*...

« Des Zéphyrs. Diverses ignorances de M. Costar, etc., etc. »

On croirait lire une énumération bouffonne de Rabelais ; mais M. de Girac ne riait pas. Il était de même race que ce terrible M. de Méziriac, qui releva plus de *deux mille* fautes dans le Plutarque d'Amyot.

Le duel acharné dura ainsi jusqu'à la mort des deux contendants, et quand depuis longtemps déjà ils n'avaient plus de spectateurs (1).

Les *Provinciales* avaient paru dans l'intervalle, et l'on savait ce que c'était que la fine plaisanterie. M. de Girac en était devenu de cinquante ans plus vieux, et Costar au moins de vingt-cinq.

Je n'ai voulu ici que faire sentir ce qu'il y avait eu pourtant de judicieux de part et d'autre et d'assez piquant au début de la controverse, avant les gros

(1) M. de Girac mourut en 1663; Costar était mort dès 1660.

mots et les avanies. Balzac et Voiture étaient donc jugés déjà par quelques-uns à cette date de 1650 ; mais les juges n'avaient pas l'autorité ni ce qui la donne. Boileau, qui de bonne heure en fut investi, devait rendre au procès son vrai caractère et y apporter la vraie conclusion : il mit les parties dos à dos, et prononça l'arrêt sans appel par un tour et un procédé bien simple, en contrefaisant la manière de l'un et de l'autre écrivain dans deux lettres charmantes. C'est, en effet, la meilleure critique et la plus décisive : on ne contrefait dans les écrivains que la manière, on ne contrefait pas la pensée, et chez tous deux, pour qu'on les pût imiter si bien et à s'y méprendre, c'était évidemment la pensée qui faisait faute.

La querelle de Girac et de Costar, en la coupant à temps, est un dernier chapitre à ajouter à la *Pompe funèbre* de Voiture.

9 février 1856.

EUGÉNIE DE GUÉRIN

RELIQUIÆ.

Publié par Jules Barbey d'Aurevilly et G.-S. Trébutien. Caen, imprimerie de Hardel, 1855. Un vol. in-18, imprimé à petit nombre ; ne se vend pas.

 Je voudrais faire partager à d'autres l'impression que j'ai reçue de la lecture de ce petit volume, rempli d'une suave et haute pensée.
 Il faut se souvenir avant tout que, le 15 mai 1840, la *Revue des Deux Mondes* publia, avec une notice de George Sand qui y servait de préface, un magnifique fragment d'un poëte mort l'année précédente à vingt-neuf ans, George-Maurice de Guérin. Ce morceau capital, intitulé *le Centaure*, révélait une nature de talent si neuve, si puissante, si vaste, que le mot de génie semblait naturellement s'y appliquer. Aujourd'hui c'est la sœur de ce poëte, et en tout digne de lui par l'imagination comme par le cœur, qui, morte à son tour, vient livrer, par les soins d'amis pieux, le parfum de son âme et de ses secrets épanchements.
 Les deux destinées, celles du frère et de la sœur, sont si étroitement liées qu'il faut revenir à l'un quand

on a à parler de l'autre, car elle ne nous entretiendra que de lui.

Maurice de Guérin descendait d'une ancienne famille noble, originaire de Venise, dit-on, mais établie depuis des siècles dans le midi de la France. Les de Guérin figuraient dans les Croisades, et un Guérin, évêque de Senlis, est dit avoir présidé à l'ordonnance de la bataille de Bouvines. Cette famille revendique l'honneur d'avoir donné des grands maîtres à l'Ordre de Saint-Jean de Jérusalem, des cardinaux à l'Église, et un troubadour au beau ciel languedocien. « Garins d'Apchier, disent les manuscrits cités par Raynouard, fut un gentil châtelain du Gévaudan, vaillant et bon guerrier, et généreux, et bon trouvère et beau cavalier; et il sut tout ce qu'on peut savoir du bel art de galanterie et d'amour. » Il passe même pour avoir inventé une forme nouvelle de poésie. Cette fleur idéale qui décora l'antique maison dans sa splendeur va se retrouver au déclin et sur une ruine. C'est d'une dernière branche de cette noble race, déchue en fortune, mais restée intègre par les sentiments, que naquit Maurice de Guérin au château du Cayla près d'Alby, le 4 août 1810, le dernier de quatre enfants. Sa sœur Eugénie était l'aînée et avait cinq ans de plus que lui. Elle lui fut de bonne heure une surveillante et un tendre guide. On lit dans le *Memorandum* tout consacré à la mémoire de son frère :

« 4 août (1840). — A pareil jour vint au monde un frère que je devais bien aimer, bien pleurer, hélas! ce qui va souvent ensemble. J'ai vu son cercueil dans la même chambre, à la même place, où, toute petite, je me souviens d'avoir vu son berceau, quand on m'amena de Gaillac, où j'étais, pour son baptême. Ce baptême fut pompeux, plein de fête; plus que pour aucun autre de nous, marqué de distinction. Je jouai beaucoup et je repartis le lendemain, aimant fort ce petit enfant qui venait de naître. J'avais cinq ans. Deux ans après, je revins, lui portant une robe que je lui avais faite. Je lui mis sa robe et le menai par la main le long de la garenne du nord, où il fit quelques pas tout seul, les premiers, ce que j'allai annoncer en grande joie à ma mère : *Maurice, Maurice a marché seul!* Souvenir qui me vient tout mouillé de larmes. »

Quelques années s'écoulèrent : « Maurice, dit encore sa sœur, était enfant imaginatif et rêveur : il passait de longs temps à considérer l'horizon, à se tenir sous les arbres. Il affectionnait singulièrement un amandier sous lequel il se réfugiait aux moindres émotions; je l'ai vu rester là debout des heures entières.

« Il est à la campagne, aux beaux jours d'été, des bruits dans les airs, que Maurice appelait *les bruits de la nature;* il les écoutait longuement, et voici de ses impressions :

« Oh! qu'ils sont beaux ces bruits de la nature, ces bruits répandus dans les airs, qui se lèvent avec le soleil et le suivent, qui suivent le soleil comme un grand concert suit un roi!

« Ces bruits des eaux, des vents, des bois, des monts et des vallées, les roulements des tonnerres et des globes dans l'espace, bruits magnifiques auxquels se mêlent les fines voix des oiseaux et des milliers d'êtres chantants... »

C'étaient là de ses jeux d'enfant. Il annonçait du goût pour l'état ecclésiastique. A onze ans il fut mis au petit séminaire de Toulouse; on a de lui à cette date une très-jolie lettre d'enfant pur et d'aimable Éliacin. A treize ans il fut envoyé à Paris au collége Stanislas. Il se sentit bientôt atteint de ce mal d'*ennui* qui fut celui des individus distingués dans les jeunes générations des trente premières années du siècle. En

1833 il alla à La Chesnaye en Bretagne, où M. de La Mennais avait eu l'idée de fonder un établissement d'études religieuses pour servir le Catholicisme; mais l'esprit du maître commençait déjà à se diriger ailleurs, et il allait aspirer à faire des élèves tout différents. Il ne paraît pas avoir donné une attention particulière à Guérin ni l'avoir deviné. Celui-ci, le long des étangs et sous les vieux chênes, rêva plus qu'il n'étudia. Il alla faire des excursions près des grèves, au bord des mers. Il était de la race directe des René. On a des vers de lui adressés en ce temps à M. Hippolyte Morvonnais, un poëte breton de ses amis, vers élevés de douce inspiration et de ferme structure, mais qui rappellent un peu trop Victor Hugo dans ses *Feuilles d'Automne*. Il en fit d'autres où il imitait, pour le rhythme et le sentiment, la romance que chante Lautrec dans *le Dernier des Abencerrages : Combien j'ai douce souvenance!...* L'originalité de Maurice de Guérin n'était pas là; elle était dans un sentiment de la nature, tel qu'aucun poëte ou peintre français ne l'a rendu à ce degré, sentiment non pas tant des détails que de l'ensemble et de l'universalité sacrée, sentiment de l'origine des choses et du principe souverain de la vie. Il l'a rendu dans sa composition du *Centaure* avec une séve débordante, jointe à une beauté de forme et d'art qui, dans un coup d'essai, déclare un maître. L'auteur suppose qu'un des êtres de cette race intermédiaire à l'homme et aux puissantes espèces animales, un Centaure vieilli raconte à un mortel curieux, à Mélampe, qui cherche la sagesse et qui est venu l'interroger sur la vie des Centaures, les secrets de sa jeunesse et ses impressions de vague bonheur et d'enivrement dans ses courses effrénées et vagabondes. Par cette fiction hardie on est transporté tout d'abord dans un univers primitif, au sein d'une jeune nature, encore toute ruisselante de la vie et comme imprégnée du souffle des dieux. Jamais le sentiment mystérieux de l'âme des choses et de la vertu matinale de la nature, jamais la poétique et sauvage jouissance qu'elle fait éprouver à qui s'y replonge et s'y abandonne éperdument, n'a été exprimé chez nous avec une telle âpreté de saveur, avec un tel grandiose et une précision si parfaite d'images. Guérin, sous forme de Centaure, a fait là son *René* et raconté sa propre histoire, sa source réelle d'impressions, en la projetant dans les horizons fabuleux. Il a fait son *René*, son *Werther*, sans y mêler d'égoïsme et en se métamorphosant tout entier dans une personnification qui reste idéale, même dans ce qu'elle a de monstrueux : il n'a pris la coupe du Centaure que pour qu'elle pût le porter plus vite et plus loin. Il y a en tout cela une grande force. Il s'arrête aux limites et ne dit que ce qu'il faut dire. Son Centaure, vieilli et contristé, déclare au visiteur humain qui le consulte que, pour être allé avec tant d'ivresse et de fougue et avoir tant pressé et tourmenté l'immense nature, il n'a pas surpris le grand secret et n'a rien arraché à la nuit des origines; qu'il a senti seulement le souffle errer, sans saisir le sens ni les paroles, et que l'incompréhensible est pour lui le dernier mot comme le premier. — Mais je n'ai pas à analyser ici les productions de Guérin; il me suffit d'en rappeler l'idée et d'en provoquer le réveil : ses OEuvres complètes, on nous l'annonce enfin, vont paraître, prose et vers, lettres et fragments d'art, grâce aux soins des mêmes amis qui se sont voués à l'honneur de son nom et à la conservation de sa mémoire. En ce moment j'ai surtout à parler de sa sœur.

Que devenait-elle cette sœur vigilante, pieuse, gardienne de l'autel et du foyer, pendant ces courses fougueuses et ces poursuites ardentes de son jeune frère? Elle s'inquiétait, elle tremblait pour lui, elle priait;

elle se demandait : *Reviendra-t-il ?* » Maurice, écrit-elle après l'avoir perdu, je te crois au Ciel. Oh! j'ai cette confiance que tes sentiments religieux me donnent, que la miséricorde de Dieu m'inspire. Dieu si bon, si compatissant, si aimant, si Père, n'aurait-il pas eu pitié et tendresse pour un fils revenu à lui ! Oh ! il y a trois ans qui m'affligent : je voudrais les effacer de mes larmes. »

« J'avais tout mis en toi, dit-elle encore, comme une mère en son fils; j'étais moins sœur que mère. Te souviens-tu que je me comparais à Monique pleurant son Augustin, quand nous parlions de mes afflictions pour ton âme, cette chère âme dans l'erreur? Que j'ai demandé à Dieu son salut, prié, supplié ! Un saint prêtre me dit : *Votre frère reviendra.* Oh ! il est revenu, et puis m'a quittée pour le Ciel, — pour le Ciel, j'espère...

« J'écris ceci à la chambrette, cette chambrette tant aimée où nous avons tant causé ensemble, rien que nous deux. Voilà ta place, et là la mienne. Ici était ton portefeuille, si plein de secrets de cœur et d'intelligence, si plein de toi et de choses qui ont décidé de ta vie : je le crois, je crois que les événements ont influé sur ton existence. Si tu étais demeuré ici, tu ne serais pas mort. *Mort !* terrible et unique pensée de ta sœur. »

La vie de Guérin, qui fut tout entière dans les luttes et les orages du rêve intérieur, n'est marquée par aucun événement, même littéraire; il ne pensa jamais à rien publier. Huit mois avant de mourir, il avait épousé une jeune personne indienne, élevée à Calcutta, et venue à Paris depuis peu d'années : « C'est en effet, dit mademoiselle de Guérin, une ravissante créature en beauté, en qualités et vertu, Ève charmante, venue d'Orient pour un paradis de quelques jours. » Le mariage se célébra à l'Abbaye-aux-Bois. Le jeune couple habitait dans la rue du Cherche-Midi une petite maison, un pavillon dans un jardin, au n° 36. La maladie dont Guérin portait le germe et trahissait déjà les indices au moment de son mariage, fit de rapides progrès. Sa sœur, qui était venue du Cayla en 1838 et qui avait assisté à la noce, parvint, après quelques mois, à l'emmener de Paris, dont elle lui croyait l'air contraire et funeste. Elle en voulait au ciel de Paris, « ce *gris de fer* que vous voyez, qui vous déplaît et vous fait tant de mal à l'âme, écrivait-elle à un ami de son frère... Peut-être il aurait vécu davantage, se serait guéri dans cette douce chaleur, car l'air fait la vie. L'air de Paris l'a tué, je le crois ; je le savais, et je ne pouvais pas le tirer de là. Ç'a été une de mes plus profondes souffrances de ce passé dont j'ai tant souffert. » Guérin, ramené au Cayla déjà mourant, y respira l'air natal, sourit au ciel bleu, retrouva ses impressions les plus chères, et, exhalant sa belle âme le 19 juillet 1839, alla reposer sous le gazon du cimetière d'Andillac. Sa sœur l'avait reconquis, hélas ! et n'allait plus un seul instant le perdre du regard.

Une touchante et haute préoccupation anime à nos yeux cette sœur admirable, cette pure et sainte Vestale qui s'agenouille sur un tombeau. C'est peu de dire que mademoiselle de Guérin est chrétienne, elle l'est comme aux temps de la foi la plus fervente et la plus austère ; elle désire que son frère l'ait été aussi ; elle sent bien que c'est une grande et profonde infidélité à l'humble foi primitive que de poursuivre comme il l'a fait et d'embrasser aveuglément la vague nature en elle-même, et d'adorer le dieu Pan, ce plus redoutable des adversaires, le seul peut-être tout à fait dangereux ; mais elle espère, elle a confiance dans les paroles et les sentiments suprêmes qu'elle lui a vus à l'heure qui pour elle est tout, à cette heure qui sonne l'éternité : « Ma plus grande consolation, dit-elle en écrivant à un ami de son frère, je la trouve dans sa mort pieuse, dans ces sentiments primitifs de foi exprimés en prières, et dans la réception des derniers sacrements, dans cet ardent et dernier baiser au Crucifix. Je révèle cela, monsieur, à votre amitié, à cet intérêt chrétien qui suit l'âme dans l'autre vie. » Et comme cet ami (M. Morvonnais) devait écrire quelques pages sur Maurice (1), elle le suppliait de ne pas omettre ce trait final essentiel, mais absent des écrits, et sur lequel la Notice de la *Revue des Deux Mondes* n'avait pu que se taire : « Mais vous tous, ses amis, qui l'avez connu, faites mieux, et écartez, s'il vous plaît, de cette figure chrétienne, tout nuage philosophique et irréligieux. »

Sollicitude touchante, et qui tenait aux plus profondes racines de l'âme! Le christianisme de mademoiselle de Guérin était de cette trempe qui n'admet rien de vague, d'indécis, rien d'à côté ni d'à demi, et, dans son existence solitaire, sa pensée en s'élevant avait acquis toute sa fermeté : « Oh! tenons-nous là, pauvres humains, s'écriait-elle, tenons-nous à l'ancre immuable. Monsieur, je suis désolée de tant d'âmes perdues. Il me semble voir un Océan couvert de vaisseaux démâtés, dévoilés, faisant eau de toutes parts : ainsi m'apparaît le monde. Il y a de quoi dire : Heureux ceux qui l'ont quitté, qui ont, dans un beau jour, abordé au Ciel ! Il est vrai qu'elle ajoutait aussitôt, s'adressant à ce même ami de son frère, qu'affligeait le veuvage du cœur : « Si vous vous figurez dans vos tristesses une belle campagne avec une douce amitié, et que cela vous console, on a toujours cela avec son bon Ange, le céleste ami ; consolation un peu spirituelle, si vous voulez, mais n'est-ce pas la meilleure? Hélas! les autres sont si souvent imparfaites! » La femme, avec son sourire et son indul-

(1) On les peut lire dans *l'Université Catholique* du mois de janvier 1841.

gence, revenait donc à temps pour adoucir ce que la noble vierge féodale paraît avoir de trop rigoureuse austérité. C'est ainsi qu'elle disait adorablement, en parlant de certaines dévotions rurales et familières auxquelles elle aimait à prendre part : « Ces dévotions populaires me plaisent en ce qu'elles sont attrayantes dans leurs formes et offrent en cela de faciles moyens d'instruction. On drape le dessous de bonnes vérités qui ressortent toutes riantes et gagnent les cœurs au nom de la Vierge et de ses douces vertus. J'aime le mois de Marie et autres petites dévotions aimables que l'Église permet, qu'elle bénit, qui naissent aux pieds de la foi comme les fleurs aux pieds du chêne. »

Elle aussi était poëte ; elle avait le génie des mélancolies et le don des images, chaste Lucile, plus fidèle et aussi funèbre, et qui devait survivre à son René.

Mademoiselle de Guérin, retenue par toutes sortes de raisons et par celle aussi de la gêne domestique, n'était jamais venue, je crois, de sa retraite du Cayla à Paris que pour assister à ce mariage si voisin de la mort. Elle avait trente-trois ans. Pendant quelques mois elle vit le monde, le meilleur monde, celui dont elle était née. Elle y rencontra M. de Lamartine, M. Xavier de Maistre qui passait. Ceux qui l'ont connue alors disent ce que l'on croira sans peine, c'est qu'elle eut dès le premier jour la place que sa distinction et ses manières lui assuraient partout. Elle était de celles que la solitude n'ensauvage pas, mais qu'elle forme et qu'elle achève ; sa délicatesse s'y était développée plus exquise et sans qu'aucun souffle l'altérât. Au printemps de 1839, elle quitta Paris pour aller passer quelques mois à Nevers et aux environs chez une amie. Ici nous sommes déjà dans sa confidence ; elle écrit sur un cahier ses pensées, toujours à l'intention de son frère qu'elle a laissé à Paris souffrant :

« 10 avril (à Nevers)... Il fait beau; on sent partout le soleil et un air de fleurs qui te feront du bien. Le printemps, la chaleur vont te guérir mieux que tous les remèdes. Je te dis ceci en espérance, seule dans une chambre d'ermite, avec chaise, croix et petite table sous petite fenêtre ou j'écris. De temps en temps je vois le ciel et entends les cloches et quelques passants des rues de Nevers, la triste. Est-ce Paris qui me gâte, me rapetisse, m'assombrit tout? Jamais ville plus déserte, plus noire, plus ennuyeuse, malgré *les charmes qui l'habitent,* Marie et son aimable famille. Il n'est point de charme contre certaine influence. Oh! l'ennui! la chose la plus maligne, la plus tenace, la plus *emmaisonnée,* qui rentre par une porte quand on l'a chassée par l'autre, qui donne tant d'exercice pour ne pas la laisser maîtresse du logis! J'ai de tout essayé, jusqu'à tirer ma quenouille du fond de son étui où je l'avais depuis mon départ du Cayla. »

Mais la quenouille de la châtelaine n'y peut rien; l'ennui persiste : «Qu'il demeure donc cet inexorable ennui, *ce fond de la vie humaine.* Supporter et se supporter, c'est la plus sage des choses. »

Après une lettre reçue de son frère, toute stagnation a cessé et sa pensée a repris son courant : « Ta lettre m'a fait du bien; c'est toi que j'entends encore; c'est de toi que j'entends que tu dors un peu, que l'appétit va se réveillant, que ta gorge s'adoucit. Oh! Dieu veuille que tout soit vrai! Combien je demande, désire et prie pour cette chère santé, tant de l'âme que du corps! Je ne sais si ce sont de bonnes prières que celles qu'on fait avec tant d'affection humaine, tant de vouloir sur le vouloir de Dieu. Je veux que mon frère guérisse; c'est là mon fonds, mais un fonds de confiance et de foi, et de résignation, ce me semble. La prière est un désir soumis. »

On a quitté Nevers, on est allé à une campagne voisine, aux Coques :

« Désert, calme, solitude, vie de mon goût qui recommence. Nevers m'ennuyait avec son petit monde, ses petites femmes, ses grands dîners, toilettes, visites et autres ennuis sans compensation. Après Paris, où plaisirs et peines au moins se rencontrent, terre et ciel, le reste est vide. La campagne, rien que la campagne ne peut me convenir.

« Notre caravane est partie de Nevers lundi à midi, l'heure où il fait bon marcher au soleil d'avril, le plus doux, le plus resplendissant. Je regardais avec charme la verdure des blés, les arbres qui bourgeonnent le long des fossés qui se tapissent d'herbes et de fleurettes comme ceux du Cayla. Puis des violettes dans un tertre, et une alouette qui chantait en montant et en s'envolant comme le musicien de la troupe. »

Paysage d'avril, quel pinceau autre que cette plume virginale nous le rendra aussi léger et aussi riant ?

Le talent caché, inoccupé, cette part de génie qu'elle a reçue de naissance, remue par moments en elle et s'ennuie. Dans cette vie d'amitié, de silence, de gracieuse causerie, elle a des soupirs, des velléités d'au delà :

« Marie (*l'amie chez qui elle était*) fait de la musique dans le salon sous mes pieds, et je sens quelque chose qui lui répond dans ma tête. Oh ! oui, *j'ai quelque chose là*. Que faut-il faire ? Mon Dieu ! un tout petit ouvrage où j'encadrerais mes pensées, mes points de vue, mes sentiments sur un objet... J'y jetterais ma vie, le trop plein de mon âme qui s'en irait de ce côté. Si tu étais là, je te consulterais, tu me dirais si je dois faire et ce qu'il faudrait faire... Mais où viser ? Un but, un but ! Vienne cela, et je serai tranquille, et je me reposerai là dedans.

« L'oiseau qui cherche sa branche, l'abeille qui cherche sa fleur, le fleuve qui cherche sa mer, volent, courent jusqu'au repos : ainsi mon âme, ainsi mon intelligence, ô mon Dieu ! jusqu'à ce qu'elle ait trouvé sa fleur, sa branche... Tout cela est au Ciel. »

C'est à ce dernier rendez-vous qu'elle aspire sans cesse et qu'elle renvoie le terme et la satisfaction de tous les désirs, de toutes les espérances, retardées seulement et interrompues. Elle le redira plus vivement un jour, et après avoir bu à la coupe de douleur : « Car, voyez-vous, je n'aime pas pour ce monde, ce n'est pas la peine ; c'est le ciel le lieu de l'amour. »

Le moindre incident, le moindre mouvement, dans cette vie tranquille, produit des jeux d'une fantaisie ou d'une affection pleine de grâce. Une lettre reçue, si elle apporte de l'espoir, lui rouvre tout un monde infini de souvenirs :

« 24 avril. — Que tout est riant ! que le soleil a de vie ! que l'air m'est doux et léger ! Une lettre, des nouvelles, du mieux, cher malade, et tout est changé en moi, dedans, dehors. *Je suis heureuse aujourd'hui.* Mot si rare, que je souligne. Enfin, cette lettre est venue ! je l'ai là sous les yeux, sous la main, au cœur, partout. Je suis toute dans une lettre toujours, tantôt triste, tantôt gaie. Dieu soit béni d'aujourd'hui de ce que j'apprends de ton sommeil, de ton appétit, de cette promenade aux Champs-Élysées avec Caro (*sa femme Caroline*), ton ange conducteur ! Causé longtemps avec Marie de cette lettre et de choses infinies qui s'y sont rattachées. Les enchaînements se font si bien de chose à autre, qu'on noue le monde par un cheveu quelquefois. »

Ce n'est pas toujours de Paris que les lettres lui viennent ; elle en reçoit de son cher Midi et des amies d'enfance :

« 19 mai. — Une lettre de Louise, pleine d'intérêt

pour toi ; rien que cœur, esprit, charme d'un bout à l'autre, façon de dire qui ne se dit nulle part que dans ces rochers de Rayssac. La solitude fait cela ; il y vient des idées qui ne ressemblent à rien du monde, inconnues, jolies comme des fleurs ou des mousses. »

Mais ces grâces vont cesser ; la mort est venue : la douleur de mademoiselle de Guérin va prendre un caractère d'élévation et de constance qui ne lui permettra plus le sourire. Elle est au Cayla, toute à sa douleur religieuse, la mûrissant du côté du Ciel et n'admettant rien qui l'en puisse distraire. Recueillons-en quelques mots, quelques notes profondes. — Huit jours après les funérailles : « Toujours larmes et regrets. Cela ne passe pas, au contraire : les douleurs profondes sont comme la mer, avancent, creusent toujours davantage. Huit soirs ce soir que tu reposes là-bas, à Andillac, dans ton lit de terre. O Dieu, mon Dieu, consolez-moi !...

« Aujourd'hui grande venue de lettres que je n'ai pas lues. Que lire là dedans ? des mots qui ne disent rien. Toute consolation humaine est vide : que j'éprouve cruellement la vérité de ces paroles de *l'Imitation* ! Ta berceuse est venue, la pauvre femme, toute larmes, et portant gâteaux et figues que tu aurais mangés. Quel chagrin m'ont donné ces figues ! Et le ciel si beau, et les cigales, le bruit des champs, la cadence des fléaux sur l'aire, tout cela qui te charmerait me désole. Dans tout je vois la mort. Cette femme, cette berceuse qui t'a veillé et tenu un an malade sur ses genoux, m'a porté plus de douleur que n'eût fait un drap mortuaire. Déchirante apparition du passé : berceau et tombe...

« Maurice, mon ami, qu'est-ce que le Ciel, ce lieu des amis ? Jamais ne me donneras-tu signe de là ? Ne t'entendrai-je pas comme on dit que quelquefois on entend les morts ?... »

Elle lit Pascal ; elle lui emprunte des accents. Elle a

des ardeurs de vie ascétique. Il y a des moments où, n'était son père, elle penserait à se faire sœur de charité : « Au moins ma vie serait utile. Qu'en faire à présent ? Je l'avais mise en toi, pauvre frère. » Elle se reproche de chercher des consolations dans les lettres d'amis : « Écrit à Louise comme à Marie ; il fait bon écrire à celle-là. Et lui, pourquoi ne pas écrire, ton frère (*l'ami le plus intime de Maurice*)? serait-il mort aussi ? Mon Dieu, que le silence m'effraie à présent ? Pardonnez-moi tout ce qui me fait peur : l'âme qui vous est unie, qu'a-t-elle à craindre ? Ne vous aimerais-je pas, mon Dieu, unique et véritable et éternel amour ? Il me semble que je vous aime, disait le timide Pierre ; — mais pas comme Jean, qui s'endormait sur votre cœur. Divin repos, qui me manque ? Que vais-je chercher dans les créatures ? Me faire un oreiller d'une poitrine humaine ? Hélas ! j'ai vu comme la mort nous l'ôte. *Plutôt m'appuyer, Jésus, sur votre couronne d'épines !* »

Les paysages se peignent encore quelquefois sous sa plume par un charme involontaire, et ils font ressortir dans son éclat sombre l'unique pensée :

« 30 août. — Qu'il faisait bon ce matin dans la vigne, cette vigne aux raisins chasselas que tu aimais ! En m'y voyant, en mettant le pied où tu l'avais mis, la tristesse m'a rempli l'âme. Je me suis assise à l'ombre d'un cerisier, et là, pensant au passé, j'ai pleuré. Tout était vert, frais, doré de soleil, admirable à voir. Ces approches d'automne sont belles : la température adoucie, le ciel plus nuagé, des teintes de deuil qui commencent ! Tout cela je l'aime, je m'en *savoure* l'œil, je m'en pénètre jusqu'au cœur, qui tourne aux larmes. *Vu seule*, c'est si triste ! Toi, tu vois le Ciel ! »

Cependant avec les mois et les années l'ombre s'étend ; il se fait une sorte de calme monastique autour d'elle et en elle, la paix et la monotonie du désert : « Il fut un temps où je décrivais avec calme les moindres petites choses. Quatre pas dehors, une course au soleil à travers champs ou dans les bois, me laissait beaucoup à dire. Est-ce parce que je disais à Lui, et que le cœur fournit abondamment ? Je ne sais, mais n'ayant plus le plaisir de lui faire plaisir, ce que je vois n'offre pas l'intérêt que j'y trouvais jadis. Cependant rien au dehors n'est changé. C'est donc moi au dedans. Tout me devient d'une même couleur triste ; toutes mes pensées tournent à la mort.

C'est cette idée qui désormais l'environne et qui ne la quittera plus. Elle se reproche presque les affections humaines qu'elle garde, et elle est près de s'en accuser : « Si le cœur s'employait ici, il n'y en aurait pas pour le ciel. Je veux porter ce qui aime dans l'autre vie. »

L'apaisement gagne à mesure qu'elle sent qu'elle même s'approche du retour vers le cher absent : « Ce grand ami perdu, il ne me faut rien moins que Dieu pour le remplacer, ou plutôt Dieu était là, mais il s'avance dans la place vide. Voilà ma vie brisée, mais appuyée ; et puis les douceurs de la famille, les consolations domestiques, une église pour prier, c'est assez de quoi bénir Dieu et passer sereinement les jours qui restent. »

« Rien que les larmes, disait-elle, font croire à l'immortalité. » — Et de ses lectures : « Ce n'est pas pour m'instruire, c'est pour m'élever que je lis. »

Mademoiselle de Guérin, dans sa piété de plus en plus épurée, caressait pourtant une idée encore terrestre, c'était de voir recueillis en un volume les productions, les essais trop épars de ce frère chéri et qui, tout à la poésie, n'avait pas eu le temps de songer à la gloire. Le succès du fragment publié par la *Revue des Deux Mondes* l'avait avertie qu'il y avait pour Maurice un groupe fidèle, un public d'élite tout préparé :

« Ne soyez pas en peine pour le cours de notre poëte, écrivait-elle à quelqu'un qui lui exprimait quelques doutes; son lit est creusé dans les pentes où coulent les fleuves d'or, et il n'a qu'à jaillir. Vraiment ce livre est attendu avec dévotion. Il y a encore bien des choses à recueillir, que je découvre par-ci par-là. Il se dispersait avec un détachement injuste, mon pauvre Maurice, n'estimait rien de lui, et il s'en est allé sans jouir d'aucun des dons dont il était si riche. C'est nous qui jouirons. Il y a dans ce bonheur une profonde tristesse qui ne se peut consoler. » Elle n'eut pas la satisfaction de voir se réaliser ce projet de monument.

Cette personne rare, cette sœur de génie, comparable par l'élévation et l'ardeur de la pensée à tout ce qu'il y a de plus distingué parmi les sœurs fidèles, Mademoiselle Eugénie de Guérin mourut vers le milieu de l'année 1848. M. Barbey d'Aurevilly, dans sa Notice, nous l'a montrée comme une muse antique ou mieux comme une vierge chrétienne, tenant embrassé son frère : « ... Mais quelle grâce et quelle passion divine dans cette attitude éplorée qui résume toute une existence et la lie si étroitement autour d'une autre; car elle l'avait bercé et elle l'a enseveli ! Eugénie de Guérin, morte, a gardé l'attitude de toute sa vie : on la revoit telle qu'elle fut toujours, ses chastes bras suspendus au cou de son frère, dans ces lettres où elle a laissé un peu de l'immortalité de son âme avant de la porter au Ciel. »

On doit des remercîments sincères aux deux éditeurs. M. Trébutien, qui, par ses soins, a fait imprimer l'ouvrage à Caen et, comme on disait autrefois, en a *procuré* l'édition, est bien connu des bibliophiles et des antiquaires. M. Barbey d'Aurevilly, qui a fait dès longtemps ses preuves dans le roman et dans la presse quotidienne, homme d'un talent brillant et fier, d'une intelligence haute et qui va au grand, a une plume de laquelle on peut dire sans flatterie qu'elle ressemble souvent à une épée. Cette plume, si appréciée de ceux qui s'attachent à la véritable distinction, le sera également de tous le jour où lui-même il voudra bien consentir à en modérer les coups et les étincelles. La pensée, chez lui, naît tout armée, les images éclatent d'elles-mêmes : il n'a qu'à choisir et à en sacrifier quelques-unes pour faire aux autres une belle place, la place qui paraisse la plus naturelle.

Les deux amis nous promettent une édition prochaine des OEuvres de Maurice de Guérin : nous les engageons à ne plus tarder, et notre vœu, qui, nous le pensons, ne pourra qu'être partagé de ceux qui auront lu cet extrait, c'est qu'aux OEuvres du frère ils ajoutent la meilleure partie des pages que le présent volume, réservé à un trop petit nombre, renferme et fait de loin admirer.

Lundi, 31 mars 1856.

MÉMOIRES ET JOURNAL

DE L'ABBÉ LE DIEU

SUR LA VIE ET LES OUVRAGES DE BOSSUET

Publiés pour la première fois par M. l'abbé Guettée (1).

Combien de fois n'a-t-on pas cité les Mémoires manuscrits de l'abbé Le Dieu ! Tous ceux qui ont écrit sur Bossuet en ont fait un ample et continuel usage : M. de Bausset en a tiré des secours faciles pour son intéressant et agréable récit ; M. Floquet, dans les estimables et méritoires volumes si bien appréciés ici même (2) par M. Nisard, y a aussi puisé abondamment. Enfin, voici ces Mémoires, voici ce journal de Le Dieu qui paraissent ; et, avant tout, il faut remercier M. l'abbé Guettée d'avoir mis le public à même de s'en faire une exacte et complète idée. On aime aujourd'hui à revenir aux sources, et l'on se pique de former son jugement sur les pièces mêmes : il y aura toujours bien peu d'esprits, je le crois, qui prendront sérieusement cette

---

(1) Les deux premiers volumes ont paru (Didier, quai des Augustins, 35).

(2) Dans deux articles du *Moniteur*, des 10 et 24 décembre 1855.

peine, mais chacun aime du moins à se dire qu'il le peut.

S'il y a dans ces volumes quelques questions accessoires, étrangères à ce qui en doit faire le principal intérêt, je les laisserai de côté pour ne m'attacher qu'à la personne et au caractère de Bossuet même, et je tâcherai de marquer en quoi la publication présente ajoute à l'idée de ce grand homme et augmente ou modifie sur quelques points les notions qu'on a de lui.

Une première question et la plus naturelle est de savoir si ces Mémoires et ce Journal de l'abbé Le Dieu répondent à l'attente qu'on en avait et à ce que les fragments cités faisaient espérer. Je dirai tout d'abord qu'ils n'y répondent qu'en partie; mais, tels qu'ils sont, ils achèveront de déterminer avec précision, vérité, et sans exagération aucune, dans tous les esprits qui se laisseront faire, les traits de cette belle et juste figure de Bossuet. La grandeur, sur la fin, n'en souffre-t-elle pas un peu? je le crois; mais la bonté y gagne. On retrouve autre chose que ce qu'on savait déjà, mais qui le vaut bien.

Pourtant, distinguons d'abord : il y a deux espèces d'ouvrages de l'abbé Le Dieu sur Bossuet; il y a les Mémoires et le Journal. Les Mémoires, composés peu après la mort de Bossuet et tout d'une haleine, sont un récit large et animé, un tableau de la vie, des talents et des vertus du grand évêque. L'abbé Le Dieu, dans cet ouvrage, se soigne, et il écrit comme en vue du public; son style a de la facilité, du développement, des parties heureuses : on sent l'homme qui a vécu avec Bossuet et qui en parle dignement, avec admiration, avec émotion. Dans le Journal, au contraire, écrit pour lui seul et pour servir de matière à ses souvenirs, il se montre toujours rempli sans doute d'admiration et de respect pour le personnage auquel il appartient, mais son langage n'y aide pas ; ses révélations sont de toutes sortes et sans choix ; il y a des trivialités et des platitudes qu'on regrette de rencontrer. L'abbé Le Dieu était un ecclésiastique estimable, laborieux, auteur par lui-même de quelques ouvrages sur des matières théologiques ; il fut attaché à Bossuet à partir de l'année 1684, et resta auprès de lui près de vingt ans, les vingt dernières années de la vie du grand prélat, en qualité de secrétaire particulier et avec le titre de chanoine de son église cathédrale ; mais il ne faut point voir en lui auprès de Bossuet ce qu'était l'abbé de Langeron pour Fénelon : ce n'était point un ami, mais un domestique dévoué et fidèle. Ce n'était pas même un de ces familiers comme un Brossette ou un Boswell, devant lesquels on cause sans se gêner de toutes sortes d'opinions et d'affaires, sans compter que Bossuet n'était pas un homme de lettres, parlant ainsi à tout propos de ce qui l'occupait, et qu'il avait la discrétion grave du vrai docteur et du prélat. L'abbé Le Dieu, malgré les longues années qu'il resta auprès de Bossuet, n'entra donc jamais dans son intime confiance et ne reçut jamais de lui aucune confidence proprement dite ; il ne sut les choses importantes qu'au fur et à mesure, à force d'attention et après coup. Il *y avait l'œil*, comme il dit, il y mettait de la suite, et arrivait avec un peu de temps à tout bien savoir et à bonne fin. Il paraît s'être donné d'assez bonne heure ce rôle d'historiographe de Bossuet, et dans les dernières années il s'était fait purement et simplement son Dangeau. Son Journal proprement dit n'a guère d'autre caractère que celui de Dangeau, et de tels écrits, très-curieux pour la postérité, ont rarement pour effet de grandir les personnages qui en font les frais et dont on nous raconte jour par jour toutes les actions et toutes les fonctions.

Les Mémoires, qui, à la différence du Journal, sont d'une lecture pleine et aisée, nous montrent Bossuet dans sa généalogie et dans sa race, dans son enfance et son éducation première, dans sa croissance naturelle et continue. Si quelqu'un semblait né pour être prêtre au plus beau et au plus digne sens du mot, c'était bien Bossuet. Son enfance pure fut suivie d'une adolescence pieuse et d'une jeunesse déjà à l'avance consacrée. Éliacin n'eut qu'à grandir, à se continuer, pour devenir un Joad. L'étude des belles-lettres, qui l'occupait d'abord et où il excellait, se subordonna d'elle-même dans sa pensée dès qu'il eut jeté les yeux sur la Bible, ce qui lui arriva dans son année de seconde ou de rhétorique : ce moment où il rencontra et lut pour la première fois une Bible latine, et l'impression de joie et de lumière qu'il en ressentit, lui restèrent toujours présents, et il en parlait encore dans ses derniers jours; il en fut comme révélé à lui-même; il devint l'enfant et bientôt l'homme de l'Écriture et de la parole sainte. Les facultés merveilleuses qu'il avait reçues et qui se faisaient aussitôt reconnaître s'accoutumèrent sans aucun effort à trouver leur forme favorite et leur satisfaction dans les exercices graves qui remplissaient la vie d'un jeune ecclésiastique et d'un jeune docteur, thèses, controverses, prédications, conférences; il y mettait tout le sens et toute la doctrine, il y trouvait toute sa fleur. En voyant dans les Mémoires de l'abbé Le Dieu les traits qu'il a ressaisis et rassemblés de cette première vie et de ces premières études de Bossuet, à Dijon, puis au collège de Navarre, puis à Metz lorsqu'il y fut retourné, ce qui me frappe avant tout, c'est ce signe, ce caractère manifeste de l'âme et du génie du futur grand évêque, quelque chose de facile et de supérieur qui se prononce et prend position sans lutte, sans trouble, sans interruption comme sans empressement : c'est la vocation la plus directe qui se puisse concevoir, c'est l'âme la moins combattue qui fut jamais en si haute région. Il n'a pas cessé un seul jour, à ce qu'il semble, d'être dans son ordre et dans sa voie.

Les années de retraite et d'étude à Metz, et le fruit dont elles furent pour nourrir le talent de Bossuet, sont exprimés d'une manière sensible par l'abbé Le Dieu. Pénétré de la vérité et de la divinité de l'Écriture, Bossuet la lisait, la méditait sans relâche, et y versait, en l'interprétant toutes les richesses de sa jeune imagination et de son cœur. Avec la Bible il avait toujours aussi son saint Augustin présent, il le possédait à fond comme le grand réservoir des principes de la théologie, et celui de tous les Pères chez qui on est le plus sûr, en quelque difficulté que ce soit, de trouver « le point de décision. » Mais Bossuet, qui n'était pas seulement le docteur, mais l'orateur, ne séparait pas de son Augustin son saint Chrysostome ; il y apprenait les interprétations de la sainte Écriture les plus propres à la chaire, et s'y familiarisait avec ces tours nobles et pleins, avec ces tons incomparables d'insinuation « qui lui faisaient dire que ce Père était le plus grand prédicateur de l'Église. » —

« Il louait aussi Origène, nous dit l'abbé Le Dieu, ses heureuses réflexions et sa tendresse dans l'expression, dont il rapportait souvent cet exemple : « Qu'heureuses furent les tourterelles, dit Origène, « d'avoir été offertes (par la Vierge au jour de la Purification) pour « notre Seigneur et Sauveur ! Ne pensez pas qu'elles fussent sembla« bles à celles que vous voyez voler dans les airs; mais, sanctifiées « par le Saint-Esprit, qui descendit autrefois du ciel en forme de « colombe, elles ont été faites une hostie digne de Dieu. » M. de Meaux a pris d'Origène une infinité d'endroits aussi doux et aussi tendres, que l'on peut voir semés à toutes les pages du Commentaire de ce prélat sur le Cantique des Cantiques. Cette éloquence douce et insinuante a toujours été de son goût. »

Toute cette partie des Mémoires de Le Dieu, où il

parle de l'éloquence première de Bossuet et des études par lesquelles il la nourrissait, est d'un grand charme. Il n'avait pas été témoin, mais il avait vu et interrogé des témoins ; il avait fait parler le prélat lui-même : il écrit comme quelqu'un qui porte un sentiment d'enthousiasme et de vie dans ces choses d'autrefois qu'il veut rendre ; on a par lui le mouvement et comme le coloris de cette jeunesse de Bossuet. Dans toutes ces portions de son ouvrage, Le Dieu justifie bien les expressions par lesquelles il se définit lui-même à côté de Bossuet « un homme tout à lui, passionné pour sa gloire, et très-curieux de recueillir les moindres circonstances qui peuvent orner une si belle vie. » Il rachète par là ce qu'il y a d'un peu petit et d'un peu bas dans son Journal.

Les succès de Bossuet dans les chaires de Paris, lorsqu'il y vient faire des apparitions périodiques et assez fréquentes pendant ses années de résidence habituelle à Metz, sont peints avec une vivacité et avec une grâce qu'on ne s'attendrait pas à trouver dans un compte rendu de sermons : on y assiste à ce premier règne de la grande éloquence avant la venue de Bourdaloue. Ces discours si loués des contemporains et qu'ils s'accoutumaient à personnifier dans le mot du texte toujours heureusement choisi, ce *Depositum custodi*, prêché devant la reine mère, ce *Surrexit Paulus* de l'abbé Bossuet, comme on les appelait, nous deviennent présents et distincts, chacun avec sa physionomie particulière. Le sermon de *la Vocation*, fait en vue de confirmer la conversion de M. de Turenne (1668), était mentionné par les Carmélites, chez qui il fut prêché, comme un sermon d'une *exquise beauté*, et des explications des Épîtres faites à leur parloir vers le même temps sont données par elles comme ayant été d'un *beauté enchantée*. Qu'on remarque cette nuance d'éloges ; elle revient perpétuellement sous la plume de l'abbé Le Dieu, soit qu'il cite des témoins plus anciens que lui, soit qu'il parle de ce qu'il a entendu lui-même. C'est qu'en effet celui qu'on a appelé *l'Aigle de Meaux* était essentiellement remarquable comme orateur par un caractère de douceur et d'onction. Ses Oraisons funèbres, les plus lus de ses ouvrages oratoires, nous ont accoutumés à entendre surtout ses éclats et ses tonnerres, bien qu'il y ait telle de ces Oraisons funèbres (celle de la Princesse Palatine, par exemple) qui émeuve plus doucement et fasse pleurer; mais en général la première chose qu'on se figure quand on songe de loin à l'éloquence de Bossuet, ce sont les foudres. Son affaire et son duel théologique avec Fénelon, et la vigueur qu'il mit à le réfuter jusqu'au bout et à le confondre, n'ont pas nui à cette idée et l'ont fait même passer pour dur. Il ne l'était pas du tout ailleurs. Dans cette affaire de Fénelon, Bossuet fit son office de *docteur* et de gardien incorruptible de la vérité : c'est un aspect différent et non moins essentiel de ce grand esprit, de cette âme toute sacerdotale de Bossuet. Nous ne parlons en ce moment que de *l'orateur*. Après tous les témoignages rassemblés par Le Dieu, il n'y a plus moyen d'en douter, le caractère ordinaire des discours de Bossuet, tels qu'il les faisait avec une grande abondance de cœur et une appropriation vive de chaque parole à son auditoire, c'était d'être *touchants*, d'ouvrir les cœurs de tous comme il y ouvrait le sien, de faire couler les larmes, de persuader enfin, grand but de l'orateur. « Comment faites-vous donc, monseigneur, pour vous rendre si touchant? lui disaient mesdames de Luynes, ces deux nobles et saintes religieuses de Jouarre, après l'avoir entendu; vous nous tournez comme il vous plaît, et nous ne pouvons résister au charme de vos paroles. » Je ne m'explique tout à fait bien que depuis que j'ai lu l'abbé Le Dieu, la célèbre phrase qui termine l'Oraison funèbre du prince de Condé, et dans laquelle, avant d'avoir atteint soixante ans, Bossuet semble renoncer pour jamais aux pompes de l'éloquence. C'est qu'il ne veut renoncer en effet ce jour-là qu'aux pompes et non à la parole, et à tout ce qu'elle avait de salutaire et d'efficace dans sa bouche de pasteur. Bossuet aimait mieux prêcher la parole de Dieu toute simple et toute nue que de prononcer des Oraisons funèbres : « Il n'aimait pas naturellement, a dit Le Dieu, ce dernier travail qui est peu utile, quoiqu'il y répandît beaucoup d'édification. » Sentant donc que ce déploiement et cet appareil d'éloquence solennelle le fatiguait en pure perte et ne tournait guère qu'en réputation et en gloire, il aurait cru faire tort à son troupeau que de s'y prêter plus longtemps, et, après ce dernier devoir de reconnaissance payé à la mémoire d'un prince dont l'amitié l'y obligeait, il déclara publiquement de ce côté sa carrière close, réservant désormais toute sa source vive pour des usages comme domestiques et familiers.

Il était à cet âge dont parle Cicéron, et où l'Orateur romain a dit que son éloquence elle-même se sentait blanchir (*quum ipsa oratio jam nostra canesceret*) ; il avait hâte d'en employer toute la maturité et la douceur pour la famille chrétienne qui lui avait été donnée.

Il s'était engagé à prêcher à Meaux toutes les fois qu'il officierait pontificalement, « et jamais, dit Le Dieu, aucune affaire, quelque pressée qu'elle fût, ne l'empêcha de venir célébrer les grandes fêtes avec son peuple et lui annoncer la sainte parole. » Dans ces circonstances, « on voyait un père, et non pas un prélat, parler à ses enfants, et des enfants se rendre dociles et obéissants à la voix du père commun. »

Bossuet avait tous les genres d'éloquence ; et cette

facilité merveilleuse d'une parole née de source et si nourrie d'étude et de doctrine, les occasions de toutes sortes qu'il eut de bonne heure dans les emplois du sacerdoce pour appliquer ces dons de nature et en distribuer les fruits, expliquent jusqu'à un certain point cette satisfaction tranquille, cette stabilité précoce d'un esprit qui sent qu'il n'a qu'à continuer et suivre sa marche droite, et qu'il est dans le chemin qui mène à Jérusalem.

Il y a dans les Mémoires de l'abbé Le Dieu une douzaine de pages, entre autres, que je recommande : ce sont celles (109-121) dans lesquelles il raconte, d'après Bossuet lui-même et pour l'avoir entendu plusieurs fois à ce sujet, la manière dont ce grand orateur concevait l'éloquence de la chaire et la pratiquait. Ces pages, où il entre évidemment plus de Bossuet que de l'abbé Le Dieu, sont égales, sinon supérieures, à tout ce que l'abbé Maury a dit de mieux sur la Rhétorique du genre; et elles vont se joindre, dans une bibliothèque raisonnée et bien composée, à ce qu'on lit de plus vivant dans les grandes parties du *De Oratore* de Cicéron, et aux *Dialogues* de Fénelon *sur l'Eloquence*. Nous y apprenons en quoi consistait la manière ordinaire essentielle à Bossuet, et en quoi elle différait notablement de celle de Bourdaloue, ou même de Massillon. Ces grands orateurs composaient leurs sermons et les apprenaient, les récitaient avec plus ou moins d'art ou de naturel : le discours qu'ils savaient le mieux par cœur était celui qu'ils disaient le mieux et qui souvent aussi produisait le plus d'effet. La méthode ou, pour mieux dire, le procédé de Bossuet était autre, non pas qu'il ne lui arrivât sans doute de répéter le même discours; il y en a qu'on lui redemandait d'une année à l'autre; mais, dans ce cas encore, il est douteux qu'il les récitât exactement de même. D'ailleurs, et dans l'habitude de son éloquence, il prêchait *de génie*, c'est-à-dire qu'il improvisait autant qu'on peut improviser en de telles matières. Écoutons l'abbé Le Dieu, ou plutôt Bossuet lui-même, dont Le Dieu n'est sensiblement ici que l'interprète et le secrétaire :

« La considération actuelle des personnes, du lieu et du temps, le déterminait sur le choix du sujet. Comme les saints Pères, il accommodait ses instructions ou ses répréhensions à des besoins présents ; c'est pourquoi le long d'un Avent ou d'un Carême il ne pouvait se préparer que dans l'intervalle d'un sermon à l'autre. Aussi ne s'est-il point chargé de ces grands Carêmes où l'on prêche tous les jours ; il aurait succombé au travail et se serait épuisé, tant son application était grande et sa prononciation vive ! Au travail, il jetait sur le papier son dessin, son texte, ses preuves, en français ou en latin indifféremment, sans s'astreindre ni aux paroles, ni au tour de l'expression, ni aux figures : autrement, lui a-t-on ouï dire cent fois, son action aurait langui et son discours se serait énervé.

« Sur cette matière informe il faisait une méditation profonde dans la matinée du jour qu'il avait à parler, et le plus souvent sans rien écrire davantage, pour ne se pas distraire, parce que son imagination allait bien plus vite que n'aurait fait sa main.

« Maître de toutes les pensées présentes à son esprit, il fixait dans sa mémoire jusqu'aux expressions dont il voulait se servir, puis, se recueillant l'après-dînée, il repassait son discours dans sa tête, le lisant des yeux de l'esprit, comme s'il eût été sur le papier ; y changeant, ajoutant et retranchant comme l'on fait la plume à la main. Enfin monté en chaire, et dans la prononciation, il suivait l'impression de sa parole sur son auditoire, et soudain, effaçant volontairement de son esprit ce qu'il avait médité, attaché à sa pensée présente, il poussait le mouvement par lequel il voyait sur le visage les cœurs ébranlés ou attendris. »

Telle était l'*improvisation méditée* d'où Bossuet tira ses premiers miracles et à laquelle il resta fidèle dans tout le cours de ses homélies pastorales. Bossuet, à la différence de Bourdaloue ou de Massillon, n'a donc jamais répété ni le même Carême ni le même Avent ; il se renouvelait sans cesse, il s'appropriait sans relâche ; il était incapable de monotonie, d'uniformité, même en parlant de ce qui ne varie pas ; il voulait dans ses instructions les plus régulières une fraîcheur de vie toujours présente, toujours sensible; rien du métier; il voulait l'action, l'émotion toute sincère; il fallait que toute son âme, son imagination, émues de l'Esprit d'en haut, y trouvassent leur place et à se répandre chaque fois; il ne pouvait souffrir dans l'orateur sacré que toutes ses paroles et ses mouvements fussent à l'avance réglés et fixés ; ce n'était plus verser la source d'eau vive.

Chose remarquable! même quand il composait les oraisons funèbres « où il entre beaucoup de narratifs à quoi il n'y a rien à changer, » ou des discours de doctrine dans lesquels l'exposition du dogme doit être nette et précise, « il écrivait tout, nous dit Le Dieu, sur un papier à deux colonnes, avec plusieurs expressions différentes des grands mouvements, mises l'une à côté de l'autre, dont il se réservait le choix dans la chaleur de la prononciation, pour se conserver, disait-il, la liberté de l'action en s'abandonnant à son mouvement sur ses auditeurs et tournant à leur profit les applaudissements mêmes qu'il en recevait. »

Ainsi Bossuet, quand il était obligé d'écrire à l'avance, se réservait du moins la chance d'une expression double; il gardait toujours une ou deux voiles libres, ouvertes, pour le vent soudain du moment. C'est de la sorte que dans sa bouche le *récité* même gardait du mouvement et avait de l'effet de l'improvisation. Le pli du manteau flottait au naturel et selon le geste.

L'abbé Le Dieu nous montre Bossuet à Meaux avant de monter en chaire, et après qu'il en est descendu. Quel tableau expressif, et qu'un peintre de sainteté en eût fait deux beaux pendants! Les jours de sermon, après avoir arrêté ses idées dans son cabinet en relisant l'Écriture ou saint Augustin, le grand et inépuisable réceptacle de doctrine chrétienne, il n'avait plus qu'à se tenir ensuite dans une douce méditation et une prière

continuelle, avec recueillement, pendant l'office divin, »
et, après quelques minutes où il s'enfermait encore avant
de monter en chaire, il commençait à proférer son âme
par ses lèvres, et le fleuve n'avait plus qu'à couler. Un
jour, « dans le Carême de 1687, à Meaux, prêt à aller
à l'église de Saint-Saintin expliquer le Décalogue, je le
vis, dit Le Dieu, M. l'abbé Fleury présent, prendre sa
Bible pour s'y préparer, et lire à genoux, tête nue, les
chapitres XIX et XX de l'Exode; s'imprimer dans la
mémoire les éclairs et les tonnerres, le son redoublé de
la trompette, la montagne fumante et toute la terreur
qui l'environnait, en présence de la majesté divine;
humilié profondément, commençant par trembler lui-
même afin de mieux imprimer la terreur dans les cœurs
et enfin y ouvrir les voies à l'amour. » — Puis quand
il avait fini, et comme pour se mettre à l'abri de l'ap-
plaudissement, il rentrait aussitôt chez lui et s'y tenait
caché, « rendant gloire à Dieu lui-même de ses dons et
de ses miséricordes, sans dire seulement le moindre
mot, ni de son action ni du succès qu'elle avait eu; et
la remarque qu'on fait à ce propos, ajoute Le Dieu, est
un caractère vrai et certain, car il en usait de même dans
toutes les autres occasions. » Il ne se considérait que
comme un organe et un canal de la parole, heureux s'il
en profitait tout le premier et aussi bien que les autres,
mais ne devant surtout point s'en enorgueillir!

C'est en vertu du même principe de modestie, et de
juste et rigoureuse distinction entre l'homme et le talent
qu'au lit de mort et dans sa dernière maladie, comme
le curé de Vareddes lui exprimait son étonnement qu'il
voulût bien le consulter, lui à qui Dieu avait donné de
si grandes et si vives lumières, il répondait : « Détrom-
pez-vous, il ne les donne à l'homme que pour les autres
le laissant souvent dans les ténèbres pour sa propre
conduite. »

Nous savons de nos jours, et par toutes sortes d'expériences, ce que c'est que l'homme de lettres livré à lui-même, dans toute la liberté et la verve de son caprice et de son développement; nous savons ce qu'il est, même dans le cas où il se combine avec l'écrivain religieux et où il le complique par des susceptibilités sans nom. Et quel plus grand exemple de cette complication que celui de l'auteur du *Génie du Christianisme*, de cet illustre et incurable Chateaubriand ! Nous avons vu également ce qu'est l'homme de lettres dans son mélange avec le prêtre, avec celui qui se glorifiait de ce caractère sacré et qui se flattait d'en toujours porter haut la marque; nous avons vu tout ce que cet élément trop littéraire, cette trop grande activité et cette fièvre d'écrivain, a de périlleux et de dissolvant, surtout dans un siècle sans calme, au sein d'une atmosphère échauffée où tout excite et enflamme. Et quel plus grand exemple, et plus significatif, que celui de M. de La Mennais !

Bossuet n'a rien d'un homme de lettres dans le sens ordinaire de ce mot; ayant de bonne heure connu ces triomphes de la parole qui ne laissent rien à désirer en satisfactions immédiates et personnelles (s'il avait été disposé à les savourer), s'étant dès sa jeunesse senti de niveau avec la haute renommée qui lui était due, naturellement modéré, et avec cela habitué à tout considérer du degré de l'autel, on ne le voit rechercher en rien les occasions de se produire par la plume et de briller. Bossuet n'est pas un auteur, c'est un évêque et un docteur. Il n'écrit pas pour écrire, il n'a nulle démangeaison d'être imprimé ; il n'écrit généralement que forcé par quelque motif d'utilité publique, pour instruire ou pour réfuter, et si le motif cesse, il supprime ou du moins il met dans le tiroir son écrit. « Il n'y avait de grand à ses yeux que la défense de l'Église et de la religion. » Tel il nous apparaît de plus en plus dans le tableau de l'abbé Le Dieu, et tel il sera jusqu'à sa mort.

Les années où il fut précepteur du Dauphin, et où il se remit à toutes les études humaines sous prétexte de les lui enseigner, furent celles où il s'occupa le plus des Belles-Lettres proprement dites. On l'y voit relisant Virgile et lisant Homère avec un enthousiasme tout particulier. L'abbé Le Dieu n'a peut-être pas sur ces points toute l'exactitude et la connaissance de détail qu'on désirerait : ce qui du moins reste bien manifeste, c'est que la littérature profane, en prenant alors une grande place dans les études de Bossuet, n'y envahit rien, n'y empiète point sur le reste ; elle a ses limites arrêtées à l'avance : bien qu'on nous dise qu'il lui arrivait quelquefois de réciter des vers d'Homère en dormant, tant il en avait été frappé la veille, il n'éprouva jamais dans ces sortes de lectures cette légère ivresse poétique qui, dans l'âme et l'imagination séduite de Fénelon, se produira par le *Télémaque*. Bossuet, en un mot, reste de tout temps l'homme de la parole de Dieu ; il l'aime, il n'aime qu'elle essentiellement. Isaïe, les Prophètes, les Psaumes, même le Cantique des Cantiques, voilà ses lectures de prédilection et à jamais chères, voilà sur quoi il aimera vieillir et mourir : *Certe in his consenescere, his immori, summa votorum est.* C'est là son *Hoc erat in votis*, et en vieillissant il n'admettra pas de diversion à cette occupation finale, et à ses yeux la seule digne du sanctuaire.

On ne se lasse pas de repasser devant cette grande figure, qui offre la plus juste proportion avec l'époque où elle parut et où l'on peut dire qu'elle régna. Bossuet, en toute sa vie, marche à visage découvert, et rien de lui, rien de ses actions ni de sa pensée n'est dans l'ombre ; il fut en tout le contraire des opinions et des méthodes particulières ; il fut l'homme public des grandes institutions et de l'ordre établi, tantôt l'organe, tantôt l'inspirateur, tantôt le censeur accepté de tous, ou le conciliateur et l'arbitre. Il est naturellement l'homme le plus considérable d'alors dans l'ordre catholique et gallican, et partout où prévalait la parole; et cette parole nous a été transmise presque dans toute sa beauté : que faut-il de plus? M. de Maistre a appelé quelque part Bossuet une des *religions françaises :* et l'on conçoit très-bien en effet qu'il soit devenu cela. La vraie critique, à son égard, ramène à cette conclusion, à cette consécration, et, après plus d'un circuit et d'un long tour, elle aboutit au même point que l'admiration la moins méditée. — Je n'ai rendu aujourd'hui que l'impression générale que laisse la lecture des Mémoires de l'abbé Le Dieu; il me reste à parler de son Journal, qui donne une impression moins nette, moins agréable, mais qui en définitive ne permet pas de tirer un jugement différent. C'est ce qu'il n'est pas inutile de montrer.

Lundi, 14 avril 1856.

MÉMOIRES ET JOURNAL

DE L'ABBÉ LE DIEU

SUR LA VIE ET LES OUVRAGES DE BOSSUET

Publiés pour la première fois par M. l'abbé Guettée.

(SUITE ET FIN)

Bossuet eut pour ami particulier durant toute sa vie, pour auxiliaire affectionné et constant dans toutes les questions de doctrine, de foi, de morale et de discipline de l'Église, un homme bien digne en tout de cette relation étroite et de cette intimité : l'abbé Fleury fut ce premier lieutenant modeste, ce véritable second de Bossuet et comme son abbé de Langeron. Cela paraît bien d'après les Mémoires et le Journal de Le Dieu. Maintes fois il y est dit que Bossuet fit tel acte, ou dicta tel écrit, ou donna telle conclusion, *M. l'abbé Fleury présent*. L'abbé Fleury, qui était de treize ans plus jeune que le grand prélat, avait été l'un de ses disciples au début de la carrière ecclésiastique. Dans les années où l'abbé Bossuet, lié avec les prêtres de la Mission, avec saint Vincent de Paul et avec son successeur, faisait à Saint-Lazare les entretiens ou conférences pour l'ordination des jeunes prêtres, soit à Pâques, soit à la Pentecôte, les ordinands choisissaient de préférence le temps où il devait faire ces instructions pour se préparer aux Ordres, et Fleury fut de ce nombre; lorsqu'il quitta la profession d'avocat pour embrasser la prêtrise, il voulut être un des fruits de cette excellente parole de Bossuet. Toute sa vie, on peut dire qu'il le suivit de près et le côtoya : également attaché à l'éducation de jeunes princes, plus tard reçu sous ses auspices à l'Académie française, il le retrouvait à Versailles, il le visitait fréquemment à Meaux et à Germigny. Dans la dernière année et quand la maladie déjà mortelle retenait Bossuet à Paris, il l'y venait voir, passait avec lui plusieurs heures, lui lisant l'Évangile et lui en parlant : entretiens doux et graves, élevés et purs, entre ces deux chrétiens si à l'unisson ; c'est là ce qu'on aimerait à entendre et à connaître ; mais Le Dieu ne nous donne que le titre de l'entretien. L'âme, l'esprit de l'abbé Fleury semblent avoir été pris de tout point sur la mesure de Bossuet et tempérés selon des degrés pareils, avec la différence du sage au grand. Un homme de large et vive conception, montrant un jour à quelqu'un sa bibliothèque, qu'il avait fort belle, arrivé devant les écrivains ecclésiastiques du règne de Louis XIV, s'écria : « Fleury à côté de Bossuet ; et pourtant quelle distance! mais *il n'y a rien entre deux.* » Jugement parfait et qui caractérise bien Fleury ! Ce ne serait pas ici le lieu toutefois d'appliquer à la rigueur le mot de Quintilien, qu'on n'est pas nécessairement le second pour venir le plus proche après quelqu'un, *aliud proximum esse, aliud secundum.* Je sais des hommes d'étude et de lecture approfondie qui placent Fleury très-haut, plus haut qu'on n'est accoutumé à le faire aujourd'hui, qui le mettent en tête du second rang; ils disent « que ce n'est sans doute qu'un écrivain estimable et du second ordre, mais que c'est un esprit de première qualité; que ses *Mœurs des Israélites et des Chrétiens* sont un livre à peu près classique; que son *Traité du choix et de la méthode des Études*, dans un cadre resserré, est plein de vues originales, et très-supérieur en cela à l'ouvrage plus volumineux de Rollin; que son *Histoire du Droit français*, son *Traité du Droit public de France*, renferment tout ce qu'on sait de certain sur les origines féodales, et à peu près tout ce qu'il y a de vrai dans certains chapitres des plus célèbres historiens modernes, qui n'y ont mis en sus que leurs systèmes et se sont bien gardés de le citer; que Fleury est un des écrivains français qui ont le mieux connu le moyen-âge, bien que peut être, par amour de l'antiquité, il l'ait un peu trop déprécié; que cet ensemble d'écrits marqués au coin du bon sens et où tout est bien distribué, bien présenté, d'un style pur et irréprochable, sans une trace de mauvais goût, sans un seul paradoxe, atteste bien aussi la supériorité de celui qui les a conçus. » Pour moi, c'est plutôt la preuve d'un esprit très-sain. Quoi qu'il en soit, Fleury paie aujourd'hui la peine de n'avoir pas de relief dans la forme, et de n'avoir pas mis dans un jour frappant ses pensées. Bien qu'il ait vécu à côté de Bossuet, il n'en a reçu aucun rayon pour l'expression, et sa manière de dire se passe toute dans l'ombre. Mais c'est lui pourtant qu'on aurait voulu entendre, et lire sur l'intérieur et la familiarité de Bossuet; c'est à lui qu'il eût été séant plus qu'à aucun autre d'en parler. Quel portrait juste, vrai, bien proportionné, il en eût tracé ! car si son talent n'était en rien de la même famille que celui de Bossuet, son esprit du moins était bien parent de ce grand esprit et de ce grand sens, et son cœur lui était tendrement attaché.

Contentons-nous, il le faut bien, du Journal de Le Dieu. Il y a dès les premières pages un jugement assez curieux de Bossuet sur les débuts de Massillon comme prédicateur ; on y lit :

> « Le premier dimanche de l'Avent (novembre 1699), M. de Meaux n'entendit pas le sermon du Père Massillon de l'Oratoire, de crainte du froid. La grande réputation de ce prédicateur après son premier Carême à Paris lui mérita de passer de plein saut de la chaire des Pères de l'Oratoire de la rue Saint-Honoré à celle du château de Versailles. On ne trouva pas son mérite digne de sa réputation : son premier discours, qui était contre les libertins, et qu'il avait, dit M. de Meaux, assez mal amené à l'évangile du jour, parut faible : on loua sa piété et sa modestie, sa voix douce, son geste réglé, jusqu'à lui accorder, contre l'avis de quelques-uns, la grâce de l'élocution : on trouva de la politesse dans son discours, des termes choisis et de l'onction : il fut très-bien écouté, et le Roi et la Cour en furent édifiés. M. de Meaux donna la sainte communion à Madame de Bourgogne le soir de la Conception, et entendit le nouveau prédicateur la même fête. Il en jugea ce que je viens de dire, et en un mot que cet orateur, bien éloigné du sublime, n'y parviendrait jamais. »

Si nous n'y prenons garde, et sans être Bossuet, nous faisons tous un peu comme Bossuet : nous sommes volontiers négatifs à l'égard de ceux qui viennent après nous, nous sommes un peu prompts à déclarer qu'ils n'auront jamais telle ou telle qualité. En un mot, jeunes et en entrant dans la vie, on prend surtout les grands écrivains, orateurs ou poëtes régnants, avec enthousiasme, par leurs qualités : vieux, on prend surtout les survenants et successeurs par leurs défauts. C'est à quoi l'on est d'abord le plus sensible ; leurs défauts nous sautent aux yeux, leurs qualités ne viennent qu'après.

Cette espèce de prévention de Bossuet, peu favorable à Massillon, dura encore quelque temps. Ayant entendu le 8 décembre 1700, jour de la Conception, le sermon du Père Maure de l'Oratoire prêché aux Récollets de Versailles, « notre prélat en a loué, dit Le Dieu, la pureté du style, la netteté, les tours insinuants et pleins d'esprit; mais il n'y a trouvé ni sublimité ni force; il le tient même au-dessous de son confrère le Père Massillon. » Mais ce n'est pas un jugement définitif, et l'on voit que, le vendredi 4 mars 1701, « il entendit à Versailles le sermon de la Samaritaine prêché par le Père Massillon, dont il fut très-content. »

Toutefois, il reste vrai pour nous que Bossuet et Massillon ne sont pas tout à fait de la même école d'éloquence sacrée, Bossuet étant de ceux qui y veulent à chaque instant la parole vive, et Massillon au contraire disant, quand on lui demandait quel était son meilleur sermon : « Mon meilleur sermon est celui que je sais le mieux. »

Les jugements de Bossuet sur Fénelon sont encore plus sévères, et ils sont décidément injustes. On les voudrait taire, mais puisque Le Dieu nous les a transmis, nous ne pouvons plus les ignorer :

« Le samedi au soir (23 janvier 1700, Bossuet étant à Versailles), il fut fort parlé de *Télémaque*. Dès qu'il parut et qu'il en eut vu le premier tome, il le jugea écrit d'un style efféminé et poétique, outré dans toutes ses peintures, la figure poussée au delà des bornes de la prose et en termes tout poétiques. Tant de discours amoureux, tant de descriptions galantes, une femme qui ouvre la scène par une tendresse déclarée et qui soutient ce sentiment jusqu'au bout, et le reste du même genre, lui fit dire que cet ouvrage était indigne non-seulement d'un évêque, mais d'un prêtre et d'un chrétien... Voilà ce que M. de Meaux pensa de ce *roman* dès le commencement; car ce fut là d'abord le caractère de ce livre à Paris et à la Cour, et on ne se le demandait que sous ce nom : *le roman de M. de Cambray*. »

Et le dimanche 14 mars de la même année :

« Il paraît une nouvelle Critique de *Télémaque*, meilleure que la précédente, où le style, le dessein et la suite de l'ouvrage, tout enfin est assez bien repris, et dont on ignore l'auteur. Comme j'en faisais la lecture, j'ai dit que j'avais Sophronyme (les *Aventures d'Aristonoüs*) et les *Dialogues* (*des Morts*), que je trouvais d'un style plus supportable que *Télémaque*. « Il est vrai, dit M. de Meaux, mais aussi ce

« style est-il bien plat ; et pour les *Dialogues*, ce sont des injures
« que les interlocuteurs se disent les uns aux autres. »

Ici c'est l'antipathie de nature et de talent qui se prononce par la bouche de Bossuet, et qui s'aiguise, à son insu, d'humeur et des souvenirs invétérés de la lutte. Bossuet avait en lui, dans sa mâle et ferme parole et jusque dans ses fortes tendresses, quelque chose qui devait lui faire goûter médiocrement, en effet, cette qualité traînante, agréable et un peu amollie qui plaît tant à d'autres chez Fénelon, chez Massillon, et qu'aura plus tard aussi Bernardin de Saint-Pierre. Bossuet était tout à fait exempt de ce léger paganisme littéraire auquel continuait de sacrifier le talent de Fénelon dans sa grâce restée adolescente ; il n'était pas homme, même au sortir d'une lecture de *l'Odyssée*, à s'asseoir en souriant dans la grotte des Nymphes. Voilà le vrai de ces jugements, un vrai tout relatif ; en s'exprimant d'une manière si crue, Bossuet cédait trop à ses répugnances instinctives et abondait, comme on dit, dans son propre sens. Quant à ce qui est dit, en un autre endroit du Journal, de plus fort et de plus dur encore contre Fénelon, que Bossuet « *tranche avoir été toute sa vie un parfait hypocrite,* » ce sont de ces paroles regrettables qui peuvent échapper dans le laisser-aller d'un tête-à-tête familier, et que celui même qui les a prononcées ne reconnaîtrait pas s'il les voyait produites au grand jour : faiblesses et traces de l'humanité, qu'il est fâcheux que Le Dieu ait recueillies et qu'il ait comme trahies en les révélant.

Au reste, le même abbé Le Dieu les rétractera pour sa part ces messéantes paroles, autant qu'il sera en lui ; car Bossuet mort, et peu de mois après, ayant eu l'occasion de faire un voyage à Cambrai, il fut séduit, il fut charmé comme tous ceux qui approchaient de l'aimable et de l'édifiant archevêque; et ce même homme qui avait couché dans son Journal ce que, par égard pour Bossuet même, on en voudrait effacer, écrivait à madame de La Maisonfort, en racontant tout ce qu'il avait ouï et vu de la vénération unanime partout acquise à Fénelon :

« Mais je m'en tiens à ce que j'ai vu dans Cambrai, où tout est à ses pieds : on est frappé de la magnificence de sa table, de ses appartements et de ses meubles ; mais, au milieu de tout cela, ce qui touche bien davantage, c'est la modestie et, à la lettre, la mortification de ce saint prélat. L'opulence de sa maison est pour la grande place qu'il remplit et pour des bienséances d'état; ce sont des dehors qui l'environnent; mais, dans sa personne, tout est simple et modeste comme auparavant; ses manières même et ses discours sont, comme autrefois, pleins d'affabilité ; c'est, en effet, la même personne que j'ai eu l'honneur de pratiquer à Germigny, il y a dix-sept ou dix-huit ans et plus... Jugez si je suis content de mon voyage! ce n'est pas seulement les honneurs de la réception qui m'ont charmé, et dont je conserverai toute ma vie le souvenir avec la reconnaissance, mais c'est bien plus ce beau modèle des prélats en qui j'ai vu et admiré plus de choses que la réputation ne m'en avait appris. Aussi suis-je revenu avec une plus grande envie qu'auparavant de retourner quelque jour, s'il plaît à Dieu, et si je puis en obtenir la permission, pour en apprendre davantage. »

Voilà l'effet que produisait à première vue Fénelon sur celui qui admirait le plus Bossuet, et qui sortait de passer vingt années auprès de lui.

A la date où le Journal de Le Dieu commence, Bossuet est âgé de soixante et onze ans et n'a plus que trois ans et demi à vivre. Sa santé est affaiblie, et il est obligé à beaucoup de soins; toutefois il travaille et travaillera jusqu'à la fin; il entreprend des réfutations, il conseille et presse des condamnations de doctrines ; il pousse et stimule par son zèle les prélats les plus influents, se chargeant du principal en toute chose et souffrant que, si les honneurs en sont aux autres, la charge roule en effet sur lui. Il est bien celui, en un mot, duquel Saint-Simon a dit que « ses grands travaux faisaient encore honte, dans une vieillesse si avancée, à l'âge moyen et robuste des évêques, des docteurs et des savants les plus instruits et les plus laborieux. »

L'Assemblée du Clergé de 1700, tenue à Saint-Germain-en-Laye, fut une dernière arène où se déploya cette activité vigoureuse de Bossuet. On y voit bien son procédé habituel et son rôle. Bossuet n'en est pas le président, mais il en est l'âme. Bon nombre d'archevêques et de prélats de cour eussent été d'avis, et pour aller plus vite et pour ne se brouiller avec personne, de ne s'occuper dans cette réunion que des affaires temporelles du Clergé, de ses comptes et de son budget, comme nous dirions. Telle n'est pas la doctrine de Bossuet, qui remontre dès le premier jour à l'Assemblée qu'elle a tout pouvoir de s'occuper des questions de doctrine, et qu'il est séant qu'elle le fasse; que c'est l'usage, la tradition constante, « et que jamais les évêques ne se sont trouvés réunis pour quelque sujet que ce fût, pour la conservation des églises, pour le sacre des évêques leurs confrères, ou dans tout autre cas, qu'il n'en aient pris occasion de traiter des affaires spirituelles de leur ministère, suivant les occurrences et les besoins présents. » L'Assemblée, dès ce moment où Bossuet a parlé, et sous l'impression de cette grave remontrance, se trouve conduite, bon gré mal gré, à faire acte de concile, et tous les évêques, même ceux qui diffèrent avec lui d'opinion, lui accordent la louange d'avoir parlé comme un apôtre et un Père de l'Église. Ce que Bossuet désire et réclame, c'est qu'on renouvelle les condamnations contre la morale relâchée et les Casuistes, déjà si flétris mais non découragés, contre le Quiétisme et aussi contre le Jansénisme, frappant ainsi les extrêmes à droite et à gauche, et les raffinés en fausse sublimité, épargnant d'ailleurs les personnes,

et sans désigner aucun nom ; car il n'en veut qu'aux
choses, à ce qui lui semble l'erreur. Dans cette Assemblée, et à ne voir que les dehors, Bossuet est primé
par d'autres : l'archevêque de Reims, Le Tellier, veut
être président en titre, sauf (quand il est nommé) à
dire partout de M. de Meaux : « C'est mon président. »
Bientôt l'archevêque de Paris, Noailles, est promu au
cardinalat et devient le président titulaire à son tour.
Si le public avait nommé, c'eût été Bossuet qui eût été
proclamé cardinal tout d'une voix. Chacun le dit, mais
lui ne vise qu'au principal, au triomphe de la doctrine ;
il conseille et inspire M. de Noailles comme il avait
fait pour Le Tellier : « Il va droit au bien en tout et
partout, sans écouter les dégoûts qu'il peut avoir, ni
se laisser arrêter par les difficultés qui se présentent. »

Il a besoin d'agir directement auprès de madame de
Maintenon pour obtenir d'elle et de son influence sur
le roi que le Père de La Chaise ne soit point écouté ;
car il s'agit de condamner des doctrines chères aux
amis et confrères du père de La Chaise. Madame de
Maintenon appuie Bossuet, et s'honore en l'appuyant ;
l'accord entre eux est parfait ; leurs deux bons sens
font alliance et se soutiennent.

On est d'avis à l'Assemblée d'exclure le second Ordre,
c'est-à-dire les abbés, dans les délibérations concernant la foi et la morale, de ne leur laisser que la voix
consultative et non la voix délibérative et le vote : de
là grande rumeur. Ce second Ordre, en partie composé
d'abbés de qualité, des Louvois, des Caumartin, des
Pomponne, se récrie et est près de s'insurger contre les
évêques. Un neveu de Bossuet, l'abbé Bossuet, plus tard
évêque de Troyes, et qui n'était pas digne en tout de
son oncle, est des plus vifs à résister, à protester, et à
vouloir organiser le parti des mécontents. Il faut que
Bossuet le lui défende, et lui impose plus de modéra-

tion et le retenue, sans l'obtenir jamais qu'à demi. Tout ce second Ordre, au reste, reconnaissait volontiers Bossuet pour son chef et son oracle, et, pour peu qu'il eût fait un signe, lui eût servi d'armée et de cortége.

Ainsi ayant affaire à la morgue des uns, à la mauvaise humeur et à la pétulance des autres, ayant à compter avec la politique des prélats, avec le formalisme des docteurs, Bossuet, sans amour-propre, sans impatience, poursuit son dessein, fait toutes les concessions nécessaires, écarte et tourne les obstacles, et n'a de cesse qu'il n'ait obtenu la condamnation des 127 propositions tant molinistes que jansénistes, maintenant par là l'Église de France dans la voie qui lui semble celle de la rectitude et du sage milieu.

Mais on dira : A cette date de 1700, à ce seuil du dix-huitième siècle, était-ce bien là qu'était le danger? et par cette condamnation si bien conduite, si savamment combinée, Bossuet ne montre-t-il pas qu'il était plus théologien que prophète, et qu'il regardait plus en arrière ou à ses pieds qu'il ne voyait en avant?

Il est certain que par ces condamnations en partie rétrospectives, l'Assemblée de 1700 ne faisait que confirmer et terminer en quelque sorte le programme ecclésiastique de la dernière moitié du siècle, qu'elle ne s'attaquait qu'à des doctrines déjà frappées et bientôt stériles, bien qu'elles eussent encore des racines vivaces, et qu'elle n'obviait en rien (et ce ne pouvait être son rôle) à ces autres doctrines bien autrement dangereuses qui s'insinuaient partout et qui étaient à la veille de se démasquer. Bossuet toutefois, d'après le Journal de l'abbé Le Dieu, ne nous paraît point avoir été sans des prévisions plus sérieuses et plus longues. Il écrivait le 11 décembre 1702 à Fleury, non pas à l'abbé, mais à l'évêque de Fréjus, le futur premier ministre de

Louis XV, « que l'esprit d'incrédulité gagnait toujours dans le monde; qu'il se souvenait lui en avoir souvent entendu faire la réflexion ; que c'était encore pis à présent, puisqu'on se servait même de l'Évangile pour corrompre la religion des peuples. » Les travaux critiques de Richard Simon sur l'Ancien et le Nouveau Testament, ses interprétations tout historiques et hardies sous forme littérale, et les explications philosophiques qui y étaient en germe, lui firent surtout pousser le cri d'alarme et l'occupèrent durant toutes ses dernières années : il travailla jusqu'au dernier moment à le réfuter, à le faire condamner, à faire supprimer ses livres par l'autorité ecclésiastique et séculière. Dans l'ordre social où il vivait, et dans ce cadre religieux-politique dont il était l'un des liens, si Bossuet se fût montré tolérant comme nous l'entendons aujourd'hui et comme cela eût convenu à Bayle, c'est qu'il eût été plus ou moins indifférent. On assure qu'en décembre 1702, en apprenant l'Ordonnance de M. de Meaux contre son dernier livre (*la traduction du Nouveau Testament*, imprimée à Trévoux), Richard Simon disait : « Il faut le laisser mourir, il n'ira pas loin. » L'oratorien déjà philosophe semblait confesser par là qu'il ne reconnaissait et ne redoutait véritablement qu'un docteur, celui qui pouvait, le dernier, s'appeler un *maître en Israël*.

Seulement le danger n'était pas là où Bossuet le voyait et le dénonçait en face. Le dix-huitième siècle ne devait point tirer son incrédulité par forme de déduction lente et, en quelque sorte, l'épeler mot à mot. Les livres du docteur Launoy ou ceux de Richard Simon devaient lui demeurer à peu près étrangers. En France, l'innovation et la révolution n'avaient point à sortir méthodiquement de l'*exégèse*, et l'on ne devait point procéder à l'allemande. Les *Lettres Persanes* et Voltaire, voilà les prochains ennemis, les troupes légères qu.. s'empareront des hauteurs, à la française, avant de dire *gare*, et qu'on ne saura plus ensuite comment débusquer. Bossuet, combattant en évêque Richard Simon et les principes de socinianisme qu'il voit poindre de toutes parts dans ses écrits, s'aperçoit bien qu'un ennemi formidable approche ; il appelle et convoque tant qu'il peut les défenseurs sur toute la ligne, mais il se trompe sur le point menacé. Et comment prévoir alors que la position serait tournée par Voltaire ?

Le Journal de Le Dieu nous montre Bossuet à Meaux, dans le tous-les-jours de sa vie pastorale, et le plus paternel des évêques. Il écrit au chancelier pour solliciter la grâce d'un pauvre berger qui a été homicide par malheur dans le cas d'une juste défense. Il raccommode et réconcilie, après des pourparlers sans nombre, les membres du Présidial et ceux de l'Élection qui étaient en guerre ouverte et qui, par suite de couplets injurieux, étaient près d'en venir aux derniers éclats ; ayant rendu une sentence arbitrale qui est acceptée et signée des deux partis, il réunit le jour même à un dîner à l'Évêché, et fait boire à la santé les uns des autres, ces guelfes et ces gibelins de la ville de Meaux. Nous assistons, grâce au Journal de Le Dieu, aux derniers sermons de Bossuet, qu'il prêche à l'âge de soixante-quatorze et soixante-quinze ans : le 1er novembre 1701, jour de la Toussaint, « il recueille les restes de ses forces pour exciter les cœurs à l'amour de Dieu, dans un sermon de la Béatitude éternelle. » Une autre fois, le 2 avril 1702, dimanche de la Passion, il fait un grand sermon dans sa cathédrale pour l'ouverture du jubilé : « il réduit tout à ce principe : *Cui minus dimittitur, minus diligit*, que plus l'Église était indulgente, plus on devait s'exciter à l'amour pour mériter ses grâces et parvenir à la vraie conversion. Ce dis-

cours était très-tendre et très-édifiant, nous dit Le Dieu, et M. de Meaux l'a prononcé avec toutes ses grâces, et aussi avec une voix nette, forte, sans tousser ni cracher d'un bout à l'autre du sermon : en sorte qu'on l'a très-aisément entendu jusqu'aux portes de l'église, chacun se réjouissant de lui voir reprendre sa première vigueur. »
On aime à rejoindre ces détails sur le Bossuet de la fin et sur son bel organe, éclatant une dernière fois, avec ce que le même biographe nous a dit de lui dans sa jeunesse, quand il nous le montre affectionné à chanter l'office de l'Église et les Psaumes : « Il avait la voix douce, sonore, flexible, mais aussi ferme et mâle. Son chant était sans affectation, et néanmoins il faisait plaisir »

Tous les détails donnés par Le Dieu ne sont pas également intéressants, et il en est dont on se passerait bien. Nous savons par lui quel jour Bossuet s'est décidé à prendre des lunettes en forme à mettre sur le nez. La maladie dont Bossuet mourut, et dont il avait ressenti les premières atteintes depuis quelques années déjà, était la pierre : Le Dieu ne nous fait grâce d'aucune particularité. Cette maladie, toujours cruelle, semblait alors bien plus effrayante qu'aujourd'hui, à cause du seul genre d'opération qu'on pratiquait et qui était à peu près synonyme de mort. Bossuet, à qui l'on dissimula le plus longtemps possible la nature de son mal, et qui tâchait de se le dissimuler à lui-même, ne fut pas à l'épreuve de ce premier effroi quand il n'eut plus moyen de douter : la fièvre avec un léger trouble de tête l'agita durant les jours et les nuits qui suivirent. L'humanité chez lui eut quelque défaillance. Sa faiblesse (si l'on était tenté d'en rechercher les indices) se montrerait surtout en ce qu'il céda aux instances de sa famille, de son neveu particulièrement, et que, dans cet état d'infirmité et de décadence physique, il s'obstina à rester trop longuement à Versailles, afin de solliciter sans doute en faveur de ce neveu, qui paraît avoir été un personnage sec, égoïste et exigeant. Chacun remarqua qu'en donnant la communion à madame la duchesse de Bourgogne, le 6 mai 1703, « M. de Meaux n'était pas ferme sur ses pieds, et qu'il ne devrait plus faire de pareilles actions publiques. » Le jour de l'Assomption (15 août de la même année), en voulant assister à une procession de la Cour, il donna un spectacle qui affligea ses amis, et *Madame*, cette *Madame* mère du Régent, que nous connaissons tous, ne se faisait faute de lui dire tout haut le long du chemin durant la cérémonie : « Courage, monsieur de Meaux ! nous en viendrons à bout. » Ce sont là les faiblesses de Bossuet : heureux qui, au terme du voyage, n'a pas à s'en reprocher de plus grandes !

Je comparerais à quelques égards, et sauf toutes les différences de la condition et du saint caractère, mais en ne pensant qu'à la bonté et au génie, cette vieillesse déclinante de Bossuet à celle du grand Corneille. Bossuet voulut, à cet âge, faire aussi des vers, et cela va sans dire, des vers religieux ; il s'appliqua à traduire en vers français quelques-uns des Psaumes ; il s'en remettait pour la révision à l'abbé Genest, un des abbés de la Cour naissante de Sceaux, auteur d'une tragédie sacrée, un assez pauvre poëte et, je pense, un mince critique ; mais Bossuet, qui traduisait ces Psaumes par esprit de pénitence, les lui soumettait avec une égale humilité. J'ai sous les yeux quelques-unes de ces traductions en vers de Bossuet, notamment celle du beau Psaume mélancolique : *Super flumina Babylonis ;* je croirais faire injure à cette grande mémoire que d'en citer même une seule stance. Qui trouverait plaisir à surprendre la plus magnifique des paroles humaines à l'instant où elle balbutie ?

Un mot encore toutefois sur cette traduction en vers. On aime, vieux, ce qu'on aimait enfant ; on y revient et l'on s'y reprend d'une plus vive étreinte (1). Bossuet, durant toute sa vie, avait lu et aimé les Psaumes; mais ce premier temps où, chanoine, âgé de treize ans à peine, il les chantait de sa voix pure et peut-être avec larmes aux offices du chœur à Metz, lui revenait plus tendrement dans ses derniers jours. Tant de gens, avant de mourir, traduisent Horace en vers, uniquement parce qu'ils l'ont traduit jeunes, que cela nous fait comprendre que Bossuet ait voulu rendre ce dernier hommage aux Psaumes. Il n'y voyait pas seulement sa religion de chrétien, il y retrouvait sa poésie d'adolescent.

Ce qui est tout sérieux, ce qui est bien conforme à l'esprit intérieur, c'est sa méditation perpétuelle de l'Écriture dès qu'il sentit que le terme de sa vie était proche. « Il avait pris une grande dévotion à réciter souvent le psaume XXI : *Mon Dieu, mon Dieu, jetez sur moi votre regard; pourquoi m'avez-vous abandonné?* » Il s'endormait et se réveillait dans la méditation de ce psaume, qu'il appelait proprement le *Psaume de la mort*, le *Psaume du délaissement*.

— « Monsieur, je vous ai toujours cru honnête homme, disait un jour à Bossuet un incrédule au lit de mort; me voici près d'expirer, parlez-moi franchement, j'ai confiance en vous : que croyez-vous de la religion? — Qu'elle est certaine, et que je n'en ai jamais eu aucun doute, » repartit Bossuet; et la sincérité de cette parole éclate à nos yeux dans tout ce que nous lisons aujourd'hui à son sujet. Il y a bien des années, et avant qu'une critique investigatrice eût rassemblé autour de cette figure de Bossuet tous les éclaircissements et toutes les lumières, un écrivain de beaucoup d'esprit, s'essayant à définir le grand évêque gallican, disait : « Bossuet,

---

(1) « Nam quid in senectute felicius, quam quod dulcissimum est in juventa? » Pline le Jeune, Lettres, liv. II, 3.

après tout, était un conseiller d'État. » Si par là on ne voulait dire autre chose, sinon qu'il y avait en Bossuet un homme politique, un homme capable d'entrer dans le ménagement des personnes et la considération des circonstances, on avait raison ; mais si l'on prétendait aller plus loin, toucher au fond de sa nature et infirmer l'idée fondamentale du prêtre, on se tromperait : car au fond de cette nature, telle qu'elle ressort aujourd'hui de tous les témoignages et qu'elle nous apparaît dans une continuité manifeste, il y a avant tout et après tout un croyant. Bossuet croit à la religion de toute son intelligence et de tout son cœur, et dans le cours de cette vie si pleine on ne voit pas d'interstice par où le doute se soit jamais introduit. Toute sa fin est du plus humble et du plus fervent chrétien, et s'il y mêle jusqu'au bout des retours et des prises d'armes du docteur et du gardien viligant des dogmes, il a aussi, quand il est réduit à lui seul et en présence de son mal, la foi simple et comme naïve du centenier de l'Évangile, et on peut le dire à l'honneur du grand évêque, il a la foi du charbonnier. L'impression que laisse la lecture du Journal de Le Dieu, au milieu des particularités oiseuses et quelquefois bien vulgaires qui s'y rencontrent, a cela d'utile qu'elle met cette vérité et cette sincérité de la nature de Bossuet dans une entière et incontestable lumière. M. de Bausset, si agréable biographe, et dont je vois que l'on parle aujourd'hui beaucoup trop légèrement (car n'est-ce pas lui qui a créé chez nous la biographie vraiment littéraire?), n'était point propre peut-être à nous convaincre là-dessus autant qu'on l'aurait désiré. Aujourd'hui qu'on est entré jour par jour pendant quatre années dans l'intérieur de Bossuet vieux, malade, laborieux toujours, mais défaillant par degrés et mourant, on sait à quoi s'en tenir, comme si l'on avait été soi-même un témoin oculaire lisant dans cette belle et bonne

conscience à toute heure. Qu'allais-je faire? je voulais
citer en preuve quelques passages du Journal; en est-il
besoin? — Encore une fois, Bossuet ressort de cette lecture et de l'épreuve suprême de ces intimes documents
avec des traces de faiblesse sans doute et d'infirmité
humaine; je ne sais si ceux qui se dressent dans l'esprit
d'illustres statues qui ressemblent trop souvent à des
idoles, trouveront qu'il ait grandi à leurs yeux; mais
cet homme, qui a eu tant de grandeur dans le talent,
s'y montre avec bien de la bonté morale et de la *piété
vraie* dans le cœur; que faut-il davantage?

Lundi, 28 avril 1856.

SÉNECÉ

ou

UN POÈTE AGRÉABLE (1).

Un poëte agréable! y en a-t-il encore? Il y a maintenant de grands poëtes, des poëtes de talent, des poëtes de génie, des poëtes d'art, ou des poëtes qui veulent être quelqu'un de ceux-là; mais ce qui constituait autrefois le poëte agréable, ce mélange d'esprit, d'imagination, de facilité, de négligence et de bonne humeur, cette absence de prétention en rimant ou cet air de n'en pas avoir, ce demi-ton de conteur qui était de plain-pied avec la conversation du salon, cet à-propos de menus sujets, cette adresse à trousser en vers un compliment ou une épigramme qui circulait aussitôt et faisait fortune, et parfois aussi la fortune de son auteur, tout cela existe-t-il encore? En cherchant bien, et même sans chercher beaucoup, on trouverait des talents spirituels qui étaient nés pour cet emploi, et à qui il ne manque

(1) *OEuvres choisies* et *OEuvres posthumes*, publiées par MM. Émile Chasses et Cap. Deux volumes faisant partie de la *Bibliothèque elzévirienne* de Jannet.

qu'un accueil meilleur et, comme aux plantes, une exposition plus favorable; mais ils sont dépaysés aujourd'hui, ils n'ont que de très-petits cercles, si encore ils en ont, et la société ne les entend pas, ne les écoute pas; elle n'est plus faite pour eux, elle n'a pas le temps. Quand elle s'éprend de caprice pour un poëte agréable, il faut que celui-ci ait en lui quelque chose de plus, qu'il ait une flamme et des éclairs d'un Byron; il faut qu'il donne à cette belle société au moins quelques accès de fièvre et qu'il la secoue : autrement elle passe et court à ses affaires ou à ses plaisirs, ce n'en est plus un pour elle que d'entendre des petits vers légers et bien tournés. La profession de poëte agréable n'existe donc plus, bien que l'étoffe dont était fait ce genre de poëtes n'ait pas péri, et qu'il y ait par le monde bon nombre de ces demi-vocations errantes qui ne savent plus à quoi se prendre et qui sont réduites souvent à viser trop haut, à se forcer en pure perte, faute d'avoir trouvé à se loger dans la médiocrité animée et riante qui était leur milieu naturel.

Il n'en était pas ainsi du temps de Sénecé, et celui-ci nous représente bien le rimeur-amateur d'autrefois, dans sa diversité, son abondance et presque son originalité; il est du moins certainement le doyen de la famille, ayant vécu quatre-vingt-treize ans. M. Émile Chasles, qui, fort jeune, soutient par des travaux solides et avec une application suivie un nom brillant dans les Lettres, se trouvant il y a peu d'années professeur à Mâcon, eut l'idée de rassembler tout ce qu'il pourrait recueillir sur le poëte de cette province le plus célèbre avant M. de Lamartine. De son côté, un littérateur du pays, M. Cap, avait réuni depuis longtemps de nombreux matériaux et des notes qu'il confia à M. Émile Chasles. Il est résulté de cette association une biographie complète du poëte et même, comme on le dit aujourd'hui, une *monographie* de sa famille, et une édition qui se compose en partie d'une réimpression d'*Œuvres choisies* et en partie d'une impression toute nouvelle d'*Œuvres posthumes*. Voilà des honneurs, et Sénecé n'en est pas indigne.

Né à Mâcon le 27 octobre 1643, fils d'un père lieutenant-général au bailliage, petit-fils et arrière-petit-fils de médecins fort considérés, Antoine Bauderon (c'était son nom de famille), connu sous le nom de Sénecé, qui est celui d'une terre, reçut une éducation très-littéraire, mais qui sentait un peu la province. Je m'explique : quoique venant à une date déjà avancée du siècle, et de manière à avoir vingt ans lorsque Racine et Boileau faisaient leur glorieux début, il n'en reçut point l'influence directe, précise et comme soudaine; il ne rompit point avec le goût antérieur, il ne s'aperçut point qu'un goût nouveau, ou plutôt qu'une réforme neuve et en accord avec le vrai goût ancien, s'inaugurait, et qu'on entrait décidément dans une grande et florissante époque qui tranchait par bien des caractères avec la précédente. Lorsqu'on descend le Rhône de Lyon à Avignon, il y a un moment, aux environs de Valence, où le ciel change; l'azur est plus bleu, l'air plus limpide et plus transparent, les horizons se détachent en contours plus harmonieux : on est entré dans le pur Midi, dans la zone lumineuse. Sénecé ne s'aperçut pas qu'il s'opérait quelque changement pareil dans le climat des esprits vers cette date mémorable de 1664, et quand lui-même avait vingt et un ans; il ne vit point qu'en descendant le fleuve on avait passé l'une de ces lignes par delà lesquelles le soleil et le ciel sont plus beaux. Il ne paraît jamais avoir connu une première discipline bien sévère : il avait été élevé au collège des Jésuites à Mâcon, puis à Paris; son père, qui voulait faire de lui son successeur dans la magistrature, et qui l'obligea d'étudier les lois, le laissait en attendant se livrer aux amusements de son âge, aux muses légères, à la poésie galante et de compliment. On ne voit pas trace que Sénecé ait jamais ce qu'on appelle *travaillé*. Des aventures romanesques vinrent agiter et disperser sa jeunesse. Un duel de quatre contre quatre auquel, dit-on, il assista et où il y eut mort d'homme, le força de quitter la France et de se réfugier en Savoie. Le duc, souverain du pays, le prit en amitié et voulut même le marier richement. Après de nouveaux accidents qui le firent passer de Savoie en Espagne, Sénecé put reparaître à Mâcon en 1669. Il y épousa la fille de l'intendant de la duchesse d'Angoulême, et s'attacha dès lors à cette princesse, qui était de Bourgogne et née de La Guiche; il eut un pied à la Cour. Il en fut tout à fait lorsqu'il eut acheté de De Vizé la charge de premier valet de chambre de la reine. Être à la Cour était le rêve de Sénecé et le vœu le plus cher de son ambition. Il a adressé une épître en vers à Dangeau, toute pleine de louanges; il était lui-même, à son degré, de cette race des Dangeau, et bon nombre de ses pièces (ce ne sont pas les meilleures) annoncent simplement en lui un poëte suivant la Cour. Poli, doué, à ce qu'il semble, des avantages extérieurs et d'un grand esprit de sociabilité, aimant à se répandre, à voir, à savoir, à observer, et se plaisant à verser chaque matin sur une idée aisément éclose un courant de versification facile, il était heureux et si bien dans son élément, que le dégoût ne lui serait point venu. Mais la mort de la vieille duchesse d'Angoulême en 1682, et celle surtout de la reine en 1683, vinrent arrêter la fortune et intercepter en quelque sorte la vocation de Sénecé. Il n'était pas un grand seigneur ni un gentilhomme; ce n'était qu'un bourgeois très-comme il faut, qui ne pouvait paraître dans ce grand monde de Versailles que moyennant une charge. Celle qu'il avait achetée fort cher de

De Vizé se trouvait anéantie entre ses mains. Sénecé, à peine âgé de quarante ans, redevint donc, à sa grande douleur, provincial et Mâconnais; le reste de sa vie (et il vécut longtemps), il se considéra comme exilé, un exilé de cet Olympe dont il avait été l'un des Mercures secondaires et où il ne pouvait remonter. Il s'en plaint sans cesse, il y revient en idée, il renoue et entretient tant qu'il peut des relations de compliments et de louanges avec les grands noms qu'il a connus. Il y a des jours où il se figure qu'il est guéri de ce *mal du pays*, et qu'il vit en philosophe au milieu de ses champs, sur les bords de cette belle Saône. Erreur! il s'ennuie; avec la différence des caractères et des humeurs, il s'ennuie comme s'ennuyait Bussy, comme s'il était un disgracié. Il se compare à Clément Marot, poëte et valet de chambre également, et qui s'est mal trouvé en Cour des accusations et calomnies de ses ennemis; mais Sénecé n'a pas d'ennemis, il n'a pas été calomnié; à lui, il ne lui est arrivé qu'un accident bien simple : une mort de reine l'a dégagé d'une domesticité honorifique, d'une chaîne dorée; il est retombé dans son ordre et dans sa classe : c'est assez pour son malheur, pour son incurable ennui, car le bonheur le plus souvent dépend pour nous de ce premier cadre idéal dans lequel l'imagination, dès la tendre jeunesse, s'est accoutumée à placer et à découper la perspective flatteuse de la vie.

Cependant il occupe ses longs loisirs à une poésie ou une versification de tous les jours. Il trouve autour de lui, dans les châteaux des environs, des femmes aimables, des gentilshommes plus ou moins lettrés : il les célèbre, il leur adresse des contes ou épîtres, des étrennes et madrigaux en vers : Mademoiselle de Saint-Point, mademoiselle de Mompipeau, madame de Rambuteau, figurent tour à tour dans ses dédicaces. En redevenant ainsi poëte mâconnais, il ne se doutait pas qu'il travaillait peut-être plus sûrement pour sa mémoire que s'il fût resté poëte à Versailles, comme perdu et noyé parmi tous ces demi-dieux et ces naïades ; car en étant d'un lieu et d'une cité particulière, et en y laissant sa tradition, il a trouvé, après plus d'un siècle, des investigateurs curieux et presque des fidèles pour en recueillir le souvenir, et il a eu cet honneur que M. de Lamartine, tout jeune, entendant réciter de ses vers marotiques a fait un dizain à sa louange et un peu à son imitation. M. Émile Chasles cite ce gentil dizain. J'ai emprunté la plupart des détails qu'on vient de lire, et même des idées, à sa Notice fort complète.

Quand je dis que Sénecé ne porte pas dans son talent ni dans son esprit la marque précise et le cachet du siècle de Louis XIV, je désire bien faire entendre en quoi cela est vrai; car il a de ce siècle la politesse, l'élégance facile et une langue pure ; mais il n'en a pas le procédé de composition, ni les jugements ni certaines qualités non moins essentielles que la pureté et l'élégance. Il tient de ce goût antérieur et un peu compassé de Pélisson, de mademoiselle de Scudéry ; il en a donné une preuve singulière dans la *Lettre de Clément Marot*, qui est censée à lui écrite et adressée des Champs-Élysées, à la date du 20 avril 1687. Il y est surtout question de Lulli qui venait de mourir, de ses qualités et de ses défauts, de ses talents et de ses vices. Sénecé, auteur d'opéras et d'intermèdes de circonstance, avait eu probablement affaire à Lulli et savait par où il péchait. Mais dans cette Lettre, sous prétexte que Lulli descendu aux Enfers est renvoyé par Proserpine pour être définitivement jugé par-devant le *Bon-Goût*, on se met en marche du côté où l'on suppose qu'habite ce dieu ou demi-dieu: et ici Sénecé nous trace tout un itinéraire où il expose sa théorie littéraire et critique sous forme d'emblème. Ce voyage à la recherche du *Bon-Goût* rappelle forcément *le Temple du Goût* de Voltaire : les sujets ou du moins les noms sont semblables ; mais à la manière dont ils sont touchés ou traités, quelle différence ! Voltaire, dans son invention vive et rapide, se montre fidèle à son objet même : il est prompt, il ne s'appesantit pas, il est l'homme de l'impatience et de la délicatesse françaises; il égaie chaque chose et peint chaque auteur en quelques traits ; il fait vivre son allégorie autant qu'une allégorie peut vivre. Sénecé, dans l'itinéraire qu'il retrace, n'est qu'un imitateur du *Roman de la Rose* et de la *Clélie* de mademoiselle de Scudéry. Le groupe des voyageurs qui accompagne Lulli à la recherche du *Bon-Goût* se compose de Clément Marot, de Catulle, de Virgile, et de tous les auteurs du temps passé et des siècles récents. Ce voyage figure en abrégé l'histoire des Lettres depuis la Renaissance. On a rencontré d'abord une forêt qui est celle d'*Ignorance;* on a peine à en sortir. L'Espagnol Gongora prétend savoir le bon chemin et l'indique; Annibal Caro et les Italiens, parmi lesquels Chiabrera, en indiquent un autre ; puis des Allemands, parlant un latin gothique, veulent en suivre un troisième : on les laisse aller, ils se perdent chacun de son côté ; les Espagnols, dans des taillis de pointes épineuses ; les Italiens sur des hauteurs et des escarpements lyriques qui mènent à des précipices; les Allemands, dans des marécages. Le gros de la troupe, qui n'a pas suivi ces enfants perdus, après avoir tenu conseil, se résout, sur la proposition de Catulle, à prendre Virgile pour guide. Virgile remercie modestement de l'honneur qu'on lui fait, et expose son plan et la marche qu'il faut suivre pour arriver au susdit *Bon-Goût;* il donne à l'avance la carte du pays environnant, en homme qui l'a beaucoup pratiqué :

« La principale difficulté, dit Virgile, est de sortir de ce labyrinthe que nous avons devant les yeux; mais j'espère y réussir. A son issue se rencontre le pays qu'habite le *Bon-Goût* et qu'on appelle les *Plaines allégoriques* : c'est un pays assez inégal, très-froid en quelques endroits, couvert et scabreux en quelques autres; la diversité du paysage en est assez divertissante... A l'entrée du pays s'élèvent deux montagnes fort hautes, mais d'une hauteur inégale, sur chacune desquelles est bâtie une belle ville. La montagne que l'on trouve à droite est la plus élevée; la ville qu'elle porte sur sa croupe se nomme *Invention*; elle est superbe en tours et en édifices dont la structure paraît merveilleuse. Mais ce qui la rend plus remarquable et la distingue de toutes les cités qui se voient ailleurs, c'est un château qui commande toute la ville et que l'on nomme *Bel-Esprit*. Il brille d'une lumière éblouissante comme s'il était d'un seul diamant; son éclat n'est pourtant point sa plus belle qualité, car il échauffe, il anime, il vivifie; en un mot, il est comme le soleil du climat où il est situé. De l'autre côté, sur la montagne la moins élevée, on voit une autre ville qui s'appelle *Imitation*, et qui paraîtrait aussi fort belle si elle n'était effacée par sa voisine que l'on reconnaît pour l'original, et à laquelle cette dernière ressemble beaucoup. Les deux montagnes ne sont séparées que par un vallon fort étroit dont l'ouverture est entièrement occupée par un grand fleuve qu'on appelle *Imagination*. Il est extrêmement rapide... »

Et voilà les *ingéniosités* quintessenciées et glaciales que Sénecé met dans la bouche de Virgile, en prétendant que rien ne ressemble plus au siècle d'Auguste que celui de Louis XIV; c'est du Scudéry tout pur, c'est la carte du royaume de *Tendre* transportée dans la description du goût. — Et puis, quand on est embarqué sur le fleuve d'*Imagination*, l'arrivée à l'endroit nommé *le Péage des critiques*, la garde qu'y font les capitaines Scaliger, Vossius et autres, les *petits bateaux couverts qu'on appelle Métaphores*, et dont quelques-uns échappent à grand'peine à ces terribles douaniers; et plus loin, quand on a pénétré dans le cabinet du *Bon-Goût*, l'attitude et l'accoutrement baroque de ce bon seigneur qui m'a tout l'air d'être fort goutteux, appuyé d'un côté sur la *Vérité* et de l'autre sur la *Raison*, qui, tenant chacune un éventail, lui chassent de grosses mouches de devant les yeux (ces mouches sont les *Préjugés*) : les deux jeunes enfants qui sont à ses pieds, aux pieds du seigneur *Bon-Goût*, et qui le tirent chacun tant qu'ils peuvent par un pan de son habit, l'un, un petit garçon toujours inquiet et remuant, nommé *l'Usage :* l'autre, une petite fille toujours fixe et assise, une vraie poupée nommée l'*Habitude...* que vous dirai-je de plus? Et ces dernières gentillesses, avec les explications qui s'y rattachent, ne sont plus, sachez-le bien, dans la bouche de Virgile; cette fois c'est Catulle qui est censé expliquer tout cela à Clément Marot, lequel à son tour l'insère dans sa Lettre à Sénecé. Disons qu'un homme qui en 1688, vivant à côté de La Bruyère, invente de telles choses et les publie, n'est pas un auteur du grand siècle ; sa littérature, ingénieuse d'ailleurs, est une littérature d'avant et d'après. Il est de la Cour comme Benserade, comme le duc de Nevers ; mais il n'est pas du bon coin. Il a beau être poli, il a été de province ou il en sera.

Sénecé a dit quelque part un mot précieux; c'est dans une anecdote sur Racine ; donnons-la :

« Racine, dit-il, ayant fait une fortune considérable à la Cour pour un homme de lettres, prétendit usurper une espèce de tyrannie sur les autres gens de son caractère, et, regardant le bel-esprit comme son patrimoine, s'établit autant qu'il put dans la possession de persuader à toute la France que l'on ne pouvait en avoir sans sa permission, qu'il n'accordait à personne. Cela révolta contre lui la nation indocile des auteurs, autant impatiente de la servitude qu'aucune autre, et on lui donnait de temps à autres des marques de rébellion. Il fit *certaine pièce nommée* ATHALIE, dont le sujet est tiré des Livres saints, pour récompense de laquelle il fut gratifié d'une charge de gentilhomme ordinaire de la chambre du roi. Cet ouvrage n'eut pas autant de succès au Parnasse qu'il en avait eu à la Cour, et un poëte de Paris s'en expliqua de cette manière... »

Je laisse l'épigramme, assez plate. Je sais que, parlant ailleurs de Racine dans une épigramme ou épitaphe, Sénecé l'appelle le *grand* Racine; mais ce qui lui est propre et ce qui est unique, c'est *une certaine pièce nommée* ATHALIE; voilà le mot décisif qui juge à jamais le goût de Sénecé et qui le classe, lui l'agréable auteur, à côté de Mme Des Houlières, de Fontenelle et autres qui ont traversé le grand siècle par la lisière, en ayant assurément beaucoup d'esprit, mais pas le meilleur en tout ce qui touche au grand goût ou au goût solide. Pour eux Despréaux n'est jamais venu.

Sénecé publia, en 1695, un petit volume anonyme intitulé *Satires nouvelles*, et qui ne contient que trois pièces. La première, qui est la meilleure, a pour sujet *les Travaux d'Apollon*. Sénecé y exprime sous un léger déguisement ses pensées personnelles, ses regrets de poëte et de courtisan à cet âge de plus de cinquante ans qu'il avait déjà. Il était depuis quelques années, et par suite de la mort de la reine, sous le coup de ce qu'il appelait sa disgrâce et son exil. *Acanthe*, assis au pied d'un aulne, exhale donc ses regrets et maudit la poésie, qu'il accuse fort injustement de son malheur; il allait de dépit briser ses chalumeaux, lorsque du lit profond de la Saône, qui coule devant lui, il voit sortir et apparaître un fantôme, une Ombre vêtue à la romaine, celle du poëte Maynard, l'auteur de deux ou trois belles odes et de quantité d'épigrammes oubliées. Il fallait avoir l'imagination un peu à l'écart et un peu oisive pour aller se ressouvenir ainsi de feu Maynard en pleine lumière du règne de Louis-le-Grand. Quoi qu'il en soit, ce poëte de Toulouse, qui végéta toute sa vie dans les fonctions de président au présidial d'Aurillac, est un digne représentant des poëtes disgraciés par la fortune, et dont le mérite n'a pu triompher d'une mauvaise étoile; il a droit de se citer lui-même en exemple au malheureux *Acanthe*, et, pour mieux le consoler encore, il lui retrace les malheurs de leur père commun et de leur maître, Apollon. Le ton des premiers vers est assez noble et élevé :

> Apollon fut soumis, même avant qu'être né,
> A l'injuste rigueur d'un astre infortuné.
> Sa mère, de fureurs par vengeance agitée,
> Sentit Junon jalouse et Lucine irritée ;
> La terre la refuse en son vaste contour,
> Le Dieu de la lumière a peine à voir le jour...

Cette fermeté de ton ne se soutiendra pas ; la pièce est trop longue. C'est un chapitre, mais un peu languissant, des *Métamorphoses*. On y trouve pourtant, et des vers très-spirituels, et par-ci par-là de beaux vers. Ainsi, dans le duel de chant et d'harmonie entre Pan et Apollon déguisé en berger, lorsque Pan tout d'un coup s'émancipe à des insolences ironiques contre le sexe et qui font rougir les nymphes, Apollon a peine à ne pas éclater :

> Quel courroux enflamma l'œil qui perce en tout lieu !
> Le berger indigné cache à peine le Dieu.

Maynard, après avoir épuisé le récit des infortunes d'Apollon et de ses exils terrestres, le montre rétabli dans sa gloire, mais jusque dans l'Olympe ayant à lutter toujours et à travailler, trouvant *avec l'honneur la fatigue mêlée;* et il en tire une morale poétique qui semble d'abord toute dans le sens de Despréaux :

> Ne te rebute point ; change, corrige, efface.

Et quant à l'objection qu'on ne peut chanter dignement et prendre tout son essor quand on est occupé des soins vulgaires et des besoins de la vie, il n'a qu'une réponse à faire au triste *Acanthe*, il n'a, dit-il, à lui donner qu'un avis pour que les bienfaits du maître l'aillent chercher :

> Le voici, cher *Acanthe*, en un seul mot : *Excelle.*

Sénecé n'a pas assez tenu compte de cet avis, ou plutôt il a obéi et cédé à sa nature, qui était plutôt facile que laborieuse. Il était de ceux qui ne prennent pas l'inspiration si haut. Il lui semblait, comme à Martial, que pour créer des poëtes, et de grands poëtes, il ne s'agissait que de les encourager par des largesses; il pense là-dessus comme Clément Marot, comme les poëtes valets de chambre (avant que Molière en fût); il n'a pas de doctrine plus relevée, et, dans une pièce imitée de Martial même, il le dit très-lestement au maréchal de Noailles, l'un de ses patrons d'autrefois :

> Dans ce beau siècle où Paris est au faîte,
> Grâce à son roi, des biens, des dignités,
> Où sous son ombre *elle* élève sa tête
> Cent pieds de haut sur les autres cités,
> A concevoir vous trouvez difficile
> Pourquoi ce roi, plus couvert de lauriers,
> Plus grand qu'Auguste, a manqué de Virgile
> Pour consacrer ses triomphes guerriers.
> Le docte chœur a-t-il de ses fontaines
> Fermé pour nous le sacré réservoir ?
> Non, maréchal; donnez-nous des Mécènes,
> Et vous verrez des Virgiles pleuvoir...

On ne saurait mieux parodier ni plus gaiement traduire le vers de Martial :

> *Sint Mæcenates, non deerunt, Flacce, Marones.*

Sénecé est tout naturellement un conteur; c'est là son principal mérite; c'est dans ce genre que son vers déploie sans inconvénient le caractère facile et coulant qui lui est familier, et qu'il mérite qu'on en dise :

> Mais tel qu'il est, il est d'un tour aisé.

Il y a deux contes de lui qui sont fort jolis, bien qu'un peu longs. Le plus célèbre est celui qui s'intitule *la Confiance perdue, ou le Serpent mangeur de kaïmack et le Turc son pourvoyeur*. Le sujet, ou du moins la morale, en est à peu près la même que dans la fable de La Fon taine intitulée *les Deux Perroquets*, *le Roi et son Fils* : il y a des outrages après lesquels offenseur et offensé ne se pardonnent pas, et la confiance une fois perdue ne se peut retrouver. « Ce conte, à quelques endroits près, a dit Voltaire, le meilleur juge du monde, est un ouvrage distingué; » et il accorde à Sénecé une imagination singulière. Cette singularité ne serait chose avérée que s'il avait inventé le sujet, ce qui ne paraît pas probable. Mais qu'il l'ait inventé ou non, que de même il ait imaginé ou simplement arrangé et accommodé à sa guise cet autre joli conte de *Camille*, ou *Filer le parfait amour*, Sénecé a très-heureusement conduit et filé à son tour ces récits, et il a montré ce qu'il aurait pu faire s'il avait cultivé avec moins de distraction le genre. Il est, à la suite de La Fontaine, un héritier des plus légitimes de nos vieux et malins auteurs de fabliaux.

Il a fait aussi de nombreuses et trop nombreuses épigrammes, publiées en un volume en 1717 par les soins du spirituel jésuite Du Cerceau, avec qui il entretenait une correspondance poétique et marotique. A son point de vue de province, il considérait un peu trop Du Cerceau, cet homme agréable de collége, comme tenant le sceptre du goût. Le volume est précédé d'une *Dissertation* beaucoup trop longue sur l'Épigramme. Chez les anciens, ce genre, si menu d'apparence, avait de la simplicité, de la grâce, quelquefois même de la grandeur. Épigramme veut dire *inscription;* il y en avait de toutes sortes; c'était le plus souvent un tableau en raccourci, quelquefois une courte idylle, une courte élégie. Simonide, Platon, Léonidas de Tarente, Méléagre, ont laissé de parfaites et d'admirables épigrammes. Ces épigrammes, qui plaisent tant aux connaisseurs et sont exquises aux délicats, ne semblent souvent presque rien à les traduire; quelques-unes seulement ont une beauté qui subsiste ou qui se laisse deviner d'une langue à l'autre. En voici une de Callimaque qui, traduite, semble peu de chose et indifférente; elle a cependant du charme dans l'original, et elle respire un sentiment vif d'amitié et de tendresse. Le poëte pense à un autre poëte de ses amis, à un hôte lointain dont il vient d'apprendre à l'improviste la mort déjà ancienne, et qui avait fait lui-même des élégies mélodieuses : « Quelqu'un, ô Héraclite, m'a dit ton trépas et m'a plongé dans les larmes, et je me suis ressouvenu combien de fois tous les deux nous avions, au milieu de nos doux entretiens, enseveli le soleil : mais toi, cher hôte d'Halicarnasse, dès longtemps, je ne sais où, tu n'es que cendre. Oh! du moins tes rossignols vivent, sur qui, ravisseur de toutes choses, le dieu d'enfer ne portera pas la main. » L'épigramme, chez les Grecs, n'est souvent que cela, un mot, une larme, un regret, un désir, un sourire, un sentiment vif et fugitif qu'on veut fixer.

Chez les Latins, Catulle est resté fidèle à l'esprit grec; il eut l'épigramme simple, naïve, passionnée même; mais, à partir de Martial, elle prit un autre caractère, le caractère qu'elle a gardé chez les modernes, pour qui l'épigramme antique et *à la grecque* aurait trop peu de sel et de saveur. Martial y a mis beaucoup d'esprit; il a, si j'ose dire, tout à fait émoustillé l'épigramme : il a été l'Ovide du genre. Dans les langues modernes, où le tour est moins marqué, où la langue en elle-même n'a pas à peu de frais, comme chez les Anciens, sa grâce, sa cadence, et où les mots ont moins d'énergie et de jeu, il faut, en terminant, ce qu'on appelle le trait et la pointe. C'est là aussi la théorie de Sénecé; il préfère Martial à tout; il n'a pas étudié l'épigramme à sa première source la plus classique : il n'a en rien le grand goût, pas même le grand goût dans l'épigramme; mais le joli et le spirituel, il le sent bien.

Malgré cette espèce de réforme et de révolution apportée par Martial dans l'épigramme, et qui y a fait dominer l'esprit, quelques modernes ont su lui conserver un grave, un généreux accent, et parfois y ressaisir un air de grandeur. Telle épigramme de Clément Marot sur l'exécution de Semblançay, telle de Le Brun sur La Harpe aux prises avec le grand Corneille, a de l'émotion et donne le sentiment du sublime. Le Brun, le plus complet des modernes en ce genre, en a résumé, au reste, toute la théorie dans l'épigramme suivante :

> Le seul bon mot ne fait une épigramme;
> Il faut encore savoir la façonner,
> Avec adresse en nuancer la trame.
> Et le bon mot avec grâce amener.
> Un trait piquant d'abord plaît, frappe, étonne;
> Mais il s'émousse, et devient monotone;
> Et si le goût ne le place avec choix,
> Si d'un sel pur grâce ne l'assaisonne,
> Si l'épigramme à la vingtième fois
> Ne vous plaît mieux, elle n'est assez bonne.

Or Sénecé en a fait beaucoup de faibles, de médiocres et d'inutiles, c'est le cas de tous les auteurs d'épigrammes; mais il en a fait aussi de bonnes, et en voici une qui me paraît excellente; elle est imitée ou plutôt inspirée de Martial et de ses vœux de bonheur, mais avec un rajeunissement original et piquant; elle est adressée à Bellocq, valet de chambre de Louis XIV, ancien camarade et ami intime de Sénecé :

> Pour être heureux, je voudrais peu de chose
> Esprit bien sain, tempérament de fer,
> D'argent comptant bonne et loyale dose,
> Glace en été, bon feu pendant l'hiver;
> Amis choisis, et livres tout de même;
> Un peu de jeu, sans pourtant m'y piquer;
> Point de procès, dispense de carême,
> Sommeil profond, facile à provoquer;
> Ni créanciers, ni, prêts à critiquer,

Censeurs fâcheux ; — beauté tendre et sincère,
Point inégale, et n'aspirant à plaire
Qu'à moi tout seul : — Bellocq, si quelque jour
Un beau miracle en ma faveur opère
De ce souhait l'agréable chimère,
Je t'abandonne et Paris et la Cour.

On peut relire cette épigramme trois et quatre fois, sinon vingt ; elle soutient l'épreuve indiquée par Le Brun ; elle paraît aussi bonne et meilleure que la première.

Sénecé vécut assez pour voir paraître bien des Mémoires sur le dix-septième siècle et sur l'ancienne Cour. Chose singulière, ou plutôt chose ordinaire et assez commune aux vieillards, il prétendait n'y rien reconnaître de ce qu'il avait vu, à tel point que les Mémoires de Retz (1717), en raison de deux ou trois erreurs de fait qu'il y relevait, lui semblaient un roman fabriqué par quelque homme de lettres de Hollande. Il disait la même chose des Mémoires de Gourville, sous prétexte que « le style de ce livre était trivial et n'avait rien du tout de cette politesse que Gourville s'était acquise par un grand usage du monde. » S'il s'était borné à dire que le premier éditeur (1724) avait pu les retoucher à tort çà et là, il aurait dit juste ; mais il allait bien plus loin, et il les déclarait hardiment un livre apocryphe. Ce côté paradoxal indique un léger travers dans le jugement de Sénecé.

Il jugeait mieux d'ailleurs et était plus compétent en ce qui était des pures belles-lettres, et surtout du domaine du bel-esprit. On a des lettres de lui dans sa vieillesse, adressées à l'un de ses cousins Salornay, où il parle très-pertinemment de Balzac, de Voiture, de Boursault. Il correspondait volontiers avec le *Mercure galant:* « Un peu de critique, disait-il, exerce l'esprit et raffine le goût, et j'en use ainsi pour ma propre instruction dans toutes les nouveautés qui me tombent entre les mains. »

Il avait gardé des relations avec l'évêque de Fréjus, le cardinal de Fleury; il l'appelait son patron et son protecteur, et lui adressait de temps en temps des vers. Lorsque celui-ci arriva au timon de l'État, c'eût été le cas pour Sénecé de reparaître à la Cour; l'exemple était encourageant pour tous ceux qui avaient quatre-vingts ans; mais il se sentit décidément trop vieux, et se dit qu'il était trop tard pour recommencer. Dans une lettre à madame de Bellocq, veuve de son ami, il a tracé un tableau assez riant de la vie tranquille, à la fois philosophique et chrétienne, qu'il menait durant les dernières années (1726-1737) :

« Ayant fait réflexion, disait-il, que j'étais dans un âge trop avancé pour me donner le soin d'économer (de *régir*) des biens de campagne, j'ai pris le parti de mettre ma terre en ferme et de me retirer entièrement à la ville. Je l'ai assez bien amodiée et à de très-bons fermiers, et j'ai loué une maison qui n'est ni ville ni campagne, et qui est tous les deux ensemble. Elle est petite, mais commode, isolée, très-claire et côtoyée de deux jolis jardins qui en dépendent. Elle est toute seule dans une grande place qui est environnée de trois couvents, des Jacobins, des Capucins et des Carmélites; de manière que je suis là comme dans un petit ermitage, où mes amis ne laissent pas de me venir voir quelquefois, et où quand il me plaît d'en sortir, je n'ai qu'à faire deux cents pas pour me trouver dans le cœur de la ville. Je ne profite pourtant pas souvent de cette commodité, et je suis souvent des huit jours entiers sans sortir de chez moi que pour aller à l'église, dont j'ai à choisir de trois ou quatre, m'occupant fort agréablement et sans ennui de mes jardins et de mes livres, sans oublier les Muses, avec lesquelles j'ai toujours quelque petit entretien; car quand une fois on est frappé de cette agréable folie, on peut s'assurer d'en tenir pour le reste de ses jours, et de mourir, pour ainsi dire, en rimant. »

Il eut la vieillesse que bien des honnêtes gens désirent :

Il aimait les jardins, était prêtre de Flore,
Il l'était de Pomone encore...

Les esprits de sa sorte gagnent à vieillir. Les vieux *médiocres* deviennent parfaits.

En somme, il n'a pas trop à se plaindre de son sort, même comme poëte, puisque après plus d'un siècle on le réimprime en y ajoutant de l'inédit, et que la postérité (car c'est bien ainsi que nous nous appelons par rapport à lui) s'occupe, ne fût-ce qu'un instant, de sa mémoire. En reconnaissant dans ses œuvres de l'esprit, de la facilité, de l'élégance et quelque agrément, mais en ne trouvant pas dans ses vers, pour le critiquer avec ses propres paroles,

> Certain je ne sais quoi qui manque à leur beauté,

on se fait toutefois une question, on se demande à quoi tient la vie dans les productions de l'esprit et de l'imagination, d'où vient ce don et ce souffle qui fait les beaux vers sans vieillesse. Travail, art, nature, foyer intérieur, sentiment, éclat et flamme, c'est de tous ces éléments combinés et pressés, que se compose à des degrés différents et variés à l'infini ce charme que la Muse seule possède, dont elle seule livre le secret au petit nombre, et qui fait que l'agrément du premier jour est aussi l'agrément qui ne périt pas.

Lundi, 7 juillet 1856

LE DUC DE ROHAN

I. *Sa race; sa jeunesse. — Sa carrière rompue à la mort de Henri IV. — Son rôle dans les troubles civils. — Guerrier tout politique; sa physionomie.*

Le seizième siècle, qui a produit un si grand nombre de bons capitaines et d'écrivains d'épée, a eu comme un dernier rejeton dans le duc de Rohan, qui s'illustra sous ce double aspect durant le premier tiers du siècle suivant. Il est le dernier grand homme qu'ait eu la Réforme en France, et c'est le droit des historiens de ce parti de l'étudier avec une complaisance et avec une admiration singulières. Pour nous, qui nous contentons de sentir sa force, son mérite, mérite toujours contrarié et traversé de certaines ombres, il nous attire surtout à titre d'écrivain, et nous voudrions par ce côté nous en rendre compte à nous-même en présence de nos lecteurs, sans rien ajouter à l'idée, fort élevée d'ailleurs, qu'on se doit faire de lui, et sans rien exagérer.

C'est qu'on est en train d'exagérer bien des choses en ce moment. L'étude du passé, où de grands talents ont allumé des phares qui ont attiré toutes les sortes d'esprits, commence à devenir un entraînement de mode et un piége. Il serait temps que la critique, si elle osait encore être de la critique, y vint apporter quelques restrictions utiles et rappeler quelques règles salutaires. En France, on fait trop souvent les choses par veines et par accès : l'accès du jour, en ce quart d'heure, est de réhabiliter tout ce qui tombe sous la main et ce qui vient à la portée de chacun. Quelques vieux papiers retrouvés, et qui souvent, si on les lit bien (mais rien n'est plus difficile que de bien lire, surtout ce qui n'est pas imprimé), n'en apprennent pas plus que ce qui est connu déjà; quelques documents inédits qui, dans tous les cas, doivent se combiner avec les notions déjà certaines et acquises, sont des prétextes à bouleversement; on casse les jugements reçus, on refait des réputations à neuf; chacun embouche des trompettes pour la découverte qu'il veut avoir faite, et, dans l'empressement de réussir, volontiers on accorde tout à son voisin pour qu'en retour il vous accorde tout à vous-même. Je ne vois que des pionniers qui ont la prétention d'être architectes, et des transcripteurs qui se disent : *Et moi aussi je suis peintre*. Mais ce n'est pas le moment de traiter ces graves et délicates questions : heureusement le duc de Rohan n'est pas à réhabiliter, il n'est qu'à étudier, et nous n'avons à nous occuper que de lui.

Il était de fière et forte race, descendant des anciens ducs et rois de Bretagne, allié et apparenté aux principales maisons souveraines : « Je me contenterai, écrit à ce sujet un de ses anciens biographes, de dire seulement une chose assez belle et assez particulière, c'est qu'en quelque lieu de l'Europe qu'il allât, il se trouvait parent de ceux qui y régnaient. » On sait le mot de sa sœur répondant à une déclaration galante de Henri IV : « Je suis trop pauvre pour être votre femme, et de trop bonne maison pour être votre maîtresse. » Né au château de Blein en Bretagne en 1579, Henri de Rohan, l'aîné de sa famille, fut donc élevé avec de grands soins par sa mère veuve, Catherine de Parthenay, qui mit de bonne heure sur lui son orgueil et ses espérances. Il réussit à tous les exercices qui faisaient partie de l'éducation d'un gentilhomme et d'un homme de guerre, et s'appliqua aussi aux choses de l'esprit, notamment à l'histoire, à la géographie, aux mathématiques, qu'il disait être la véritable science d'un prince. On ajoute qu'il méprisait les langues anciennes, latin et grec; il était avide des choses plus que des mots. Toutefois il ne lui eût pas nui de savoir du latin, et il en eût fait son profit, puisqu'il aime à étudier les auteurs anciens et à commenter César, dont il se fera en ses loisirs une sorte de bréviaire. Il lisait aussi, comme avait fait Henri IV, le Plutarque d'Amiot, et s'enflammait pour les héros grecs et romains; Épaminondas et Scipion étaient ses modèles. En un mot, il reçut des soins de son excellente mère une éducation hardie et mâle, que la nature en lui favorisait, et que l'austérité de sa communion religieuse confirma : il eut la jeunesse ardente, frugale et grave.

Henri IV l'avait distingué entre tous ceux de la jeune noblesse et l'aimait (1). Le jeune vicomte de Rohan fit sa première campagne sous ses yeux au siége d'Amiens, à l'âge de seize ans : ce fut sa première école de guerre. La paix de Vervins (1598), qui allait donner à la France des années de repos et d'une félicité dès longtemps inouïe, rendit le zèle du jeune homme inutile, et il résolut de voyager. Il avait l'idée d'abord de pousser jusqu'en Orient et de voir l'empire des Turcs, « non par superstition, » dit-il, comme la plupart de ceux qui y

(1) La grand'mère de Rohan, du côté paternel, était une d'Albret, grand'tante de Henri IV. Il se trouvait ainsi le parent le plus proche de Henri IV dans la ligne d'Albret, et même son héritier présomptif en Navarre avant la naissance de ses enfants.

vont seulement pour visiter Jérusalem, mais pour s'instruire en ces années actives d'apprentissage et pour considérer la diversité des pays et des peuples. Les circonstances s'étant opposées à ce premier dessein, il se rabattit à se promener par la chrétienté et en Europe (1600-1601) (1). Il a laissé de son voyage une relation destinée à fixer ses souvenirs, à contenter ses amis, et dédiée à sa mère. Ce coup d'œil d'un touriste de vingt ans à travers la France, l'Allemagne, l'Italie, la Hollande et la Grande-Bretagne, nous marque bien les qualités et les inclinations solides d'un esprit qui se prépare à un grand rôle. Il note partout, comme un futur capitaine et politique, l'assiette des places, leurs fortifications, leur commerce, le génie des nations, la forme des gouvernements. Pour un homme qu'on dit n'avoir pas eu de goût aux études classiques, il s'occupe beaucoup des antiquités, et il cite assez de latin pour qu'on puisse croire que son premier biographe a exagéré sa répugnance et son ignorance à cet égard (2). Strasbourg est une des premières villes qu'il décrit avec

---

(1) On lit dans une lettre du duc de La Force à la duchesse sa femme, à la date du 25 février 1599 (peut-être faut-il lire 1600?): « Je vous ai écrit d'un voyage que doit faire M. de Rohan ; certes c'est une belle occasion, et eusse fort désiré en avoir votre avis, estimant qu'il serait fort à propos que notre aîné l'eût fait, mais je n'ai garde de le lui faire entreprendre que je ne sache votre volonté. Je crains trop, si vous ne l'aviez agréé, que cela ne vous donnât du déplaisir et de l'ennui, ce que je ne voudrais pour rien. A la vérité, cela lui profiterait fort et s'en sentirait toute sa vie ; ils sont quatre ou cinq jeunes seigneurs qui font ce voyage. » (*Mémoires* du duc de La Force, maréchal de France, publiés par le marquis de La Grange, tome Ier, p. 307.)

(2) Il y a cependant la fameuse bévue : voulant faire honneur à une villa qu'on lui dit avoir appartenu à Cicéron, il ajoute que l'illustre Romain y composa ses belles œuvres, « entre lesquelles sont renommées les *Pandectes*. » Rohan avait pris cette note sur la foi d'un *cicerone* peu cicéronien.

quelques détails; c'était alors une petite république, et toute bourgeoise ou municipale. Rohan, qui y admire l'arsenal et qui en dénombre l'artillerie (370 pièces de fonte), ajoute : « Ils n'ont point de canon de batterie : leur raison tient fort du roturier; car, à ce qu'ils disent, ils ne veulent attaquer personne, mais seulement se défendre. » Venise le saisit vivement par son originalité d'aspect, son arsenal, sa belle police, ses palais, ses tableaux même et ses bizarres magnificences : « Pour le faire court, dit-il, si je voulais remarquer tout ce qui en est digne, je craindrais que le papier me manquât : contente-toi donc, ma Mémoire, de te ressouvenir qu'ayant vu Venise, tu as vu un des cabinets de merveilles du monde, duquel je suis parti aussi ravi et content tout ensemble de l'avoir vue, que triste d'y avoir demeuré si peu, méritant non trois ou quatre semaines, mais un siècle, pour la considérer à l'égal de ce qu'elle mérite. » Il séjourne plus longtemps à Florence, et de là fait une pointe jusqu'à Rome et à Naples; quoiqu'il n'ait passé que huit jours à Rome, et qu'il l'ait comme saccagée, en courant, dans ses curiosités et ses ruines, il n'est pas trop injuste ni trop calviniste envers elle. Mais après Venise, il ne trouvera rien de plus curieux ni de plus admirable qu'Amsterdam et le gouvernement des Provinces-Unies : il le préfère à celui même de Venise. Il aime tout de la Hollande, même ce qu'elle a d'un peu triste, même ses difficultés et cette longue guerre qu'elle achève de soutenir contre la puissante Espagne pour son établissement et son indépendance. La Hollande sous ses illustres Nassau, c'était alors l'idéale patrie des Réformés. Il termine ses voyages par l'Angleterre et par l'Écosse, et plus encore qu'ailleurs il y est reçu avec distinction et hospitalité par les souverains des deux pays. La reine Élisabeth l'appelait son *chevalier;* et le roi Jacques, le traitant en cousin, voulut même qu'il fût parrain d'un fils qui lui naissait en ce temps-là, et qui ne fut autre que l'infortuné Charles Ier. Rohan institue, en concluant son Récit, une manière de parallèle entre le génie des différents peuples et leur gouvernement. Ce qu'il dit des qualités et défauts de la nation française, par opposition à l'anglaise, le montre observateur judicieux et impartial. Quant à la noblesse et aristocratie de France, il l'estime, et sans assez de raison peut-être, beaucoup plus heureuse que celle d'outre-mer, « tant parce que celle-ci, dit-il, paie taille comme le peuple, qu'aussi pour la rigueur de justice qui est si ordinairement exercée contre eux, qu'il y en a qui tiennent à beaucoup d'honneur, et prennent la grandeur de leurs maisons par le nombre de leurs prédécesseurs qui ont eu la tête tranchée, au lieu que cela est fort rare parmi nous. » Il parle ici en jeune homme et avant Richelieu. Il voit les avantages agréables dont il jouit présentement, « les priviléges de la noblesse en France, sa liberté, la familiarité dont le roi use envers elle, au lieu de la superstitieuse révérence que les Anglais rendent à leur roi, » toutes choses qui étaient bien faites pour séduire un esprit même aussi solide que celui du jeune Rohan. Ce n'est qu'avec Louis XIV que le nivellement fatal à la noblesse fut tout à fait sensible; il était permis de s'y méprendre à travers les saillies gracieuses et les sourires de Henri IV. Et cependant, à une année de là, devait tomber la tête de Biron.

Henri IV avait une vraie amitié pour le jeune Rohan; en lui il voyait un élève, un lieutenant futur pour ses projets militaires; il discernait aussi sans doute une tête capable de maintenir et de conduire un jour le parti réformé, et de s'opposer dans un sens meilleur aux intrigues éternelles du maréchal de Bouillon. Il pensa à l'établir grandement et le fit duc et pair (1602) : il avait eu l'idée d'abord de le marier à une princesse de Suède; ce projet n'ayant pas eu de suite, Rohan épousa la fille de Sully et devint le gendre de l'homme qui gagnait chaque jour en importance dans l'État et en crédit auprès du maître. Il eut lui-même la charge de colonel général des Suisses. Il servait en cette qualité en 1610, et il était l'un des principaux dans l'armée où l'on attendait Henri IV pour sa grande et mystérieuse entreprise dont, selon toute apparence, le siége de Juliers ne devait être que le signal : la plus brillante et la plus noble carrière s'ouvrait devant lui ; il avait trente et un ans, lorsque le coup de couteau de Ravaillac, en ôtant à la France un grand roi, enleva à tous les généreux courages leur vrai guide.

Rohan le sentit, et cette mort lui arracha un cri de douleur dont il a consigné l'expression dans le premier de ses Discours politiques. Ce qu'on appelle *Discours politiques* de M. de Rohan est un recueil soit de vrais discours tenus dans les assemblées des protestants, soit de mémoires à consulter et d'avis donnés confidemment dans telle ou telle conjoncture, soit d'apologies de sa propre conduite (et il en eut souvent besoin en un temps de partis), soit même de considérations pour lui seul ; car c'était le tour de son esprit d'aimer à raisonner sur les faits et à se rendre compte à lui-même. Ce premier Discours semble n'être qu'un épanchement. Mandé à la première nouvelle de l'assassinat par Sully effrayé, puis contremandé en chemin, il était allé au siége de Juliers que faisait le maréchal de La Châtre conjointement avec l'illustre Maurice de Nassau. C'est là, sous la tente, qu'il écrivit ce premier Discours, en se livrant cette fois à l'émotion de ses sentiments, et en raisonnant aussi sur la situation extraordinaire qui s'ouvrait à l'improviste :

« Si jamais j'ai eu sujet de joindre mes regrets avec ceux de la France, c'est à la mort malheureuse de

Henri-le-Grand, pleine de tristesse et d'accidents funestes pour nous, et cependant qui peut être estimée pour son regard, et selon le monde, heureuse. » Et il explique en quoi et en quel sens (un peu païen et antique) cette mort fatale est heureuse pour le héros, une mort sans appréhension, sans douleur, commune à plusieurs grands personnages du passé, et qui laisse l'imagination rêver un avenir de gloire plus grand encore que ce qu'il avait obtenu. Il montre quel a été le bonheur de Henri IV, jusque dans ses traverses, puisqu'il en était si valeureusement sorti :

« Depuis son avénement au royaume (1589), il a employé huit années à la remettre à son obéissance ; lesquelles, quoique pénibles, ont été les plus heureuses de sa vie : car, augmentant sa réputation, il augmentait son État : le vrai heur d'un prince magnanime ne consiste pas à posséder longuement un grand empire qui ne lui serve qu'à se plonger dans les voluptés, mais bien à d'un petit en faire un grand, et à contenter, non son corps, mais son courage. L'on dort souvent plus mal parmi les délices sur de bons matelas, que sur des gabions ; et n'y a de pareil repos que celui qui s'acquiert avec beaucoup de peine. »

Selon Rohan (et ce jugement le caractérise), ces huit années laborieuses et victorieuses, mais d'une victoire si combattue et achetée par tant de périls et de veilles, furent plus heureuses encore pour Henri IV que les douze années de paix et de félicité durant lesquelles il gouverna sans plus de lutte. Rohan sera, à sa manière, un héros, mais un héros empêché, qui aura un fardeau à porter sur les épaules : on dirait qu'il s'y plaît encore plus qu'il ne s'y résigne ; il aime la peine.

Il y a d'estimables écrivains réformés qui s'attachent depuis quelque temps à noircir, à obscurcir du moins la gloire de Henri IV, et qui assombrissent sans raison le tableau de la prospérité publique dans les douze années qui suivirent la paix de Vervins, prospérité dont toutes les voix du temps rendent témoignage. Faut-il leur citer un de leurs auteurs, leur grand chef politique, Rohan, qui leur dit : « Nous sommes si insensibles à notre félicité, que nous ne la connaissons que quand elle est passée. La France était si heureuse durant sa vie, que depuis douze cents ans elle n'avait joui d'une pareille félicité. »

Rohan prévoit tous les maux qui vont recommencer, toutes les ambitions qui s'aiguisent déjà :

« En sa vie, il (Henri IV) contenait par son autorité les méchants : en sa mort, toute crainte de mal faire est ôtée, et semble que toute liberté soit permise aux méchants. La mémoire si récente de son nom fait qu'on y apporte encore quelque respect ; mais autant de jours que nous nous en éloignons sont autant de pas que nous faisons au chemin de la désobéissance. Ceux qui ont vu le règne de Charles neuvième, avec la suite des maux que la France a soufferts depuis, jugeront facilement le danger où elle est. »

Il écrit cela à quelques jours seulement de la mort de Henri IV. Il prévoit juste. Il y aura moins de violence peut-être aux nouvelles factions, mais aussi plus d'art et de corruption malicieuse : « Le temps passé a fait connaître beaucoup de défauts, dont ceux de ce siècle feront leur profit. En ce temps-là, on était apprenti aux divisions ; en celui-ci, tout le monde y est maître. » Et ce n'est point par intérêt personnel qu'il parle, dit-il, car « j'avais assez et trop de connaissance de la jalousie qu'il (Henri IV) portait à ceux de ma condition et religion, et connais bien que nous ne fûmes jamais plus considérables qu'à présent. » Mais cet intérêt qu'il a comme religionnaire et comme l'un des grands du royaume, il le met sous ses pieds un moment et le subordonne (ce qu'il ne fera pas toujours) à sa qualité de Français :

« Je regrette, s'écrie-t-il, en la perte de notre invincible roi, celle de la France. Je pleure sa personne, je regrette l'occasion perdue, et soupire du profond de mon cœur la façon de sa mort. L'expérience nous fera connaître en peu de temps le sujet légitime que nous avons de le pleurer et regretter. Le peuple frémit déjà et semble prévoir son malheur ; les villes font garde, comme si elles attendaient le siége ; la noblesse cherche sa sûreté parmi les plus relevés de son corps, mais elle les trouve tous désunis, et y a toute occasion de crainte, et nulle apparence de sûreté. Bref, il ne faut pas être Français, ou regretter la perte que la France a faite de son bonheur. Je pleure en sa personne sa courtoisie, sa familiarité, sa bonne humeur, sa douce conversation. L'honneur qu'il me faisait, la bonne chère dont il me favorisait, l'entrée qu'il me donnait en ses lieux plus privés, *m'obligent non-seulement à le pleurer, mais aussi à ne me plus aimer où j'avais accoutumé de le voir.* Je plains la plus belle et glorieuse entreprise dont on ait jamais ouï parler... occasion que je ne verrai jamais, pour le moins *sous un si grand capitaine, ni avec tant de désir d'y servir et d'y apprendre mon métier...* N'est-ce pas à moi un assez grand sujet de plaindre la seule occasion qui m'était jamais arrivée de témoigner à mon roi (mais, ô Dieu, à quel roi !) mon courage, ma fidélité, mon affection ? Certes quand j'y songe, le cœur me fend. *Un coup de pique donné en sa présence m'eût plus contenté que de gagner maintenant une bataille.* J'eusse bien plus estimé une louange de lui en ce métier, duquel il était le premier maître de son temps, que toutes celles de tous les capitaines qui restent vivants... Je veux donc séparer ma vie en deux, nommer celle que j'ai passée heureuse, puisqu'elle a servi Henri-le-Grand ; et celle que j'ai à vivre, malheureuse, et l'employer à regretter, pleurer, plaindre et soupirer. »

Rohan ne passa point le reste de sa vie à pleurer et à soupirer, ni même à servir inviolablement, comme il en faisait vœu en terminant cet écrit, la France, le jeune roi et sa mère. Mais il avait raison d'envisager ainsi sa carrière comme coupée en deux par cette mort. Au lieu d'une route désormais tout ouverte pour lui de grand capitaine en plein soleil, de généreux et féal Français, sous un grand homme dont il aurait été le lieutenant illustre et le second, il va se trouver engagé par la force des choses dans une vie de faction, de lutte en tous sens, de dispute pied à pied et de chicane avec les siens et les orateurs envieux de son parti, de rébellion en face des armées et de la personne même de son roi, d'alliance continuelle avec l'étranger ; il va former et consumer ses facultés d'habile politique et d'habile guerrier dans des manœuvres où l'intérêt et l'ambition personnelle font, avec les noms sans cesse invoqués de Dieu et de conscience, le plus équivoque mélange, tellement que celui même qui s'y est livré si assidûment serait bien embarrassé peut-être à les démêler. Enfin, avec des qualités d'un ordre supérieur qu'il aura eu sans cesse à exercer et à combiner, à tenir en échec les unes par les autres, il ne trouvera jamais cette occasion pleine et entière qu'il avait une fois espérée, l'une de ces journées de gloire éclatante et incontestable qui consacrent un nom; et même après ses plus belles campagnes, par quelque accident final qui en rompt l'effet, il aura toujours besoin d'éclaircissement et d'apologie. Mais ne devançons point les temps.

Ses Mémoires, qui comprennent, à son point de vue, toute l'histoire de France depuis la mort de Henri IV jusqu'à la fin de la troisième guerre contre les Réformés où succomba La Rochelle (1610-1629), se ressentent de la complication des événements et des embarras de l'auteur. Ceux qui parlent du duc de Rohan, tout net, comme d'un grand écrivain, ne l'ont pas relu récemment, et se l'imaginent de souvenir. Le fait est que dans les Discours, dans les Apologies, dans les Lettres, dans ce qui se rapproche de la parole vive et *parlée* (où il devait exceller), le style de Rohan est bien meilleur que dans la narration, qui reste chargée sous sa plume et parfois assez obscure. La langue est saine d'ailleurs, rarement éclairée de grands traits, mais pleine de sens, de gravité, et telle qu'il sied à un homme d'affaires qui va au fait et ne s'amuse point à l'accessoire. Il a, chemin faisant, quelques maximes morales à la Salluste. Les Montluc toutefois et les d'Aubigné ont, à tout moment, des rencontres ou des reflets d'imagination qui ne nuisent en rien à ce qu'ils veulent dire, et dont l'absence attriste un peu la diction chez Rohan. Celui-ci nous fait bien fidèlement assister aux intrigues et menées de mille sortes qui remplissent ces premières années de la Régence. On y voit à nu la politique et les mobiles du maréchal de Bouillon, du prince de Condé, de Lesdiguières et autres. La méthode du premier, de cet artificieux Bouillon, c'est de se rendre nécessaire de tous côtés, de nouer avec tous, puis de retenir tous les fils dans sa main, et de rester, en fin de compte, le maître et le *moyenneur* des situations. Rohan, plus jeune et plus actif, et qui doit le détrôner comme chef du parti protestant, est son principal adversaire. Au reste, il ne laisse pas entrevoir d'abord une politique bien différente. Le principe et les moyens sont toujours à peu près les mêmes : quand, par intrigue ou par audace, on s'était rendu assez important et qu'on s'était relevé de mépris du côté de la Cour, on était compté et *recherché d'accommodement;* ce qui faisait le profit. Toutefois le caractère du duc de Rohan, bien que surtout formé de politique, et différant peu en cela de celui de Bouillon, semble plus fait pour embrasser les intérêts du parti en lui-même, et on entrevoit dans ses desseins, s'il avait réussi, plus de générosité et de grandeur : à mesure qu'il avance, il est plus sincère dans son rôle de grand seigneur réformé. Il agissait dans le sens de ses talents, et ces talents eussent aimé les grandes occasions. Il nous montre d'ailleurs sans fard les motifs habituels aux acteurs de son temps, les revirements hideux et non colorés à chaque tour de roue de la fortune et à chaque vacance du pouvoir. On voit quel rôle jouait en ce temps-là l'*envie*, « ce vice lâche en soi, et néanmoins assez connu parmi les hommes, » qui fait que « souvent on se fâche plus du bien et des honneurs que le compagnon possède que de ce qu'on n'en jouit pas soi-même, » vice d'autrefois et qui semble presque supprimé aujourd'hui, tant nos beaux-esprits et nos éloquents parleurs se sont fait une loi et une habitude (à laquelle ils ont peut-être fini par croire) de complimenter à outrance, d'encenser en plein nez la nature humaine.

La première guerre civile religieuse, entamée en 1621, paraît s'être faite contre le gré de Rohan, quoiqu'il en ait été l'instrument et le champion énergique. Il lui arriva ce qui arrive le plus souvent aux chefs de parti ; ce sont les partis et les assemblées qui les mènent. L'assemblée des protestants, convoquée à La Rochelle, croyant les Églises menacées dans leurs garanties, dans les conditions mêmes de l'Édit de Nantes, et excitée qu'elle était par le vicomte de Favas, poussa à une rupture : la prudence de Rohan lui en faisait voir les périls ; le point d'honneur et l'instinct de guerrier les lui firent braver. La plupart des grands de la Religion, qui avaient paru d'abord embrasser le même parti, firent peu à peu leur arrangement et se retirèrent. Rohan, avec son frère Soubise, eut à porter le poids de la défense. Ses gouvernements de Poitou tombèrent au pouvoir des armées royales ; il organisait la résistance dans le Midi. Il parvint à jeter du secours dans Montauban, malgré le voisinage de deux armées. Son dessein eût été d'agir militairement, de démanteler les petites places qui ne pouvaient tenir, et de fortifier les principales, Nîmes, Montpellier, Uzès : « Nous avions, dit-il, des hommes assez suffisamment pour faire une gaillarde résistance ; mais l'imprévoyance des peuples et l'intérêt particulier des gouverneurs des places firent rejeter mon avis, dont depuis ils se sont bien repentis. » Dans ses remarques sur les *Commentaires* de César, admirant l'influence qu'eut Vercingétorix sur les peuples de la Gaule pour leur faire accueillir les meilleurs moyens de défense : « Il a eu, dit-il, le pouvoir de faire mettre le feu à plus de vingt villes pour incommoder leurs ennemis, ce qui témoigne son bon sens... Son grand crédit est remarquable; car, à des peuples libres, au commencement d'une guerre, avant que d'en avoir éprouvé les mauvais succès et dans l'espérance de pouvoir vaincre sans venir à des remèdes si cuisants, il leur persuade de mettre le feu à leurs maisons et à leurs biens, pour la conservation desquels se fait le plus souvent la guerre. C'est une entreprise bien difficile, pour ce que la perte des choses certaines et présentes qu'on voit et qu'on touche est préférable, parmi un peuple ignorant, aux choses dont les événements sont incertains et les utilités éloignées : et nul ne peut bien comprendre cette difficulté, qui ne l'a expérimentée au gouvernement des peuples. » Chef de ligue et d'une ligue religieuse, M. de Rohan eut donc à lutter contre tous les inconvénients de sa situation, prédications fanatiques et dénonciations au dedans, violences populaires, excès et crimes à punir (comme autrefois M. de Mayenne avec les Seize), troupes volontaires et difficiles à ramasser ou à contenir sous le drapeau. Il roulait comme il pouvait, quelquefois trois mois durant, avec ces troupes sans paye, tenant tête aux armées ennemies, faisant plusieurs siéges, et il était forcé après cela de se désister de ce qu'il était près d'atteindre, « tant à cause de la mauvaise humeur de ses mestres de camp, que parce que les moissons approchaient, qui est un temps où les pauvres gens gagnent gros au bas Languedoc. »

Ce ne sont là que des aperçus, mais qui donnent idée de la nature de génie et de constance qu'il lui fallut pour faire si bonne mine en un tel genre de guerre : je laisse à d'autres à l'en admirer. Les grandes occasions lui manquant, il ennoblit le mieux qu'il peut les petites. Il y a un endroit du récit où le connétable de Luynes, qui était son allié (ayant épousé sa cousine), lui fait demander une conférence à une lieue de Montauban ; M. de Rohan se fie à lui et nous raconte les détails de l'entrevue; il nous donne leurs deux discours, celui de Luynes et sa propre réponse. Ces deux discours sont fort bons, mais ils ont plus de relief que les actions qui s'y rattachent :

« Je serais ennemi de moi-même, dit M. de Rohan à Luynes, si je ne souhaitais les bonnes grâces de mon roi et votre amitié. Je ne refuserai jamais de mon maître les biens et les honneurs, ni de vous les offices d'un bon allié. Je considère bien le péril auquel je me trouve, mais je vous prie aussi de regarder le vôtre. Vous êtes haï universellement, pour ce que vous possédez seul ce qu'un chacun désire. La ruine de ceux de la Religion n'est pas si prochaine qu'elle ne donne aux mécontents loisir de former des partis... Songez que vous avez moissonné tout ce que les promesses mêlées de menaces vous pouvaient acquérir, et que ce qui reste combat pour la religion qu'il croit... »

Il finit en refusant de se prêter à aucune conclusion particulière et qui le sépare de l'intérêt général. Car, une fois ces guerres religieuses entamées, ce fut l'honneur de M. de Rohan de ne jamais donner les mains à des traités particuliers et de ne pas sacrifier son parti; c'est en cela autant que par ses talents de capitaine qu'il se distingue des autres seigneurs tôt ou tard défectionnaires, et qu'il a mérité que cette cause protestante française restât identifiée à son nom. Cette première entrevue, où il a pris soin de se dessiner, nous offre l'idéal du rôle. Bref, après la mort de Luynes, après bien des pourparlers semblables entremêlés aux coups de main, M. de Rohan, qui voit tout le peuple las de la guerre, à qui il ne reste pas de fourrage pour nourrir huit jours sa cavalerie très-diminuée, et qui n'a plus aucun espoir de secours de la part des coreligionnaires étrangers, s'abouche avec le connétable de Lesdiguières pour rédiger un traité (octobre 1622) qui sauve et maintient les points principaux nécessaires au parti, et où ses propres intérêts aussi ne sont pas tout à fait oubliés : après quoi il n'est pas seulement pardonné par le roi, il a un éclair de faveur en cour. Richelieu, qui s'acheminait à pas lents vers le pouvoir, n'était pas encore là, et, quand il y sera, les pacifications se passeront autrement.

Mais cette paix, obtenue ainsi en marchandant, fut mal observée. M. de Rohan eut bientôt à subir à Montpellier un affront de la part du gouverneur, M. de Valençay, et une espèce de prison. D'un autre côté, il eut à se défendre par-devant les siens contre des censeurs qui, la plupart, avaient eu les bras croisés durant la guerre, et à justifier « ses bonnes intentions blâmées, et ses meilleures actions calomniées. » Nous commençons à voir le rôle ingrat et difficile qu'il eut à remplir, et qui le deviendra bien davantage dans les deux guerres suivantes, en présence de Richelieu.

Il y a la famille des guerriers brillants, favorisés, des héros heureux : Rohan n'en est pas. Il est de ceux à qui l'adversité sert d'école continuelle et comme de réconfort, et qui n'arrachent la gloire et l'honneur que pièce à pièce et par lambeaux. Lui qui lisait Plutarque, il put quelquefois méditer un passage de la Vie de Timoléon, qui m'a toujours paru charmant et à faire envie. En face du profil de ce politique pénible et de ce guerrier contentieux, dont le chant de triomphe habituel était forcément une Apologie, ne craignons pas de mettre le lumineux contraste pour nous consoler un peu le regard, d'autant que lui-même il a pu s'y arrêter et s'en faire l'application, en se disant : « Ce n'est pas comme moi ! » Timoléon, on le sait, appelé de Corinthe en Sicile, délivra l'île des tyrans, et l'ayant trouvée « tout effarouchée et sauvage, comme dit Amyot, et haïe par les naturels habitants même, » il la rendit si douce et si désirée des étrangers, qu'ils y venaient de loin pour habiter et pour y vivre. Une victoire merveilleuse qu'il remporta avec six mille hommes sur soixante-dix mille Carthaginois (je ne réponds pas des chiffres) au passage de la rivière de Crimèse, acheva de porter haut son nom et de le rendre vénérable et cher. Timoléon, pour toutes les cités de l'île, c'était le sauveur, le réparateur par excellence ; aucune n'aurait cru sa réforme intérieure et ses institutions agréées et bénies des Dieux, si Timoléon n'y avait mis la main. Écoutons Plutarque nous exprimer et nous définir cette grâce singulière et ce je ne sais quoi de *réussi* qui s'attachait à toutes les actions de l'heureux mortel :

« Car de son temps, en Grèce, nous dit-il, beaucoup ayant été grands et ayant fait de grandes choses, desquels étaient Timothée, et Agésilas, et Pélopidas, et celui que Timoléon avait surtout pris pour modèle, Épaminondas, les actions de tous ceux-là eurent pour caractère l'éclat mêlé d'une certaine violence et d'un certain labeur, de telle sorte qu'il a rejailli sur quelques-unes et du blâme et du repentir ; mais des actions de Timoléon, si l'on excepte cette fatale nécessité au sujet de son frère, il n'en est pas une où il ne convienne, selon la remarque de Timée, de s'écrier avec Sophocle : « O dieux ! « quelle est donc la Cypris, ou quel est l'Amour qui a touché du doigt « cet homme ? » Car, de même, continue Plutarque, que la poésie d'Antimaque et les peintures de Denys, ces deux enfants de Colophon, avec tout le nerf et la vigueur qu'elles possèdent, donnent l'idée de quelque chose de forcé et de peiné, tandis qu'aux tableaux de Nicomaque et aux vers d'Homère, sans parler des autres mérites de puissance et de grâce, il y a, en outre, je ne sais quel air d'avoir été faits aisément et coulamment : c'est ainsi qu'auprès de la carrière militaire d'Épaminondas et celle d'Agésilas, qui furent pleines de labeur et de luttes ardues, celle de Timoléon, si on la met en regard, ayant, indépendamment du beau, bien du facile, paraît à ceux qui en jugent sainement l'œuvre non pas de la fortune, mais de la vertu heureuse. Et cependant ce grand homme rapportait à la fortune tous les succès qu'il avait ; car, soit qu'il écrivît à ses amis de Corinthe, soit qu'il haranguât les Syracusains, il disait souvent qu'il savait gré à Dieu de ce que, voulant sauver la Sicile, il s'était inscrit sous son nom ; et dans sa maison, ayant érigé une chapelle à la *Spontanéité* (à ce qui vient de soi-même), il y sacrifia ; et la maison même, il la dédia au *Génie sacré*. »

Page unique de charme et de grâce, et qui se peut appliquer plus ou moins à tous ces guerriers, enfants chéris de la victoire, qui portent la flamme au front.

l'inspiration au cœur, et qui sont doués de l'illumination soudaine dans les périls, les Condé, les Luxembourg, les Villars, les de Saxe. Rohan, encore un coup, n'en est pas; il n'est pas de ce groupe de capitaines dont on peut dire que la fortune leur sourit comme une Vénus et comme une femme. Il est de la race des graves, des contrariés et des moroses, dont le brillant même est rembruni et sombre, qui ont eu plus de mérite que d'occasion et de bonheur, estimés quoique souvent battus, et qui tirent tout le parti possible de causes morcelées et rebelles : il est de la famille, en un mot, des Coligny, des Guillaume d'Orange ; moins Français peut-être qu'étranger de physionomie. Au lieu de l'éclair à la française, la Réforme a mis sur son front son cachet pensif et son froncement de sourcil qui annonce moins le guerrier inspiré que le guerrier raisonneur

Lundi, 21 juillet 1850.

LE DUC DE ROHAN

(SUITE)

*II. Position fausse de Rohan. — Ses embarras dans la lutte;
son inégalité en face de Richelieu.*

On a beau suivre et étudier de près le récit que M. de Rohan a fait des guerres civiles religieuses sous Louis XIII, et le rôle si considérable qu'il y joua, on ne peut, même en se plaçant au point de vue le plus neutre et en évitant d'entrer dans les questions d'Église, s'intéresser fortement à lui et désirer à aucun moment son succès et le triomphe de ses armes. Il est en définitive contre la France, il combat contre la patrie, il conspire contre sa grandeur et fait cause commune avec l'étranger.

Je voudrais, dans ce rapide exposé et dans l'appréciation des faits principaux, ne choquer aucun sentiment vrai, généreux, ne méconnaître aucun des titres de la conscience humaine; et pourtant j'ai à maintenir la ligne qui reste la plus droite, la seule française, celle du large et royal chemin. La question, si sacrée pour nous, de tolérance et de respect de toutes les convictions et professions de foi sincères compatibles avec l'ordre social, n'était pas dégagée alors. Quelques hommes qui avaient assez de sagesse et de fermeté de raison pour l'entendre et en devancer de loin les solutions, parlaient à des sourds, et quand ils essayaient, comme l'Hôpital, d'introduire publiquement la modération par des édits, ils ne faisaient que prêter des armes immédiates aux passions. Dans cette atmosphère ardente qui n'avait pas été suffisamment travaillée en mille sens contraires, qui n'avait pas déchargé tous ses orages, et que de nombreux courants d'indifférence ne traversaient pas, il s'agissait bien de tolérance! on voulait une satisfaction pleine et exclusive, on voulait la domination. Henri IV était le seul homme qui eût pu calmer, et il y arrivait par son habileté, par sa justice, par sa force si bien tempérée d'adresse; il mourut trop tôt, et, après lui, il était bien difficile que les ferments mal apaisés, et qu'excitait derechef l'air du dehors, ne se renflammassent pas. Le duc de Rohan sentit, dès le premier moment de cette mort, que son parti était relevé de tutelle; les Réformés perdaient avec Henri IV leur garant et aussi la main puissante qui les contenait. Leur politique dut être de se fortifier dans les places de sûreté qu'ils avaient conservées, et d'en ravoir d'autres qu'ils avaient perdues; en un mot, pour se faire respecter, ils durent se rendre plus à craindre que jamais : « Je sais, disait Rohan à l'Assemblée de Saumur (1611), qu'on nous opposera que nous demandons plus que nous ne possédions du temps du feu roi; que nous devons, pour entretenir la paix en l'enfance de ce règne, nous contenter de pareil traitement. A cela on peut répondre que c'est le changement des choses qui nous donne de l'appréhension... Combien de craintes avons-nous reçues depuis le malheureux jour du parricide de notre Henri-le-Grand! La loi des États change selon les temps, on n'y peut donner de maximes certaines; ce qui est utile à un roi est dommageable à un autre. »

Les princes du sang, les Condé, en se convertissant à la religion catholique, n'avaient pas affaibli, selon Rohan, la position des Réformés ; car ces princes, s'ils maintenaient le parti, en étaient maintenus et faisaient le plus souvent leurs affaires aux dépens de tous. Ce qui est certain, c'est que les princes manquant, ce furent les grands les plus rapprochés qui prirent leur place, qui eurent l'initiative et le commandement des révoltes à main armée; et la maison de Rohan se trouve au premier rang dans ce rôle actif. Elle s'y adonna avec un dévouement à la cause commune qui ne saurait se contester : ni le maréchal de Bouillon qui finissait et qui dès longtemps n'était plus qu'un politique consultant, ni le vieux Lesdiguières qui pensait à se convertir et à se retourner contre ses anciens frères, ni les La Trémouille, ni les La Force, ni les Châtillon, dont les résolutions n'étaient pas de longue haleine, aucun n'essaya, dans ces nouvelles levées de boucliers, de le disputer aux Rohan.

Sans parler de sa mère, femme forte, de vieille roche, l'inspiratrice et l'âme des résistances, et sur laquelle nous aurons tout à l'heure à revenir; sans parler de sa femme, de cette fille de Sully, beauté toute jolie et mignonne, épouse des plus légères, mais fidèle politiquement et auxiliaire active et dévouée, Rohan avait pour second son frère : ce cadet, Benjamin de Rohan, connu sous le nom de Soubise, était l'homme de mer, l'amiral des Églises, de même que Rohan en était le généralissime sur terre et dans les montagnes. Dès la première guerre de 1621, Rohan, ne voulant point s'enfermer dans sa ville de Saint-Jean-d'Angely, y avait laissé Soubise qui tint bon devant l'armée du roi, reçut chapeau en tête la sommation royale, et n'y répondit que par ce mot d'écrit dont on a conservé les termes : « *Je suis très-humble serviteur du Roi, mais l'exécution de ses com-*

mandements n'est pas en mon pouvoir. Signé : BENJAMIN DE ROHAN. » Forcé de se rendre après vingt-quatre jours de siége (24 juin 1624), en vertu d'une capitulation qui eut la forme de lettres de grâce, Soubise, bien qu'en sortant il eût demandé pardon au roi à deux genoux, alla immédiatement, dans cette même guerre et cette année même, continuer l'œuvre de résistance et de révolte dont il ne se départit jamais. Il croyait avoir au fond de sa conscience (ce sont là les sophismes de l'esprit de faction) de quoi se relever de l'engagement qu'il venait de prendre, et de quoi s'absoudre en dernier ressort. Réfugié en Angleterre dans les intervalles des trêves, revenant avec les vaisseaux anglais qu'il s'efforçait d'introduire à La Rochelle, conducteur et pilote obstiné de l'étranger en ces parages, toute sa conduite en ces années éclaire d'un jour fâcheux et laisse à découvert par son côté le plus vulnérable la politique de Rohan, de cet aîné avec qui il était d'accord et unanime, avec qui il se concertait sans cesse, sauf à en être désavoué pour la forme en quelques occasions. Soubise, l'irréductible et l'insoumis, pour qui l'idée de violation ou de devoir envers le souverain de la France n'existait pas, déterminé, à toute extrémité, à faire la guerre des pirates plutôt que de se soumettre à son roi, nous représente bien le Français qui s'est oublié et jusqu'à un certain point dénaturé, ou qui du moins (car je ne voudrais rien dire d'injuste pour un vaincu) s'est tout à fait dénationalisé.

M. de Rohan a plus de prudence; prudence et opiniâtreté, ce sont deux traits distinctifs de son caractère. Il prétend, à travers tout, être resté un *bon Français;* il a toujours l'air de ne prendre les armes que malgré lui, à son corps défendant, et parce qu'il ne peut en honneur s'en empêcher sans manquer à son devoir et au bien des Églises. Mais les armes une fois prises, il ne les dépose que lorsqu'il n'y a plus moyen de prolonger la lutte, et il n'est pas d'expédients qu'il n'emploie pour obliger les siens à l'imiter, à le suivre jusqu'au bout. Ses Mémoires, fort bons à lire, sont loin d'être un récit complet auquel on puisse se fier sans contrôle; il y dissimule ce qui lui convient. Orateur, homme de discussion et de persuasion autant que guerrier, il y a tout un côté bien important de son talent et de son rôle qui pour nous a disparu. On a cité quelque chose de sa harangue devant le Conseil de la ville à Montauban, dans la première guerre; il y disait : « Je vous prie de croire que je ne vous abandonnerai point, quoi qu'il arrive. Quand il n'y aurait que deux personnes de la Religion, je serai un des deux. » Il a tenu cette parole dans toute la suite des guerres, et il n'a renoncé que lorsque tout lui a manqué. Aucun scrupule d'ailleurs ne le retient de contracter, soit avec le roi d'Angleterre (c'est tout simple) et avec ses coreligionnaires à l'étranger, soit avec le duc de Savoie, soit même avec le roi d'Espagne dont le secours s'était fait longtemps espérer et dont il attendait des subsides en dernier lieu. Les doublons d'Espagne, et ce *Catholicon* qui avait fait le sujet de tant de sarcasmes contre la Ligue, lui eussent paru très-purifiés en passant par ses mains.

Une double lecture est intéressante à faire, c'est celle des Mémoires de Rohan en ayant en regard les Mémoires de Richelieu. Quelle politique différente! quel jeu opposé! que de vues et de sentiments contraires, et qui se réfléchissent même dans la manière de dire et de s'exprimer! Gardons-nous d'oublier que ceux qui n'ont pas réussi ont contre eux bien des apparences et des commencements équivoques qui auraient un tout autre air moyennant une autre issue : un rayon de soleil tombant à propos change bien les aspects. « Mais pour ce que les histoires, dit quelque part Rohan, ne se font que par les victorieux, nous ne voyons ordinairement d'estimés que les enfants de la fortune. » Tout cela est vrai; et toutefois c'est bien Richelieu qui dans cette lutte a raison, et qui a la conscience de la grande cause qu'il sert, de la noble monarchie qu'il continue, et de la France incomparable qu'il achève. La parole même et le langage le disent, et il est des images où reluisent les pensées : Rohan s'enveloppe là où Richelieu se déploie.

Ce n'est que dans la seconde guerre que Rohan rencontra en face l'ascendant de ce glorieux cardinal, en qui il crut ne voir d'abord qu'un favori de plus : « A cette faveur, dit-il en parlant du marquis de La Vieuville, succéda celle du cardinal de Richelieu, introduit par La Vieuville dans les affaires; voilà comme tous ces favoris se servent fidèlement les uns les autres... L'appui que le Cardinal trouve en la reine-mère fait durer sa faveur plus longuement que celle des autres, et aussi la rend plus insolente. » Il paraît avoir été quelque temps avant de s'apercevoir qu'il avait rencontré en lui son grand et fatal adversaire. Cette seconde guerre fut engagée par Soubise, qui en donna le signal par un acte audacieux (janvier 1625). Sentant que La Rochelle, ce boulevard des protestants, était de plus en plus bloquée par le fort Louis et du côté des îles de Ré et d'Oléron, et qu'elle étouffait si l'on n'avait la libre communication de la mer, Soubise alla se saisir à Blavet (ou Port-Louis) de vaisseaux de haut bord qui s'y équipaient, et, après des hasards divers, il parvint à sortir avec sa prise. Maître de la mer, il rend alors espérance et courage aux Rochelois, qui avaient d'abord fait mine de le désavouer. Rohan, qui était d'accord de tout avec lui, mais qui n'avait pas voulu prendre les armes jusque-là, et qui même s'était prêté à un semblant de négociation avec la Cour, commence à se déclarer, « contraint de le faire, dit-il, pour montrer que ce n'était son impuissance, comme on se figurait, qui l'en avait empêché, mais bien le désir de pacifier toutes choses. »

Il avait déjà parcouru bien des villes, accompagné d'un grand nombre de ministres, haranguant, disant des prières, faisant porter une Bible devant lui, fidèle à son double rôle de capitaine et de serviteur des Églises. Il commença le 1ᵉʳ mai 1625 ses entreprises à main armée, manqua son coup sur Lavaur (1), mais fit déclarer chemin faisant toutes les villes du Lauraguais. Le plus souvent il n'avait qu'à se montrer pour donner courage à ses alliés du dedans, aux *bons habitants* qui entraînaient les autres : les consuls et échevins, plus circonspects d'ordinaire et gens déjà de juste-milieu, ont besoin pour se rendre que la rue s'en mêle et qu'on leur force la main. Castres et Montauban étaient ses points d'appui principaux. Il avait les Cévennes favorables, et il en tirait des soldats. Le tout se faisait avec accompagnement d'assemblées et avec tenue habituelle de colloques, comme il était nécessaire dans une entreprise républicaine, et qui s'appuie non-seulement sur le consentement, mais sur l'émotion des peuples. Le maréchal de Thémines commandait l'armée que le roi opposa à Rohan; il se présenta devant Castres, où la duchesse de Rohan, qui avait laissé son mari, avec un Conseil ou abrégé d'assemblée, dut prendre sur elle, dans l'embarras de ses conseillers, de donner des ordres; et la circonstance l'élevant au-dessus d'elle-même, cette personne mondaine, mais de courage, sut pour-

(1) On lit dans les Mémoires de Rohan qu'il commença *le premier jour de mai* par l'entreprise de Lavaur, et cette date a été, depuis, répétée dans diverses histoires. Je dois à l'obligeance de M. Thomas-Latour, magistrat à Toulouse et originaire de Lavaur, un extrait du livre des délibérations de cette dernière ville; il en résulterait que « l'incursion et surprise qu'aurait voulu faire le duc de Rohan, à la pointe du jour, » se rapporterait au *mardi treizième de mai*.

voir à tout. Le maréchal de Thémines, qui avait l'avantage des forces, tient campagne, ravage le plat pays et s'empare de Saint-Paul, seule action un peu notable que Rohan lui attribue, en la diminuant de son mieux et la présentant comme plus facile qu'elle ne fut peut-être. En revanche, Rohan se plaît fort à célébrer une action héroïque de sept soldats de Foix qui, s'enfermant dans une bicoque auprès de Carlat, arrêtèrent le maréchal et toute son armée deux jours entiers, et, après lui avoir tué plus de quarante hommes, se sauvèrent au nombre de quatre ; trois sur les sept, trois proches parents, voulurent demeurer et se sacrifier, parce que l'un était blessé et hors d'état de sortir : « Ainsi les quatre autres, dit Rohan, à la sollicitation de ceux-ci et à la faveur de la nuit, après s'être embrassés, se sauvent, et ces trois-ci se mettent à la porte, chargent leurs arquebuses, attendent patiemment la venue du jour, et reçoivent courageusement les ennemis, desquels en ayant tué plusieurs, meurent libres. » Ce sont là les seuls éclairs du récit chez Rohan, qui voudrait bien assurer aux noms de ces braves soldats une immortalité dont il n'est pas le dispensateur : il fallait de certains échos particuliers, et qui ne se retrouvent pas deux fois, pour nous renvoyer les glorieux noms qui ont illustré les Thermopyles. Il est ensuite obligé de raconter la défaite de Soubise, aux prises dans l'île de Ré avec les forces royales, sa résistance plus ou moins désespérée, et, dans tous les cas, moins acharnée que celle des sept braves, et sa fuite en Angleterre avec ce qu'il peut sauver de vaisseaux. Une paix alors se marchande et se conclut, que Richelieu au début de ses grands desseins ne rend pas trop difficile, que les ambassadeurs d'Angleterre et de Hollande, deux puissances pour lors alliées de la France, conseillent impérieusement aux Réformés, et dont Rohan a l'air de triompher plus qu'il ne convient.

Il se plaint, en terminant, de tout le monde : « C'est ce qui s'est passé en cette seconde guerre, dit-il, où Rohan et Soubise ont eu pour contraires tous les grands de la Religion de France, soit par envie ou peu de zèle, tous les officiers du roi à cause de leur avarice, et la plupart des principaux des villes gagnés par les appâts de la Cour... Quand nous serons plus gens de bien, Dieu nous assistera plus puissamment. » Par cette paix les Réformés obtenaient ce qui à leurs yeux était l'essentiel, la subsistance des nouvelles fortifications qu'ils avaient élevées dans la plupart des petites villes du Midi, c'est-à-dire la faculté de recommencer la guerre.

Dès cette partie de son récit on peut remarquer la plainte ordinaire que fait Rohan de la versatilité, de l'impatience et du peu de justice des peuples, de l'ingratitude qui est « l'ordinaire récompense des services qu'on leur rend; » de leur humeur qui les porte à être « aussi insolents en prospérité qu'abattus en adversité. » Il le redira plus tard en vingt endroits : « Qui a affaire à un peuple qui ne trouve rien de difficile à entreprendre, et qui, en l'exécution, ne pourvoit à rien, se trouve bien empêché. » Il souhaite à ceux qui viendront après lui « d'avoir autant d'affection, de fidélité et de patience qu'il en a eu, et de rencontrer des peuples plus constants, plus zélés et moins avares. » Cette âme fière, ce capitaine énergique fait pour commander, cette nature aristocratique, ambitieuse de grands desseins et entravée à chaque pas, avait dû beaucoup souffrir.

Un autre point est à toucher, assez délicat et dont il est singulier qu'on ait à se préoccupper, parlant d'un si grand homme de guerre et qui est mort des blessures reçues en combattant. On a accusé Rohan, aussi bien que son frère Soubise, de s'être ménagé dans les entreprises et les engagements militaires, de n'avoir pas toujours été en tête et au plus fort des mêlées, l'épée à la main. A Ré, au moment le plus décisif de l'effort contre les troupes du roi qui y avaient opéré une descente, Soubise ne parut point faire de sa personne et de son bras tout ce qu'il aurait pu ; et à Viane, pendant que le maréchal Thémines attaquait et brûlait un faubourg en chassant vivement les troupes qu'on lui opposait, M. de Rohan fut remarqué sur un bastion de la ville, « d'où il considérait l'action une canne à la main. » Cependant on ne saurait leur faire à l'un ni à l'autre l'injure de poser cette question, s'ils étaient braves et très-braves en effet : mais ils étaient les têtes du parti, et ils avaient à se réserver pour leur cause ; et de plus, comme on l'a très-judicieusement observé, ils devaient craindre, non pas de périr les armes à la main de la mort du soldat, mais d'être pris et d'aller finir sur un échafaud en rebelles. Leur position fausse comme guerriers se trahit par là. Rohan, déjà gêné au dedans par les siens, dut également souffrir de cette gêne en face de l'ennemi, et peut-être des accusations sourdes qui en venaient parfois à son oreille ; et il semble, nous le verrons, avoir voulu répondre à tout et se satisfaire lui-même lorsqu'il se mit, à son dernier jour, à faire le coup de pique en simple volontaire dans l'armée du duc de Weimar, comme s'il s'était dit : « Cette fois enfin je ne suis plus un général ni un chef de parti, je ne suis qu'un soldat. »

Ouvrons maintenant les Mémoires de Richelieu, lorsqu'il a à parler des mêmes conjonctures. Le ton change, les brouillards cessent, les drapeaux s'arborent ; on y sent à chaque pas l'avantage des situations nettes et des génies qui sont dans leur voie. Le livre XVIe des Mémoires du Cardinal, rendant compte de cette seconde guerre civile, débute ainsi :

« Cette année (1625) vit dès son commencement éclore une Infâme rébellion de nos hérétiques, qui fut tramée par Soubise, lorsqu'on n'attendait point de lui une semblable infidélité.

« Il était signalé entre les rebelles, de ce qu'il avait été le premier de tous qui s'était osé présenter pour défendre au roi l'entrée en une de ses villes.

« Sortant de Saint-Jean-d'Angely par composition, il jura de ne plus porter les armes contre Sa Majesté.

« Au préjudice de son serment, il ne laissa pas, à quelque temps de là, de se saisir des Sables d'Olonne, où voyant le roi fondre sur lui, il se retira à La Rochelle, comme les oiseaux craintifs se cachent dans les creux des rochers quand l'aigle les poursuit. Là il reçut encore grâce pour la seconde fois de Sa Majesté.

« Mais, comme la reconnaissance des infidèles est aussi infidèle qu'eux, ces grâces descendirent si peu avant dans son cœur, que, ne lui en demeurant aucun sentiment ni mémoire, sa rébellion, aussi féconde que l'Hydre, renaît de nouveau.

« Il met le feu dans le royaume, tandis que le roi est employé en la défense de ses alliés, ainsi qu'Érostrate embrasa le temple de Diane, tandis qu'elle était attentive à promouvoir la naissance d'Alexandre... »

Ah! ne demandons point à Richelieu ce goût exact et sobre qui est assez celui de Rohan : Richelieu a de l'imagination, et il la montre; il a de la littérature, et il en affecte. Son style aime le panache, et ce panache ne lui messied pas, non plus qu'à la nation qu'il conduit et qu'il représente. Son mauvais goût a quelque chose de celui de Chateaubriand; c'est un mauvais goût qui séduit et qui, par moments, enlève plus que la raison froide; il sent l'oriflamme.

Tandis que Richelieu, déjà fort de la confiance de Louis XIII, préparait son grand dessein européen, l'abaissement de l'Espagne et de la maison d'Autriche, pour lequel il comptait se servir d'une nouvelle alliance étroite avec l'Angleterre, il se voit donc arrêté tout court par cette levée de boucliers à l'intérieur, qui coupe en deux le royaume :

« Cette révolte, dit-il énergiquement, venait si à contre-temps au roi en cette saison où il avait tant d'affaires au dehors, que la plupart de ceux de son Conseil étaient si éperdus, que tantôt ils voulaient qu'on fît une paix honteuse avec l'Espagne, tantôt qu'on accordât aux Huguenots plus qu'ils ne demandaient.

« Le Cardinal, au contraire, regardant d'un cœur assuré toute cette tempête, dit au roi : ..... »

On a, en cet endroit, un de ces discours indirects, développés, comme le Cardinal aime à les coucher sur le papier, où il déroule toutes les considérations en divers sens, non sans quelque complaisance et en s'écoutant un peu, mais avec tant de clarté, d'élévation, d'étendue et de justesse, qu'on lui sait gré de sa disposition communicative et qu'on l'en admire davantage. La conclusion de Richelieu est que « tant que les Huguenots auront le pied en France, le Roi ne sera jamais le maître au dedans, ni ne pourra entreprendre aucune action glorieuse au dehors; » qu'il n'y a pas moyen de faire deux affaires considérables à la fois; que le mal interne, fût-il moindre en soi, est le pire et celui auquel il faut avant tout pourvoir. Et il eut l'idée, très-hardie et originale, de se servir pour cela du secours des alliés, de ceux-mêmes qui étaient de la religion des rebelles : car la France alors n'avait pas de marine, elle n'avait pas *un seul vaisseau* à opposer à Soubise triomphant sur les mers depuis sa capture. Richelieu soutint résolûment qu'il fallait exiger des Anglais et des Hollandais le nombre de vaisseaux auxiliaires auxquels ils s'étaient obligés par les nouveaux traités, vingt de Hollande, sept ou huit d'Angleterre; il prétendait de plus faire stipuler, pour être sûr que ces vaisseaux opéreraient efficacement et n'iraient pas à l'inverse du but, qu'on aurait droit d'y mettre à bord des capitaines français, avec des équipages français, soit en totalité, soit en grande partie. En conseillant au roi de faire impérieusement, et même avec menaces (s'il en était besoin), ces demandes assez singulières à ses alliés protestants pour battre ses sujets protestants, le Cardinal, à qui son tact présageait qu'on obtiendrait tout, savait bien pourtant qu'il se mettait en grand hasard auprès du maître si l'on essuyait un refus :

> « Qui se fût considéré lui-même, dit-il dans un sentiment de généreux orgueil, n'eût peut-être pas pris ce chemin qui, étant le meilleur pour les affaires, n'était pas le plus sûr pour ceux qui les traitaient ; mais *sachant que la première condition de celui qui a part au gouvernement des États est de se donner du tout au public et ne penser pas à soi-même*, on passa par-dessus toutes considérations qui pouvaient arrêter, aimant mieux se perdre que manquer à aucune chose nécessaire pour sauver l'État, duquel on peut dire que les procédures basses et lâches des ministres passés avaient changé et terni toute la face. »

Cet armement, si hardiment combiné, auquel l'Angleterre contribua par ses seuls vaisseaux, et la Hollande par ses vaisseaux à la fois et par ses hommes, eut tout le succès et l'effet qu'il prétendait en tirer. Bref, et comme on l'a vu par le récit de Rohan, après la défaite de Soubise en l'île de Ré, la paix se fit, mais non pas telle tout à fait que Rohan se plaît à le dire : le Cardinal sans doute, sachant bien « que toute la prudence politique ne consiste qu'à prendre l'occasion la plus avantageuse qu'il se peut de faire ce qu'on veut, » et sentant que les grandes et diverses affaires que le roi avait pour lors sur les bras ajournaient plus ou moins cette occasion, dissimula et laissa croire aux Réformés qu'il ne leur était pas un irréconciliable adversaire : « Car ce faisant, dit-il, il avait moyen d'attendre plus commodément le temps de les réduire aux termes où tous sujets doivent être en un État, c'est-à-dire *de ne pouvoir faire aucun corps séparé et indépendant des volontés de leur souverain.* » Toutefois, par ce traité du 5 février 1626, le roi, déjà plus roi qu'auparavant, donnait la paix à ses sujets et ne la recevait pas ; et, du côté de La Rochelle expressément, il se réservait le fort Louis comme une citadelle ayant prise sur la ville, et les îles de Ré et d'Oléron comme deux autres places « qui n'en formaient pas une mauvaise circonvallation. »

Rohan, dans ses Mémoires destinés à être lus en manière d'apologie, témoigne être satisfait de cette paix provisoire : ses lettres et missives confidentielles, dont quelques-unes furent surprises et rapportées au Cardinal, trahissaient moins de contentement, et ce traité si désavantageux pour le parti « mit les deux frères en tel désespoir, assure Richelieu, que madame de Rohan la mère, ne sachant plus quel conseil donner à Soubise, le persuada, par une lettre interceptée, de se joindre aux corsaires moresques et de se retirer en Barbarie, » plutôt que de se résigner à la loi du vainqueur. Il faut voir comme Richelieu se récrie non plus seulement en politique, mais en théologien et en catholique fervent, à la pensée d'un pareil conseil.

Cependant un tel état de choses où une partie de la nation était occupée à brider l'autre, qui la tenait en échec à son tour, ne pouvait subsister sans le plus grand détriment pour la monarchie et pour la France, qui, en face de l'Europe et dans cette reconstitution alors générale des forces politiques modernes, avait besoin d'être une et de se rassembler. L'honneur de Richelieu est de l'avoir senti avec une énergie ardente et un indomptable génie d'exécution : le malheur de Rohan, celui de sa position, est de n'avoir pu le sentir, d'avoir été l'allié naturel et comme nécessaire de l'étranger, de quiconque était alors l'ennemi de la patrie, d'avoir continué de penser là-dessus comme un seigneur féodal en retard, devenu républicain par rencontre, et qui, en vue d'une conviction religieuse particulière, usait de tous les moyens de défense, sans se douter de ce qu'il allait choquer au sein de cet autre sentiment moral et religieux aussi, de ce sentiment patriotique, tout à l'heure universel.

La troisième guerre commence (1627); il est inutile d'en rechercher les prétextes ou les causes que chaque parti se rejette : elle devait immanquablement éclater, la paix de 1626 n'ayant été subie d'un côté et concédée de l'autre qu'avec toutes sortes de sous-entendus et faute de mieux. Une grande cabale s'était formée en Cour, dont Monsieur, frère du roi, était le prête-nom. L'Angleterre, cette fois, se présentait comme ennemie; un gentilhomme envoyé par le roi de la grande-Bretagne alla solliciter M. de Rohan, auquel « les désertions et infidélités qu'il avait rencontrées, dit-il, aux deux précédentes guerres, ôtaient assez l'envie de recommencer le jeu. » Il n'osa toutefois assumer la responsabilité d'un refus, et il se mit de la partie avec ce même sentiment de la difficulté et de la non-réussite qui constitue son étoile : « Je considérais quel fardeau je prenais sur mes épaules pour la troisième fois; je me ramentevais l'inconstance de nos peuples, l'infidélité des principaux d'iceux, les partis formés que le roi avait dans toutes nos communautés, l'indigence de la campagne, l'avarice des villes, et surtout l'irréligion de tous. » Par *irréligion* il faut simplement entendre l'affaiblissement de ce principe religieux exalté qui ne s'était vu qu'au seizième siècle et qui poussait à tous les sacrifices de vie et de fortune pour la foi, affaiblissement qui tenait déjà de l'esprit moderne, et en vertu duquel beaucoup d'estimables Réformés préféraient le commerce à la guerre. Ce n'était pas le compte de Rohan ni des chefs féodaux. Cet affaiblissement ou adoucissement graduel, tant de mœurs que de croyance, se fit de plus en plus sentir après la décapitation du parti par Richelieu, et cette disposition des esprits, sagement appréciée de Mazarin dans ce qu'il appelait le *petit troupeau*, aurait dû l'être davantage par Louis XIV; car il s'ensuivait l'idée et la pratique possible de la tolérance.

Après les perplexités et les partages d'esprit où M. de Rohan convient lui-même avoir été au début de cette troisième guerre, et qu'il trahissait quelquefois dans sa conduite, on concevra le jugement sévère et irrité que porte de lui Richelieu :

« Ce misérable Soubise, s'écrie-t-il avec indignation (car il ne sépare pas les deux frères), dont le malheur, l'esprit et le courage sont également décriés, n'ayant autre art pour couvrir ses hontes passées que de s'en préparer de nouvelles, sollicite en Angleterre.

« Le sieur de Rohan, *plus propre à être procureur dans un Palais que chef d'un parti*, les avantages duquel il faut procurer par courage en guerre, et en paix par franchise et ingénuité,... continue ses pratiques, et par mille factions fait connaître à un chacun qu'il fait aussi bien durant la paix tout ce qui peut apporter la guerre, comme durant la guerre tout ce qui semble ne convenir qu'à la paix. Durant la paix son esprit est aussi peu en repos, comme durant la guerre il hasarde peu sa personne. Il entretient intelligence avec tous les factieux du dedans du royaume, et avec tous les brouillons du dehors. »

Faisons ici la part de la passion, et dégageons la pensée à travers l'injure. Richelieu tout le premier montra qu'au fond il jugeait mieux de Rohan lorsqu'il lui confia ensuite le corps d'armée destiné à entrer dans la Valteline, et que, dans une lettre de lui adressée à ce général victorieux, il lui dit « qu'il sera toujours très-volontiers sa caution envers le roi que lui, Rohan, saura conserver les avantages acquis et ne perdra aucune occasion de les augmenter. » Mais, en ce moment de la guerre civile, ce sont deux génies, deux âmes rivales et antagonistes qui sont aux prises, et tous les défauts, toutes les complications et enchevêtrements de la conduite et du rôle de Rohan lui apparaissent : il les impute à son caractère, et il les exprime avec excès, avec injustice sans nul doute, mais avec discernement du point faible et en des termes qui ne s'oublient pas. L'heure était décisive en effet pour la fortune même et pour la grandeur de Richelieu. Croire qu'il s'embarquerait dans ses grands desseins de combinaisons étrangères en laissant La Rochelle ouverte à l'Anglais et en communication avec les Cévennes mal soumises et avec le Languedoc à demi rebelle, c'était ne pas le connaître. Rohan, le plus habile et le plus tenace des deux chefs qui tentaient de maintenir cette sorte de république fédérative au sein du royaume, n'était pas sa moindre pierre d'achoppement. Celui-ci avait promis au roi d'Angleterre de prendre les armes après que l'armée anglaise aurait fait sa descente dans l'île de Ré, et il tint parole. Ce n'est pas à moi d'essayer de faire l'histoire de ces mémorables exploits en ces passes si disputées, et de cette prise de La Rochelle, après plus d'un an de blocus et trois expéditions navales des Anglais impuissantes à la secourir. La constance, l'opiniâtreté, la foi intrépide de Richelieu dans son bon conseil et dans la fortune de la France, triomphèrent de tout, même des éléments. D'autre part, l'héroïsme et la résignation morale des assiégés et des affamés de La Rochelle égala tout ce qu'on sait des plus patients et des plus généreux siéges. Ce double sentiment contraire qui animait l'assiégeant et l'assiégé se peint avec fidélité dans les pages tant de Richelieu que de Rohan ; ce dernier, qui, pendant ce temps-là, tenait la campagne dans le Midi et se bornait à occuper les troupes du roi par une suite d'escarmouches et de petites affaires, sentait bien que le fort de l'action se passait là où il n'était pas, et que le sort de la cause se décidait ailleurs.

Richelieu et son ardeur en cette périlleuse entreprise, l'affection qu'il met aux choses et qui le consume, éclatent en mille traits de feu dans son récit : « Cependant, dit-il en un endroit, tandis que le Cardinal *employait tout l'esprit que Dieu lui avait donné à faire réussir le siége de La Rochelle à la gloire divine et au bien de l'État, et y travaillait plus que les forces de corps que Dieu lui avait départies ne lui semblaient permettre,* on eût dit que la mer et les vents, amis des Anglais et des îles, s'efforçaient à l'encontre et s'opposaient à ses desseins... » Prendre La Rochelle avant toute chose, promptement et sans rémission cette fois, c'est là son idée fixe ; c'est, selon lui, le premier remède à tout, et il y faut employer tous les moyens, toutes les inventions imaginables sans en omettre aucune ; car « de la prise de La Rochelle dépend le salut de l'État, le repos de la France, le bonheur et l'autorité du roi pour jamais. » Y aura-t-il un État dans l'État, un allié naturel et permanent de l'étranger parmi nous, un port et une porte ouverte aux flancs du royaume ? là est la question suprême. Il se voue tout entier à la trancher avec un zèle autant chevaleresque que politique. Il y a de la croisade dans son ardeur. Les clefs de La Rochelle, quand il les tiendra, vaudront à ses yeux celles des Cabinets qu'il ne peut forcer jusqu'alors, ni entraîner comme il le voudrait dans la sphère d'action de la plus belle monarchie du monde. Telles sont les nobles et ouvertes pensées qu'il agite et qu'il poursuit sous sa pourpre, tandis que Rohan, dans son Albigeois et ses Cévennes, et qui n'ose même s'aventurer à corps perdu comme feront un jour les grands Vendéens, s'épuise, en courant de ville en ville, à vouloir établir et organiser en France une *contre-France*. La disproportion des deux rôles se voit assez, et elle est si écrasante pour celui qui n'a pas la belle part, qu'il serait injuste d'y trop insister.

La conscience des vaincus pourtant, quand il y a en jeu des sentiments sincères et de vraies croyances, et aussi une portion de droit engagée, a ses forces secrètes, ses ressorts profonds, invincibles, et dont il ne faut parler qu'avec respect. Quelque chose de ce sentiment austère et contristé se réfléchit dans la page suivante, où M. de Rohan, après avoir raconté la reddition de La Rochelle le 28 octobre (1628), ajoute du ton de fermeté et de fierté qui lui est propre :

« La mère du duc de Rohan et sa sœur (1) ne voulurent point être nommées particulièrement dans la capitulation, afin que l'on n'attribuât cette reddition à leur persuasion et pour leur respect, croyant néanmoins qu'elles en jouiraient comme tous les autres; mais comme l'interprétation des capitulations se fait par le victorieux, aussi le Conseil du roi jugea qu'elles n'y étaient point comprises, puisqu'elles n'y étaient point nommées : rigueur hors d'exemple, qu'une personne de cette qualité, en l'âge de soixante-dix ans (*et plus*), sortant d'un siége où elle et sa fille avaient vécu trois mois durant de chair de cheval et de quatre ou cinq onces de pain par jour, soient retenues captives sans exercice de leur religion, et si étroitement qu'elles n'avaient qu'un domestique pour les servir, ce qui, néanmoins, ne leur ôta ni le courage ni le zèle accoutumé au bien de leur parti; et la mère manda au duc de Rohan, son fils, qu'il n'ajoutât aucune foi à ses lettres, pource que l'on pourrait les lui faire écrire par force, et que la considération de sa misérable condition ne le fît relâcher au préjudice de son parti, quelque mal qu'on lui fît souffrir. Résolution vraiment chrétienne et qui ne dément point tout le cours de sa vie, qui ayant été un tissu d'afflictions continuelles (2), elle s'y est trouvée tellement fortifiée de l'assistance de Dieu, qu'elle en est en bénédictions à tous les gens de bien, et sera à la postérité un exemple illustre d'une vertu sans exemple et d'une piété admirable. Voilà comme cette pauvre ville, qui fut autrefois la retraite et les délices du roi Henri IV, est devenue depuis l'ire et la gloire de son fils Louis XIII. Elle a été attaquée par le Français et abandonnée par l'Anglais. Elle s'est trouvée ensevelie dans une âpre et impitoyable famine, et en sa fin a acquis par sa constance une plus longue vie dans la renommée des siècles à venir que celles qui, aujourd'hui, prospèrent dans le siècle présent. »

Ici encore les Mémoires de Richelieu viennent éclairer d'un reflet direct ceux de Rohan. On y voit que, pendant le siége, madame de Rohan, dans une lettre qui fut inter-

(1) Anne de Rohan, non mariée, fille de piété et d'esprit, savante comme on l'était au seizième siècle, faisant des vers français à la vieille mode et sachant l'hébreu tellement qu'au prêche, pendant qu'on chantait les Psaumes en français dans la version de Marot, elle se les récitait mentalement dans la langue de David.

(2) Le premier mari de madame de Rohan avait été massacré à la Saint-Barthélemy.

ceptée, proposait à son fils la devise qu'elle disait être de la reine de Navarre (sans doute Jeanne d'Albret) : « *Paix assurée, victoire entière et mort honnête!* » Envoyée prisonnière à Niort, on essaya d'agir sur elle dans le cours de l'année suivante pour lui faire écrire à M. de Rohan de rentrer dans le devoir ; on mit en avant des tiers, qui, sans employer le nom du roi, l'exhortaient comme d'eux-mêmes et comme s'ils étaient mus par la seule considération de son intérêt et de celui de ses enfants : « Mais cette femme maligne jusques au dernier point, dit Richelieu, ne voulut jamais condescendre à s'y entremettre par lettres, disant pour prétexte que ce n'était pas un moyen assez puissant et qu'il fallait qu'elle y allât elle-même, ce que Sa Majesté refusa, sachant qu'elle ne le désirait que pour rendre le mal plus irrémédiable, et affermir son fils et ceux de son parti dans la rébellion jusqu'à l'extrémité. » Telle était cette mère invincible, qui portait dans la défense de sa foi l'âme des Porcia, des Cornélie, et des anciens Romains. C'est bien celle qui ne s'accommodait même pas de Henri IV comme roi, et qui résistait sous son règne à la fortune qu'il voulait faire à son fils (1).

En ce qui est du récit de la capitulation et de la prise de La Rochelle, dans les Mémoires de Richelieu, il perce un accent de triomphe un peu trop étincelant et qui sent l'inhumanité : ceci est le point faible, on le sait, du grand cardinal. Il montre les Rochelois réduits aux dernières extrémités, « n'ayant plus d'herbe à manger sur leurs contrescarpes, de cuirs de bœuf ni de cheval, de courroies, de bottes, de souliers, de ceintures, de pendants d'épée, de pochettes dont ils faisaient des gelées avec de la cassonade et des bouillies sucrées

---

(1) Tallemant des Réaux, qui ne contredit pas ce que madame de Rohan a de stoïque, nous la montre, à côté de cela, ayant des distractions singulières et à la Brancas.

qu'ils mangeaient pour se nourrir, » et pourtant tenant bon encore, les misérables ! et, bien qu'ils ne fussent plus qu'*ombres d'hommes vivants*, essayant d'obtenir par leurs députés un traité général appelé traité de *paix* et non un simple *pardon*, et d'y faire comprendre madame de Rohan. Au lieu d'aprécier et d'admirer jusqu'à un certain point cette constance en des hommes qui étaient et, après tout, allaient redevenir Français, « le Cardinal (dit-il parlant de lui-même) se moqua de leur impudence, leur dit qu'ils ne devaient rien espérer que simplement le pardon, lequel encore ne meritaient-ils pas. D'un côté, il savait bien que dans dix ou douze jours on les aurait la corde au cou, mais d'autre côté il considérait qu'il fallait se hâter... » Il raille donc, il insulte, il n'a nul égard aux vaincus, et il les maltraite à proportion qu'ils ont été plus constants et courageux : « Le Cardinal conseilla au roi d'envoyer le maire (l'énergique Guiton) hors de la ville, à cause de la grande inhumanité dont il avait usé envers ses citoyens, ayant mieux aimé les laisser misérablement périr de faim que d'avoir recours à la clémence du roi pour mettre fin à leurs misères ; d'envoyer à Niort madame de Rohan la douairière, comme étant indigne que Sa Majesté la vît, *pour avoir été le flambeau qui avait consumé ce peuple.* » L'expression est belle, mais le sentiment est dur : on eût aimé en cet endroit un accent de générosité, de clémence, d'intelligence du vaincu, ce que l'âme de Henri IV entendait si bien. Richelieu n'était qu'un vainqueur, il n'avait pas en lui l'étoffe d'un père. On n'a pas toutes les qualités à la fois, et des qualités qui tiennent en propre à des conditions distinctes ; si Richelieu, avec toutes celles qu'il possédait comme le premier des grands ministres, avait eu encore la clémence, il eût été vraiment un roi.

Lundi, 23 juillet 1856.

LE DUC DE ROHAN

(FIN)

III. — Sa constance. — Rohan à Venise. — Carrière nouvelle. — Campagne de la Valteline; gloire et revers. — Mort vaillante. — Essai de jugement.

Nos réserves ainsi faites contre les moyens et le but de Rohan, nous sommes en droit de faire remarquer sa fermeté singulière et sa constance. La prise de La Rochelle, qui semblait devoir ôter tout espoir au parti, fut pour Rohan une raison de redoubler d'efforts et de zèle. Il était de ceux que l'adversité inspire. Il avait par avance quelque chose des héros de Corneille, et semblait s'être dit :

> Lorsque deux factions divisent un empire,
> Chacun suit au hasard la meilleure ou la pire;
> . . . .
> Mais quand ce choix est fait, on ne s'en dédit plus.

Le prince Thomas de Savoie lui ayant fait dire par un gentilhomme que, s'il était en même humeur que par le passé, et qu'il voulût s'approcher, lui, le prince Thomas, ferait une diversion dans le Dauphiné, Rohan répond qu'il est en *meilleure humeur* que jamais, et prêt à marcher aux premières nouvelles qu'il aura du prince.

Le politique en lui et l'homme d'État (car il en était un)
contribuait en ce moment à soutenir et à enhardir le
capitaine. Il se disait que le roi d'Angleterre, après les
engagements contractés, ne pouvait en honneur abandonner les Réformés, et qu'il s'emploierait ou à les soutenir en guerre, ou, s'il y avait une paix, à les y faire
comprendre ; que le roi, près de passer les Alpes, avait
pour longtemps des occupations du côté de la Savoie et
de l'Italie, et d'autres rochers à surmonter que ceux de
La Rochelle ; que l'Espagne avait trop d'intérêt à nourrir la division aux entrailles de la France pour n'y pas
subvenir bientôt par son or. Dans une assemblée convoquée à Nîmes, il fait prévaloir ses résolutions belli-
queuses et ranime le courage des siens. Il fallut, pour
le convaincre de mécompte, les merveilles du Pas-de-
Suze, et qu'on pût dire de Louis XIII, comme de César,
« qu'il alla, qu'il vit et qu'il vainquit. » Et encore Rohan ne se tint pas pour abattu ; il ne crut pas, après la
victoire de Suze, à la paix d'Italie, à une paix solide et
qui permît qu'on se portât en toute vigueur contre lui.
Il ne fut éclairé sur la gravité de la situation que lorsqu'il vit le roi en personne s'emparer en peu de jours
de Privas, et le roi d'Angleterre conclure en ce même
temps la paix sans y comprendre les Réformés. Cette
dernière nouvelle et celle de la prise de Privas, avec les
rigueurs qui y furent exercées sur les vaincus, com-
mencèrent seulement à lui *abaisser les cornes*, dit Richelieu ; et alors, prévoyant le terme prochain de la lutte,
il déploya toutes ses ressources et ses expédients, il re-
doubla d'activité et multiplia les belles escarmouches
pour finir au moins décemment, pour être compté jusqu'au bout et obtenir le plus de garanties qu'il pourrait à la généralité du parti. Il n'y avait pas moins de
six armées royales, en tout plus de cinquante mille
hommes avec cinquante canons, agissant sur divers

points du Midi à la fois. On crie au secours de chaque côté ; beaucoup faiblissent et capitulent ; Rohan se porte partout où il peut. Il excelle en cette guerre de chicane. Il en fait assez pour que l'on consente à entendre à une paix générale : « Je fis savoir à la Cour (c'est-à-dire au quartier du roi) que je mourrais gaiement, avec la plupart de tout le parti, plutôt que de n'obtenir une paix générale ; qu'il était dangereux d'ôter tout espoir de salut à des personnes qui ont les armes à la main ; que je ne la traiterais jamais tout seul... » Le roi écoutait les propositions avec plaisir ; mais le Cardinal confesse, dans ses Mémoires, avoir fort hésité à cette heure sur ce qu'il conseillerait à son maître : tout lui disait qu'on allait avoir raison des rebelles et de leur chef par la force, ce qui était fort de son goût, et qu'ils seraient réduits, après un prochain échec infaillible, à demander merci : la prudence toutefois l'emportant sur l'humeur, et cette idée que Rohan dans sa proposition de paix cette fois était sincère, lui firent conseiller de traiter. En définitive, les édits furent conservés dans toute la partie essentielle qui tient à ce que nous appelons tolérance ; mais les bastions et les fortifications des villes rebelles, de celles des Cévennes en particulier, qui avaient été prises de cette espèce de manie et de maladie dans la présente guerre, et qui s'étaient toutes fortifiées *à la huguenote*, comme on disait, durent être rasés aux dépens et de la main même des habitants qui les avaient construits ; il n'y eut plus, à partir de ce jour-là, un cordon de petites républiques possibles à travers la France : il n'y eut qu'une France et des sujets sous un roi.

L'ère de guerre et de rivalité à main armée, entre les deux communions, avait cessé ; on entrait dans un régime nouveau, qui aurait dû être un régime de police civile, de légalité, de raison ferme, d'action douce et de conquête par la seule parole. Richelieu, tout vif qu'il est sur la religion, montre qu'il n'était pas loin de l'entendre ainsi en idée; mais, de part et d'autre, qu'on était neuf pour ce nouvel état! que la transition qui y acheminait fut lente et laborieuse! et, avant de s'y asseoir franchement, dans cet ordre moderne, que de revirements et d'erreurs encore!

Le duc de Rohan, par un article du traité, ou plutôt de la *grâce* (c'est le titre qu'on y donna), obtint en ce qui le concernait l'abolition générale et l'oubli du passé: il obtint de plus qu'on lui rendît ses biens et 100,000 écus pour dédommagement des pertes qu'il avait subies (il en devait plus de 80,000), et il dut sortir du royaume. Il écrivit au roi, qui était à Nîmes, pour demander une personne de qualité et autorisée, qui le conduisît jusqu'à Venise, lieu désigné pour sa retraite, craignant ou feignant de craindre quelque danger en chemin de la part des princes d'Italie; il désirait peut-être se mettre par là à l'abri de tout soupçon de nouvelles intrigues. On lui donna M. de La Valette pour l'accompagner, et il s'embarqua le 20 juillet 1629 à Toulon, non sans écrire au roi une lettre où il témoignait de sa reconnaissance et de son repentir. L'importance que met Richelieu à cette sortie de France du duc de Rohan ne laisse pas de faire bien de l'honneur au vaincu :

« Ce fut, dit-il, une chose glorieuse au Roi de voir là (*à Gênes*) arriver le duc de Rohan hors de France, où il s'était maintenu dans la rébellion si longtemps.

« On le considérait avec grande curiosité, comme un des trophées du Roi...

« Chacun, voyant ledit Rohan, était obligé d'avouer qu'il n'y avait plus de corps d'hérétiques en France, puisqu'il avait été décapité, et que l'on voyait le chef comme porté en triomphe par les ports d'Italie. »

Les Espagnols répandaient le bruit que cet exil de

M. de Rohan n'était qu'une feinte, et qu'on ne l'envoyait de la sorte à Venise que pour y agir contre eux. Et quand cela eût été, ajoute Richelieu, ce n'aurait été manquer ni à la dignité ni à la prudence de *nous servir de nos ennemis contre nos ennemis.*

Venise était un lieu de prédilection pour Rohan ; on l'on en a vu très-frappé et comme épris dès sa jeunesse, dans ce voyage qu'il fit à vingt ans. Dans sa dernière guerre, il avait fait négocier à Venise par la duchesse sa femme, qui y était allée en compagnie du duc de Candale, récemment converti par elle au calvinisme, et qui lui servait de cavalier ; la duchesse de Rohan et sa fille s'étaient offertes à rester comme otages, afin d'assurer Venise que l'argent fourni serait dûment employé selon qu'on le stipulerait. La politique de Venise convenait à Rohan, général plein de réflexions et de vues, et qui, en fait de république, se devait mieux accommoder d'une aristocratie que de conseils bourgeois ou populaires. Il fut nommé général des troupes de la république, avec pension et toutes sortes d'honneurs.

Il passa le premier temps de sa retraite (1630) occupé de la composition de ses Mémoires sur les guerres de religion, qui ne furent publiés que plus tard, par les soins de Sorbière, en 1644 (1). Dans un séjour qu'il fit à Padoue, il écrivit *le Parfait Capitaine, autrement l'Abrégé des Guerres de Gaules des Commentaires de César, avec quelques remarques,* dédié au roi Louis XIII. Un

---

(1) Ces Mémoires manuscrits furent naturellement connus de Sully, beau-père du duc de Rohan, et qui lui survécut ; ce qui explique que, dans les pièces trouvées dans le cabinet de Sully, et imprimées à la suite de ses *Mémoires ou Œconomies royales,* on rencontre un *Précis de la Régence de Marie de Médicis et du règne de Louis XIII jusqu'en* 1628, qui est en grande partie fait et compilé sur les Mémoires de Rohan et dans les mêmes termes. (Voir dans la Collection de Petitot les *Mémoires de Sully,* t. IX, p. 345-460. L'éditeur ne s'en est pas aperçu.)

autre ouvrage : *De l'intérêt des Princes et États de la Chrétienté*, dédié au cardinal de Richelieu, paraît n'avoir été composé qu'en 1634, dans un séjour de quelques mois à Paris. Ces derniers écrits, qui ne furent imprimés et publiés que vers le temps de sa mort (1), arrivèrent sans doute plus tôt à leur adresse sous forme de manuscrit : c'étaient des cartes de visite que le duc de Rohan envoyait en Cour pour rappeler qu'il était capable et pour prouver qu'il n'était plus ennemi. Ces ouvrages, très-goûtés quand ils parurent, et dont le second (*De l'intérêt des Princes*) fut même traduit en latin, sont aujourd'hui de peu de profit et peu attachants de lecture. Saint-Évremont, en regrettant que M. de Rohan n'ait pas pénétré plus avant dans les desseins de César, et mieux expliqué les ressorts de sa conduite, avoue pourtant « qu'il a égalé la pénétration de Machiavel dans les remarques qu'il a faites sur la clémence de César, aux guerres civiles. On voit, dit-il, que sa propre expérience en ces sortes de guerres lui a fourni beaucoup de lumières pour ces judicieuses observations. » Rohan, dans ce travail sur les guerres des Gaules et sur l'ancienne milice, paraît un homme fort instruit ; il n'y a plus trace de ces premières inadvertances qu'on a tant relevées dans son premier Voyage de 1600, lorsqu'il y faisait Cicéron auteur des *Pandectes*, comme il aurait dit des *Tusculanes*. Il s'était formé par l'étude, et il avait auprès de lui un secrétaire et *factotum* des plus distingués par l'esprit et les connaissances, Priolo. Priolo était, comme on disait alors, *le tout* de M. de Rohan.

Ici une nouvelle carrière commence pour Rohan : le

---

(1) *Le Parfait Capitaine*, imprimé en 1637, parut ou à la fin de l'année ou au commencement de l'année suivante, avec une grande préface historique et surtout académique, qu'on sait être de Silhon ; il y est parlé de M. de Rohan comme vivant encore.

roi, sur le conseil du cardinal de Richelieu, le croit très-propre à ses affaires en ces contrées, à cause des qualités mixtes et variées qu'il possède, négociateur, capitaine, très en renom à l'étranger, pouvant agir comme de lui-même et n'être avoué que lorsqu'il en serait temps. Les Grisons, alliés des Cantons suisses, possédaient en Italie la Valteline, pays d'importance au point de vue militaire, puisqu'il donne le passage entre l'Allemagne et le Milanais, et qu'il pouvait servir à la jonction des deux bras de la maison d'Autriche. L'Espagne avait tout fait pour leur en enlever la possession, et elle y avait réussi; la Valteline s'était révoltée et espérait rester affranchie du joug; les Impériaux avaient retrouvé par là un chemin ouvert pour descendre en Italie; ils y avaient fait des forts pour s'y maintenir. Les Grisons se plaignaient de la France, de tout temps leur protectrice, qui, par un traité avec l'Espagne, avait paru consentir à cet état tel quel; la France, de son côté, avait intérêt à ce que les Grisons redevinssent maîtres de la Valteline et reprissent les clefs du passage. Il s'agissait de trouver un personnage qui les poussât et les guidât, « adroit à manier les peuples, agréable aux Grisons (la plupart protestants), » propre « à remettre ces gens-là peu à peu et à regraver dans leurs esprits la dévotion qu'ils commençaient à perdre pour les Français, et qui fût de tel poids, qu'il pût être en ce pays comme garant et caution de son maître, » sans que le nom de ce maître fût mis d'abord trop en montre. Il fallait surtout que ce fût un sujet auquel la république de Venise pût prendre confiance et qu'elle eût en estime. » Enfin Rohan était la définition vivante de l'homme très-compliqué qu'il fallait à ce moment-là en un tel pays. Le roi lui écrivit, le fit presser par son ambassadeur, M. d'Avaux. Rohan vit avec plaisir qu'on prenait confiance en lui, et que les services prochains qu'il pouvait rendre hâtaient l'oubli du passé : il ne quitta point Venise sans s'assurer de l'agrément du Sénat pour la mission où il s'embarquait. Arrivé à Coire, capitale des Grisons, le 4 décembre 1631, il y fut fort bien reçu et bientôt déclaré général des trois Ligues. Il semblait qu'il n'y eût plus qu'à agir; mais ce ne fut qu'au commencement de 1635, c'est-à-dire après trois ans de retards et d'ambiguïtés et quand la France enfin se décida ouvertement à la guerre, que Rohan fut mis à même de se distinguer.

Pendant deux ans et demi, soit dans son séjour en Suisse, soit à Venise où il retourna un moment, Rohan se trouva exposé à des ordres et à des contre-ordres continuels; il y eut jusqu'à six revirements dans la conduite principale qu'on essayait de lui tracer. Le fait est qu'on désirait bien rétablir les Grisons dans la Valteline, mais qu'au moment de le faire on craignait que ce coup d'autorité ne fût le signal d'une rupture générale, et on reculait. Tout cela est fort soigneusement démêlé dans les *Mémoires sur la guerre de la Valteline*, qui ne sont pas de Rohan, mais qui sont très-probablement de son secrétaire intime et confident Priolo. Petitot, dans sa Collection de Mémoires, dit que si l'on compare ce dernier ouvrage aux autres écrits du duc de Rohan, « on y reconnaît le même style, la même manière de présenter les choses. » C'est tout le contraire qu'il faut dire : on y retrouve une manière d'exposition plus générale qu'il n'est habituel à Rohan; il y a aussi plus d'images dans le style, plus de littérature, si je puis dire, et quantité d'expressions et de locutions qui ne sont point et ne peuvent être de lui. Le Père Griffet, auteur d'une si estimable Histoire de Louis XIII, où l'on trouve tant de choses singulières et curieuses que de plus bruyants et de plus habiles se sont mis à découvrir depuis, le Père Griffet a très-bien jugé de ce point comme de beaucoup d'autres. Les Mémoires sur la guerre de la Valteline sont donc du secrétaire de Rohan, et n'en valent pas moins pour cela (1).

Rohan fut appelé à la Cour au printemps de 1634; il ne s'y rendit toutefois qu'avec lenteur, et s'arrêta en chemin sous prétexte d'une maladie qui n'était peut-être que le soupçon. Soit disposition naturelle, soit effet des conjectures où il avait vécu, Rohan avait de la méfiance d'un capitaine italien du seizième siècle. Le roi, qui n'avait pas voulu le voir lors de sa dernière soumission en Languedoc, le reçut avec bienveillance. La guerre générale qui se déclara en 1635 permit enfin d'employer au grand jour ses talents.

L'idéal de Rohan, une fois hors des guerres civiles, aurait été de commander un corps d'armée à part, opérant avec indépendance. Dans des négations qui eurent lieu pendant la seconde guerre (1625), il avait demandé à être envoyé en Italie sous Lesdiguières à la tête d'un petit corps d'armée de 6,000 hommes et de 500 chevaux. L'armée qu'on lui donnait présentement à conduire avec le titre de lieutenant général était plus considérable; il n'en devait garder qu'une partie. On l'envoya d'abord dans la haute Alsace, où il fit tête au duc Charles de Lorraine; mais la destination réelle, qu'il importait de masquer jusqu'au bout, était la prise de possession de la Valteline. La manière dont il sut traverser la Suisse à l'improviste sans prévenir les Cantons qu'au moment

---

(1) Ils ont été publiés pour la première fois en 1758 par M. de Zur-Lauben, capitaine au régiment des gardes suisses, et associé correspondant de l'Académie des Inscriptions, qui ne manque pas de les attribuer au duc de Rohan. C'est ce M. de Zur-Lauben de qui mademoiselle de Lussan disait « que c'était une bibliothèque immense, dont le bibliothécaire était un sot. » Son édition d'ailleurs est faite avec beaucoup de soin, et contient en trois volumes toutes les lettres, dépêches et pièces originales.

même, étant déjà entré avant qu'on s'aperçût qu'il y dût passer; la rapidité, la précision de sa marche, la justesse de ses ordres et de ses calculs, tout répondit à sa réputation d'habileté. Son armée était rendue dans la Valteline le 24 avril 1635; la campagne s'ouvrait sous d'heureux auspices.

La situation était celle-ci : en face, du côté du Milanais, Serbelloni, général des Espagnols, était sur la frontière avec une armée; à dos, du côté du Tyrol, Fernamond, général des Impériaux, se disposait à forcer les passages et à faire évacuer la Valteline en rejoignant Serbelloni. Les Grisons, tout adonnés à leurs intérêts, n'étaient pas des alliés très-solides; les Valtelins catholiques étaient favorables aux Espagnols et aux Impériaux. Rohan devait éviter d'être pris entre deux armées; la sienne, sous sa nouvelle forme, ne montait pas à plus de 3,000 hommes de pied, 400 chevaux et 600 Grisons.

Dès le début de cette campagne, on a reproché à Rohan d'avoir agi un peu timidement, et, dans la crainte d'être tourné, de n'avoir pas défendu résolûment les passages du côté de l'Allemagne; mais, selon lui, ces passages étaient trop nombreux pour être défendus; il en comptait jusqu'à *quatorze* par où l'on aurait pu pénétrer. Fernamond, ayant débouché par ces gorges supérieures, n'avait plus qu'une dernière vallée à franchir. On dit que, la circonspection continuant à dominer Rohan, il était d'avis d'une retraite et d'évacuer le pays, mais que le marquis de Montausier (frère aîné de celui qui s'est illustré depuis sous ce nom), un de ses lieutenants les plus distingués, et qui avait reçonnu de près la position de l'ennemi, insista vivement pour l'attaque. Après un conseil de guerre, Rohan, général très-consultatif, s'y résolut, et le 27 juin se livra le combat dit *de Luvin*, affaire très-hardie, où, avec son peu de troupes et par des chemins difficiles, Rohan alla relancer dans sa vallée un ennemi plus nombreux, qu'il força de se retirer. Montausier, toujours ardent, voulait qu'on poussât la pointe et qu'on poursuivît les Impériaux sans relâche. Un autre lieutenant, Landé, était pour qu'on en restât là, vu la lassitude des troupes et le manque de pain; ce parti fut accueilli par Rohan. Dans la Relation envoyée au roi, M. de Rohan fit généreusement honneur à Montausier de l'idée du combat.

Le 3 juillet, Rohan, pour éviter d'être pris entre les deux armées (car les Impériaux s'étaient refaits et allaient regagner l'avantage), livra à ceux-ci, au bord de l'Adda, le combat de Mazzo, qui fut plus décisif que le précédent. L'armée des Impériaux, composée de 6,000 hommes, fut mise en déroute; beaucoup se noyèrent : il y eut mille prisonniers. Les Français ne perdirent pas vingt hommes en tout dans le combat. Il fallut ne pas trop pousser la poursuite, à cause de Serbelloni qu'on avait sur les derrières, à deux pas de là.

Sur ces entrefaites, Serbelloni, se souvenant que le duc de Rohan avait été un rebelle à son roi, essaya de le tenter : il lui envoya un gentilhomme appelé Du Clausel, ancien agent du duc auprès de la Cour d'Espagne dans les guerres civiles; le nom de la reine Marie de Médicis était fort mêlé à cette intrigue. Rohan n'hésita point : il fit arrêter Du Clausel; on instruisit son procès, et il fut pendu à un arbre, en vue des troupes.

Après quelques mois de repos, les Impériaux revinrent à la charge. Fernamond força sur un autre point les passages, et n'avait plus à faire qu'un dernier effort pour pénétrer dans le Milanais. Rohan dut recommencer, sur un terrain assez semblable, ce qui lui avait réussi au Val de Luvin : le 31 octobre, il attaqua Fernamond au Val de Fresle, et avec des dispositions si précises et si bien combinées, que si l'un de ses moins bons lieutenants, Landé, avait été exact au rendez-vous, toute l'armée impériale était détruite. Elle fut du moins en pleine déroute, et ses débris ne se crurent en sûreté que dans le Tyrol. Le brave Montausier était mort de blessures dès le mois de juillet précédent : Rohan eut plus d'une occasion de le regretter.

La situation ne changeait pas essentiellement, malgré tous ces succès. Un autre général de l'empereur, le comte de Schlick, venant du côté du Tyrol pour réparer l'échec de Fernamond, Rohan allait encore se trouver entre deux armées, avec cette aggravation fâcheuse que les régiments qui arrivaient avec Schlick étaient de vieilles troupes aguerries, et que l'armée espagnole, commandée par Serbelloni et rassemblée à Morbegno, frontière du Milanais, était de 4,000 hommes et 300 chevaux, aussi des meilleurs soldats. Cette fois, c'est contre ce dernier qu'il se résolut d'agir. Les Français étaient inférieurs en nombre : le 10 novembre, Rohan se porta diligemment à la rencontre de Serbelloni au Pas-Saint-Grégoire, et, toute reconnaissance faite, se jugeant trop avancé pour pouvoir reculer sans inconvénient, il l'attaqua dans ses positions retranchées. « Il le chargea si brusquement par plusieurs endroits, dit le marquis de Monglat en ses Mémoires, qu'il enfonça les premiers rangs. La poudre manquant, on se mêla l'épée à la main par un soleil si clair, que la lueur des lames éblouissait les yeux des combattants. Le choc fut fort rude. » On se battit dans les rues de Morbegno, qu'on prit de vive force. Le combat, commencé à deux heures de l'après-midi, dura près de trois heures. Serbelloni ne se retira que blessé ; le comte de San-Secundo, commandant de la cavalerie, fut tué ; les Espagnols y perdirent plus de 800 hommes, les Français 150, et grande quantité d'officiers furent blessés.

Ce dernier combat de Morbegno, le plus glorieux des

quatre que Rohan avait eu à livrer, et qui a déjà je ne sais quel brillant et comme un éclair des combats d'Italie, couronnait à son honneur cette belle campagne de 1635, où, grâce à lui, les armes du roi, moins heureuses partout ailleurs, avaient eu dans la Valteline un succès constant. On dirait qu'il va triompher enfin de la fortune, qu'il en a raison à force de mérite, et qu'elle lui sourit. Qu'on l'aide un peu du côté de France, qu'on le renforce d'infanterie et de cavalerie pour garder les passages, qu'on le secoure surtout d'argent, ce nerf de la guerre, et plus nécessaire encore au pays des Grisons ; que le duc de Savoie aussi veuille bien l'épauler, et Rohan, à la tête de 4,000 hommes de pied et de 500 chevaux, son idéal de petite armée, répond d'entrer dans le Milanais avec des desseins tout mûris, de s'emparer de Lecco et de Côme, et maître de tout le lac, ruinant le fort de Fuentes qui en est la porte du côté de la Valteline, de condamner les Allemands à n'avoir plus que le passage du Saint-Gothard pour entrer dans le nord de l'Italie.

Moment glorieux et trop fugitif, où le secrétaire d'État de la guerre, Des Noyers, mandait à d'Émery, ambassadeur de France en Savoie, « que c'était une chose étrange que M. le duc de Rohan avec une poignée de soldats, sans canon ni munitions, fît tous les jours quelque action signalée, et qu'il portât partout la terreur, pendant que l'armée des Confédérés, si florissante, si bien nourrie, si bien payée, demeurait dans l'inaction. » Peu s'en fallait qu'on ne le citât en cet instant comme un modèle de bonheur. La Gazette était remplie des bulletins de ses exploits.

Mais cet astre contrariant, qui a tant de fois traversé et obscurci la carrière de Rohan, reparaît de nouveau, et nous retrouvons ses malignes influences qui ne cesseront plus. Le duc de Savoie, malgré la victoire du

Tésin, ne fait pas un pas vers Rohan, qui s'était avancé jusqu'à Lecco (2 juin 1636), et la combinaison de celui-ci échoue. Croyant s'être acquis assez d'honneur, il ne veut rien hasarder, suivant sa maxime « qu'il vaut mieux n'aller pas si vite et savoir où l'on va, que d'être obligé de fuir honteusement ou de périr. » Il retourne dans la Valteline, où les difficultés de la situation, sans argent qu'il était et en présence de populations mutines, le ressaisissent. Il envoie Priolo les représenter vivement en Cour. Et cependant, lui-même il tombe gravement malade à Sondrio (août-septembre 1636), d'une maladie qualifiée de *léthargie profonde*, tellement que le bruit de sa mort se répand et dans son armée qui le pleure, et chez l'ennemi qui s'en réjouit. Au réveil et dans la convalescence, soit que Rohan ne soit plus tout à fait le même, soit que les affaires aient empiré, il ne voit plus moyen de concilier les ordres qu'il reçoit de la Cour avec les nécessités impérieuses qui l'enserrent de plus en plus près. La peste, la famine sévissent parmi les troupes; les colonels et capitaines Grisons s'irritent faute de paye et quittent leurs postes, le Conseil des Ligues pense à de nouvelles alliances : point d'argent, point de Grisons. « Il ne se passe semaine, écrivait Rohan à M. Des Noyers dès le mois de juillet, que je ne vous écrive l'état de ce pays, et je n'apprends pas seulement que vous receviez mes lettres, ce qui me fait croire que vous ne prenez pas la peine de les lire. » Les amères doléances de Rohan du fond de sa Valteline arrivaient pendant que les Espagnols prenaient Corbie et menaçaient la capitale; on conçoit qu'elles aient été médiocrement écoutées. A peine guéri, il écrit à Richelieu, en le remerciant de l'intérêt qu'il lui a témoigné pour sa maladie : « Pour moi, monsieur, je tiendrai bon tant que je pourrai, suivant ce que je vous ai promis; mais il m'est comme insupportable de voir périr ce que j'ai conservé jusqu'à maintenant. Au nom de Dieu, ayez soin qu'une personne qui ne respire que votre service ne voie point la réputation des armes du roi flétrie en un lieu où, jusqu'à présent, il les a maintenues glorieuses; car j'aimerais mieux être mort en ma maladie que de voir cela. »

Nous ne pourrions qu'être fastidieux en insistant longuement sur les détails de cette triste affaire, si brillamment commencée et si mal finie, et en essayant de chercher le fil de ce *labyrinthe* dans lequel se voyait plongé sans ressource le duc de Rohan. Ce sont, du côté de Richelieu et du sien, des récriminations contradictoires si précises, si graves, que le doute seul, à cette distance, est permis. Richelieu reproche à Rohan d'avoir aidé au mécontentement des Grisons par son mauvais gouvernement et par des concussions, par des profits illicites dont il va jusqu'à nommer les intermédiaires et les porteurs; et, flétrissant dans les termes les plus durs la capitulation finale en date du 26 mars 1637, qui fut consommée le 5 mai, et par laquelle, cédant aux Grisons révoltés, le duc leur remit la Valteline contrairement aux ordres du roi, Richelieu l'accuse d'avoir été pris d'une *terreur panique :*

« Il est certain, dit le Cardinal, qu'il avait jusques alors porté à un haut point glorieusement les affaires du roi en la Valteline; mais sa dernière action, non-seulement ruina en un instant tout ce qu'il avait fait de bien ès années précédentes, mais apportait plus de déshonneur aux armes de Sa Majesté que tout le passé ne leur avait causé de gloire. Cette honte était telle qu'elle ne pouvait être réparée, et, quelque excuse qu'il pût donner à sa faute, et le plus favorable nom qu'elle pût recevoir de ceux mêmes qui seraient plus ses amis, était celui de manque de cœur. »

Le duc de Rohan, dans ses Apologies, semble avoir de fortes raisons à opposer à une condamnation si dure. Il devait savoir mieux que personne le point de la difficulté. L'affaire était désespérée, selon lui, et tenir plus longtemps était impossible sans s'exposer à un désastre. Le comte de Guébriant, envoyé au dernier moment sur les lieux, paraît avoir été de l'avis de M. de Rohan. D'un autre côté, un des meilleurs lieutenants de ce dernier, M. de Lèques, était d'un avis contraire, et eût voulu qu'on essayât de la force, ne faisant aucun doute qu'elle ne réussît. Encore une fois, il convient de douter et de s'abstenir, et ma seule conclusion sera qu'un des traits du caractère de Rohan est la circonspection jusque dans le courage, c'est-à-dire une disposition qui n'est pas très-française. Il n'était pas homme à risquer jamais le tout pour le tout. Il pensait à trop de choses à la fois.

Au sortir de là, Rohan, bien qu'il eût titre toujours de général de l'armée du roi, se retira à Genève et refusa de ramener son armée par la Franche-Comté ; il se méfiait du Cardinal, dont il n'avait pas suivi les ordres, et qui le lui rendait bien :

« Il est donc certain, dit ce redoutable ministre, ou que ledit sieur duc, qui était habile homme et connu pour tel, avait l'esprit troublé, ou qu'il y eut trop de timidité en son fait, ou beaucoup de malice; et ce qui le condamne, c'est de s'être retiré du service du Roi, de n'être point venu commander l'armée en la Franche-Comté, et d'être demeuré à Genève; car, s'il n'avait point failli, et qu'il n'eût pu mieux faire ainsi qu'il disait, pourquoi feindre d'être malade à Genève, puis dire que l'armée qu'on lui donnait à commander était trop faible? après, que M. le Prince était son ennemi, qu'il s'était déclaré contre lui, etc... Et enfin, pourquoi ne vouloir absolument point venir en ladite armée? Il n'y en peut avoir autre raison, sinon qu'il craignait qu'on ne se saisît de sa personne; c'était sa conscience qui le jugeait. D'alléguer qu'on lui avait mandé de Paris qu'on le voulait arrêter, c'était un dire, lequel, s'il était public, n'était pas vrai; s'il était secret, il ne l'avait pu savoir... Bref, c'était lui-même qui se jugeait coupable ; ce que nous avons marqué pour fautes passaient pour crimes d'État en son opinion, qui, ayant de très-grandes lumières des choses du monde, savait assez connaître ce qui était bien ou mal. »

En cela le duc de Rohan payait encore la peine de son passé : il avait beau s'être conduit dans les dernières années avec tout l'éclat et toute la loyauté possible, il n'avait pas la conscience nette ni la mémoire libre ; il supposait aux autres des desseins que ces soupçons de sa part leur auraient suggérés peut-être, et il ne revoyait de loin la France qu'avec une sombre perspective de procès, de Bastille et d'échafaud. Il se souvenait toujours d'avoir été condamné par le Parlement de Toulouse à être tiré à quatre chevaux et d'avoir été exécuté en effigie.

Et puis il tenait par ses parentes au parti des *dames brouillonnes de la Cour*, comme les appelle Richelieu (songeant à la duchesse de Chevreuse) ; on pouvait l'impliquer dans leurs intrigues plus qu'il n'aurait voulu. Certes, les prétextes contre lui n'auraient pas manqué.

C'est dans cette disposition soupçonneuse qu'il reçut à Genève une lettre du roi qui lui ordonnait de se retirer à Venise : il n'y vit qu'un piége. Pour plus de sûreté, et se méfiant même d'une troupe de cavaliers qui avait été vue à Versoix en ce temps-là, il passa le lac et traversa la Suisse par les terres de Berne ; il se rendit à l'armée du duc de Weimar, qui assiégeait Rhinfeld. Jean de Wert se préparait à secourir la place, et l'on était à la veille d'une bataille. Rohan se décida avec une sorte de joie à y faire le simple soldat et à y donner le coup de main, lui qui, jusque-là, avait tant machiné de la tête. Combattant vaillamment à l'aile droite (28 février 1638), il reçut dans l'action deux coups de mousquet, l'un au pied, l'autre à l'épaule, et fut un instant prisonnier : mais on le reprit avant la fin de la journée. Il mourut des suites de ses blessures le 13 avril 1638, à l'abbaye de Kœnigsfelden, au canton de Berne. Il avait cinquante-neuf ans. Son corps fut enterré en grande pompe dans l'église de Saint-Pierre de Genève. Dans l'intervalle de a blessure à sa mort, il avait reçu une lettre du roi qui lui témoignait de l'intérêt sur sa situation.

Le duc de Rohan était petit de taille et, dit-on, d'assez mauvaise mine. Ses portraits indiquent une physionomie fière. Il avait avant l'âge une mèche de cheveux blancs qui étaient comme un signe de famille. Quoique souvent maltraité par le sort et n'ayant mené finalement à bien aucune de ses entreprises, il a laissé de lui une idée considérable. On a dit de Turenne « qu'il avait toujours eu en tout de certaines obscurités qui ne se sont développées que dans les occasions, mais qui ne s'y sont jamais développées qu'à sa gloire. » M. de Rohan est souvent resté aux deux tiers du chemin, et il n'a pas triomphé à nos yeux de toutes les obscurités qui pouvaient résulter des replis de son caractère autant que de la conjuration des circonstances. Il a dû recommencer deux et trois fois sa carrière, et il n'avait pas cette célérité d'ardeur et cette soudaineté de décision qui font voler au but. Toutefois, c'est incontestablement un grand personnage; négociateur dans les camps, homme d'épée dans les conseils, homme de plume et de belle parole. On a dit de sa prose qu'elle sent sa condition et sa qualité; elle est surtout d'un sens excellent, très-sain et judicieux. On entrevoit que dans la pratique habituelle il avait toutes les vivacités de l'esprit et de l'éloquence. Il y a de lui une lettre au prince de Condé, à la date de novembre 1628, une réponse à une lettre injurieuse de ce prince versatile, cupide et violent : la riposte de Rohan est un chef-d'œuvre de nerf et d'ironie (1). Habile capitaine plutôt que grand

---

(1) Ne pas confondre cette réponse avec une autre prétendue lettre du duc de Rohan au même prince de Condé, qu'on a jointe à ses *Discours politiques* et qui n'est pas de lui, comme Bayle l'a démontré, mais de M. de La Valette. (Bayle, *Réponse aux Questions d'un Provincial*, ch. VI.)

général, sa mesure à cet égard est difficile à prendre, et j'aimerais assez à entendre là-dessus des gens du métier : à le traduire à la moderne, ce qui est toujours hasardeux, vu l'extrême différence des moyens en usage aux différents siècles, il me fait l'effet d'être ou d'avoir pu être, comme militaire, quelque chose entre Gouvion Saint-Cyr et Macdonald, et plus près du premier à cause des pensées. Quoi qu'il en soit, il est, par le rare assemblage de ses mérites, une des figures originales de notre histoire ; et, quand pour le distinguer des autres de son nom et pour caractériser ce dernier mâle de sa race, quelques-uns continueraient de l'appeler par habitude *le grand duc de Rohan,* il n'y aurait pas de quoi étonner : à l'étudier de près et sans prévention dans ses labeurs et ses vicissitudes, je doute que l'expression vienne aujourd'hui à personne ; mais, la trouvant consacrée, on l'accepte, on la respecte, on y voit l'achèvement et comme la reflexion idéale de ses qualités dans l'imagination de ses contemporains, cette exagération assez naturelle qui compense justement peut-être tant d'autres choses qui de loin nous échappent, **et on ne réclame pas.**

Lundi, 11 août 1858.

ŒUVRES

DE

FRÉDÉRIC-LE-GRAND[1]

Correspondance avec le prince HENRI.

Pendant qu'une Commission instituée par décret de l'Empereur, sur le rapport du ministre d'État, et composée des hommes les plus autorisés et les plus compétents, travaille sans relâche et avec le sentiment de sa haute mission à recueillir non-seulement les lettres, mais les ordres, les annotations, les décisions et pensées de toutes sortes de l'empereur Napoléon Ier, tout ce qui s'offre avec sa marque visible, avec son cachet personnel immédiat, et non-seulement les documents relatifs à des matières de gouvernement et aux actes du souverain, mais aussi les écrits qui peuvent éclairer le caractère intime de l'homme; pendant qu'on met à contribution les dépôts publics et les collections particulières de quelques familles considérables; qu'à l'heure qu'il est près de vingt mille documents sont rassem-

---

[1] A Berlin, chez Rodolphe Decker; — à Paris, chez Klincksieck.

blés, et que, la question de classement une fois résolue, on espère, dans un an ou quinze mois, être en mesure de livrer les premières feuilles à l'impression; pendant ce temps-là, la publication des Œuvres de Frédéric-le-Grand, commencée depuis plusieurs années par ordre du gouvernement prussien sous la direction de M. Preuss, historiographe de Brandebourg, se poursuit et touche à sa fin. J'ai eu l'occasion plus d'une fois, et dans *le Moniteur* même (1), d'en parler avec quelque étendue : aujourd'hui je voudrais en aborder quelques portions encore, et dans la Correspondance de Frédéric avec les membres de sa famille, je choisirai particulièrement celle qu'il eut avec le plus célèbre et le plus distingué d'entre ses frères, avec le prince Henri.

On ne prête pas assez d'attention en France à cette publication des Œuvres du grand Frédéric. Cela tient, je l'ai déjà remarqué, à bien des causes : — à ce que la philosophie du dix-huitième siècle, qui y est répandue et qui y donne le ton, n'est plus à la mode; — à ce que la langue, cette langue française que Frédéric aimait et écrivait exclusivement, n'est pas sous sa plume des plus correctes et des plus pures, tellement que son faible même pour nous lui devient un titre de défaveur. On a aussi contre la personne de ce grand roi des préventions qui datent du temps de M. de Choiseul et de Voltaire, des opinions toutes faites qui se transmettent ou se renouvellent sans examen. Un peu d'application et d'étude suffit pourtant bientôt pour dissiper ou pour réduire la plupart de ces fausses vues et de ces objections exagérées à distance : à le considérer de près, dans ses actes et dans ses Œuvres, on reconnaît qu'avec ses défauts et ses taches Frédéric est de la race des plus

---

(1) 7 et 14 mars 1853, précédemment au *Constitutionnel* 2 et 16 décembre 1850. (Voir aux tomes III et VII de ces *Causeries du Lundi*.)

grands hommes, héroïque par le caractère, par la volonté, supérieur au sort, infatigable de travail, donnant à chaque chose sa proportion, ferme, pratique, sensé, ardent jusqu'à sa dernière heure, et sachant entremêler à son soin jaloux pour les intérêts de l'État un véritable et très-sincère esprit de philosophie, des intervalles charmants de conversation, de culture grave et d'humanité ornée. Plus d'une des objections, au reste, qu'on lui adresse de loin, lui fut faite aussi de près, et, ce qui est remarquable, par des membres de sa propre famille. Ce ne fut pas sans quelque difficulté que Frédéric réussit à se faire reconnaître un grand roi et le meilleur guide de la monarchie prussienne par les princes ses frères. Le prince Henri lui fut toujours opposé et secrètement antipathique, et pas si secrètement même que cela ne perce très à nu dans des conversations qui nous ont été transmises et dans la suite des lettres qu'on publie aujourd'hui.

Frédéric avait des qualités et des affections de famille. Si maltraité et tyrannisé par son père, il avait pour sa mère, la reine Sophie, un attachement respectueux et tendre; il aimait ses sœurs, et particulièrement celle qui devint margrave de Baireuth, et à qui il avait voué une amitié vive et passionnée. Il aimait également ses frères; mais ici le roi se faisait sentir davantage. Une assez grande inégalité d'âge le séparait d'eux. Son frère cadet, le prince Auguste-Guillaume, était né en 1722, le prince Henri en 1726, et le prince Ferdinand en 1730, c'est-à-dire qu'au moment où Frédéric monta sur le trône en 1740, à l'âge de vingt-huit ans, un de ses frères en avait dix-huit, l'autre quatorze, l'autre dix. Il devint pour eux un père par les soins, et il en eut aussi quelques-unes des sévérités dans les détails du service militaire, sur lequel il ne plaisantait pas. Les jeunes princes s'unirent, ils s'accoutumèrent à rester liés et un peu ligués entre eux, à le révérer, à le craindre, et le prince Henri, le plus distingué des trois par l'esprit et par les talents, ne put s'empêcher de l'envier.

La première guerre de Frédéric, qui était un coup d'ambition et de jeunesse, la seconde guerre qui n'en était qu'une conséquence, ne passèrent point, même en Prusse, sans beaucoup de contradictions et de rumeurs. La troisième guerre, celle de Sept ans, à laquelle il fut forcé, mais où il parut l'agresseur et où il fut tant de fois près de succomber, excita bien d'autres cris de mécontentement et de souffrance. On se disait : « Frédéric nous perd, il perd la Prusse par son ambition, par son opiniâtreté : il faut qu'il traite, qu'il fasse au plus vite sa paix avec la France. » On disait cela surtout dans le cercle des jeunes princes Auguste-Guillaume et Henri, et l'on se croyait patriote prussien en le disant. La pensée des grands hommes est une courbe que l'on n'embrasse bien qu'après qu'elle est décrite : il arrive même à de bons yeux de ne la voir d'abord que brisée et morcelée comme elle l'est souvent en effet dans le détail, et comme elle peut l'être à tout moment dans l'ensemble par les accidents plus forts que le génie. Frédéric voulait la grandeur de la Prusse, et il savait à quel prix seulement et par quelles luttes il la pouvait conquérir et fonder, cette grandeur nouvelle, au cœur de l'Empire et à la face de l'Europe. Ses frères se fatiguaient à suivre cette volonté héroïque et périlleuse dans son laborieux développement.

Dans la seconde guerre, en 1745, la Correspondance de Frédéric nous le montre plein de bonne grâce et d'attention pour ses frères, ayant encore l'élan de cœur de la jeunesse; il écrit à la reine sa mère, du champ de bataille de Friedberg (4 juin 1745) : « Madame, nous venons de remporter une très-grande victoire sur l'ennemi. Mes frères et tous mes amis sont sains et saufs, et, marque de cela, j'ai voulu qu'ils signassent cette lettre. » Et la lettre est signée : *Frédéric, Guillaume, Henri.* La reine-mère lui répond : « J'ai à bénir le Ciel de m'avoir conservé tout ce que j'ai de plus cher au monde, votre personne, mon cher fils, m'étant plus chère que ma vie. J'ai admiré votre attention de faire signer votre lettre par mes deux fils. Je me trouve à présent la plus heureuse mère du monde, qu'ils me sont tous rendus, et il me semble qu'une pierre du cœur m'est ôtée. » A Potsdam, deux ans après, il se montre plein de sollicitude et d'angoisse pour le prince Henri qui a failli être victime d'un accident, de la chute d'un cadre qui lui est tombé sur la tête. La reine-mère écrit à Frédéric à ce sujet : « Connaissant, mon cher fils, votre bon cœur comme je le fais et vos bontés pour mon fils Henri, je ne doute pas que vous aurez été dans le moment un père pour lui. » Tout cela est naturel, et n'est à remarquer que parce qu'on refuse trop aisément aux grands hommes un cœur.

La Correspondance de Frédéric avec l'aîné de ses frères, celui qui n'a que dix ans de moins que lui, le prince Guillaume, n'est que d'un médiocre intérêt. Il le stimule et cherche à le porter aux études sérieuses, à l'application si nécessaire chez un prince qui peut être appelé à régner. Il se plaint de ne point trouver en lui une ouverture et des sentiments correspondants aux siens, d'y rencontrer plutôt des méfiances ou des timidités : « Mon cher frère, vous me connaissez bien mal, puisque vous croyez que je ne pense pas à vous; mais ce n'est pas d'aujourd'hui que vous me faites de pareilles injustices, et je remarque de reste que vous n'avez aucune confiance en moi (août 1744). » Il le traite d'ailleurs avec amitié, essaie de l'enhardir en causant librement avec lui par lettres, et se promet de l'initier aux affaires dès qu'il aura quelque intervalle de liberté. Il l'avertit plus d'une fois combien il importe, en cas d'*événement imprévu*, qu'il soit au fait de toutes les choses qui concernent l'État. Il ne cesse enfin de considérer en lui son héritier présomptif; car un des caractères philosophiques de Frédéric, c'est de penser habituellement à la mort, mais d'y penser en homme-roi et en vue de pourvoir à la sûreté de l'État après lui.

Toutefois, s'il entend former et préparer son frère Guillaume au rôle futur qui peut lui échoir, Frédéric ne veut en rien être contrarié par lui dans ses affaires ; il est impitoyablement jaloux de tout ce qui touche à la discipline de l'armée. Sachant de quelle importance est le militaire dans le gouvernement, et surtout en Prusse (1), il a là-dessus des principes immuables et fixes sur lesquels aucune considération personnelle ne le saurait entamer. Un jour que le prince Guillaume a essayé de le faire fléchir à je ne sais quelle occasion et de le faire transiger, il lui écrit (août 1750) :

« Si vous voulez accepter un conseil que mon amitié vous donne, c'est de ne pas trop remuer une affaire qui à la fin pourrait devenir fâcheuse. J'ai tous les égards convenables pour vous ; je ne veux point vous chagriner par ma faute. Il n'y a que l'article du militaire qui m'importe trop pour que je puisse y admettre des ménagements pour personne. Quand mes frères donnent le bon exemple aux autres, ce m'est la plus sensible joie du monde, et quand cela n'est pas, j'oublie en ce moment toute parenté pour faire mon devoir, qui est d'entretenir tout en ordre pendant ma vie. Après ma mort vous en userez comme vous le voudrez, et si vous vous écartez des principes et du système que mon père a introduits dans ce pays, vous serez le premier qui vous en ressentirez. »

En même temps il s'inquiète en père de l'éducation

---

(1) « Car, après tout, c'est sous la protection de l'art militaire que tous les autres arts fleurissent, et, dans un pays comme le nôtre, l'État se soutient autant que les armes le protégent. Si jamais on négligeait l'armée, c'en serait fait de ce pays-ci. » (Lettre au prince Henri, 4 mai 1767.)

des fils du prince Guillaume ; il dresse des *Instructions* pour l'aîné de ses neveux, et quant au cadet qui mourra dans la fleur de l'âge, nous verrons avec quelle tendresse touchante il l'avait adopté et combien il l'aimait, et combien il le pleura.

La guerre de Sept ans exposa le prince Guillaume à de pénibles épreuves : mis à la tête d'une armée en juin 1757, dans les circonstances les plus difficiles, il ne sut point s'élever à la hauteur voulue ; il hésita, il manqua de résolution, et n'eut de manœuvres que pour faire retraite sur retraite ; il mérita que Frédéric lui écrivît : « Si vous vous retirez toujours, vous serez acculé à Berlin entre ci et quatre semaines. L'ennemi ne fait que vous suivre... Ces marches en arrière, à la longue, ne vont pas. » Après un entretien avec son frère, à Bautzen, où il essuya de durs reproches, et où, dit-on, forcé dans sa timidité, il en rendit quelques-uns à son tour, le prince Guillaume quitta le commandement. On a les lettres qui constatent cette rupture entre le frère roi et le frère disgracié et qui se croit frappé injustement. Les paroles de Frédéric sont d'une grande autorité, et nous arrivent en accents qui vibrent encore :

« Vous avez mis, par votre mauvaise conduite, mes affaires dans une situation désespérée ; ce n'est point mes ennemis qui me perdent, mais les mauvaises mesures que vous avez prises. Mes généraux sont inexcusables, ou de vous avoir mal conseillé, ou d'avoir souffert que vous preniez d'aussi mauvais partis. Vos oreilles ne sont accoutumées qu'au langage des flatteurs ; Daun ne vous a pas flatté, et vous en voyez les suites. Pour moi, il ne me reste, dans cette triste situation, qu'à prendre les partis les plus désespérés. Je combattrai, et nous nous ferons massacrer tous, si nous ne pouvons vaincre. Je n'accuse point votre cœur, mais votre inhabileté et votre peu de jugement pour prendre le meilleur parti. Je vous parle vrai. Qui n'a qu'un moment à vivre n'a rien à dissimuler. Je vous souhaite plus de bonheur que je n'en ai eu... Le malheur que je prévois a été causé en partie par votre faute. Vous et vos enfants en porterez la peine plus que moi. Soyez, malgré cela, persuadé que je vous ai toujours aimé, et que j'expirerai avec ces sentiments. »

Le malheur du prince Guillaume, son tort, était d'avoir désespéré trop tôt, d'avoir cru trop aisément à la ruine de la patrie et à l'impossibilité d'une victoire, de s'être laissé paralyser par cette idée qu'il n'y avait pas d'issue ; mais la trempe ne se donne pas, et ce fut la trempe seule du caractère de Frédéric qui fit alors le salut de cette patrie.

Le prince Guillaume ne survécut que d'un an à peine à sa disgrâce ; il mourut l'année suivante (juin 1758), et cette mort, à laquelle Frédéric s'attendait si peu, et à laquelle il put se reprocher d'avoir contribué, vint ajouter dans ces sanglantes années aux peines morales qui assiégeaient de toutes parts son âme.

Le prince Henri était très-supérieur au précédent par les qualités de l'esprit, par la grâce en société et par les talents à la guerre : peu s'en faut même, si l'on en juge par certaines histoires et par des panégyriques de rhéteurs, qu'on ne le mette au niveau presque du grand Frédéric, et qu'on n'établisse entre eux une espèce de parallèle par contraste, une rivalité. Je ne crois pas qu'une telle vue résiste aujourd'hui au moindre examen. Frédéric était un grand homme, de ceux en qui réside et se personnifie la force et la destinée d'une nation ; le prince Henri, tel qu'il ressort à nos yeux de la Correspondance qu'on vient de publier et des divers témoignagnes, me paraît un prince raisonneur, réfléchi, méthodique, quelquefois jusqu'au bizarre et au minutieux, ombrageux, susceptible, capable d'envie, fastueux, aimant la montre, ne haïssant pas d'être trompé, ayant une forte teinte de la sensibilité et de la philanthropie de son siècle ; avec cela de la justesse par places, de la mesure habile, de la combinaison, de l'adresse, des parties ingénieuses; mais grand homme, c'est beaucoup dire : il n'est grand en rien, il n'a rien d'héroïque; c'est un esprit distingué et un guerrier de mérite. La grandeur, il faut la réserver comme la fermeté de raison et de sens, pour définir et qualifier son glorieux frère.

Les premières lettres de Frédéric à son frère Henri, et qui se rapportent à l'extrême jeunesse de celui-ci, nous le montrent assez dissipé, rappelé à l'ordre par le jeune roi, et tiède dès lors et très-froid à son égard :

« Le peu d'amitié que vous me témoignez dans toutes les occasions, lui écrivait Frédéric (1746), ne m'excite pas à faire de nouveaux efforts de tendresse en faveur d'un frère qui a si peu de retour pour moi... Il faut, si vous m'aimez, que votre amitié soit métaphysique, car je n'ai jamais vu aimer les gens de la sorte, sans les regarder, sans leur parler, sans leur donner le moindre signe d'affection. Heureux sont les gens que vous aimez, je veux le croire! Si vous me mettez de ce nombre, je puis vous assurer que je vis dans une ignorance profonde des sentiments que vous avez pour moi. Je ne connais que votre éloignement, votre tiédeur et la plus parfaite indifférence qui fut jamais. »

Frédéric revient et insiste sur cette disposition fondamentale du cœur de son frère, en des termes qui ne laissent rien à désirer pour l'explication morale :

« Vous savez avec quel soin j'ai recherché votre amitié; que je n'ai épargné ni caresses, ni ce qui se peut appeler des avances, pour gagner votre cœur. Vous savez que j'ai fait pour votre établissement tout ce que mes facultés me permettaient de faire. Mais, malgré cette cordialité et tout ce que mes procédés ont eu de plus affectueux, je n'ai pu gagner votre amitié. Vous avez eu de la confiance en moi lorsque l'histoire de vos amours vous obligeait à recourir à moi comme le seul capable de vous satisfaire; mais dans aucune autre occasion vous ne m'avez témoigné la moindre confiance. Au contraire, je n'ai vu dans votre conduite qu'une froideur extrême; vous n'avez pas vécu avec moi comme avec un frère, mais comme avec un inconnu. J'ai enfin perdu la patience, et j'ai moulé ma conduite sur la vôtre. Comment pouvez-vous prétendre que mon amitié s'échauffe, lorsque la vôtre est froide à glacer? »

Les événements purent changer le langage et modifier l'expression extérieure du prince Henri, mais on peut dire que cette glace première qui enveloppait son cœur du côté de son royal frère ne fondit jamais. C'est là une infériorité qui se dénonce d'elle-même. Frédéric n'est pas tel envers son frère; il l'aime, il s'impatiente (après en avoir souffert) de son système compassé de froideur et de bouderie; il ne demanderait pas mieux que de se l'attacher, et il se donne de la peine pour y parvenir; il le flattera même par moments et le caressera d'exquises louanges. C'est qu'il avait besoin de lui, dira-t-on. Dans tous les cas, il n'était nullement jaloux de Henri, quoi qu'en aient dit les partisans de ce prince. Bien au contraire, il cherche constamment à le pousser, à l'enhardir à la guerre, à lui faire livrer plus de batailles qu'il n'en livre (et certainement il ne voulait pas les lui faire perdre), à lui donner plus de ressort et de mouvement, quelque chose qui ressemble davantage à ce qu'il a lui-même. Preuve, encore une fois, qu'il ne cherchait nullement à le déprécier et à le diminuer aux yeux du monde.

Quant au détail militaire, sur lequel il n'entendait pas raillerie, Frédéric commence par appliquer avec son frère Henri, encore à ses débuts, la même règle sévère, inflexible, dont on a vu qu'il usait avec le prince Guillaume :

« Monsieur, lui écrit-il un jour (juillet 1749), j'ai trouvé à propos de mettre de la règle dans votre régiment, à cause qu'il se perdait. Je ne vous suis pas comptable de mes actions. Si j'ai fait des changements, c'est qu'ils étaient à propos. Vous auriez besoin d'en faire beaucoup dans votre conduite ; mais je compte m'expliquer une autre fois sur cette matière. Voilà tout ce que j'ai à vous dire pour le présent. Je suis, monsieur mon frère, votre bon frère. »

Frédéric, vers le même temps, déclarait à son frère qu'il s'était proposé de ne point l'abandonner à lui-même avant de lui voir un *caractère fixe et assuré*. —

Ces premières mortifications, ces rudes remontrances laissèrent des traces indélébiles dans une nature plus réfléchie et plus fine que généreuse.

Le prince Henri épouse, en juin 1752, une princesse de Hesse. Le roi fait bâtir à son frère un palais à Berlin ; il lui donne en propriété le domaine et le château de Rheinsberg, où lui-même avait passé une partie de sa jeunesse. Le prince Henri remercie le roi, il se dit touché de ses bontés et de ses grâces. La plaie se ferme : un secret levain est resté au dedans. On en retrouvera les effets par intermittences.

Cependant, la guerre de Sept ans commencée, le prince Henri s'y distingue par sa valeur, par sa bonne conduite. Dès la bataille de Prague (6 mai 1757), il a pris rang parmi les lieutenants de son frère et ses meilleurs généraux (1). Il contribue bientôt après au gain de Rosbach (5 novembre), et dans cette journée de triste renom, blessé lui-même, il a pour les vaincus et pour les blessés ennemis de ces attentions et de ces égards délicats qui lui seront comptés avec usure par une nation qui n'est jamais plus reconnaissante que quand elle a à s'acquitter envers de généreux adversaires. Le prince Henri regrettait que la Prusse eût renoncé à l'alliance avec la France ; il pensait que la politique de sa nation et son salut en cette crise étaient de revenir au plus tôt à cette paix avec nous. Il se trompait sans doute en la croyant possible, et Frédéric, jugeant alors le Cabinet de Versailles, a mieux vu :

(1) « Mon frère Henri a fait des merveilles et s'est distingué au delà de ce que je puis en dire. » Lettre de Frédéric à ses sœurs la princesse Amélie et la duchesse Charlotte de Brunswick, datée du camp de Prague, 11 mai 1757. — Et dans une lettre à la margrave de Baireuth, du 17 septembre même année, après la perte de la bataille de Kolin, après les revers : « J'ai lieu de me louer beaucoup de mon frère Henri ; il s'est conduit comme un ange en qualité de militaire, et très-bien envers moi en qualité de frère. »

« Vous avez très-bien fait, écrivait-il à son frère quinze jours après Rosbach, d'endoctriner le sieur de Mailly (l'un des prisonniers qui allait retourner en France); je souhaite, plus que je ne l'espère, qu'il réussisse. » Pourtant ce n'est pas à nous d'oublier les intentions bienveillantes du prince Henri, de celui duquel Mirabeau écrivait dans sa Correspondance de Berlin en 1786 : « Encore une fois, ce prince est, il sera et mourra Français. » — Dans les deux voyages que fera le prince Henri en France, il en recevra assez de remercîments publics et de flatteuses louanges.

Frédéric était en bonne veine sur cette fin d'année 1757. Le 5 décembre, à un mois jour pour jour de Rosbach, il écrivait au prince Henri sur le ton le plus tendre :

« Mon cher cœur, aujourd'hui un mois du jour de votre gloire, j'ai été assez heureux de traiter les Autrichiens ici de même. Je crois que nous avons huit mille prisonniers, prodigieusement de canons et de drapeaux. Ferdinand (*leur plus jeune frère*) se porte à merveille; point de général de tué. Notre perte en tout va à deux mille hommes. J'ai attaqué à une heure avec ma droite, et il est sept heures que j'arrive ici. Demain je les poursuis à Breslau. J'ai tourné tout à fait leur armée, en masquant ma marche et leur cachant mon mouvement. J'ai refusé ma gauche, et cela a réussi à merveille. Demain je marche à Breslau. Adieu, mon cœur; je vous embrasse. »

C'était la victoire de Lissa ou de Leuthen, la plus parfaite et la mieux gagnée de toutes celles de Frédéric. Dans une lettre écrite quinze jours après, et où l'on voit que, loin de grossir d'abord ses avantages, il inclinait plutôt à les présenter dans des termes très-simplifiés, il ajoute ces mots riants : « En un mot, la Fortune m'est revenue; mais envoyez-moi les meilleurs ciseaux que vous pourrez trouver, pour que je lui coupe les ailes. » Il dit encore au prince Henri qu'il espère maintenant par son exemple « l'enrôler dans la bande des généraux *audacieux et entreprenants.* »

Là en effet était le point de discussion et de désaccord entre les deux frères. Le prince Henri, livré à lui-même, eût été un général tout méthodique et circonspect de l'école du maréchal Daun ; il calculait, méditait des manœuvres habiles, des marches ingénieuses, des plans fort savants conformes à la disposition du terrain ; mais il agissait peu, voyait à l'avance des difficultés à tout, et n'entreprenait pas. Frédéric, au contraire, était d'avis qu'à la guerre il y a un moment où, quand on a assez fait pour ôter au hasard tout ce qu'on peut par la prudence, il faut risquer le coup, et que « quiconque n'entreprend rien après avoir bien réfléchi à sa besogne, ne sera jamais qu'un pauvre sire. » Il y a un moment de maturité où l'on ne peut plus éviter de combattre, « et où il est d'une nécessité absolue que les choses en viennent à quelque affaire décisive : sinon, on sèche sur pied, et on se consume soi-même. » Il a besoin de toute sa rhétorique pour imprimer cette doctrine dans la tête du prince Henri, et, lui rappelant la fable des deux médecins *Tant-pis* et *Tant-mieux :* « J'ai, lui disait-il, un malade à traiter, qui a une fièvre violente : dans un cas désespéré, je lui ordonne de l'émétique, et vous voulez lui donner des anodins. » Les défauts du prince Henri, tempérés ou, pour mieux dire, stimulés pendant la guerre de Sept ans par tant d'aiguillons, par ce qu'il avait de jeunesse et par l'impérieuse nécessité des conjonctures, apparaîtront plus à nu et se prononceront sans réserve lorsqu'il vieillira et durant la campagne de 1778.

Nombre de lettres de Frédéric adressées à son frère, à la veille ou au lendemain des batailles acharnées où il risque tout et où, tantôt battu, tantôt battant, sa personne est continuellement en jeu, lettres toutes remplies de recommandations nettes et précises, attestent sa simplicité, sa force d'âme et son souci patriotique de l'État. Il met certainement le plus haut prix aux services que le prince Henri ne cesse de rendre, en ces cruelles années, par ses soins et ses bonnes dispositions autant que par sa valeur : « L'Europe, lui dit-il (mai 1759), apprendra à vous connaître non-seulement comme un prince aimable, mais encore comme un homme qui sait conduire la guerre et qui doit se faire respecter. C'est ce qui, malgré mes autres chagrins, ne laisse pas de me faire un sensible plaisir, et ce qui était fort à désirer pour l'avantage de l'État, surtout pour celui des pauvres orphelins qui me sont confiés. » Il lui parle toujours alors comme à un tuteur naturel indiqué pour la chose publique et pour les siens, dans le cas où il disparaîtrait lui-même.

La fin de la campagne de 1759 fut un des crève-cœur du prince Henri et devint l'un de ses griefs les plus amers, l'une de ses causes les plus durables de rancune contre son frère. Le prince avait réussi en Saxe, par des combinaisons habiles et lentes, à préparer immanquablement, à ce qu'il croyait, la retraite prochaine du maréchal Daun. Frédéric, après la perte de la bataille de Kunersdorf contre les Russes, arriva à l'armée du prince et dérangea des plans qu'il jugeait insuffisants en définitive, et auxquels il estimait qu'il fallait apporter plus de nerf : « Ne trouvez-vous pas, disait-il gaiement à son frère (10 novembre 1759), que j'arrive chez vous comme Pompée? Lucullus avait presque réduit Mithridate lorsque l'autre arriva, et lui ravit l'honneur de cette expédition; mais je suis plus juste que cet orgueilleux Romain, et, bien loin de rogner de votre réputation, je voudrais pouvoir accroître votre gloire et y contribuer moi-même. » Le prince Henri accepte tout bas la comparaison, et pour donner tout le tort à son frère, lequel fut d'abord bien moins heureux en résultats que Pompée; on a de lui, au bas d'une lettre

autographe du roi, la note suivante, où il exhale ses
secrètes amertumes :

« Je ne me fie nullement à ces nouvelles (des nouvelles rassurantes que Frédéric lui disait tenir de bonne source); elles sont toujours contradictoires et incertaines comme son caractère. Il nous a jetés dans cette cruelle guerre; la valeur des généraux et des soldats peut seule nous en tirer. C'est depuis le jour où il a joint mon armée, qu'il y a mis le désordre et le malheur. Toutes mes peines dans cette campagne, et la fortune qui m'a secondé, *tout est perdu par Frédéric.* »

On croit l'entendre : combien de fois le prince Henri n'a-t-il pas dû répéter cette parole, en causant avec ses familiers !

Cette suite de mécontentements, de plans contrariés et rentrés, et, selon lui, d'injustices, amenèrent le prince Henri à vouloir se retirer, vers l'été de l'année suivante (1760) : il allégua l'état de ses nerfs et sa santé. Après un court intervalle de repos, le roi lui rendit le commandement d'une armée.

Les lettres, qui remplissent les années 1761-1762, sont pleines de verve et de bonne humeur de la part du roi, d'une bonne humeur un peu brusque et âcre : aux détails militaires il se mêle, entre son frère et lui, des lambeaux de dissertations philosophiques. Le prince Henri a du genre humain une bien meilleure opinion que Frédéric; on n'a pas à beaucoup près toutes ses lettres, mais on en peut jusqu'à un certain point juger d'après les réponses qu'y fait son frère; le prince Henri, qui n'est pas sans quelques-unes des idées françaises d'alors, et qui a de nos illusions à la Jean-Jacques, soutient volontiers que la vertu et le bonheur habitent dans les cabanes, et qu'il y a par le monde de vrais sages, de parfaits philosophes. Frédéric, qui depuis longtemps a renoncé à l'idéal, et qui se contente en tout, faute de mieux, des *à-peu-près,* réplique à son frère et lui déclare, en vertu de l'expérience, que la perfection n'existe pas, que les meilleurs des humains, ce sont les moins vicieux :

« Vous m'envoyez, lui dit-il, dans les cabanes des pauvres chercher la vertu ; mais les hommes qui les habitent sont-ils sans passions ? voilà ce qui mène à une vertu parfaite, et ce qu'on trouve aussi peu dans les chaumières que dans les palais. Enfin, mon cher frère, relisez, s'il vous plaît, les *Maximes* de La Rochefoucauld ; il plaidera ma cause plus éloquemment que je ne le pourrais faire. Peut-être croirez-vous que M. Loudon me rend grognard et fâcheux ; je ne disconviens pas qu'il en pourrait être quelque chose, et que, si nous l'avions bien battu, je m'adoucirais pour le genre humain... »

Tout cela est spirituel et gaiement dit, pour être écrit dans un camp, et surtout si l'on se reporte aux circonstances.

Et toutefois il n'y a pas une de ces lettres qui soit, à proprement parler, agréable : il y en a de vraies, de fortes, de bien sensées ; j'en citerai une, la prochaine fois, qui est de tout point admirable de douleur et d'âme ; mais l'agrément proprement dit, il n'est pas là pour nous autres Français. A quoi cela tient-il ? Serait-ce à quelques-unes de ces fautes de grammaire qu'il eût été facile et, je le crois, permis de corriger : *je suis marché*, pour *j'ai marché* ; ou à un indicatif au lieu d'un subjonctif, ou à un conditionnel mis de travers ? Cela tient à quelque chose de plus intime et de plus général, à une certaine fleur légère qui est absente même du badinage et de la gaieté, et, à défaut de la fleur, à une certaine flamme puissante d'imagination qui n'y souffle pas sur le bon sens. La sagesse, la prudence de Frédéric est solide, pratique, humaine, mais terre-à-terre : on y sent comme le pas appesanti d'un promeneur un peu fatigué. Que dirai-je encore ? il y a en lui plus que de l'expérience, il y a de l'*empirisme :* même lorsqu'on approuve, on ne sourit pas. Lui présent et parlant, toutes ces paroles, aujourd'hui rassises, s'illuminaient de son regard : ce regard qui jaillissait de ses *grands yeux* manque dans ses écrits.

Le prince Henri, avant la fin de cette terrible guerre et à la veille de son plus beau succès, retrouve encore ses susceptibilités extrêmes ; sur une observation que lui fait le roi qu'il occupe trop peu de terrain pour ses approvisionnements, et à la nouvelle qu'on lui dépêche le major d'Anhalt avec des ordres pour parer à certaines résistances de généraux peu dociles, le voilà qui s'émeut plus vivement que jamais et qui propose brusquement sa démission (mars 1762). Frédéric ne prend pas au sérieux cet accès de sensibilité, et lui répond :

« Épargnez, monseigneur, votre colère et votre indignation à votre serviteur. Vous qui prêchez l'indulgence, ayez-en quelqu'une pour les personnes qui n'ont aucune intention de vous offenser ou de vous manquer de respect, et daignez recevoir avec plus de bénignité les humbles représentations que les conjonctures me forcent quelquefois de vous faire. »

De plus, pour l'apaiser, il lui promet que, selon toute apparence, les occasions de faire quelque chose d'éclatant, qui se sont refusées à lui pendant toute cette guerre, vont se présenter en approchant du dénoûment. Il prédisait juste. Le 29 octobre 1762, le prince Henri remportait, sur le prince de Stolberg, la victoire de Freyberg, son grand fait d'armes, et la dernière action mémorable de cette campagne et de toute cette guerre. Frédéric lui écrivit :

« Si le bonheur favorise nos vues sur Dresde, nous aurons indubitablement la paix, ou cet hiver, ou ce printemps, et nous sortirons honorablement d'une conjoncture difficile et périlleuse où nous nous sommes trouvés souvent à deux pas de notre entière destruction. Par ceci, vous aurez seul la gloire d'avoir porté le dernier coup à l'obstination autrichienne, et d'avoir jeté les premiers fondements de la félicité publique qui sera une suite de la paix. »

Dans son *Histoire de la Guerre de Sept ans,* il traite le prince Henri, pour cette victoire, avec une attention et une louange toute particulière. Après l'exposé des faits : « Il serait superflu, dit-il, de faire ici le panégyrique de Son Altesse Royale : le plus bel éloge qu'on puisse faire d'elle est de rapporter ses actions. *Les connaisseurs y remarqueront aisément ce mélange heureux de prudence et de hardiesse si rare et si désiré, qui unit et rassemble le plus de perfections que la nature puisse accorder pour former un grand homme de guerre.* » Un jour, la paix faite, Frédéric, ayant réuni ses généraux à un repas, discourut sur les événements si multipliés et si mélangés de cette guerre ; il distribua librement à chacun la part de l'éloge et du blâme, sans s'épargner lui-même, et termina en ces mots : « Saluons, messieurs, le seul général qui, pendant cette guerre, n'a pas fait une seule faute. » Et se tournant vers le prince Henri : « A votre santé, mon frère ! » Si après de tels hommages presque excessifs et de telles réparations souverainement gracieuses, le prince Henri se souvenait encore, pour s'en offenser et s'en ulcérer à loisir, de quelques brusqueries de Frédéric, c'est qu'il avait l'âme incomparablement moins grande.

Je n'ai fait qu'entamer et mener à moitié chemin cette intéressante Correspondance entre les deux frères : il me faut en tirer encore et en faire connaître à nos lecteurs de belles et surtout de judicieuses pages. Pendant que je la lisais, je me rappelais bien souvent cette autre Correspondance récemment publiée, si étonnante, si curieuse, si pleine de lumière historique et de vérité, entre deux autres frères, couronnés tous deux, le roi Joseph et l'empereur Napoléon ; et, sans prétendre instituer de comparaison entre des situations et des caractères trop dissemblables, je me bornais à constater et à ressentir les différences : — différence jusque dans la précision et la netteté même, poussées ici, dans la Correspondance impériale, jusqu'à la ligne la plus brève et la plus parfaite simplicité; différence de ton, de *sonoréité* et d'éclat, comme si les choses se passaient dans un air plus sec et plus limpide; un théâtre plus large, une sphère plus ample, des horizons mieux éclairés; une politique plus à fond, plus à nu, plus austère, et sans le moindre mélange de passe-temps et de digression philosophique; l'art de combattre, l'art de gouverner, se montrant tout en action et dans le mécanisme de leurs ressorts; l'irréfragable leçon, la leçon de maître donnée là même où l'on échoue; une nature humaine aussi, percée à jour de plus haut, plus profondément sondée et secouée; les plaintes de celui qui se croit injustement accusé et sacrifié, pénétrantes d'accent, et d'une expression noble et persuasive; les vues du génie, promptes, rapides, coupantes comme l'acier, ailées comme la foudre, et laissant après elles un sillon inextinguible (1).

(1) Oui, Napoléon parle bien autrement à l'imagination, mais Frédéric aura toujours ce mérite incomparable et cet avantage d'être le plus homme, le moins *demi-dieu* des grands hommes et des héros.

Lundi, 18 août 1856.

ŒUVRES
DE
FRÉDÉRIC-LE-GRAND

Correspondance avec le prince HENRI.

(Suite et fin.)

Ce n'est pas nous qui nous plaindrons si les lettres de Frédéric et du prince Henri nous les montrent parfois qui se détournent de la politique et du positif des affaires pour discuter sur la morale, sur les divers aspects de la vie, sur la nature humaine, et sur le bien ou le mal qu'on peut en espérer ou en craindre. On sait du reste que Frédéric n'était pas le philosophe tout idéal et tout à la Marc-Aurèle que les gens de lettres ses amis se hâtèrent de promettre un peu témérairement au monde quand il monta sur le trône; mais il était réellement philosophe par goût, par bon sens, parce qu'il réduisait chaque chose à la juste réalité, et que, tout en faisant vaillamment son rôle et son métier de souverain, il se séparait à tout instant de cette destinée d'exception pour se juger, pour se regarder soi-même et les autres. Le prince Henri, bien moins fait pour le travail, offre plutôt l'image du spectateur délicat et de l'amateur. Aussitôt qu'il est quitte d'une guerre si rude, il se réinstalle à Rheinsberg et s'y met à vivre de cette vie qui, sauf de courts intervalles, sera désormais la sienne, vie de luxe, de beaux-arts, de plaisirs raffinés, de conversation libre où les artistes étaient admis sur un pied de familiarité décente. Le prince embellissait ses jardins, y créait des accidents heureux, y fondait des monuments commémoratifs avec des inscriptions longuement méditées pour les guerriers qui lui étaient chers ; il dessinait, peignait quelquefois, s'amusait à faire des vers, à écrire des pièces de théâtre qu'on jouait devant lui, ou inspirait les motifs de leurs opéras les plus applaudis aux compositeurs de sa petite Cour. Je n'ai pas la prétention de résumer en si peu de mots toute cette féerie de Rheinsberg, cette existence *à la Conti* que le prince Henri mènera pendant plus de trente ans, et qui eut ses péripéties intérieures, ses orages même, ses nuances et ses déclins de saison. Du sein de ce séjour enchanté, il se piquait de tout voir avec une tranquillité philosophique. Quoi qu'il en soit, après la guerre de Sept ans, une des premières choses qu'il fit dans sa retraite fut de lire Bayle, et Frédéric lui écrivait à ce sujet (22 avril 1764) :

« Je ne vous plains point d'être en compagnie avec Bayle; c'est de tous les hommes qui ont vécu celui qui savait tirer le plus grand parti de la dialectique et du raisonnement. Il y a tel ouvrage de lui où il n'y a aucune réponse à faire. Il est seulement à regretter qu'il ait trop négligé son style : il est trop négligé et très-incorrect; mais sa manière rigoureuse d'argumenter récompense le lecteur des désagréments de sa diction. C'est un maître admirable de logique, et qui fait apercevoir, quand on se familiarise avec sa dialectique, combien le vulgaire des hommes est inconséquent, raisonne mal, et est susceptible d'être trompé ou de se tromper lui-même. »

Insistant sur l'utilité dont peut être une bonne dialectique pour prémunir contre les faux jugements : « Il est certain, dit-il, que la lecture fréquente des ouvrages de

Bayle donne à l'esprit une certaine *volubilité* sur cette matière, qu'il ne tiendra jamais uniquement des avantages de la nature. » Tout en recommandant particulièrement à son frère quelques écrits de son auteur de prédilection, il ajoute que lui-même est occupé de faire imprimer en ce moment un Extrait du *Dictionnaire;* il compte que cet abrégé, qui porte principalement sur la partie philosophique de l'ouvrage, se répandra dans le public et pourra être utile :

« Je suis persuadé que la mauvaise conduite de la plupart des hommes vient moins d'un principe de méchanceté que d'une suite de mauvais raisonnements; et je crois par conséquent que si on pouvait leur apprendre à raisonner d'une façon plus juste et plus conséquente, leurs actions s'en ressentiraient d'une manière avantageuse. Mais, mon cher frère, c'est une entreprise qui surpasse mes forces, une idée théorique qui m'a occupé souvent, et dont l'exécution ne se réalisera probablement que lorsqu'on établira la belle république que Platon avait imaginée. »

En attendant, et tout en s'excusant de la sorte, ce roi, encore tout chaud et tout poudreux de la guerre de Sept ans, ne laisse pas de payer tribut à l'idée philosophique, en se faisant l'abréviateur et l'éditeur de Bayle.

Il réitère à ce propos, comme en mainte autre occasion, sa profession de foi en ces matières spéculatives : « Vous avez grande raison de dire, mon cher frère, qu'on ne fera pas de grands progrès dans la métaphysique; c'est une région où il faudrait voler, et nous manquons d'ailes. » Frédéric ne se laisse pas enlever volontiers jusqu'à la région des étoiles : il craint trop les nuages. Il se montre toutefois plus tolérant pour les systèmes élevés qu'il n'est ordinaire aux sceptiques et aux empiriques ; dans ces divers systèmes imaginés par les Leibniz, les Malebranche et autres, il n'en est aucun qui n'ait des obscurités et qui n'implique contradiction dans certains endroits :

« Toutefois, dit Frédéric, il est agréable de connaître et de suivre toutes les routes que l'esprit humain s'est frayées pour parvenir à des vérités qu'il n'a pu découvrir. Il semble qu'on ait épuisé tout ce que l'imagination peut fournir d'idées, et, malgré les égarements, on trouve pourtant des choses bien ingénieuses qui, quoique mal employées, font honneur à ceux qui les ont imaginées. »

Il finit cette même lettre où il a causé métaphysique, en annonçant à son frère la mort de Madame de Pompadour, ou, pour parler comme lui, de *la Pompadour*, car Frédéric n'y met pas tant de façons.

Il semble qu'on ait tout dit à l'honneur des Lettres et pour célébrer la douceur dont elles sont dans les différentes circonstances et aux différents âges de la vie ; il y a longtemps qu'on ne fait plus que paraphraser le passage si connu de Cicéron plaidant pour le poëte Archias : « *Hæc studia adolescentiam alunt, senectutem oblectant...* » Frédéric nous offre une variante piquante à cet éloge universel des Lettres et de l'étude ; il va jusqu'à prétendre, sans trop de raffinement et d'invraisemblance, que toutes les passions (une fois qu'elles ont jeté leur premier feu) trouvent leur compte dans l'étude et peuvent, en s'y détournant, se donner le change par les livres :

« Les Lettres, écrit-il au prince Henri (31 octobre 1767), sont sans doute la plus douce consolation des esprits raisonnables, car elles rassemblent toutes les passions et les contentent innocemment : — un *avare*, au lieu de remplir un sac d'argent, remplit sa mémoire de tous les faits qu'il peut entasser ; — un *ambitieux* fait des conquêtes sur l'erreur, et s'applaudit de dominer par son raisonnement sur les autres ; — un *voluptueux* trouve dans divers ouvrages de poésie de quoi charmer ses sens et lui inspirer une douce mélancolie ; — un homme *haineux et vindicatif* se nourrit des injures que les savants se disent dans leurs ouvrages polémiques ; — le *paresseux* lit des romans et des comédies qui l'amusent sans le fatiguer ; — le *politique* parcourt les livres d'histoire, où il trouve des hommes de tous les temps aussi fous, aussi vains et aussi trompés dans leurs misérables conjectures que les hommes d'à présent : — ainsi, mon cher frère, le goût de la lecture une fois enraciné, chacun y trouve son compte; mais les plus sages sont ceux qui lisent pour se corriger de leurs défauts, que les moralistes, les philosophes et les historiens leur présentent comme dans un miroir. »

On ne saurait, certes, traiter un lieu commun avec plus de nouveauté et le relever avec plus d'esprit. Les Lettres telles qu'il vient de les définir, c'est une espèce de paisible et magnifique Hôtel des Invalides pour les passions ; elles n'y sont plus qu'à l'état de goûts innocents, comme dans les Champs Élysées du poëte.

Pendant que Frédéric s'appliquait, après tant de désastres, à rétablir toutes les parties de l'État qui avaient souffert, soignant l'agriculture et l'industrie, attirait chez lui les populations voisines, faisait bâtir des villages, rendait à l'armée sa discipline et *le ton de solidité* qu'elle avait autrefois, et, en cela comme dans le reste, moins inventeur et novateur que praticien, « se bornait à donner par la routine, par de continuels exercices, aux officiers et aux troupes, l'intelligence et la fermeté dans tous les mouvements, pour être sûr d'eux à l'occasion s'il était nécessaire de les employer dans le sérieux ; » pendant que chaque jour, depuis le matin jusqu'à la nuit, il remplissait ainsi en conscience son devoir de chef et de tuteur de peuple, il fut atteint de la plus cruelle des douleurs. Parmi ses neveux, il en avait un qu'il aimait, qu'il admirait presque en un âge encore tendre, et qu'il s'était accoutumé à considérer comme son propre enfant : c'était un prince Henri aussi, le second fils de ce prince Guillaume qu'on a vu mourir après sa disgrâce. L'aîné des fils du prince Guillaume était l'héritier présomptif du trône, et celui qui succédera en effet à Frédéric ; mais ce cadet aimable et charmant avait séduit le héros par les plus heureuses qualités naturelles, et faisait sa secrète joie... *Tu Marcellus eris !* Il se voyait renaître en lui, tel qu'il aurait voulu être. Ce jeune prince, âgé de dix-neuf ans et cinq mois, tomba malade de la petite vérole, dans une marche qu'il faisait avec son régiment, et mourut le 26 mai 1767. Le lendemain de sa mort, Frédéric écrivait au prince Henri ce billet, dont les dernières lignes sont mouillées de ses larmes :

« Mon cher frère, j'ai reçu votre triste lettre, et vous remercie de tout mon cœur de la part que vous prenez à mon affliction. Cette nouvelle est venue me frapper comme un coup de foudre. J'ai aimé cet enfant comme mon propre fils. L'État y fait une grande perte. Mes regrets sont superflus. Dieu ne peut pas faire que ce qui est n'ait pas été. Nous l'avons perdu pour toujours ; mes espérances s'évanouissent avec lui. Voilà ce que c'est que de vivre : on n'y gagne que la douleur d'enterrer ses plus chers parents. Je vous embrasse, mon cher frère. Veuille le Ciel que ce soit le dernier auquel je rende ce funeste devoir ! »

Mais après quelques jours (le 9 juin), il revenait sur cette douleur par une lettre trop belle, trop à l'honneur de sa sensibilité pour ne pas être donnée tout entière :

« Mon cher frère, vous avez bien de la bonté de participer au chagrin qui me ronge. J'ai pris sur moi de le dissiper le plus qu'il m'a été possible, en me livrant à des occupations de devoir et de nécessité ; mais, mon cher frère, il est bien difficile d'effacer les profondes impressions du cœur. *Mon enfant m'a volé le cœur par un nombre de bonnes qualités qui n'étaient contre-balancées par aucun défaut.* Je me complaisais dans les espérances qu'il me donnait ; il avait la sagesse d'un homme formé, avec le feu de son âge ; il avait le cœur noble et plein d'émulation, se poussant à tout de lui-même, apprenant ce qu'il ne savait pas avec passion. Il avait l'esprit plus orné que ne l'ont la plupart des gens du monde ; enfin, mon cher frère, je voyais en lui un prince qui soutiendrait la gloire de la maison. Je me proposais de le marier l'année prochaine, et je m'attendais qu'il contribuerait à assurer la succession. *Si je pense avec cela que cet enfant avait le meilleur cœur du monde, qu'il était né bienfaisant, qu'il avait de l'amitié pour moi, alors, mon cher frère, les larmes me tombent des yeux malgré moi, et je ne saurais m'empêcher de déplorer la perte de l'État et la mienne propre.* Je n'ai jamais été père, mais je me persuade qu'un père ne regrette pas autrement un fils unique que je regrette cet aimable enfant. La raison nous fait voir la nécessité du mal et l'inutilité du remède. Je sais que tout ce qui commence doit finir. Tout cela, mon cher frère, n'éteint point la douleur. Je me dissipe, et c'est au temps à faire le reste. »

Faut-il rappeler qu'il voulut consacrer cette mémoire si chère par un Éloge ou Oraison funèbre qu'il composa et qu'il fit lire dans son Académie de Berlin le 30 décembre 1767, jour anniversaire de la naissance du jeune prince? Il y montre qu'il avait lu Bossuet et qu'il cherchait à l'imiter ; on y sent un écho, une répétition du cri déchirant : *Madame se meurt! Madame est morte!* Mais dans cet ordre d'éloquence funèbre, Frédéric (qui ne le sait d'avance?) n'avait ni l'essor de vol, ni la parole de flamme, ni les hautes sources sacrées de Bossuet : c'est bien ici que les ailes lui manquent. Il est faible, il est vague, il est enflé ; lui si sincèrement ému, il donne l'idée de l'affectation de la douleur. Ce grand roi n'a plus l'air que d'un pompeux écolier. Il ne trouve à dire, en terminant, que des paroles comme celles-ci : « Ne dédaignez pas les efforts d'un cœur qui vous était attaché, qui, sauvant des débris de votre naufrage ce qu'il peut, essaie de l'appendre au temple de l'Immortalité.... J'entrevois déjà la fin de ma carrière, et le moment, cher prince, où l'Être des êtres réunira à jamais ma cendre à la vôtre. » Des imitations toujours, et quelle froideur ! C'est qu'il ne croit pas à l'immortalité en effet, c'est qu'il ne croit qu'à la poussière et à la cendre.

Il y a des doctrines et des convictions qui soutiennent et qui portent dans tout ce qui est de la parole publique; il y en a qui font faute et qui délaissent. Les Anciens l'avaient remarqué, l'école d'Épicure était la moins propre à préparer un orateur. Que sera-ce donc si cet orateur est de ceux qui ont à parler sur un tombeau?

Mais la vraie oraison funèbre, la page immortelle (autant qu'une page humaine peut l'être), c'est cette lettre qu'on vient de lire, écrite dans l'effusion de la douleur par un roi qui ne veut être qu'un homme, un homme affligé, et avec des expressions non cherchées et naïves.

dignes par leur tendresse de la jeune et aimable figure qui a disparu.

Notez que, la première douleur épanchée, Frédéric n'aimait pas à y revenir en paroles : il remuait le moins qu'il pouvait les tristes souvenirs, et ne rentrait pas volontiers dans les pertes sensibles qu'il avait faites : « Pour moi, j'évite avec soin, disait-il, tous les endroits où j'ai vu des personnes que j'ai aimées : leur souvenir me rend mélancolique, et quoique je sois tout préparé à les suivre dans peu, je souffre cependant de ne plus jouir de leur présence. » C'est que son deuil était un deuil qu'un rayon consolateur n'éclairait pas. — « Le système merveilleux répugne à la sincérité de mon esprit, » disait-il encore. Il en portait la peine.

Cependant le prince Henri (car c'est à lui que nous nous attachons) sortit quelquefois de sa délicieuse retraite de Rheinsberg pour servir la politique et les desseins de son frère. En 1770, après un voyage en Suède auprès de la reine leur sœur, le prince alla en Russie, où il était désiré et demandé par l'impératrice Catherine. Il importait avant tout à Frédéric d'avoir en elle une alliée sûre et de savoir jusqu'à quel point il pouvait se fonder sur son amitié dans les graves complications qui se présentaient sans cesse, et en face de l'Autriche la grande rivale. Cette partie de la Correspondance aujourd'hui publiée est d'un extrême intérêt politique; quelques-unes de ces lettres de Frédéric à son frère étaient faites pour être vues, les autres n'étaient que pour lui seul. Au moment du départ, et lorsque le prince était encore en Suède, Frédéric lui écrivait (12 août 1770) : « Vous apprendrez à connaître là bien des gens dont nous avons besoin. Vous ferez, s'il vous plaît, les compliments les plus flatteurs à l'Impératrice de ma part, et vous direz tout ce que vous pourrez de l'admiration qu'elle inspire à tout le monde, enfin tout ce qu'il faut. Vous aurez le temps, en voyage, de recueillir un magasin de louanges dont vous pourrez vous servir dans l'occasion. » Six mois après (23 janvier 1771), il écrivait à son frère une lettre qui devait lui être rendue à son retour de Russie, à la frontière, et où il le félicite de s'être si bien tiré de sa mission, en des termes qui marquent de sa part de singulières méfiances. Le fait est que la liaison entre l'impératrice Catherine et Frédéric n'était pas ce qu'on la supposerait quant à l'intimité, et le roi avait eu grand besoin de son frère pour prendre peu à peu toutes ses liaisons utiles avec cette grande puissance du Nord, qui lui avait fait jusque là l'effet d'un monde inconnu. Dans une lettre du prince Henri, du 8 janvier 1771, une espèce de post-scriptum, écrit en revenant d'une soirée chez l'Impératrice, nous montre comment fut jeté, d'un air de plaisanterie, le premier propos du partage de la Pologne. Ce propos eut les suites qu'on sait, et amena la convention de février 1772 entre les trois puissances. Frédéric en rapporta toujours à son frère l'initiative et la première idée : « L'honneur des événements que nous prévoyons (il parle à son point de vue d'égoïsme national) vous sera dû, mon cher frère, lui écrit-il, car c'est vous qui avez placé le premier la pierre angulaire de cet édifice; et sans vous je n'aurais pas cru pouvoir former de tels projets, ne sachant pas bien, avant votre voyage de Pétersbourg, dans quelles dispositions cette Cour se trouvait en ma faveur. » Le prince Henri avait, dit-on, été demandé pour roi par les Polonais à la mort d'Auguste III (1763), et il en avait voulu dans le temps à son frère de s'être opposé à leur vœu : il trouvait là une singulière manière d'en savoir gré à la Pologne.

Frédéric s'empressa de visiter la portion de territoire qui lui était échue :

« J'ai vu, dit-il (12 juin 1772), cette Prusse (polonaise) que je tiens en quelque façon de vos mains; c'est une très-bonne acquisition et très-avantageuse, tant pour la situation politique de l'État que pour les finances; mais, pour avoir moins de jaloux, je dis à qui veut l'entendre que je n'ai vu sur tout mon passage que du sable, des sapins, de la bruyère et des juifs. Il est vrai que ce morceau me prépare bien de l'ouvrage, car je crois le Canada tout aussi policé que cette Pomérellie. »

Frédéric sentait du moins que, pour se justifier de prendre, il fallait aussitôt civiliser.

Le prince Henri fit un second voyage à Saint-Pétersbourg (1776), pendant lequel il contribua au mariage du grand-duc avec la princesse de Wurtemberg, petite nièce de Frédéric et la sienne. Il avait complétement réussi auprès de Catherine. Il ne se contentait pas d'appliquer envers la grande souveraine, femme pourtant par bien des côtés, le précepte de conduite que lui donnait crûment son frère : « Les Indiens disent qu'il faut adorer le Diable pour l'empêcher de nuire. » Il y mettait plus de façon et d'art. Cet amour-propre chatouilleux qu'il avait pour lui l'avertissait de ce qu'il fallait ménager et toucher à point chez les autres; il était poli, il était adroit et insinuant; il était coquet d'esprit; il savait plaire. L'union étroite qui s'établit entre la Russie et la Prusse, et que Frédéric jugeait si essentielle aux intérêts de sa politique, date des voyages du prince Henri, et l'honneur de l'avoir cimentée lui en revient.

Ce moment est celui où le prince Henri fut le plus utile et le plus cher à Frédéric. Le roi avait été fort malade de la goutte; il voyait sa santé très-compromise; il songeait au prince Henri pour être après lui le conseiller de son neveu et le tuteur de l'État. Il lui écrivait, le 18 février 1776 :

« Mon très-cher frère, on ignore le moment de sa mort; mais on est obligé à prévenir tant que l'on peut les malheurs qui peuvent arriver dans la suite. Pour moi, qui ai dévoué ma vie à l'État, je ferais une faute impardonnable, mon cher frère, si je ne tâchais pas autant qu'il est dans mon pouvoir, non pas de régner après ma mort, mais de faire participer au gouvernement une personne de votre sagesse... Je n'ai en cela, mon cher frère, que l'État en vue, car je sais très-bien que, quand même le ciel tomberait, tout me pourrait être fort égal le moment après ma mort. Persuadé de l'amitié que vous avez pour moi, je vous ai ouvert mon cœur sur ce sujet, qui a été longtemps l'objet de mes réflexions. Je vous remercie mille fois du plaisir que vous me faites de vouloir vous prêter à mes désirs, et si le Ciel pouvait être touché par nos vœux, je le prierais de répandre sur votre personne les bénédictions les plus précieuses. »

Il est touchant de voir combien Frédéric prend de précautions pour que l'État périclite le moins possible après lui, comme il multiplie les mesures pour parer aux divers conflits, particulièrement du côté de Joseph II, « quoiqu'il sache très-bien, dit-il philosophiquement, qu'aucun homme ne peut prévoir ce qui se fera quinze jours après son trépas. » Il se concerte avec le prince Henri pour tous les moyens et expédients.

Mais la campagne de 1778 qui s'ouvrit à l'occasion de la succession de la Bavière remit le prince Henri en désaccord avec le roi, et se retrouvant sur le même terrain, celui de la politique à main armée et de la guerre, les différences de caractère et de vues qui avaient déjà paru entre eux précédemment se prononcèrent encore. Frédéric ne pouvait admettre l'invasion violente de la Bavière par l'Autriche et ce mépris des droits des princes de l'Empire; il avait de la plupart de ces derniers, tels qu'ils étaient alors, une très-chétive idée : « Aussi n'est-ce pas mon intention de devenir leur don Quichotte, disait-il. Mais, mon cher frère, laisser usurper à l'Autriche une autorité despotique en Allemagne, c'est lui fournir des forces contre nous-mêmes et la rendre beaucoup plus formidable qu'elle ne l'est déjà; et c'est ce qu'aucun homme qui se trouve dans le poste que j'occupe ne doit tolérer. » C'était pour Frédéric une question d'honneur et une question d'influence. Le prince Henri trouvait imprudente et trop précipitée cette détermination de son frère. Il disait d'abord qu'il n'y aurait point de guerre de la part de l'Autriche, il ne la désirait pas; il s'était un peu amolli dans cette vie de Rheinsberg, et il ne se souciait pas de remettre en question sa renommée de victorieux : il n'était pas de ceux qui volontiers recommencent. Puis, quand il vit la guerre inévitable, il eut les pronostics les plus sombres; il lui semblait que Frédéric s'était engagé dans un labyrinthe d'où il aurait peine à sortir, qu'il s'était remis de gaieté de cœur dans une situation extrême : « Je vois que dans peu, lui écrivait-il, tout ce qu'un État a de précieux sera abandonné à la fortune, les biens, la vie, la réputation, la gloire, la sûreté de la société. »

Frédéric lui fait vingt réponses meilleures les unes que les autres :

« On commet, mon cher frère, deux sortes de fautes : les unes par trop de précipitation, les autres par trop de nonchalance. Je serais dans ce dernier cas, si, dans ce moment-ci, je ne prenais pas les mesures les plus sérieuses pour n'être pas pris au dépourvu; car voilà de quoi il s'agit. Vous voyez un peu noir dans nos affaires; j'avoue que nous n'avons pas toutes les assistances que nous pourrions désirer; mais nous ne nous manquerons pas à nous-mêmes, si le besoin le demande. (18 mars 1778.) » —

« J'avoue, mon cher frère, que je m'étonne des sombres réflexions que vous faites, dans un temps où je ne vois pas ce que nous avons à craindre. L'homme est fait pour agir; et comment agirons-nous jamais plus utilement qu'en brisant le joug tyrannique que les Autrichiens veulent imposer à l'Allemagne? Dans des occasions comme celle-ci, il faut s'oublier soi-même et ne penser qu'au bien de la patrie, et ne se point flatter de choses qui ne sont plus possibles, comme de la paix. (30 mars.) » —

« ..... Si d'ailleurs cette guerre vous répugne, vous n'aviez qu'à me le dire, comme mon frère Ferdinand, et vous étiez maître de vous en dispenser; mais dans le fond des choses, je ne vois pas ce qui vous peine tant. (17 avril.) »

Et enfin, le 17 juin 1778 :

« Mon cher frère, je suis bien fâché que vous voyiez tout en noir, et que vous vous représentiez un avenir funeste, quand je ne vois de mon côté que de ces sortes d'incertitudes qui précèdent tous les grands événements. Il n'y a point de gloire, mon cher frère, qu'à surmonter de grandes difficultés; dans le monde on ne tient aucun compte des choses qui ne coûtent aucune peine. »

Malgré ces résistances et ces raisons qui nous font l'effet d'être assez maussades, le prince Henri se décide, et il a le commandement d'une armée en Saxe contre Loudon. Il s'y conduit d'abord avec habileté et talent; il fait une diversion en Bohême par une marche savante et difficile, à laquelle Frédéric qui est par delà, en face de la grande armée autrichienne, applaudit comme à une merveille, espérant toujours communiquer à son frère de ce nerf et de cette vigueur dont il est si pourvu lui-même : il force à son égard la dose de louange, il fait tout pour l'électriser; mais il n'en vient pas à bout, et la conduite du prince Henri est assez sévèrement qualifiée dans les Mémoires que le roi a écrits de la guerre de 1778. Le prince Henri avait une santé nerveuse et avait pris de ces habitudes oisives, qui font que l'on est usé pour la guerre. Il insistait sur les moindres affaires, sur les moindres pertes; il se complaisait aux difficultés. Cela ressort de maint passage des réponses de Frédéric :

« Je vois, mon cher frère, qu'un major Günther a fait seize prisonniers; cela est fort bien, mais en vérité cela ne vaut pas la peine d'être cité. *Il faut tendre au grand.* »

Et sur la mort d'un de leurs généraux :

« C'est réellement une perte que celle du général Sobeck. Nous en avons fait quelques-unes de semblables; mais il faut se rappeler qu'une armée est un corps éternel pour la masse, mais dont les membres se renouvellent continuellement. Une bataille fera encore bien d'autres changements que la campagne stérile en événements que nous venons d'avoir. »

A un moment, Frédéric s'étant plaint de n'être pas bien secondé, le prince, piqué, envoie à son frère sa démission. Il entre à ce propos dans des détails de santé qui sont en effet très-peu militaires, et qui paraissent à celui même qui les écrit trop peu nobles pour ne pas devoir être exacts. Frédéric fit remarquer à son frère que la guerre tirait peut-être à sa fin, et qu'il n'y aurait probablement aucun événement nouveau à cause de l'hiver, jusqu'à ce que cette question de paix fût tranchée ; il le pria de différer sa résolution de quelques mois :

« Je suis bien fâché d'apprendre que votre santé, mon cher frère, n'est pas telle que je la désire. Il faut espérer que le repos la remettra, du moins en partie. Il est bien vrai qu'à un certain âge la tranquillité est préférable à l'action. Tout le monde peut, hors moi, disposer de soi. Mon destin veut que je coure sous le harnois que je suis obligé de porter, et je dois m'y soumettre. » (23 décembre 1778.)

Il est curieux de voir, à cette fin de campagne, l'impatience du vieux guerrier qui, arrivé toutefois à son but pour la politique, frémit de colère de n'avoir pu frapper un dernier coup, et de se voir obligé à remettre l'épée dans le fourreau sans s'être vengé une bonne fois de ses ennemis dans une bataille : « En fait de campagne, disait-il en se jugeant avec une sorte d'amertume, nous n'avons fait (cette fois) que des misères (1). »

(1) On peut voir au tome VII des *Mémoires de Napoléon* (édition de 1830, pages 323-324) le jugement définitif porté sur le prince Henri comme général et sur ses opérations militaires durant la guerre de Sept ans : « La campagne de Saxe du prince Henri a été beaucoup trop vantée, dit Napoléon ; la bataille de Freyberg n'est rien, parce qu'il y a remporté la victoire sur de très-mauvaises troupes ; il n'y a pas déployé de vrais talents militaires... Dans cette campagne (celle de 1762) ce prince a constamment violé le principe que *les camps d'une même armée doivent être placés de manière à pouvoir se soutenir...*

Dans les années qui suivent, on retrouve Frédéric et le prince Henri en conversation par lettres, en discussion philosophique sur les objets qui peuvent le plus intéresser les hommes, la religion, la nature humaine et le rang qu'elle tient dans l'univers, les ressorts et mobiles qui sont en elle, et les freins qu'on y peut mettre. Le prince Henri, bien qu'il n'ait guère en définitive plus de croyance à l'invisible que son frère, et qu'il soit comme lui l'enfant de son siècle, a plus de circonspection, de respect, et en ce qui est de la religion, il fait preuve humainement de plus de sagesse. Ainsi, sur l'opinion d'une autre vie :

« Tout homme qui y croit, écrit-il à Frédéric (30 novembre 1781), qu'il soit dans l'erreur ou non, a certainement un motif de plus pour être un citoyen honnête. Tels sont encore la plupart des axiomes de morale, lesquels reçoivent une caution plus forte aux yeux de ceux qui croient à une religion. C'est, en un mot, un frein de plus, lequel, s'il vient un jour à se relâcher totalement, aura des suites peut être aussi funestes que l'ont été ces affreuses guerres de religion. Ce temps est encore très-éloigné, les peuples ne sont pas encore *induits* par les raisonnements; mais je crois qu'on peut, avec un œil observateur, entrevoir le germe que ces nouveautés préparent. »

Il y a là une prévision, un pressentiment élevé des dangers moraux de l'avenir, dont il faut tenir compte au prince Henri.

Cette lettre du prince Henri est suivie de six lettres philosophiques de Frédéric où, sans le combattre directement, il dit à côté, et du ton particulier, mordant et original qui lui est propre, bien des choses faites pour provoquer les réponses du prince. Ces réponses, on ne les a pas, mais on les devine. Le roi surtout, à l'exemple de Bayle et de Montaigne, tient fort à rabattre, à humilier notre espèce : « Je suis persuadé que

---

La campagne de 1761 est celle où ce prince a vraiment montré des talents supérieurs. »

les fourmis de votre jardin de Rheinsberg se font souvent la guerre, mon cher frère, pour un grain de millet, et que vous n'avez aucune notion de leurs fameuses querelles. Nous sommes ces fourmis... » Mais le prince Henri ne veut pas du tout que l'homme soit comme ces fourmis de son jardin ; il se refuse à admettre la comparaison, et il proteste au nom d'une certaine conscience qu'on a de soi et qui ne saurait être une chimère. En un mot, des deux frères, le prince Henri est celui qui plaide, bien que timidement, pour la dignité de notre nature.

Un dernier service politique que le prince Henri rendit à son frère, ce fut de venir en France, et, en y réussissant de sa personne, d'y corriger, d'y neutraliser un peu l'influence autrichienne auprès du Cabinet de Versailles. Le prince Henri vint deux fois à Paris : la première en 1784, du vivant de Frédéric, la seconde en 1788-1789, après la mort de son frère. Il obtint chaque fois un succès de faveur. C'est à Grimm qu'il faut demander le récit des adulations et des ovations dont il fut l'objet. A une séance de l'Académie française à laquelle il assistait, Marmontel, qui remettait le *prix de vertu* à la libératrice de Latude, dit, en se tournant vers la tribune où était placé le *comte d'Oëls* (le prince Henri) : « C'est *en présence de la vertu couronnée de gloire* que l'Académie a la satisfaction de remettre ce prix à la femme obscure... » On traitait presque le prince Henri comme Henri IV, comme quelqu'un de la famille. Modestie, sagesse, sensibilité, toutes les vertus, on lui accordait tout. Quand il partit, ce furent des larmes :

> Prince chéri, quoi ? vous partez !
> Prince chéri, vous nous quittez...

Houdon fit son buste ; le chevalier de Boufflers lui fit

des impromptu, et le duc de Nivernais (paroles et musique) faisait les chansons (1).

Frédéric vit le bon côté, le côté sérieux de ce succès de son frère dans l'opinion :

« Le public en France, lui écrivait-il (13 septembre 1784), suit ce droit bon sens naturel qui voit les objets sans déguisement ; mais les ministres ont bien d'autres réflexions à faire, dont la principale roule sur leur conservation.... Mais j'ose me flatter que votre séjour disposera les esprits en notre faveur, et que si la France voit enfin qu'elle est obligée de revirer de système, elle nous choisira comme son pis-aller. »

La plupart des gens de lettres qui faisaient fête au prince Henri, et dont celui-ci parlait avec éloge, étaient inconnus à Frédéric, ou il ne les connaissait que de réputation. Son ami d'Alembert était mort l'année précédente, « d'Alembert, auquel il n'y aurait aucun reproche

(1) On lit, au tome Ier des *Souvenirs* de madame Vigée-Lebrun, un Portrait du prince Henri, qui, venant d'une main si habile à faire des portraits au pinceau, d'un artiste si habitué à bien voir, a du prix et porte avec soi sa garantie de ressemblance : « Lorsque la comtesse de Sabran me présenta chez elle au frère du grand Frédéric, je voyais ce prince pour la première fois, et je ne saurais dire combien je le trouvai laid. Il pouvait avoir à peu près cinquante-cinq ans à cette époque ; il était petit, mince, et sa taille, quoiqu'il se tînt fort droit, n'avait aucune noblesse. Il avait conservé un accent allemand très-marqué, et grasseyait excessivement. Quant à la laideur de son visage, elle était au premier abord tout à fait repoussante. Cependant avec deux gros yeux dont l'un regardait à droite et l'autre à gauche, son regard n'en avait pas moins je ne sais quelle douceur, qu'on remarquait aussi dans le son de sa voix et lorsqu'on l'écoutait, ses paroles étant toujours d'une obligeance extrême : on s'accoutumait à le voir... Il avait pour les arts, et surtout pour la musique, une véritable passion, au point qu'il voyageait avec son premier violon afin de pouvoir cultiver son talent en route. Ce talent était assez médiocre ; mais le prince Henri ne laissait échapper aucune occasion de l'exercer. Pendant tout le séjour qu'il a fait à Paris, il venait constamment à mes soirées musicales, ne redoutait point la présence des premiers virtuoses, et je ne l'ai jamais vu refuser de faire sa partie dans un quatuor à côté de Viotti, qui jouait le premier violon. »

à faire, disait Frédéric, si ce n'est sa trop grande complaisance pour Diderot, qui l'a entraîné au delà des lois sages qu'il s'était prescrites. »

Louis XVI avait lui-même invité le prince Henri à entreprendre ce voyage, et il l'accueillit bien. Louis XVI avait de l'éloignement pour Frédéric, et il disait : « Frédéric a la plus mauvaise opinion des hommes. » Il ne trouvait pas à faire le même reproche au prince Henri, qui avait une couleur de bienveillance et d'optimisme, et à qui une teinte de Greuze ne manquait pas. De son côté, le prince Henri, même avant d'être présenté à Louis XVI, avait du penchant pour ce roi si bien intentionné. Un jour que Frédéric lui avait envoyé un écrit de sa façon, un *Essai sur les formes du gouvernement et sur les devoirs des rois* (1777), le prince Henri, en remerciant son frère, lui disait :

« Vous avez fait le plus beau portrait des devoirs d'un souverain ; ce tableau cependant ne peut guère être imité : il faudrait toujours des princes doués de votre génie, et qui eussent vos connaissances ; la nature n'en produit pas de cette espèce : je désirerais donc encore un chapitre utile pour un homme que la naissance place sur le trône, mais auquel la nature a refusé les dons que vous possédez. Il lui faut une marche ; il est impossible qu'il agisse par lui-même, et je pense que ce serait un malheur s'il le voulait. Comment peut-il faire, et quels sont les moyens pour que le corps de l'État se conserve, si la tête en est faible ? Ce serait un chapitre excellent pour le bon roi de France. Il se peut que je me trompe, mais je le crois rempli du désir et du zèle à faire le bien ; mais n'ayant pas de génie et de connaissances, il ne sait comment s'y prendre. »

A cette demande d'un chapitre additionnel à l'usage des rois qui n'ont pas assez de caractère pour l'être, Frédéric répondit :

« L'article que vous désirez, que je devrais ajouter à ma petite brochure, j'en ai commis le soin à *Prométhée*; il est le seul qui puisse le fournir : mes facultés ne s'étendent pas aussi loin. »

Le prince Henri avait plus de confiance dans les méthodes : Frédéric comptait avant tout sur l'étincelle et le feu sacré.

Le prince Henri, de retour à Rheinsberg, après son premier voyage de France, eut l'occasion d'y recevoir un Français des plus distingués, qu'il avait déjà vu à Paris, le marquis de Bouillé. Ce général, connu alors par sa belle conduite dans les îles et par ses exploits maritimes, et qui un jour, dans les circonstances les plus critiques, fera tout pour sauver Louis XVI, avait vu Frédéric à Berlin et aux revues de Silésie, et lui avait plu, avait gagné son estime. On lit dans une lettre du roi ce bel éloge : « Nous avons eu ici (10 octobre 1784) M. de Bouillé, qui est un homme de mérite, parce qu'il a su allier au mérite d'un bon militaire tout le désintéressement d'un philosophe; et, quand on est assez heureux de rencontrer des hommes pareils, il faut en tenir compte à toute l'humanité. » Le prince Henri, en recevant M. de Bouillé à Rheinsberg, ne put s'empêcher de s'exprimer devant lui, de s'épancher sur le compte du roi son frère, comme il n'avait cessé malheureusement de penser et de sentir :

« Il le représentait, dit M. de Bouillé dans des Mémoires dont on n'a donné que des extraits (1), comme impatient, envieux, inquiet, soupçonneux et même timide, ce qui paraît extraordinaire; il lui attribuait une imagination déréglée, propre à des conceptions décousues, bien plus qu'un esprit capable de combiner des idées pour les faire judicieusement fructifier. Il ajouta, entre autres propos remarquables, que Frédéric redoutait beaucoup la guerre, et que cette crainte précisément occasionnerait peut-être l'explosion de nouvelles hostilités : *Sur quelque fausse alarme, le roi, dit-il, rassemblera des troupes nombreuses vers les frontières; l'empereur Joseph en fera autant; et alors la moindre étincelle déterminera la conflagration, sans qu'aucun des deux souverains l'ait préméditée.* »

De telles prévisions et de telles paroles, une année

(1) Voir à la page 167 de l'*Essai sur la Vie du marquis de Bouillé*, par M. René de Bouillé, son petit-fils (1853).

avant la mort de Frédéric, et quand la fière attitude du vieux roi resserrait et décidait l'Union germanique (1785), achèvent de juger le prince Henri; elles marquent les points faibles de son esprit autant que de son cœur, et décèlent l'incurable sentiment souvent dissimulé, mais toujours vivace et toujours en éveil, dont Frédéric, pendant plus de quarante ans, à force de bons procédés et d'avances cordiales, n'avait jamais pu triompher (1).

J'ai terminé ce chapitre, qui aurait pu s'intituler *Frédéric-le-Grand et le prince Henri :* il m'en reste un dernier à écrire, à extraire d'une autre portion, également intéressante, de cette Correspondance de famille; il aura pour titre : *Frédéric-le-Grand et sa sœur la margrave de Baireuth,* et pour ce qui est des sentiments moraux, il sera plus consolant.

(1) Un historien qui a longtemps étudié Frédéric-le-Grand, et qui a tracé un bien équitable et bien ferme tableau de son règne, M. Camille Paganel, a eu sous les yeux « un volume des OEuvres de Frédéric, avec des annotations de la main même du prince Henri : à chaque page percent la mauvaise humeur, le sentiment jaloux du vainqueur de Freyberg. »

Lundi, 1ᵉʳ septembre 1856.

LA MARGRAVE DE BAREITH [1]

SA CORRESPONDANCE AVEC FRÉDÉRIC.

La Margrave de Bareith nous est surtout connue par un ouvrage piquant, qui est un tort. Cette princesse pleine de mérite et d'esprit, l'aînée de Frédéric et sa vraie sœur par la pensée et par l'âme, mariée au prince héréditaire de Bareith, et peu à sa place dans cette petite Cour, se mit un jour, pour se désennuyer, à écrire toutes les peines, toutes les persécutions domestiques qu'elle avait éprouvées avant et même depuis son mariage. Elle revint à diverses époques sur ce récit qu'elle se faisait à elle-même, et le continua jusqu'au moment où elle devint margrave, et où son frère ensuite monta sur le trône. Elle n'avait pas de dessein bien arrêté en se livrant à cette distraction de sa solitude : « J'écris pour me divertir, disait-elle, et ne

[1] En écrivant ainsi ce mot *Bareith*, j'ai suivi l'usage français du dernier siècle, l'orthographe de Voltaire, le titre même sous lequel les Mémoires de la Margrave furent publiés à Paris en 1811, et cette manière de prononcer, habituelle au monde d'autrefois, qui adoucissait volontiers les noms étrangers et les accommodait légèrement, au risque de les altérer. Les Grecs n'en faisaient pas d'autre ; le dix-huitième siècle se croyait les mêmes droits. Le nom exact est *Baireuth*.

compte pas que ces Mémoires soient jamais imprimés; peut-être même que j'en ferai un jour un sacrifice à Vulcain, peut-être les donnerai-je à ma fille (1); enfin, je suis pyrrhonienne là-dessus. Je le répète encore, je n'écris que pour m'amuser, et je me fais un plaisir de ne rien cacher de tout ce qui m'est arrivé, pas même de mes plus secrètes pensées. » Mais en écrivant ce qui lui est arrivé, elle raconte ce qu'ont fait les autres, ce qu'ils ont dit et machiné ; elle les peint et elle les montre à nu dans leurs intrigues, dans leurs vices, dans leur nature fantasque ou brutale, dans leur fond de grossièreté épaisse et encore mal civilisée. A côté des ministres pervers et corrompus, dont elle eut à souffrir, elle peint également ses parents, qu'elle se pique de vénérer, le roi son père, la reine sa mère, quelques-unes de ses sœurs, le roi son frère qu'elle aime tendrement, et dont, à certains endroits, elle parle avec beaucoup d'aigreur, parce que la dernière partie des Mémoires fut écrite dans un temps où elle était brouillée avec lui. Ces Mémoires faits, elle les confia à un homme d'esprit, son médecin, M. de Superville, qui ne demeura point auprès d'elle. Ce manuscrit donné, elle l'oublia sans doute; de graves événements survinrent, qui occupèrent toutes les dernières années de sa vie. L'ouvrage dormit cinquante ans et plus, au fond d'une cassette, après quoi il fut imprimé (1810) et devint tout d'un coup aux yeux de tous un de ces travaux véridiques, naturels et terribles, comme les aime la Postérité, cette grande curieuse et cette *décacheteuse de lettres*, et comme, de leur côté, les familles ont grand'raison de les redouter.

Elle n'a pas seulement parlé de ses parents très à la

---

(1) Sa fille unique, qui épousa le duc de Würtemberg, et qui n'a pas laissé de postérité.

légère et au naturel, elle s'en est pris à tout ce qui l'entourait de sots et d'ennuyeux; elle a trahi le secret de l'intérieur des petites principautés. C'est elle qui, par les portraits qu'elle a faits de ses premiers officiers et de son monde, a fourni d'inépuisables sujets de grotesques aux romanciers qui ont voulu amuser aux dépens des petites Cours allemandes d'alors. Elle a prêté des armes enfin contre l'ordre de choses qui était le sien, et qu'elle ne désirait ni avilir ni voir détruire.

Le mal est fait, et nous en profitons. La Margrave de Bareith qui avait eu une éducation très-soignée, qui savait les langues modernes, l'histoire, la littérature, et qui aurait pu écrire ses Mémoires en anglais aussi bien qu'en allemand, les a écrits en français, de même que c'est en français qu'elle correspondait toujours avec son frère. C'est donc un écrivain Français de plus que nous avons en elle, et un écrivain peintre tout à fait digne d'attention. Il est curieux, pour se donner le sentiment d'un parfait contraste, mais d'un contraste qui n'a rien de criant, de la mettre en regard d'un Hamilton ou d'une Caylus peignant avec une finesse malicieuse les beautés de la Cour de Charles II ou celles de Marly ou de Versailles. On peut la rapprocher encore en idée de madame de Staal de Launay, nous retraçant dans ses ingénieux Mémoires les petitesses et les élégantes manies de la Cour de Sceaux. Ici la Margrave a affaire à une tou autre matière qu'elle attaque avec moins de façon : on ne se fait aucune idée, quand on ne l'a pas lue, de la grossièreté gothique et ostrogothique qu'elle nous démasque dans son entourage, et, si supérieure qu'elle soit à son sujet, elle en a quelque chose dans sa manière; il en rejaillit par moments sur elle et sur son ton des teintes désagréables : cette jeune femme qui écrit (car elle commença d'écrire ses Mémoires à vingt-cinq ans) a des crudités de Saint-Simon quand il dévisage les gens, et, faute d'occasion sans doute, et de savoir où la placer, elle ne dédommage jamais par de la grâce. Et pourtant, si l'on parvient à triompher du dégoût qu'inspirent le caractère hideux des intrigues et des personnages et cette continuité de laideurs et d'horreurs, on verra combien elle y apporte de moquerie, d'enjouement, de tour heureux. Je ne fais qu'indiquer un portrait du général ministre Grumbkow, persécuteur odieux de Frédéric et de sa sœur : dans son duel avec le prince d'Anhalt, elle le montre effaré et tremblant, et rappelle toutes les autres preuves qu'il avait données de la même disposition, soit à la bataille de Malplaquet, où il était resté dans un fossé pendant tout le temps de l'action, soit au siége de Stralsund, où il s'était démis fort à propos une jambe dès le commencement de la campagne, ce qui le dispensa d'aller à la tranchée : « Il avait, conclut-elle, le même malheur qu'eut un certain roi de France, qui ne pouvait voir une épée nue sans tomber en faiblesse (1); mais, excepté tout cela, c'était un très-brave général. » Et ailleurs, montrant le roi son père qui ne s'accommodait pas des manières polies et réservées du prince héréditaire de Bareith, tout en le lui donnant pour mari : « Il voulait un gendre, dit-elle, qui n'aimât que le militaire, le vin et l'économie. » Certes, dans une société idéale où l'on se figure réunis les Caylus, les Hamilton, les Grammont, les Sévigné, les Coulanges, les Saint-Simon, les Staal de Launay, les Du Deffand, la Margrave n'eût pas été hors de sa place ni dans l'embarras; elle eût trouvé bien vite à payer son écho par maint trait d'esprit et de raillerie bien assénée, qui eût

(1) Elle se trompe : aucun roi de France n'eut pareil faible. Elle veut parler de Jacques, roi d'Écosse, fils de Marie Stuart, et qui dut cette crainte, dit-on, à la circonstance de l'assassinat de Riccio, tué sous les yeux de sa mère enceinte.

été applaudi de tous et de toutes, de même que son frère, en causant, n'était en reste de mots excellents ni avec Voltaire, ni avec personne; mais à la lecture, et eu égard au genre et à la nature des tableaux, elle garde sa couleur étrange et son accent exotique. Traitons-la donc, sinon comme une Française à l'étranger, du moins comme une amie de la France, et qui, jusque dans le fort de la guerre de Sept ans, écrivait à ce même Voltaire, en lui parlant des Français, alors adversaires déclarés : « J'ai un *chien de tendre* pour eux qui m'empêche de leur vouloir du mal. »

Toutefois sachons bien une chose : la Correspondance entre elle et son frère, que vient de publier M. Preuss, et les remarques que cet exact éditeur y a jointes, nous prouvent que si les Mémoires de la Margrave de Bareith sont sincères, ils ne sont pas toujours très-fidèles. Elle les a écrits dans la solitude, et aussi quelquefois dans la mauvaise humeur. Elle dissimule quelques faits, elle en altère d'autres, ou plutôt ils s'altèrent d'eux-mêmes dans sa mémoire et dans son esprit, qu'aigrissent la mauvaise santé et de trop continuels chagrins. Le contrôle qu'on peut maintenant établir entre la dernière partie des Mémoires de la Margrave et sa Correspondance authentique avec Frédéric permet de juger plus équitablement de quelques-unes de ses assertions. Frédéric y gagne, et elle-même en définitive, quoique prise en faute, n'y perd pas. L'élévation de cœur en effet, la noblesse de sentiments qui était inhérente à sa nature et qui, dans ses Mémoires, est masquée par l'esprit de plaisanterie et de satire, se prononce davantage dans les lettres : la Margrave s'y montre par ses meilleures et ses plus solides qualités, non plus comme le peintre moqueur et caricaturiste de sa famille, mais bien plutôt comme une personne passionnée, aimante, et, quand il le faudra, héroïque et généreuse, dévouée à l'honneur de sa maison; et c'est aussi par ces côtés sérieux et moins connus que nous prendrons plaisir à la dégager et à la dessiner en face de son frère.

Née en 1709 et de trois ans plus âgée que lui, de bonne heure elle aima ce frère plus que tout. Occupée tout le jour par ses maîtres, son unique récréation était de le voir : « Jamais tendresse, dit-elle, n'a égalé la nôtre. Il avait de l'esprit; son humeur était sombre; il pensait longtemps avant que de répondre, mais en récompense il répondait juste. Il n'apprenait que très-difficilement, et on s'attendait qu'il aurait avec le temps plus de bon sens que d'esprit. J'étais au contraire très-vive... » On voit au château de Charlottenbourg un tableau qui représente Frédéric âgé de trois ans, à la promenade, battant du tambour et paraissant entraîner sa sœur aînée la princesse Wilhelmine, qui l'accompagne et le suit. Elle le protégeait en toute rencontre; quand l'âge de l'étude vint pour lui, elle l'y excita en lui faisant honte de négliger ses talents; elle était sa confidente la plus chère avant qu'il connût le mal : c'était son bon Génie. Ses facultés, à elle, ne paraissent nullement avoir été inférieures à celles de ce frère si éminent. Elle était de la race des *sœurs de génie*, qui ont en partage le même feu sacré dont le frère célèbre tirera des flammes, et qui l'entretiennent plus pur. Douée de la plus heureuse intelligence, d'un esprit plein de lumière et de saillies, d'une mémoire merveilleuse, de bons et droits sentiments, d'une belle âme faite pour la vertu, jolie dans sa jeunesse avant que le mal l'eût détruite, et ornée de grâces naturelles, elle fut pourtant dès l'enfance une des personnes les plus malheureuses, les plus cruellement maltraitées qui se puissent voir dans aucune classe de la société (je n'excepte pas la plus inférieure), et elle eut de tout temps une existence souffrante et tourmentée, avec bien peu de doux moments. La discorde qui se mit entre ses parents au sujet de son mariage et de celui de son frère, l'égoïsme et le petit génie de la reine leur mère, les violences et les crédulités fabuleuses du roi leur père, en amenant d'horribles scènes domestiques, forcèrent la princesse Wilhelmine à faire de bonne heure les plus tristes et les plus solides réflexions, et la mûrirent avant l'âge. Destinée selon toute apparence à monter sur un trône, celui d'Angleterre, elle ne le désirait que médiocrement et se consola de le manquer. Elle avait de la philosophie dans le meilleur sens du mot, et, avec le sentiment de ce qu'elle était et la volonté de ne condescendre à rien d'indigne, elle souhaitait avant tout une vie sérieuse et tranquille, l'étude, les beaux-arts et la musique, les charmes de la société. Après les heures qu'elle employait auprès de son estimable gouvernante madame de Sonsfeld, personne de mérite qu'un coup du Ciel lui donna pour remplacer l'abominable Leti, ses meilleurs moments, ses seuls bons moments étaient ceux qu'elle passait avec son frère, et si la raillerie, la satire, le rire aux dépens du prochain les occupaient trop souvent, il faut bien penser que c'était une revanche très-permise à des natures supérieures entourées d'êtres grossiers, abjects ou méchants qui les opprimaient. Dans cette raillerie de la princesse Wilhelmine, il se mêlait bien plus de gaieté encore et d'irrésistible sentiment du ridicule que de malice amère; elle ne chercha jamais à rendre à personne le mal qu'elle en avait reçu.

Elle ne paraît pas avoir été faite pour ce qu'on appelle les passions; elle le dit elle-même quelque part :

« Je ne puis tirer grande gloire de ma vertu. Je suis d'opinion que cette qualité ne consiste qu'à résister aux tentations; comme je n'y suis point exposée, et que je possède l'attribut de n'en point être susceptible, je ne puis tirer vanité d'un mérite inné avec moi. Rien ne me fait plus de plaisir qu'un bel opéra, mes oreilles communiquent les doux accents de la voix jusqu'au fond de mon cœur; un beau jardin, de magnifiques bâtiments charment mes yeux; mais si de pareils plaisirs pouvaient faire tort à mon honneur, je m'en priverais. »

Mariée par une boutade de son père au prince héréditaire de Bareith, qu'elle ne connaissait pas auparavant, elle en parle toujours avec estime et affection; elle l'aima, s'attacha tendrement à lui, et n'eut pas d'effort à faire pour mettre son âme en accord avec ses devoirs. Elle souffrit beaucoup de ses inconstances et de ses infidélités. Pourtant cet attachement conjugal n'a pas le caractère d'une passion; c'est plutôt son amitié avec son frère qui aurait pris ce caractère et qui serait devenue un culte, si Frédéric n'y avait porté atteinte plus d'une fois par ses inégalités et ses rudesses involontaires. Cette amitié passionnée resta sans un refroidissement et sans une tache jusqu'au moment où Frédéric, emporté par la fougue de l'âge et outré par les persécutions domestiques, se livra sans frein à ses mauvais penchants. Elle a noté les altérations sensibles qui se marquaient dans la conduite et la manière d'être de son frère envers elle après ces absences et ces veines d'égarement. Il lui a rendu cette justice, qu'elle fit tout pour l'en tirer :

> Le vice à son aspect n'osait jamais paraître :
> De mes sens mutinés elle m'a rendu maître;
> C'était par la vertu qu'on plaisait à ses yeux.

Ce sont des vers de Frédéric, et non des mauvais.

La première lettre qui ouvre leur Correspondance est de Frédéric, et datée de Custrin, où il était alors enfermé (1ᵉʳ novembre 1730), à la veille du Conseil de guerre que son père avait convoqué pour le juger : il s'agissait de sa tête, et son père voulait qu'on lui appliquât la loi prussienne comme à un déserteur. La lettre est enjouée et faite pour amener un triste sourire sur les lèvres de cette courageuse sœur, qui lui demeura si fidèle et si dévouée en une si affreuse crise. Les lettres suivantes, choisies par l'éditeur dans un nombre fort considérable, sont de peu d'intérêt et, à dire le vrai, un peu enfantines ou un peu écolières; ils font tous deux leur apprentissage de langue et d'esprit; ils achèvent leur rhétorique par lettres. La Margrave, d'ailleurs, est déjà mariée; Frédéric se trouve l'être aussi, malgré lui. Son père paraît souvent fort mal de santé durant ces années, et lui sur le point d'être roi. Les sentiments qu'ils expriment l'un et l'autre sur ce roi redouté qui les a fait tant souffrir, et sur sa perte prochaine, sont ce qu'on peut attendre de natures sincères et dont le fonds n'est pas méchant. Ils le regretteront peu, ils se consoleront vite, ils souffrent pourtant la nature parle, la nature *pâtit*, comme ils disent; ils connaissent la *tendresse du sang;* et Frédéric annonçant enfin à sa sœur cette mort, dès longtemps prévue, le fait en ces mots (1er juin 1740) :

« Ma très-chère sœur, le bon Dieu a disposé hier, à trois heures, de notre cher père. Il est mort avec une fermeté angélique, et sans souffrir beaucoup. Je ne saurais réparer la perte que vous venez de faire en lui que par la parfaite amitié et sincère tendresse avec laquelle, etc. »

Avant cette mort, il y a bien quelques plaisanteries encore, quelques allusions aux manies du roi et à ce qu'on en sait d'ailleurs. La Margrave est malade, comme elle le sera très-habituellement par suite des chagrins qui avaient déjà ruiné sa santé et qui abrégèrent sa vie ; elle a besoin d'un médecin habile : Frédéric lui en indique un à Berlin, M. de Superville, et lui dit d'écrire au roi pour l'obtenir. Quand elle l'a obtenu, il lui donne le moyen sûr pour le garder près d'elle autant qu'elle le voudra, et même pour entreprendre un voyage s'il le lui ordonne : c'est que le Margrave envoie au roi quelques grands hommes pour son régiment favori ; moyennant cette « galanterie de six pieds » faite au roi, tout ira bien ; « deux ou trois grands hommes envoyés à propos seront des arguments vainqueurs (1). » — Le général ministre Grumbkow, qui a tant persécuté Frédéric et sa sœur, meurt un an avant son maître, laissant une mémoire généralement exécrée. La Margrave engage son frère à lui faire une épitaphe satirique ; Frédéric ne s'y prête que pour lui obéir, et le moins possible : « Si M. de Grumbkow, dit-il, ne m'avait jamais fait de mal, je pourrais lui faire une épitaphe ; mais tout ce que je pourrais en dire sentirait trop la prévention, et d'ailleurs je crois que ce serait trop d'honneur. » Quand on a lu dans les Mémoires de la Margrave ce qu'ils eurent l'un et l'autre à souffrir de Grumbkow, on trouvera qu'ils en parlent ici avec bien de la douceur et sans rancune. C'est bien plutôt de ses études, de ses vers, de sa musique, de ses concertos, de la métaphysique de Wolff, que Frédéric, en ces années de loisir et d'attente, aime à entretenir sa sœur, et dans les combinaisons idéales de vie philosophique et dévouée aux Muses dont il se berçait volontiers dans ses retraites de Ruppin et de Rheinsberg, il se plaît toujours à la considérer comme un protecteur et un guide, comme son Génie heureux et son bon Démon.

---

(1) Dans une lettre de Frédéric à Maupertuis écrite bien des années après, il lui échappe une allusion à la dureté de son père, qui est assez touchante. Maupertuis venait de perdre le sien âgé de quatre-vingt-quatre ans ; Frédéric essaie de le consoler par toutes les raisons naturelles : « Vous l'avez vu rassasié de jours, il vous a vu couvert de gloire... » Et il ajoute : « Vous avez eu un bon père, c'est un bonheur que n'ont pas eu tous vos amis. »

Frédéric devenu roi (1740), le ton affectueux et tendre de la Correspondance n'a pas changé d'abord. Dans sa première année de règne, Frédéric va visiter sa sœur à l'Ermitage près de Bareith, elle vient à son tour le visiter à Berlin; l'amitié, et une amitié vive, exaltée, n'a cessé de respirer dans tout ce qu'ils s'écrivent; Frédéric s'en inspire même pour faire d'assez jolis vers. Ainsi, en quittant l'Ermitage, où il est retourné la voir en 1743:

> Ce ne sont point, ma sœur, tous vos brillants plaisirs,
>   C'est vous seule que je regrette.
> Je m'arrache de vous, et je reste à moitié...

Et ici les lettres et les faits ne s'accordent point avec la dernière partie des Mémoires de la Margrave. Celle-ci voudrait y faire croire à un refroidissement soudain de Frédéric roi, et elle s'en plaint comme d'une inconstance sans motif. C'est elle qui eut dans ce qui va suivre les premiers torts; voici comment on les explique. La Margrave, en se mariant, avait désiré avoir près d'elle les nièces de madame de Sonsfeld, sa gouvernante, les demoiselles de Marwitz; plus tard, voyant que son mari paraissait distinguer l'une d'elles, elle fut jalouse et désira la marier. Or, elle n'avait obtenu du feu roi cette jeune personne qu'à la condition expresse et sur sa parole d'honneur qu'elle ne la marierait pas hors de Prusse. Se croyant dégagée de sa promesse par la mort du roi son père, elle passa outre à cette condition et fit épouser à mademoiselle de Marwitz un officier du régiment impérial dont le Margrave était propriétaire. Frédéric, que sa sœur n'avait pas mis dans le secret de ses motifs particuliers, et gardien non moins jaloux que son père des intérêts de la patrie prussienne, trouva à redire à ce mariage étranger, ainsi qu'à d'autres marques que la Cour de Bareith semblait donner, vers ce temps, de son penchant pour l'Autriche, et il en témoigna son mécontentement à sa sœur. La Margrave, ayant précisément achevé d'écrire ses Mémoires durant cette brouille (1744), se laissa aller à la prévention qui la dominait alors, et, en se ressouvenant du passé, elle y fit rejaillir quelque chose de l'irritation présente ; ses souvenirs se colorèrent au gré de son humeur. La Correspondance permet aujourd'hui de tout rectifier avec certitude. On y voit la princesse qui ne tarde pas à revenir d'elle-même, et qui fait réparation à son frère pour les dégoûts qu'elle lui a donnés, et pour les injustices dont elle s'est rendue coupable envers lui. Parmi les lettres qui mènent à l'entière réconciliation, il faut surtout citer celle du 21 février 1748, dans laquelle la Margrave s'épanche avec une tendresse sans réserve :

« Permettez-moi, lui dit-elle, que je vous ouvre mon cœur, et que je vous parle avec confiance et sincérité sur un sujet qui m'a causé depuis quelques années le plus mortel chagrin. Combien de fois ne me suis-je pas reproché l'irrégularité de ma façon d'agir envers vous! Ma dernière maladie, une mort prochaine, ont augmenté mes réflexions. Un mûr examen sur moi-même m'a convaincue que, dans tout le cours de ma vie, je n'avais été coupable qu'à l'égard d'un frère que mille raisons devaient me rendre cher, et auquel mon cœur avait été lié depuis ma tendre jeunesse par l'amitié la plus parfaite et la plus indissoluble. Votre générosité vous a fait oublier mes fautes passées, mais ne m'empêche pas d'y penser à toutes les heures du jour. Une compassion mal placée, et une trop grande faiblesse pour une personne que je me croyais entièrement attachée, m'ont fait faillir. »

Et elle entre dans l'explication sur le chapitre de mademoiselle de Marwitz et sur les sujets de plainte qu'elle a contre elle. Frédéric lui répond avec une parfaite bonté et amitié :

« Mon cœur a toujours été le même à votre égard, et comment ne l'aurait-il pas été ? les sujets de différends que nous avons eu étaient si minces dans leur origine, que ç'aurait été bien méconnaître les lois de l'amitié que de se brouiller sérieusement pour des choses qui en valaient si peu la peine. Votre bon cœur a jugé des autres par lui-même. Si vous avez été trompée, la perfidie en est d'autant plus affreuse, et vous n'avez aucun reproche à vous faire. Il est vrai que vous mériteriez de trouver toujours des cœurs semblables au vôtre ; mais ils sont rares, ma chère sœur... »

A partir de ce moment, toute trace des premiers dissentiments entre eux a disparu ; leur amitié renaît de ses cendres plus brillante et plus vive ; elle reprend ses liens, plus étroite que jamais, et désormais indissoluble : frère et sœur ne cesseront plus « de faire une âme en deux corps. »

Les neuf années qui précèdent la guerre de Sept ans sont remplies et animées par cette Correspondance tout à fait agréable et à l'honneur de tous deux. Ce fut la belle époque et la plus littéraire du règne de Frédéric : c'est alors qu'il cherche à rassembler autour de lui l'élite des hommes distingués de son temps, et qu'il semble un instant près d'y réussir. Il avait compté d'abord mener ces choses de la science et ce personnel du bel-esprit avec une précision presque administrative. A peine monté sur le trône, il avait écrit à sa sœur (29 juillet 1740) : « Nos savants n'arriveront qu'à la fin de l'année, et j'espère de recueillir à Berlin tout ce que ce siècle a produit de plus fameux. Il ne manque uniquement que votre chère personne pour couronner l'œuvre... » A défaut de la princesse, l'œuvre ne lui parut couronnée que lorsque, dix ans après, il eut Voltaire. Il paya cher, on le sait, cette courte satisfaction, et Voltaire aussi. La manière dont Frédéric parle de lui à sa sœur, et dont il parle aussi des autres beaux-esprits en toute vérité et sincérité, est piquante. Voltaire, dans ce fameux séjour, ne se brouilla finalement avec Frédéric que parce qu'il avait commencé par avoir à Berlin procès sur procès, qu'il s'était brouillé auparavant avec ses autres confrères les gens de lettres, et qu'il avait introduit la guerre civile dans l'Académie :

« L'affaire de Voltaire (un procès avec le juif Hirschel) n'est pas encore finie, écrivait Frédéric à sa sœur (2 février 1751). Je crois qu'il s'en tirera par une gambade; il n'en aura pas moins d'esprit, mais son caractère en sera plus méprisé que jamais. Je le verrai quand tout sera fini ; mais, à la longue, j'aime mieux vivre avec Maupertuis qu'avec lui. Son caractère est sûr, et il a plus le ton de la conversation que le poëte, qui, si vous y avez bien pris garde, dogmatise toujours. »

C'est la première fois que j'entends faire ce reproche à Voltaire causeur, de dogmatiser toujours ; je ne m'étonne pas que peu de gens le lui aient fait : c'est que bien peu étaient en mesure de le lui faire. Voltaire devenu célèbre n'avait plus son égal ; chacun en sa présence baissait pavillon et l'écoutait volontiers. Pourvu qu'il se dessinât et qu'il fût lui-même, on ne trouvait jamais qu'il en dît trop. Frédéric, qui aimait à contredire à son tour et à croiser le fer sans céder du terrain, rencontrait en lui un interlocuteur exclusif et tranchant : c'étaient, après tout, deux *esprits rois;* ils pouvaient avoir de belles entrevues, plutôt qu'une habitude et une égalité d'entretiens.

Séduit par l'esprit de Voltaire, Frédéric tient bon tant qu'il peut contre les tracas et les zizanies qu'a engendrées son séjour ; il exprime pourtant à ce sujet plus d'une pensée de pur bon sens et de morale pratique, et qui peut servir de leçon aux littérateurs de tous les temps :

« Après avoir goûté de tout et essayé de tous les caractères, écrit-il à sa sœur (29 décembre 1751), on en revient toujours aux personnes de mérite : Il n'y a que la vertu de solide, mais elle est rare à trouver. »

« Ici, lui dit-il encore (13 mars 1753), le Diable s'est incarné dans nos beaux-esprits; il n'y a plus moyen d'en venir à bout. Ces gens n'ont d'esprit que dans la société ; ils sont sévères sur leurs ouvrages pour ne point être critiqués par d'autres, et indulgents sur leur conduite, qui d'ordinaire est ridicule, et qu'ils croient ne point passer à la postérité. »

« Vous me voyez encore effarouché (16 juin 1753) de mes aventures avec messieurs les beaux-esprits ; mais j'ai essuyé quelques éclaboussures en passant, comme il arrive qu'on reçoit des coups en voulant séparer des gens qui se battent. »

« C'est une consolation pour les bêtes de voir qu'avec tant d'esprit souvent on n'en vaut pas mieux. » (21 novembre 1754.)

Je ne donne ici que la moralité que tire Frédéric de ce démêlé avec Voltaire : quant à ses jugements sur l'homme, ils sont trop sévères, trop durs, pour qu'une plume française se complaise à les répéter. La Margrave de Bareith, qui avait vu les choses d'un peu plus loin, resta, même dans le premier moment de l'éclat, plus indulgente au poëte : il continuait de lui écrire, et au plus fort de l'orage il eut soin de se la concilier :

« Les lettres qu'il a écrites à ses amis ici (à Bareith), dit-elle à son frère, lettres qui sont écrites sans défiance et qu'on ne m'a montrées qu'après de fortes instances, sont fort respectueuses sur votre sujet. Il vous donne le juste titre de grand homme. Il se plaint de la préférence que vous avez donnée à Mauperpuis, et de la prévention que vous avez contre lui. Il raille fort piquamment sur le sujet de ce dernier, et *je vous avoue, mon cher frère, que je n'ai pu m'empêcher de rire en lisant l'article ; car il est tourné si comiquement qu'on ne saurait garder son sérieux.* »

Elle était donc gagnée *quand même* par ce tour charmant, spirituel, amusant, qui reconquit plus tard Frédéric ; elle fit comme la postérité, elle rit et elle fut désarmée. Elle était bien Française en cela.

Voltaire, reconnaissant de son procédé et de tout ce qu'elle eut avec lui de gracieux pour lui faire oublier l'accident de Francfort, lui a rendu ce témoignage :
« Jamais une si belle âme ne sut mieux faire les choses

décentes et nobles, et réparer les désagréables (1). »

L'aventure de Voltaire rendit Frédéric plus circonspect. La Margrave s'étant avisée de lui parler du brillant Saint-Lambert comme d'un hôte et d'un académicien possible, il lui répond (20 janvier 1754) :

« J'ai entendu parler de Saint-Lambert, dont vous faites mention, ma très-chère sœur, mais je ne crois pas que ce soit un homme qui me convienne. Ces jeunes Français sont trop peu philosophes pour s'accommoder de la vie solitaire que je mène : ce n'est le fait que de gens qui se sont dévoués aux Lettres. »

D'Alembert serait plus l'homme de Frédéric ; celui-ci en parle en des termes si naturels, qu'on croit voir la personne même dans sa modestie de grand géomètre, et quand Diderot ne le poussait pas aux affaires de parti (7 juillet 1755) :

« J'ai vu à Wesel d'Alembert, qui me paraît un très-aimable garçon ; il a beaucoup de douceur et de l'esprit, joint à un profond savoir, sans prétentions. Il m'a promis de venir, l'année qui vient, passer trois mois chez moi, et alors nous capitulerons peut-être pour plus longtemps. »

D'Alembert alla faire une visite au roi à Berlin, mais il ne capitula point et demeura fidèle à ses amitiés de Paris.

Parmi les hommes de lettres qui moururent à Berlin,

(1) On lit dans les *Lettres inédites de Voltaire* récemment publiées par M. Alphonse François, dans une lettre à Moncrif, datée de Colmar le 24 avril 1754 (tome I, page 241) : « Je fus tout ébahi hier quand on vint me dire dans ma solitude de Colmar que la sœur du roi de Prusse, madame la Margrave de Bareith, m'attendait à souper, et où ? à son auberge. J'y vais en me frottant les yeux. Elle veut m'emmener en Languedoc, où elle va passer l'hiver pour sa santé... Croiriez-vous que cette sœur du roi de Prusse a voulu absolument voir ma nièce? Elle lui a fait toutes les excuses possibles d'une certaine aventures de Cimbres et de Sicambres, et elle a fini par me faire un présent magnifique. Tout cela, d'un bout à l'autre, a l'air d'un rêve. » En écrivant ainsi à Moncrif, Voltaire comptait bien que son récit courrait la ville et la Cour.

il en est un assez peu estimé et dont les ouvrages sont dès longtemps au rebut : ne croyez pas que Frédéric les trouvât bons, mais il nous fait du personnage un portrait vivant et parlant, qui dit tout en quelques lignes :

« Nous avons perdu le pauvre La Mettrie (21 novembre 1751). Il est mort pour une plaisanterie, en mangeant tout un pâté de faisan...; il s'est avisé de se faire saigner pour prouver aux médecins allemands qu'on pouvait saigner dans une indigestion; cela lui a mal réussi... Il est regretté de tous ceux qui l'ont connu. Il était gai, bon diable, bon médecin, et très-mauvais auteur; *mais en ne lisant pas ses livres, il y avait moyen d'en être très-content.* »

Ainsi, ne connaître des uns que leurs livres, et, pour plus de sûreté, se priver de leur personne; — des autres, ne connaître que la personne, en évitant soigneusement leurs livres : la recette est bonne à retenir, et peut-être quelquefois encore à appliquer.

Ces diverses nouvelles que Frédéric écrit à sa sœur ne sont que des accidents de leur Correspondance : le fond est plutôt de leurs sentiments, de leurs pensées, de questions morales ou métaphysiques que la sœur propose au frère et que celui-ci s'applique à résoudre, par exemple : « De la différence qu'il y a entre la constance en estime et la constance en amour. » Elle a du loisir à Bareith, et ce ne sont que les sujets et les vis-à-vis qui lui manquent pour y fonder à sa manière un petit hôtel de Brancas ou de Rambouillet. Les opéras, les chanteurs et cantatrices, qui sont un de ses plaisirs, ne lui suffisent pas : elle a besoin de conversation; il y a des vides et des silences autour d'elle : « Nos entretiens me semblent comme la musique chinoise, où il y a de longues pauses qui finissent par des tons discordants. » Cette conversation qui lui manque de près, elle la cherche au loin, et elle trouve heureusement dans son frère un correspondant qui a du temps pour tout. Je ne sais s'il est bien vrai, comme il le dit, qu'il se sent esclave d'être roi et que c'est un métier qu'il ne fait que par pur nécessité et parce que sa naissance l'y condamne : « La plupart du monde ambitionne de s'élever; pour moi, je voudrais descendre, si pour prix de ce sacrifice, qui n'en serait pas un parce qu'il ne me coûterait rien, j'obtenais la liberté. » Cette liberté, s'il l'avait eue entière, aurait bien pu l'embarrasser, de l'ambition dont il était, et avec son activité ardente. Dans un voyage que la Margrave fait pour sa santé en Italie, elle lui cueille à Naples une branche du laurier de Virgile, et la lui envoie comme un don offert par l'Ombre du poëte au héros rival d'Alexandre. Frédéric se prête peu à ces enthousiasmes de sa sœur, et quoiqu'il ait alors les cinq victoires de ses deux guerres de Silésie, il paraît réellement confus du compliment : « Je vous avoue que je suis tombé de mon haut en recevant une couronne de lauriers de vos mains. S'il y avait quelque chose de capable de renverser ma chétive cervelle, ç'aurait été les choses obligeantes que vous y ajoutez...; mais, ma chère sœur, en faisant un retour sur moi-même, je n'y trouve qu'un pauvre individu composé d'un mélange de bien et de mal; souvent très-mécontent de soi-même, et qui voudrait fort avoir plus de mérite qu'il n'en a; fait pour vivre en particulier, obligé de représenter; philosophe par inclination, politique par devoir; enfin, qui est obligé d'être tout ce qu'il n'est pas, et qui n'a d'autre mérite qu'un attachement religieux à ses devoirs. » En paraissant se diminuer ainsi, en repoussant nettement tout prestige, et en rejetant loin de lui tout ce qui est du demi-dieu, Frédéric avait soin de se faire encore ressemblant à un très-bel idéal de roi. Mais ce qu'on peut dire après cette lecture, c'est qu'il y justifie assez bien sa définition, et que, dans cette Correspondance de frère à sœur, il se met tout entier par un côté de sa nature, par le côté littéraire, le côté artiste, virtuose et bel-esprit. Ce n'est point seulement par complaisance et pour condescendre à autrui qu'il entre dans cette variété de matières, c'est bien par goût, avec abandon et plaisir. Il n'y a presque rien du roi, c'est un particulier qui cause de ce qui ferait le charme de sa vie. Et toute cette familiarité du *vieux frère* (comme il s'appelle) se relève d'une constante admiration pour cette sœur qu'il estime évidemment supérieure à lui par les talents et la beauté de l'intelligence, par le *génie*, il articule le mot : « S'il y a un être créé digne d'avoir une âme immortelle, c'est vous, sans contredit; s'il y a un argument capable de me faire pencher vers cette opinion, c'est votre génie (1). » Il est prodigue envers elle d'attentions, de petits présents; il entre dans ses peines, il tremble pour sa vie; il nous la fait voir avec « un je ne sais quoi de gracieux, un air de dignité tempérée par l'affabilité, » que les Mémoires de la Margrave ne nous indiqueraient pas; il nous intéresse, en un mot, par l'affection respectueuse qu'elle lui inspire, à cette frêle créature d'élite, à « ce corps si faible et cette santé délicate à laquelle est jointe une si belle âme. »

(1) On lit chez un autre écrivain français de Berlin, chez Ancillon, cette pensée, qui n'est que celle de Frédéric sous une forme plus générale : « Il y a des âmes tellement riches, que, dans leurs développements successifs et graduels, elles semblent pouvoir remplir l'éternité : ces âmes prouvent l'immortalité de notre être. Il y a d'autres âmes qui paraissent tellement au niveau des misères de la vie humaine, qu'il semble que l'étoffe manquerait si l'on voulait faire d'elles autre chose que ce qu'il faut pour la vie actuelle; et ces âmes paraissent au premier coup d'œil démentir la doctrine de l'immortalité. » Mais Frédéric y met moins de façons, et il n'hésite pas à placer le niveau moyen de l'humanité au-dessous d'une trop sublime espérance.

Lundi, 8 septembre 1856.

LA MARGRAVE DE BAREITH

SA CORRESPONDANCE AVEC FRÉDÉRIC.

(Suite et fin.)

La guerre de Sept ans, en venant rompre le cours des prospérités de Frédéric et de ses loisirs si bien occupés, mit à l'épreuve l'âme de sa sœur, cette âme supérieure et sensible, et nous permet de l'apprécier par ses plus hauts côtés, dans son attitude vraiment historique.

Cette guerre, Frédéric la voyait de loin venir, quoiqu'elle l'ait en définitive un peu surpris. Sa sœur la présageait et la craignait dès 1755, en observant les lointaines escarmouches entre l'Angleterre et la France au sujet des limites du Canada, et les hostilités maritimes qui en furent la suite :

« Vous me marquez vos craintes pour la guerre, lui écrivait-il (21 septembre 1755); mais, ma chère sœur, il y a bien loin de la rivière d'Ohio à la Sprée, et du fort de Beau-Séjour à Berlin. Je parierais bien que les Autrichiens ne marcheront pas sitôt en Flandre. La guerre voyage en grande dame : elle a commencé en Amérique, à présent elle est arrivée dans l'Océan et dans la Manche; elle n'a pas débarqué encore, et si elle prend terre le printemps qui vient, elle pourrait peut-être, pour plus grande commodité, cheminer en litière, de sorte qu'on la verra venir de loin ; et, après tout, on est exposé à tant de hasards dans le cours commun de la vie, que la guerre n'y ajoute qu'un petit degré de plus. »

Bientôt les deux puissances rivales, sentant qu'une lutte ouverte était inévitable, travaillèrent à engager dans leur querelle les divers États du Continent : la France s'allia à l'Autriche, l'Angleterre s'unit à la Prusse. Frédéric, recevant le duc de Nivernais comme ambassadeur du Cabinet de Versailles, exprimait à sa sœur le regret de ne pouvoir jouir en lui de l'homme aimable. Engagé, disait-il dans des négociations très-délicates et très-épineuses, il craignait que ses lettres ne se ressentissent de son ennui. Après avoir tâté l'Autriche et s'être assuré de ses mauvais desseins, il se décida à prendre les devants et à entrer en campagne sans déclaration préalable. C'était le conseil de sa sœur.

« Votre volonté est accomplie, lui écrivait-il après la victoire de Lowositz (4 octobre 1756); impatienté par les longueurs des Saxons, je me suis mis à la tête de mon armée de Bohême, et j'ai marché d'Aussig à un nom qui m'a paru de bon augure, étant le vôtre, au village de *Welmina*. J'ai trouvé les Autrichiens ici, etc. »

La formidable année 1757 commence ; c'est celle qui fut la plus fertile en péripéties de toutes sortes, et où Frédéric parut épuiser toutes les chances contradictoires de la fortune : il n'en eut plus dans les années suivantes que des répétitions encore bien rudes, mais affaiblies. La Margrave prend la part la plus entière à son sort ; elle l'admire comme son héros, comme le plus grand prince régnant, « et un de ces phénomènes qui ne paraissent tout au plus qu'une fois dans un siècle. » Après ses premiers succès dont il ne profite peut-être pas autant qu'il aurait pu (1), elle le voit près

(1) Il faut lire au tome VII des *Mémoires de Napoléon* (1830), pages 161-339, une appréciation sommaire et lumineuse de toutes les opérations militaires de Frédéric dans la guerre de Sept ans.

d'être écrasé entre les trois puissances ennemies : elle brûle de s'entremettre en sa faveur. Les événements le pressent d'y consentir. Après la perte de la bataille de Kolin (le 18 juin), il se montre disposé à laisser agir dans ses intérêts cette sœur au courage viril, qui ne saurait rien lui conseiller que de digne. Elle lui avait offert de tenter une voie de conciliation du côté de la France :

« Votre courrier ne m'est parvenu qu'à présent, lui écrit-il (28 juin). Si vous pouviez préparer l'esprit des Français à s'expliquer envers vous des conditions de la paix, pour que l'on pût juger de leurs intentions et voir s'il y aurait quelque chose à faire avec eux ; si vous les priiez de vous confier leurs demandes, assurant de n'en point faire un mauvais usage, et leur répondant des bonnes dispositions dans lesquelles j'étais, peut-être verrait-on si ce traité est vrai, qu'on les suppose avoir fait avec les Autrichiens, et du moins pourrait-on juger par leurs propositions à quoi l'on peut s'attendre d'eux en cas de besoin. Si la paix me venait par vos mains, elle me serait doublement chère, et vous auriez l'honneur d'avoir pacifié l'Allemagne. »

L'adversité a cela de particulier, qu'elle donne à Frédéric le sentiment du *droit,* qu'il n'a pas toujours eu très-présent et très-vif en toutes les circonstances de sa vie : en cette crise d'alors, il se considère comme iniquement assailli et traqué, lui le champion d'une grande et juste cause, le soutien de la liberté de l'Allemagne et de l'indépendance protestante : « L'Allemagne est à présent dans une terrible crise : je suis obligé de défendre seul ses libertés, ses priviléges et sa religion ; si je succombe, pour le coup, c'en sera fait. » Il ajoute ces remarquables paroles, qui ont dans sa bouche une singulière autorité et dont il paraît s'être mal souvenu dans d'autres temps :

« A-t-on jamais vu que trois grands princes complotent ensemble pour en détruire un quatrième qui ne leur a rien fait? Je n'ai eu aucun démêlé ni avec la France ni avec la Russie, encore moins avec la Suède. Si dans la société civile trois bourgeois s'avisaient de dépouiller leur cher voisin, ils seraient proprement roués par ordonnance de la justice. Quoi! des souverains qui font observer ces mêmes lois dans leurs États donnent des exemples aussi odieux à leurs sujets! Quoi! ceux qui doivent être les législateurs du monde enseignent le crime par leur exemple! O temps! ô mœurs! »

On a quelquefois de ces accès et de ces cris de justice quand on est dans le malheur et dans l'oppression. Le signe des belles et tout à fait grandes âmes est de n'en jamais perdre la conscience ni l'habitude aux heures de la force et de la prospérité.

La Margrave n'avait pas besoin de longs raisonnements pour croire au bon droit de son frère, pour se confier en ce qu'elle appelait sa grande âme, et que nous appellerons seulement son grand caractère. Elle sentait instinctivement comme lui, elle avait le cœur à l'unisson du sien : « Il faut être ce que la naissance, qui en décide, nous fait en entrant au monde. J'ai cru qu'étant roi, disait Frédéric, il me convenait de penser en souverain, et j'ai pris pour principe que la réputation d'un prince devait lui être plus chère que la vie. » Elle épouse donc complétement ses intérêts et sa destinée. Déjà mortellement atteinte du mal qui doit l'enlever, elle multiplie les démarches, les correspondances, tente plusieurs ouvertures, frappe à plus d'une porte et devient sa secrète et active négociatrice pendant qu'il guerroie.

Frédéric lui écrit le 7 juillet (1757) ces paroles significatives, qui définissent bien, dans ces conjonctures si graves, le rôle délicat qu'elle s'est donné et qu'il lui confirme :

« Puisque, ma chère sœur, vous voulez vous charger du grand ouvrage de la paix, je vous supplie de vouloir envoyer ce M. de Mirabeau (*ce nom est-il bien exact?*) en France. Je me chargerai volontiers de sa dépense ; il pourra offrir jusqu'à cinq cent mille écus à la favorite (*madame de Pompadour*) pour la paix, et il pourrait pousser les offres beaucoup au delà si en même temps on pouvait l'engager à nous procurer quelques avantages. Vous sentez tous les ménagements dont j'ai besoin dans cette affaire, et combien peu j'y dois paraître; le moindre vent qu'on en aurait en Angleterre pourrait tout perdre. Je crois que votre émissaire pourrait s'adresser de même à son parent qui est devenu ministre (*Bernis*), et dont le crédit augmente de jour en jour. Enfin, je m'en rapporte à vous. A qui pourrais-je mieux confier les intérêts d'un pays que je dois rendre heureux qu'à une sœur que j'adore, et *qui, quoique bien plus accomplie, est un autre moi-même?* »

C'est peu après ce temps que la Margrave songea à se servir de Voltaire pour une tentative du même genre et qui avait le même but, mais qui ne paraît point se rattacher à la précédente. Elle n'avait cessé d'être en de bons termes avec Voltaire et de correspondre avec lui avant et depuis sa disgrâce de Berlin : « Je vous ai promis, monsieur, de vous écrire, et je vous tiens parole, lui disait-elle en décembre 1750 au début de leur relation, quinze jours après l'avoir vu à Berlin. J'espère que notre correspondance ne sera pas aussi maigre que nos deux individus, et que vous me donnerez souvent sujet de vous répondre. » Continuant plume en main les plaisanteries des petits soupers, elle se disait la *Sœur Wilhelmine* ou la *Sœur Guillemette*, de la même abbaye que *Frère Voltaire*. Je ne réponds pas du goût parfait de toutes les plaisanteries qu'on trouve dans ces premières lettres de la Margrave ; elle est beaucoup de son siècle, et un peu de son pays. Elle s'en doute bien elle-même, et voudrait que Voltaire vînt donner à sa petite société un dernier tour, un dernier poli de civilisation en faisant « un pèlerinage à Notre-Dame de Bareith. » Il promet toujours et ne vient jamais : « Vous me faites éprouver le sort de Tantale : soyez donc archi-Germain dans vos résolutions, et procurez-moi le plaisir de vous revoir. » On a joué chez elle le *Mahomet :* « Les acteurs se sont surpassés, et vous avez eu la gloire d'émouvoir nos cœurs

Franconiens. » Elle demande décidément au poëte phisophe de « la conduire dans le chemin de la vérité ; » et en attendant, elle lui fait des objections, mais des objections dans un sens plus avancé, plus radical. Il lui avait envoyé son poëme sur *la Loi naturelle* : elle lui propose des doutes sur sa théorie, un peu trop platoninicienne selon elle ; il semble que pour son compte elle adopterait plutôt celle de Hobbes, de Pascal, et de ceux qui ne cherchent l'origine de la justice que dans l'amour de la conservation et dans la seule utilité de la société. Mais assez peu nous importe cette philosophie de la Margrave, qui n'est guère qu'une variante de celle de son frère : nous nous attachons surtout aux sentiments actifs et dévoués qu'elle déploya et qui la caractérisent mieux.

Elle songea donc, dans le moment critique et décisif, après la perte de la bataille de Kolin, à profiter du zèle de Voltaire et de son désir de réparer ses torts envers Frédéric. Elle s'ouvrit à lui par lettres vers le mois d'août 1757. L'ami de Voltaire, le maréchal de Richelieu, arrivait en Allemagne pour commander l'armée française ; il y avait peut-être quelque chose à tenter de son côté. Il s'agissait, pour sauver Frédéric, ou de détacher de la coalition, ou du moins de ralentir la France, de convaincre celle-ci, par une voie ou par une autre, qu'il n'était nullement de son intérêt que le roi de Prusse fût détruit, et que, si malheur lui arrivait, elle aurait plus tard à s'en repentir. Voltaire se mit aussitôt à l'œuvre avec une activité que quelques lettres de sa Correspondance connue faisaient déjà soupçonner, et que d'autres lettres récemment publiées viennent de mettre en pleine lumière (1). Voltaire alors en

---

(1) Voir les deux volumes de Lettres publiées à la librairie Didier par M. Alphonse François (1856), et aussi des articles de la *Revue Suisse*, par M. E.-H. Gaullieur (juin-juillet 1855).

Suisse, aux *Délices*, et très-lié avec les Tronchin de Genève, eut l'idée d'employer un des membres de cette famille, Tronchin, banquier à Lyon, et de le prendre pour son intermédiaire auprès de l'archevêque de cette ville, le cardinal de Tencin, autrefois du Conseil du roi, mis de côté pour le moment, mais qui avait toujours des intelligences à Versailles et des lueurs d'espérances d'y revenir.

« Vous pourriez bien, écrit-il à ce Tronchin (27 septembre 1757), me faire un plaisir en vous confiant à mon amitié et à ma discrétion. Je sais à qui madame la Margrave de Bareith s'est adressée pour une négociation qui n'a pas réussi. Vous avez souvent des conversations avec *un homme qui est au fait*, quoiqu'il soit éloigné du Cabinet, et que les idées de ce Cabinet puissent changer d'un jour à l'autre. Ses lumières et son expérience, jointes à sa correspondance, peuvent le mettre en état de juger si on est effectivement dans l'intention d'abandonner le roi de Prusse à toute la rigueur de sa mauvaise destinée, en cas qu'il soit sans ressource, et si on veut détruire absolument une balance qu'on a jugée longtemps nécessaire. Vous pourriez aisément, dans la conversation, savoir ce qu'en pense *l'homme instruit* dont j'ai l'honneur de vous parler. Comptez que ni vous ni lui ne serez point compromis. Fiez-vous à ma parole d'honneur, et ne regardez point la prière que je vous fais comme l'effet d'une vaine curiosité : j'ai quelque intérêt à être instruit... »

Et le 20 octobre 1757 :

« Il m'a paru que madame la Margrave avait une estime particulière pour un homme respectable (*il est bon de savoir d'avance qu'il s'agit toujours du cardinal de Tencin*) que vous voyez souvent. J'imagine que si elle écrivait directement au roi une lettre touchante et raisonnée, et qu'elle adressât cette lettre à la personne dont je vous parle, cette personne pourrait, sans se compromettre, l'appuyer de son crédit et de son conseil. Il serait, ce me semble, bien difficile qu'on refusât d'être l'arbitre de tout, et de donner des lois absolues à un prince qui croyait, le 17 juin (*veille de la bataille de Kolin*), en donner à toute l'Allemagne. Qui sait même si la personne principale qui aurait envoyé la lettre de madame la Margrave au roi, qui l'aurait appuyée, qui l'aurait fait réussir, ne pourrait pas se mettre à la tête du Congrès qui réglerait les destinées de l'Europe ? Ce ne serait sortir de sa retraite honorable que pour la plus noble fonction qu'un homme puisse faire dans le monde, ce serait couronner sa carrière de gloire. »

Le cardinal de Tencin, dans une Note dictée par lui à Tronchin, se prêtait à l'ouverture, tout en repoussant doucement la perspective ambitieuse qu'on lui faisait entrevoir; il y disait :

« Le plan est admirable : je l'adopte en entier, à l'exception de l'usage qu'il voudrait faire de moi, en me mettant à la tête de la négociation. Je n'ai besoin ni d'honneurs ni de biens, et, comme lui, je ne songe qu'à vivre en *évêque philosophe*. Je me chargerai très-volontiers de la lettre de madame la Margrave, et je pense qu'elle ferait très-bien, dans la lettre qu'elle m'écrira, de mettre les sages réflexions que M. de Voltaire emploie dans la sienne concernant l'agrandissement de la maison d'Autriche... »

Une lettre, dans le sens voulu, fut écrite par la Margrave et adressée non pas au roi, mais au cardinal; la lettre au roi ne devait venir qu'après qu'on aurait sondé le terrain à Versailles. Pendant ce temps-là, on agissait également auprès du maréchal de Richelieu, alors général de l'armée française en Saxe, et, sans rien obtenir quant à l'ensemble des affaires, on parvenait personnellement, par des moyens indirects, à le ralentir. Il y eut là des semaines terribles d'angoisse pour la Margrave. Berlin avait été deux jours au pouvoir de l'armée autrichienne, qui en avait rançonné les habitants. Frédéric, dans les singuliers vers qu'il rimait vaille que vaille dans les courts entr'actes des combats, et qui couraient ensuite presque autant que des bulletins, avait manifesté un dessein plus antique que moderne : c'était, après avoir tenté un dernier grand coup, de ne point survivre à sa ruine, de se donner la mort. Il avait dit dans l'*Épître* à d'Argens

> Ami, le sort en est jeté ;
> Las du destin qui m'importune,
> Las de ployer dans l'infortune, etc.

Il l'allait redire à Voltaire, dans les meilleurs vers qu'il ait faits :

> Pour moi, menacé du naufrage,
> Je dois, en affrontant l'orage,
> Penser, vivre, et mourir en roi.

Il le répétait à sa sœur en finissant l'*Épître* à elle adressée (août 1757) :

> Ainsi, mon seul asile et mon unique port
> Se trouve, chère sœur, dans les bras de la mort.

Sa sœur lui répondit aussitôt (15 septembre) :

« Votre lettre et celle que vous avez écrite à Voltaire, mon cher frère, m'ont presque donné la mort. Quelles funestes résolutions, grand Dieu ! Ah ! mon cher frère, vous dites que vous m'aimez, et vous me plongez le poignard dans le cœur. Votre *Épître* que j'ai reçue m'a fait répandre un ruisseau de larmes. J'ai honte à présent de tant de faiblesse. Mon malheur serait si grand, que j'y trouverais de plus dignes ressources. *Votre sort décidera du mien; je ne survivrai ni à vos infortunes, ni à celles de ma maison. Vous pouvez compter que c'est ma ferme résolution.* Mais, après cet aveu, j'ose vous supplier d'examiner le pitoyable état de votre ennemie (*Marie-Thérèse*) lorsque vous étiez devant Prague. C'est le changement subit de la fortune pour les deux partis : ce changement peut se renouveler lorsqu'on y pensera le moins. César fut esclave des pirates, et devint le maître de la terre. Un grand génie comme le vôtre trouve des ressources quand même tout est perdu... »

Voltaire écrivait à Frédéric dans le même sens, et rachetait tous ses torts passés par le bon sens et la franchise de ses remontrances. Se tuer pour ne pas céder, dans la position de Frédéric, c'était faire acte de fierté encore plus que de courage, surtout de courage patriotique et civil :

« Les Caton et les Othon, lui disait Voltaire, dont Votre Majesté trouve la mort belle, n'avaient guère autre chose à faire qu'à servir ou qu'à mourir; encore Othon n'était-il pas sûr qu'on l'eût laissé vivre; il prévint par une mort volontaire celle qu'on lui eût fait souffrir. Nos mœurs et votre situation sont bien loin d'exiger un tel parti ; en un mot, votre vie est très-nécessaire : vous sentez combien elle est chère à une nombreuse famille, et à tous ceux qui ont l'honneur de vous approcher. Vous savez que les affaires de l'Europe ne sont jamais longtemps dans la même assiette, et que c'est un devoir pour un homme tel que vous de se réserver aux événements. J'ose vous dire bien plus : croyez-moi, si votre courage vous portait à cette extrémité héroïque, elle ne serait pas approuvée ; vos partisans la condamneraient, et vos ennemis en triompheraient. »

Quant à la Margrave, après avoir fait ses objections à Frédéric, elle n'hésitait pas et se tenait prête à partager et à imiter son sort : « Je suis dans un état affreux, écrivait-elle à Voltaire (le 19 août), et ne survivrai pas à la destruction de ma maison et de ma famille : c'est l'unique consolation qui me reste. » Et le 16 octobre : « Notre situation est toujours la même : *un tombeau fait notre point de vue.* Quoique tout semble perdu, il nous reste des choses qu'on ne pourra nous enlever : c'est la fermeté et les sentiments du cœur. » Cependant, Frédéric discutait librement avec elle de ses résolutions tragiques, de leur commune et unanime destinée ; il sentait la force des raisons qu'on lui opposait, et il les admettait en partie :

« Si je ne suivais que mon inclination, *je me serais dépêché* d'abord après la malheureuse bataille que j'ai perdue ; mais j'ai senti que ce serait faiblesse, et que c'était mon devoir de réparer le mal qui était arrivé. Mon attachement à l'État s'est réveillé ; je me suis dit : Ce n'est pas dans la bonne fortune qu'il est rare de trouver des défenseurs, mais c'est dans la mauvaise. »

Mais cet attachement à l'État ne le pouvait contraindre, prétendait-il, au delà de certaines limites, et il y avait des humiliations qu'il ne se croyait pas tenu de subir :

« Vous verrez par le billet ci-joint ce que je tente encore ; c'est le dernier essai. La reconnaissance, le tendre attachement que j'ai pour vous, cette amitié de vieille roche qui ne se dément jamais, m'oblige d'en agir sincèrement avec vous. Non, ma divine sœur, je ne vous cacherai aucune de mes démarches, je vous avertirai de tout; mes pensées, le fond de mon cœur, toutes mes résolutions, tout vous sera ouvert et connu à temps. Je ne précipiterai rien, mais aussi me sera-t-il impossible de changer de sentiments... Je suis très-résolu de lutter encore contre l'infortune; mais en même temps suis-je aussi résolu de ne pas signer ma honte et l'opprobre de ma maison... Quant à vous, mon incomparable sœur, je n'ai pas le cœur de vous détourner de vos résolutions. Nous pensons de même, et je ne saurais condamner en vous les sentiments que j'éprouve tous les jours... Il ne me reste que vous seule dans l'univers, qui m'y attachiez encore; mes amis, mes plus chers parents sont au tombeau; enfin, j'ai tout perdu. Si vous prenez la résolution que j'ai prise, nous finissons ensemble nos malheurs et notre infortune, et c'est à ceux qui restent au monde à pourvoir aux soins dont ils seront chargés, et à porter le poids que nous avons soutenu si longtemps. Ce sont là, mon adorable sœur, de tristes réflexions; mais elles conviennent à mon état présent. Au moins ne pourra-t-on pas dire que j'aie survécu à la liberté de ma patrie et à la grandeur de ma maison, et l'époque de ma mort deviendra celle de la tyrannie de la maison d'Autriche. »

Les distances, les difficultés des chemins amenaient entre lui et la Margrave des interruptions et des intervalles de silence qui faisaient craindre à celle-ci que tout ne fût accompli et consommé : témoin cette lettre fiévreuse, délirante, et qui exprime le moment le plus exalté, le paroxysme de sa tendresse et de son inquiétude :

« La mort et mille tourments ne sauraient égaler l'affreux état où je suis. Il court des bruits qui me font frémir : on dit que vous êtes dangereusement blessé; d'autres (disent), malade. En vain je me suis tourmentée pour avoir de vos nouvelles; je ne puis en apprendre. O mon cher frère! quoi qu'il puisse vous arriver, je ne vous survivrai pas. Si je reste encore dans la cruelle incertitude, où je suis, j'y succomberai, et je serai heureuse. J'ai été sur le point de vous envoyer un courrier, mais je n'ai osé le faire. Au nom de Dieu, faites-moi écrire un mot. Je ne sais ce que j'ai écrit; j'ai le cœur déchiré, et je sens qu'à force d'inquiétude et d'alarmes, mon esprit s'égare. O mon cher adorable frère! ayez compassion de moi. Veuille le Ciel que je me trompe, et que vous me fassiez gronder! mais la moindre chose qui vous regarde me pénètre le cœur et alarme trop vivement ma tendresse. Que je périsse mille fois, pourvu que vous viviez et que vous soyez heureux! Je ne puis en dire davantage; la douleur me suffoque... » (15 octobre 1757.)

Dans cette extrémité, tandis que Frédéric raisonnait de sa situation en homme qui avait lu et médité le chapitre XII*e* *de la Grandeur et de la Décadence des Romains*, et qu'il prétendait usurper le droit le plus ambitieux pour un mortel, celui de *finir la pièce* où il était acteur en ce monde *à l'endroit où il le voulait*, les choses subitement changèrent, et un souffle léger de la fortune vint rendre vaines ces altières réminiscences de Caton. On sait les circonstances imprévues de la bataille de Rosbach : une marche fausse, prolongée, devant un ennemi bien posté, qui avait eu le temps de se ranger en bataille, amena une défaite facile et prompte, mais dont l'effet moral fut immense. « C'était une *bataille en douceur*, dit Frédéric en l'annonçant à la Margrave (5 novembre). Grâce à Dieu, je n'ai pas eu cent hommes de morts. » Mais il avait le droit d'ajouter : « A présent je descendrai en paix dans la tombe, depuis que la réputation et l'honneur de ma nation est sauvé. Nous pouvons être malheureux, mais nous ne serons pas déshonorés. »

Dans sa joie la Margrave adressait à Voltaire un bulletin détaillé; elle y joignait l'assurance que les bonnes intentions pour la paix étaient toujours les mêmes après comme avant : « J'écrirai au premier jour au cardinal (de Tencin); assurez-le, je vous prie, de toute mon estime, et dites-lui que je persiste toujours dans mon système de Lyon. » Elle prenait beaucoup sur elle en écrivant ces longues lettres; sa santé était épuisée, une toux sèche la dévorait, et elle allait entrer dans les derniers mois de ses mortelles souffrances.

Toute cette fin d'année (1757), elle ne cesse, même après la nouvelle et tout à fait glorieuse victoire de Lissa ou Leuthen, de suivre la négociation entamée : *elle ne respire que la paix.* Mais le Cabinet de Versailles ne veut entendre à aucune proposition séparément de ses alliés; il le voudrait, qu'en honneur il le peut moins que jamais après Rosbach, et la lassitude n'est encore assez grande d'aucune part pour déterminer à la modération. La mort du cardinal de Tencin, en mars 1758, vient priver d'un canal commode et sûr, dans le cas où il y aurait eu lieu de nouveau à l'employer.

Les lettres de la Margrave et de son frère dans les premiers mois de 1758 sont assez rares, soit qu'on en ait perdu ou supprimé un bon nombre, soit que la maladie de la Margrave les ait rendues moins fréquentes. Frédéric essaie de sauver aux États de sa sœur les horreurs de la guerre, et, par ses diversions, d'attirer l'ennemi d'un autre côté. Il lui exprime dans chaque lettre, et de la manière la plus sentie, la part qu'il prend à ses souffrances et tout ce qu'elle est dans sa vie :

« Quoi! toute malade et infirme que vous êtes, vous pensez à tous les embarras où je me trouve! En vérité, c'en est trop. Pensez plutôt, pensez-le et persuadez-vous-le bien, que sans vous il n'est plus de bonheur pour moi dans la vie, que de vos jours dépendent les miens, et qu'il dépend de vous d'abréger ou de prolonger ma carrière... Si vous m'aimez, donnez-moi quelques espérances de votre rétablissement. Non, la vie me serait insupportable sans vous. Ce ne sont pas des phrases, cela est vrai... Mon cœur et mon âme sont à Baireuth, chez vous, et mon corps chétif végète ici, sur les grands chemins et dans les camps. »

Quant à elle, elle est arrivée au dernier période du mal et au terme extrême de la phthisie (10 août 1758) :

« Vous voulez, mon cher frère, savoir des nouvelles de mon état. Je suis, comme un pauvre Lazare, depuis six mois au lit. On me porte depuis huit jours sur une chaise et sur un char roulant, pour me faire un peu changer d'attitude. J'ai une toux sèche qui est très-forte et qu'on ne peut maîtriser; mes jambes, ainsi que mes mains et mon visage sont enflés comme un boisseau... Je suis résignée sur mon sort ; je vivrai et mourrai contente, pourvu que vous soyez heureux. »

Elle mourut le 14 octobre de cette année (1758), à l'âge de quarante-neuf ans, le jour même où son frère était battu à Hochkirch par les Autrichiens. Quand il apprit cette mort trop prévue, il entra dans un deuil sombre : « Jamais je ne vis tant d'affliction, dit son lecteur M. de Catt dans des Mémoires encore inédits ; volets fermés, un peu de jour éclairant sa chambre, des lectures sérieuses : Bossuet, *Oraisons funèbres* ; Fléchier, Mascaron ; un volume d'Young, qu'il me demanda. » Il a consacré à sa mémoire une noble page dans son *Histoire de la Guerre de Sept ans*. Je ne parle pas de divers endroits de ses poésies ; il sentait bien que ce n'était point par là qu'il la ferait vivre. Pour plus de sûreté il écrivit à Voltaire en lui recommandant celle qui n'était plus :

« N'en perdez jamais la mémoire, lui disait-il, et rassemblez, je vous prie, toutes vos forces pour élever un monument à son honneur. Vous n'avez qu'à lui rendre justice, et, sans vous écarter de la vérité, vous trouverez la matière la plus ample et la plus belle. »

Voltaire répondit par une lettre en vers comme il savait les improviser ; les éloges de la Margrave y étaient mêlés à ceux de Frédéric. Ce n'était point là ce que Frédéric avait demandé ; il insista (janvier 1759) :

« J'ai reçu les vers que vous avez faits : apparemment que je ne me suis pas bien expliqué. Je désire quelque chose de plus éclatant et de public. Il faut que toute l'Europe pleure avec moi une vertu trop peu connue. *Il ne faut point que mon nom partage cet éloge* ; il faut que tout le monde sache qu'elle est digne de l'immortalité ; et c'est à vous de l'y placer. »

Voltaire, malgré ses merveilleux talents, n'avait point, osons le dire, ce qui est propre à conférer l'immortalité aux morts et à leur assurer une dernière et impérissable couronne. Est-ce seulement ici l'éclat de la trompette lyrique qui lui manquait? Certainement ce don lyrique, entre ses dons divers, il ne l'avait pas; poëte charmant, vif, inimitable dans la raillerie, pathétique même par accès et sensible par éclairs, il n'avait ni la splendeur des images, ni la magnificence du ton, ni ce que l'antique Pindare a appelé « la pure clarté des Muses sonores. » Il n'avait pas en sa veine de quoi justifier cet autre mot du même poëte, et qui porte avec lui sa preuve lumineuse : « Elle vit plus longtemps que les actions, la parole que la langue a tirée d'un *esprit profond* avec la rencontre des Grâces. » Les Grâces, il les rencontrait souvent, il les accostait volontiers, mais c'étaient les Grâces familières ; et cette autre condition que veut Pindare, la profondeur, était absente. Sa Muse était trop libertine au fond pour avoir longtemps sur sa lèvre l'effusion sacrée. Et c'est ici, puisqu'il s'agissait d'un hommage funèbre, qu'on se rend bien compte de tout ce qu'il aurait fallu encore, — quelque chose de la flamme d'un Bossuet, si ce n'est de celle d'un Pindare. La gravité, l'autorité de la parole, celle des doctrines, cette immortalité religieuse acceptée et passée dans le cœur, puisée à la source des croyances, qui s'étend de celui qui parle aux personnes qu'il célèbre et les revêt de leurs vertus épurées comme d'un linceul éblouissant et indestructible, tout cela manquait ; et, il faut le dire, la mémoire même de la généreuse et noble Margrave n'y prêtait pas. Ses ironies, celles même de son frère, étaient trop voisines; et, le poëte eût-il été plus sublime ou plus grave, elles eussent suffi pour déconcerter son désir et pour déranger l'idéal du monument. Frédéric, remarquez-le bien, se mettait à ce moment presque en contradiction avec ses principes. Que veut-il pour sa sœur, en effet? Il demande, il commande au poëte un cri retentissant de douleur, un hommage public, durable, éclatant. Mais, à cette heure émouvante et solennelle, les voilà tous payés de leurs doctrines ; ils y trouvent un fonds d'aridité qui ne peut se racheter. La seule oraison funèbre qui se conçoive pour l'épicurien sincère est celle-ci : « Tout est fini, c'est irréparable ; nous-mêmes nous y serons demain. Pleurons en silence ! » Voltaire qui n'était pas précisément épicurien, mais que le sujet invitait à l'être, fit donc une Ode plus agitée qu'émue, dans laquelle il s'évertuait de son mieux ; il s'écriait :

> O Bareith ! ô vertus, ô grâces adorées !
> Femme sans préjugés, sans vice et sans erreur,
> Quand la mort t'enleva de ces tristes contrées,
> De ce séjour de sang, de rapine et d'horreur, etc.

Mais l'élan ne se soutient pas ; le style fait défaut, et la pensée se fatigue à vouloir s'élever et à remplir un rhythme incomplet, mais encore trop large pour elle. Trahissant ses faiblesses secrètes, Voltaire ne put s'empêcher, en publiant d'abord son Ode, d'y rattacher et d'y coudre en notes toutes sortes de malices qui n'y avaient nul rapport, des invectives contre les ennemis de la philosophie et contres les siens propres : il y vit surtout une occasion de semer par le monde une diatribe de plus, en la glissant dans les plis de la robe de cette Renommée funèbre. Ce n'est point à de tels offices qu'il convient d'employer l'aile des Muses, ces divines messagères.

Je ne veux rien diminuer des mérites de la Margrave, après m'être attaché avec tant de soin à les rassembler et à les offrir aux yeux du lecteur. Elle était évidemment une personne des plus distinguées, spirituelle, naturelle, piquante, capable de satire, encore plus capable d'affection, tendrement dévouée à son frère, et l'égalant au besoin par la fermeté du caractère et le stoïcisme des résolutions : dans une des crises les plus extrêmes où se soient vues des personnes de leur rang, elle a fait acte de vigueur et de sacrifice ; si Frédéric avait fini violemment alors, elle serait indubitablement morte avec lui ; elle avait de l'âme d'une Porcia ou d'une Roland. Mais d'où vient qu'à toute cette existence et à cette physionomie si animée, si courageuse, il manque toutefois un certain charme, une certaine beauté idéale, et que le poëte ou le peintre ne pourrait même la lui prêter sans être infidèle ? Il y a eu, en des temps plus voisins de nous, une autre sœur de roi aussi, qui a voulu partager la destinée de son frère et mourir avec lui : cet autre roi était loin d'être un grand homme ou même un homme supérieur, ce n'était qu'un honnête homme ; cette sœur, c'était une personne douce, pure, simple, pieuse, ayant surtout les trésors du cœur. Mourir avec son frère, mais non pas se tuer avec lui, voilà ce qu'avait médité dans son héroïsme patient et tranquille, et aux pieds du Crucifix, cette angélique créature. Nommons-les par leurs noms : la sœur de Louis XVI, Madame Élisabeth, qui aurait pu tant de fois s'échapper et sortir de France, voulut demeurer là où était le danger et se résigna à tout souffrir et à périr. Le sacrifice s'est consommé ; et, grâce à cette simplicité de cœur de la victime, grâce à la sublimité des sources où elle s'inspirait, il est descendu sur elle, dans cette immolation suprême, un rayon qui ne la quitte plus et qui répand sur ce front sans tache et dans ce regard céleste la clarté sereine d'une figure de Raphael. La pensée est ravie au delà ; l'humanité est dépassée.

Cela dit, ne confondons point les ordres ; laissons les existences diverses et les personnages du passé dans les cadres naturels que la réalité nous offre et où notre observation les décrit. Contentons-nous de reconnaître et de saluer dans la Margrave une des femmes originales du dix-huitième siècle, un esprit piquant, une rare fierté d'âme, un caractère et un profil qui a sa place marquée non-seulement dans l'anecdote, mais dans l'histoire de son temps, et qui, à meilleur droit encore que le prince Henri et à un degré plus rapproché, se distinguera toujours au fond du tableau à côté du roi son frère. Elle a son nom désormais et son titre dans l'avenir, sa Correspondance couvre et rachète ses Mémoires, et quand il sera question d'elle, on dira d'abord: C'est une *sœur de roi*.

Lundi, 22 septembre 1856.

LA MARQUISE DE CREQUI

Il doit paraître dans quelques semaines, chez un libraire bien connu et estimé des bibliophiles, un petit volume fait pour attirer l'attention, et qui permettra de rétablir avec précision et fidélité une des physionomies les plus remarquables et les plus caractéristiques de la société française dans la seconde moitié du dix-huitième siècle (1).

Le nom de la marquise de Crequi a été fort remis en vogue depuis quelques années : il ne s'agit plus que de connaître la véritable. Celle, en effet, dont M. de Courchamps a publié en dix volumes les prétendus Mémoires et Souvenirs, d'ailleurs spirituels et amusants,

(1) *Lettres inédites de la marquise de Crequi, adressées à Senac de Meilhan de 1782 à 1789*; mises en ordre et annotées par M. Édouard Fournier; chez M. Potier, quai Malaquais, 9. — Les originaux de ces lettres appartiennent aux héritiers de M. Le Couteulx de Canteleu, ancien sénateur et pair de France, qui les tenait, dit-on, de M. de Meilhan lui-même. Une des petites-filles de M. Le Couteulx de Canteleu en a désiré et autorisé la publication. — M. Édouard Fournier, qui s'est chargé de classer les lettres et d'assigner à chacune sa date la plus probable, s'est acquitté de ce soin avec une ingénieuse patience ; il a joint au texte tous les éclaircissements désirables et quantité d'annotations curieuses, grâce aux variétés de son érudition. M. Édouard Fournier sait bien des choses.

n'est pas du tout la marquise de Crequi, laquelle n'a servi que de prête-nom. M. de Courchamps était un singulier homme : quand il signait de son nom quelque ouvrage, on lui démontrait qu'il le prenait à d'autres, qu'il était plagiaire et n'avait pas le droit d'y mettre son nom. C'est ce qui lui est arrivé en dernier lieu pour le roman intitulé *le Val funeste*, qui, on l'a dit plaisamment, est devenu pour lui *le vol funeste*. Il s'est exposé à ce qu'un journal malin qui avait découvert la fraude et qui connaissait l'ancien texte du roman, en fît paraître un jour un chapitre en disant : « Nous donnons ici le feuilleton que M. D... doit publier demain. » Puis, quand il inventait, ou du moins quand il composait et combinait réellement un livre avec des éléments ramassés de toutes parts et qu'il s'en pouvait dire très-spécieusement l'auteur, alors en revanche, et comme par compensation, M. de Courchamps ne le signait pas, mais il se couvrait d'un autre nom que le sien, d'un nom connu, autorisé, et il s'exposait dès lors à ce qu'on lui démontrât qu'il n'avait pas le droit d'y attacher ce nom-là, et que c'était bien le sien, cette fois, qu'il y aurait dû mettre. Il en faudrait seulement conclure que cet homme d'esprit, et qui avait vécu dans la bonne société, était de la classe des mystificateurs, et que son amour-propre jouissait plus à donner le change au monde qu'à se faire compter comme écrivain (1).

(1) Sur cet étrange et très-énigmatique personnage qui s'intitulait et qu'on appelait le comte de Courchamps, on me donne les renseignements que voici et qui, j'ai lieu de le croire, doivent fort s'approcher de l'exacte vérité. Son nom véritable était *Cousen*. Il était de Saint-Servan près de Saint-Malo, et son père était caboteur ou patron de barque. Quant à lui, on ne s'accorde pas sur le métier qu'il fit dans son enfance ; ce qui est plus certain, c'est qu'ensuite il entra sur le pied de domesticité dans plusieurs grandes maisons : de là aventures à la Gil Blas, je ne veux pas dire à la Faublas. Une fois

La question des prétendus Mémoires de la marquise de Crequi vaut pourtant la peine d'être traitée avec quelque détail, à cause du grand succès de vogue qu'ils ont obtenu et qu'ils méritaient en partie par beaucoup d'anecdotes piquantes sur l'ancien régime et d'historiettes joliment racontées : je n'en veux ici qu'à leur authenticité et à leur crédit, nullement à l'espèce de bonne grâce de leur commérage de salon. Je les voyais, l'autre jour encore, cités et pris au sérieux par un grave et savant historiographe étranger : il importe que ces sortes de méprises ne se fassent plus. Dans une *Notice* récente *sur la marquise de Crequi* (1855), l'estimable fils de l'exécuteur testamentaire, de l'homme d'affaires et de confiance de la marquise, M. Percheron, a fort bien démontré, par des faits positifs, l'impossibilité que les Mémoires soient d'elle, et comme quoi le fabricateur s'est mis en contradiction avec certaines dates essentielles qu'il a ignorées ou altérées volontairement. Mais la *Notice* de M. Percheron n'a été tirée qu'à vingt-cinq exemplaires et ne s'adresse qu'à un petit nombre de lecteurs. Grâce aux Lettres qui vont être aujourd'hui publiées, on a d'ailleurs à ajouter aux preuves qu'il donne des preuves nouvelles, non moins décisives, et qui parlent plus sensiblement aux esprits et d'une manière peut-être plus animée que de simples dates. Avant de dire ce qu'a été la vraie marquise de Crequi, il convient une bonne foi de se débarrasser de la fausse.

I. — *Que les Souvenirs dits de la marquise de Crequi ne sont pas et ne sauraient être d'elle.*

Nous commençons par les preuves, tout d'abord péremptoires, qu'à produites M. Percheron.

faufilé dans le grand monde, et la Révolution aidant, avec de l'audace et de l'esprit il devint ce qu'on l'a vu.

Les prétendus Mémoires font mourir la marquise de Crequi à l'âge de 98 ans au commencement de 1803, et il y est dit, dès les premières lignes, qu'elle était née *je ne sais quand* (les registre de l'État civil faisant défaut) et approximativement de 1699 à 1701, ce qui même la ferait mourir à plus de cent ans. Tout ceci n'est qu'une invention du fabricateur pour se donner prétexte de mettre sa marquise de Crequi en relation avec quantité de personnages du dix-septième siècle qui continuaient de vivre au commencement du dix-huitième. En fait, la vraie marquise de Crequi était née le 19 octobre 1714, et elle mourut le 2 février 1803, âgée de 88 ans et quelques mois.

La vraie marquise de Crequi fut mariée à 23 ans, le 6 mars 1737, au marquis de Crequi-Hémond, qu'elle perdit le 24 février 1741, après *trois ans*, onze mois et dix-huit jours de mariage. L'auteur des prétendus Mémoires fait dire à la marquise « qu'elle a passé *trente ans* avec M. de Crequi dans un bonheur sans mélange. » Elle revient en plus d'un endroit, d'un air d'attendrissement, sur *tant d'années* d'un parfait bonheur qu'elle lui a dû.

Le reste des erreurs ou des altérations biographiques matérielles est de la force de ces deux-là. Madame de Crequi a un frère, le comte de Froullay, qui est blessé à la bataille de Laufeld le 2 juillet 1747, et qui, transporté à Tongres, y meurt le 11 du même mois. Il n'avait été marié que deux ans environ, ne laissa point de postérité, et n'avait guère que 25 ans à l'époque de sa mort. Le fabricateur des Mémoires fait mourir ce frère de la marquise *à l'armée de Villars*, de la petite vérole, et en 1713, époque *où il n'était pas né*. Évidemment, la manie d'antidater et de remonter haut l'a mené trop loin : il n'était pas dans les secrets ni dans les papiers de la famille. M. Percheron, dans cette

Notice où il ne procède que pièces et actes notariés en main, ruine ainsi complétement la construction et déchire le canevas des prétendus Mémoires à tous les points fixes où le fabricateur s'était efforcé de les rattacher.

Reste la partie morale ou, si l'on aime mieux, la chronique scandaleuse, la broderie, qui n'est pas moins fausse, mais qui est plus délicate à dénoncer et à convaincre de contrefaçon et d'imitation mensongère. Certes, si on lisait avec un peu d'attention et de critique, si l'on se donnait la peine de comparer et de raisonner à propos de lectures auxquelles on ne demande qu'une heure de distraction et de délassement, on arriverait à une conviction personnelle très-motivée, et qui dispenserait (au moins pour soi, simple lecteur) de beaucoup d'autres recherches. Dès les premières pages des prétendus Mémoires, comment se peut-il admettre qu'une personne du dix-huitième siècle, une douairière à peu près contemporaine de madame du Deffand (1), et qui doit avoir sinon les mêmes principes, du moins le même ton et la même langue, vienne nous parler théologie en des termes qui ne datent que de 1814 au plus tôt, et nous dise en raillant et réprouvant les Protestants d'Allemagne : « C'est un mélange inouï de vide et d'informe, de mielleux, d'arrogant et de niais, de *mystique*, d'*érotique* et de *germanique* enfin, qu'on trouve inconcevable et qui ne saurait s'exprimer. Ces hommes qui rejettent les dogmes du *catholicisme*, admettent toutes les superstitions connues. Dans une même tête on trouve amassées les opinions de Pythagore et *la philosophie de Kant*, le *pyrrhonisme* de Voltaire et la croyance aux enchantements, etc. » C'est là une douairière qui a au moins

---

(1) Madame de Crequi avait dix-sept ans de moins que madame Du Deffand ; mais dans les prétendus Mémoires on lui donne le même âge, à deux ou trois ans près.

entendu parler du comte Joseph de Maistre, qui s'est fait lire quelques-unes de ses *Soirées*, et qui a connu madame de Krüdner. Madame de Crequi, née au commencement du dix-huitième siècle, pouvait-elle, en parlant de je ne sais quelle cérémonie monastique dont elle avait été témoin dans son enfance, ajouter ce trait classique plus convenable chez une lectrice de *la Gazette* : « Je n'ai rien vu dans les nouveaux romans qui fût aussi *romantique* que cette scène nocturne et qui fût aussi *pittoresque* surtout. » Pouvait-elle, en citant une complainte du vieux temps qui se serait chantée au berceau de son petits-fils, dire à ce dernier : « Vous vous rappellerez peut-être, en lisant ceci, que mademoiselle Dupont, votre berceuse, vous chantait précisément la même complainte, et qu'elle en usait toujours de la sorte, en guise de *somnifère* et pour le service de votre *clinique*. » On rencontre à chaque pas de ces anachronismes évidents de couleur et de langage, et qui donneraient droit de conclure avec certitude que, quand même il y aurait eu un fonds primitif d'anciens papiers, d'anciens récits, l'éditeur les avait retouchés et arrangés à la moderne.

Il y a plus, et, indépendamment des questions de dates, on arriverait, rien qu'avec les Lettres qu'on publie et dont j'ai les originaux sous les yeux, à être assuré que les prétendus Mémoires ne sont, *à aucune degré*, de la marquise de Crequi elle-même. Et, en effet, par une rencontre imprévue et qui permet la confrontation, le fabricateur fait dire à sa fausse marquise, sur les personnes de son monde et de sa connaissance, des méchancetés plus ou moins atroces, qui sont justement le contraire de ce qu'on trouve dans les Lettres authentiques et qui en reçoivent un entier démenti. Je ne citerai qu'un ou deux exemples frappants. La vraie madame de Crequi est pleine de raison, de sens, et n'est surtout pas une marquise à préventions, à passions politiques, telles que le fabricateur des Mémoires les aime et comme il s'en vit plus d'une dans un noble faubourg après 1815 ou après 1830. Madame de Crequi connaît M. et madame Necker, comme tout le grand monde de 1780 à 1789 les connut et les estima; elle n'est pas engouée des Necker au point où l'étaient la maréchale de Beauvau, la duchesse de Lauzun et tant d'autres grandes dames; elle reste à cet égard bien en deçà; son enthousiasme pour eux est très-modéré; elle sait même très-bien les railler sur leur trop visible désir de rentrer au ministère: toutefois elle les estime, et il y a même un moment en 1788, après le renvoi du cardinal de Brienne, où, si elle compte sur quelqu'un pour rétablir le crédit public, c'est sur M. Necker. Celui-ci lui envoie en manière d'hommage les livres qu'il publie, même quand ils sont pleins de chiffres : « Ce qui est à ma portée, dit-elle, me paraît dolent et plein de désir. » Là s'arrête son épigramme. Elle les visite quelquefois, — rarement, — car elle sort peu. Elle reçoit chez elle des visites de madame Necker, « triste, languissante, mais toute pleine d'espérance. » Elle y va dîner une ou deux fois, mais sur ce chapitre elle a contre eux un véritable grief qui l'empêchera d'y retourner: c'est qu'ils dînent à cette heure indue qui était alors *quatre heures et demie* de l'après-midi : la marquise avait l'habitude de dîner à deux heures. Elle témoigne assez peu de goût pour leur fille madame de Staël : « Les enthousiastes ne sont pas mon fait, et j'ai remarqué, dit-elle, que leur chaleur cache très-peu d'esprit; c'est une nouvelle découverte pour moi. » Elle écrivait cela en mars 1789, et elle se trompait en croyant faire cette découverte; car si l'enthousiasme de madame Staël méritait de trouver grâce auprès des têtes froides, c'était en faveur de tout l'esprit qu'il y avait derrière. Quoi qu'il en soit, telle se montre à nous, par sa Correspondance, la vraie marquise de Crequi dans ses relations avec la famille Necker, de 1782 à 1789. Or, le fabricateur des Mémoires, qui ne le sait pas et qui ne s'en soucie guère, uniquement préoccupé qu'il est de satisfaire ses rancunes et ses aigreurs politiques et de donner cours à toutes les malignités qui, dans un certain coin du grand monde, s'attachaient depuis la Révolution à la personne de madame de Staël et de ses parents, suppose que sa marquise en est aussi tout imbue; il lui met sous la plume des pages impossibles de méchanceté et de diffamation. Il établit comme un point indubitable que la marquise ne pouvait connaître directement les Necker ni daigner les visiter. Il ne sait pas qu'elle était une des premières à qui ils avaient fait part en novembre 1785 du mariage de leur fille avec l'ambassadeur de Suède: « Je n'ai jamais rencontré madame de Staël que deux fois dans ma vie, lui fait-il dire, et c'était premièrement à l'hôtel de Boufflers, où j'arrive un soir au milieu d'une belle conversation de mademoiselle Necker avec M. Bailly... etc. »

Suit tout une histoire grotesque composée à plaisir. Mais le fabricateur, qui parle de ce qu'il ne sait pas et qui place ses cadres à faux, est déjà atteint et convaincu.

De même pour la fameuse banqueroute du prince de Guemené. Il faut lire dans les prétendus Mémoires le dédaigneux et insolent chapitre qui commence d'une façon toute triomphante: « Écoutez le recit d'un désastre à faire pâlir..., » et qui finit par ces mots jetés d'un ton leste: « Et voilà ce qu'il est convenu d'appeler *la banqueroute du prince de Guemené.* » C'est un persiflage de grande dame de l'ancien régime qui affecte d'ignorer, en fait d'intérêts matériels, ce que sait le moindre bourgeois. Or on a, dans les Lettres aujourd'hui publiées, le récit même, le vrai récit de la marquise au moment de cette scandaleuse nouvelle. Cette personne sensée n'a rien de toutes ces ignorances affectées ni de ce persiflage. Elle compatit aux pauvres gens et aux affligés que frappe cette banqueroute; elle en donne les détails et les chiffres précis à Senac de Meilhan, son correspondant très-cher ; et, voyant la superbe famille de Rohan si humiliée et par cette catastrophe et par d'autres accidents qui bientôt suivirent, elle en revient aux réflexions morales; elle se félicite au moins de ne tenir à rien, et de ne point prêter à ces revers subits du faste et à ces chutes de l'ambition; elle se rejette dans la médiocrité, comme disait La Bruyère : « O obscurité, s'écrie-t-elle avec un sentiment moral qui ferait honneur à toutes les conditions, tu es la sauvegarde du repos, et par conséquent du bonheur; car qui peut dire ce qu'on serait en voulant des places, des biens, des titres, des rangs au-dessus des autres, où on arrive par l'intrigue, où on se maintient par la bassesse, et dont on sort avec confusion souvent, et toujours avec douleur ? Mais il faut, pour être sage, *pouvoir durer avec soi-même* (car l'ennui est la source de tous les écarts), donner à la vie la consistance qu'elle a, qui est bien peu de chose; et, si tous ces calculs ne font pas rire, ils empêchent souvent de pleurer. »

Une telle manière de sentir vaut mieux et honore plus les grandes dames sensées de l'ancien régime que les impertinences que leur prête M. de Courchamps, et que notre âge, envieux à la fois et copiste des aristocraties, est trop disposé à admirer.

J'ai nommé Senac de Meilhan; c'est à lui en effet que sont adressées la plus grande partie des Lettres ou billets qu'on publie (au nombre d'environ 80). Madame de Crequi en faisait le plus grand cas ; on voit dans ces Lettres mêmes le progrès de son estime et de son amitié pour lui. Ce qui la rapproche surtout de cet homme de grand esprit et qui avait laissé jusqu'à présent trop peu de souvenir, c'est une certaine conformité dans la manière de juger les choses et les personnes, le besoin de causer à cœur ouvert, d'être *entendue* de quelqu'un. Madame de Crequi était sincèrement religieuse et chrétienne, et Senac de Meilhan était franchement philosophe et même épicurien. Il y avait donc entre eux un abîme de ce côté-là, du côté du rivage de l'Éternité; mais de ce côté-ci du monde, et dans l'observation de la société, ils pensaient presque en tout de même; ils avaient la même expérience définitive, le même désabusement, avec cette différence que madame de Crequi était revenue de tout intérêt actif dans la vie, et que M. de Meilhan était *désabusé, mais non détaché;* elle lui en fait quelquefois la guerre. Il y avait donc entre eux toute la conformité et les différences qui peuvent donner du charme à l'intimité des esprits et de la vivacité à leur commerce. « Je suis très-obligée à M. de Meilhan, lui écrit-elle un jour après un dîner auquel elle l'avait invité avec quelques amis, de regretter une société qui n'a de mérite que de connaître ce qu'il vaut; ce n'en est peut-être pas un petit, malgré l'évidence. » On ne saurait parler à quelqu'un avec un sentiment plus marqué de considération et d'estime. Eh bien ! le fabricateur des Mémoires, qui ne soupçonne pas cette relation intime, s'est avisé de nommer Senac de Meilhan dans un passage; mais gare à lui ! comment l'a-t-il fait? Le nom de *Meilhan* d'abord y est mal écrit (*Meillan*), ce nom que la vraie marquise avait tant de fois mis de sa main et très-correctement sur l'adresse de ses lettres à son ami. Après d'assez méchants propos sur le père, le médecin Senac, et sur sa femme, le fabricateur fait dire à sa marquise: « L'unique héritier de ce bon ménage est M. de *Meillan*, qui se pavane aujourd'hui dans son intendance avec tant de fatuité. C'est à lui qu'on prenait la liberté d'appliquer cette vilaine épigramme de Piron... » Nous ne transcrirons point l'injure dégoûtante dont on le gratifie. Voilà le fabricateur encore pris *la main dans le sac*, comme on dit, et nous l'y tenons si fort qu'il ne lui est pas possible, cette fois, de la retirer. Il est arrêté comme une fausse patrouille qui ne savait pas le mot d'ordre, et qui s'est livrée elle-même en prenant l'ami pour l'ennemi.

Il demeurera prouvé pour nous, et pour tous ceux qui examineront désormais l'ouvrage, que les prétendus *Souvenirs* de la marquise de Crequi ne sont d'elle, à aucun degré, ni pour les faits, ni pour les sentiments, ni pour le ton. De qui sont-ils donc, et de quelle manière peut-on se rendre un compte vraisemblable de ce singulier livre ? Voici comment je me l'explique à peu près. L'homme d'esprit qui l'a compilé avait vu le succès des Mémoires de Saint-Simon et celui (excusez le rapprochement) des *Mémoires d'une Contemporaine;* il s'était dit : « Et moi aussi je ferai une manière de Saint-Simon pour le dix-huitième siècle, et pour cela je me déguiserai en douairière. Je ferai une *Contemporaine*, mais royaliste et de qualité, la Contemporaine de l'ancien grand monde. » Il aimait les coiffes ; il avait reçu les confidences de quantité de vieilles dames d'autrefois, et savait à ravir le menu de ce haut commérage. Il avait par devers lui sans doute des correspondances, des journaux manuscrits peut-être, des malles remplies de vieux papiers, mais surtout des souvenirs de conversations à n'en plus finir. Il fit de tout cela un vaste *anecdotier*, un grand *sottisier* sans suite, sans liaison. Il n'y oublia pas les anecdotes malignes, et chères à toutes les oppositions d'alors, sur les origines et les antécédents de la dynastie qui occupait le trône depuis 1830, et de ceux qui y adhéraient. Il distilla partout son fiel avec assez d'agrément. L'homme était frotté de bon ton, les pages qu'il griffonnait s'en ressentirent. Le recueil ainsi conçu et rassemblé, il ne s'agissait plus que de savoir quelle forme, quelle figure définitive il prendrait, et quelle fée on lui donnerait pour marraine. On assure que l'éditeur hésita quelque temps; il aurait d'abord songé à d'autres noms. Mais comment se jouer aux Coigny, au Coislin, à aucune de ces nobles familles qui avaient laissé des héritiers et des descendants? Il fallait absolument quelque nom de duchesse ou de marquise sur lequel un descendant n'eût pas le droit de venir réclamer. Le nom de la marquise de Crequi se présenta avec toutes sortes d'avantages et comme réunissant le plus de conditions : point de descendant ni d'héritier, une vie longue et qu'avec un peu d'adresse on pouvait étendre jusqu'à la durée d'un siècle, un souvenir déjà vague d'une personne de beaucoup d'esprit et mordante. Va donc pour la marquise de Crequi ! ce masque est décidément le plus commode. Ce n'était qu'un jeu de le porter, pour quelqu'un qui aimait avant tout s'habiller et à babiller en vieille femme. On rajusta tant bien que mal un semblant de biographie; Crispin en marquise fit tous ses grands airs, et la comédie a réussi.

Venons, il en est temps, à la seule et vrai marquise; nous ne parlerons plus que de celle-là désormais.

II. — *Première vie de madame de Crequi.* — *Devoir; régularité; religion.* — *Expérience et désabusement.*

Madame de Crequi est de ces personnes qui ne nous apparaissent que vieilles et qu'on ne saurait se figurer autrement. C'est sous cette forme qu'elle a toute sa valeur, tout son esprit et son originalité. Elle nous dit elle-même, en parlant de sa santé : « Je n'ai jamais connu ce bien-là, ni celui de la jeunesse. » Toute la première moitié de sa vie est simple, uniforme, et dans la ligne stricte du dévouement et du devoir. On y chercherait en vain ce qu'il est trop ordinaire de rencontrer dans la jeunesse des femmes du dix-huitième siècle, le tempérament ou le roman ; c'est à une personne tout à fait calme et vertueuse (s'il est permis de savoir si bien ces choses de si loin) qu'on a affaire ici.

Rénée-Caroline de Froullay, née, comme on l'a déjà dit, le 19 octobre 1714, au château de Monfleaux, dans le bas Maine, fille d'un lieutenant général des armées du roi, ondoyée à sa naissance par un de ses oncles, évêque du Mans, fut confiée dès l'âge de trois ans à madame des Claux, sa grand'mère maternelle, qui l'éleva et auprès de laquelle elle demeura jusqu'à l'époque de son mariage. Ce mariage, qui paraît avoir été assez heureux, fut de courte durée, et la laissa veuve à vingt-six ans (1741) avec un fils unique ; une fille qu'elle avait eue était morte peu après sa naissance. La vie de cœur de madame de Crequi paraît s'être concentrée, durant ses belles années, sur deux personnes, ce fils unique et son oncle le bailli de Froullay. Jeune veuve, elle prit un parti courageux : pour assurer l'avenir de son fils et remettre en ordre la fortune que la mort du marquis laissait assez embrouillée, elle se retira à la Communauté de *la Doctrine* ou de *l'Instruction chrétienne*, rue du Pot-de-Fer, et y demeura tout le temps qu'il fallut pour ses desseins d'économie. Son grand intérêt dans la vie, et plus tard son amertume profonde et sa plaie secrète, fut ce fils auquel elle sacrifia tout et qui, en devenant un homme assez distingué, du moins à la surface, se montra des plus indifférents et des plus *méconnaissants* envers sa mère. Elle n'avait rien négligé pour le bien élever et le mettre dans le monde sur un pied digne de son nom. Elle le plaça aux Jésuites, puis à l'Académie (école d'exercices pour la jeune noblesse); puis, après quelques campagnes, elle lui eut un régiment. On était alors en pleine guerre de Sept ans, et elle dans toutes ses inquiétudes et ses transes de mère. « Je conçois, lui écrivait Jean-Jacques Rousseau (13 octobre 1758), les inquiétudes que vous donne le dangereux métier de M. votre fils, et tout ce que votre tendresse vous porte a faire pour lui donner un état digne de son nom ; mais j'espère que vous ne vous serez point ruinée pour le faire tuer : au contraire, vous le verrez vivre, prospérer, honorer vos soins, et vous payer au centuple de tous les soucis qu'il vous a coûtés. Voilà ce que son âge, le vôtre, et l'éducation qu'il a reçue de vous, doivent vous faire attendre le plus naturellement. » Au sujet de ces agitations, de ces énergies de cœur et d'esprit qu'elle lui marquait, il lui disait encore : « Votre âme se porte trop bien, elle vous use ; vous n'aurez jamais un corps sain. » — A la paix, après quelques années passées à observer les riches héritières, le marquis de Crequi se maria avec mademoiselle Du Muy ; cette union, tout en vue de la fortune, fut sans bonheur, et les zizanies, les chicanes qu'elle engendra rejaillirent jusqu'à madame de Crequi, et lui causèrent bien des ennuis et même des pertes d'argent considérables ; mais ce qui l'atteignait plus que tout, c'était l'indifférence et l'ingratitude de cœur de son fils, qui ne parut jamais s'apercevoir des sacrifices et de l'affection de sa mère. Celle-ci écrivait à M. de Meilhan en octobre 1787 : « Depuis vingt ans que je compte ce que je pouvais avoir d'agrément, et à quelle perspective j'avais tant sacrifié, et que j'ai vu à quoi cela était réduit, j'ai senti qu'il fallait se pendre ou se consoler : j'ai pris le dernier parti... » Mais cette espèce de consolation, qui n'est que le pis-aller du désespoir, est morne et laisse le cœur bien flétri. Son fils ne lui accordait aucune confiance; elle apprenait ordinairement par d'autres, et après tous les autres, ce qu'il faisait, ce qu'il écrivait (car il se mêlait d'écrire et de se faire imprimer). Caustique et médisant dans le monde où il était craint pour ses épigrammes, il avait contracté une sécheresse qu'il pratiquait avec elle et qu'il lui apportait sans déguisement. Nommé en 1789 député des États d'Artois à l'Assemblée constituante, elle en était instruite par le bruit public : « On vient de me dire que mon fils était député (l'un des quatre) des États d'Artois; à la bonne heure! Je n'ai pas eu une fois de ses nouvelles; *je vois cela, je ne le sens plus.* »

La consolation véritable de madame de Crequi eût été dans sa famille, si elle avait pu conserver plus longtemps son oncle le bailly de Froullay, auquel elle fut attachée comme la fille la plus tendre : elle connut avec lui tout ce qu'il y a de pur et de doux dans l'amitié la plus constante, la plus dévouée. Vingt ans après l'avoir perdu, elle écrivait à M. de Meilhan, qui avait eu sur les amis je ne sais quelle pensée digne de La Rochefoucauld (et elle avait pu elle-même dans une occasion récente vérifier la *quasi*-justesse de cette pensée) : « Je me souvins alors de ce que vous avez écrit sur l'amitié, et je dis : *Il a raison;* ensuite je tourne mes regards sur trente-deux ans d'amitié avec mon si cher oncle, et je dis : *Il a tort.* J'avoue que ce goût, cette estime, cette persuasion avaient des bases très-solides; tout est anéanti pour moi depuis cette cruelle perte. »

Nous savons tout ce qu'il nous importe de savoir sur la jeunesse de madame de Crequi : encore une fois, nous n'avons affaire avec elle ni à une madame Du Deffand, ni à une maréchale de Luxembourg, à aucune de celles qui eurent à refaire leur existence morale dans la seconde moitié et à regagner la considération. Elle n'eut rien, quant aux mœurs, de ce qu'on est convenu d'attribuer en propre au dix-huitième siècle, et M. de Meilhan qui s'y connaissait, dans le Portrait presque enthousiaste qu'il a tracé d'elle sous le nom d'*Arsène*, a pu dire en toute vérité :

« La jeunesse d'*Arsène* n'a point été troublée par les passions; c'est dans le temps des erreurs et de la dissipation qu'elle a cultivé son esprit et exercé son courage par les privations et sa patience par les contrariétés.

« L'amour n'a jamais seulement effleuré son âme; l'amitié suffit à sa sensibilité... »

La vie de cœur de Madame de Créqui, aux années actives, se résume en ces deux mots : Elle a aimé son digne oncle, et elle a souffert par son fils.

Née et vivant dans la haute société, elle s'y fit de bonne heure son coin de retraite à elle; elle ne fut, en aucun temps, mondaine, et dans sa vieillesse, jetant un regard en arrière, elle pouvait dire : « Le temps d'être dans le monde n'est jamais venu pour moi, mais en revanche celui de m'y montrer est absolument passé. »

Sérieuse, instruite, ayant du temps à donner à la lecture, Madame de Crequi encore jeune désira voir les littérateurs célèbres de son temps et se former dans leur familiarité. Ils avaient de quoi se former à leur tour auprès d'elle et au contact de son esprit si vrai, de sa parole si ferme et si aiguisée. Les *Lettres* de Pougens nous la montrent à cet égard, et dans ses relations avec eux, sous son vrai jour. Elle était très-liée avec d'Alembert; elle le fut avec Rousseau dès les premiers temps de sa célébrité. Elle savait être naturellement simple et se prêter à leurs goûts, à leur humeur et à leurs légères prétentions d'indépendance. Lorsque d'Alembert venait lui demander un matin de vouloir bien lui prêter la somme de *vingt-deux livres dix sous*, elle lui prêtait cette somme juste, ni plus ni moins. Elle avait apprivoisé

Rousseau, et quoiqu'elle lui envoyât quelquefois des poulardes (elle en avait bien le droit, étant du bas Maine) et qu'elle essayât de lui glisser quelques autres petits présents, il ne se brouilla jamais avec elle. On a les Lettres qu'il lui a écrites et qui sont à l'honneur de tous deux. Dans le temps qu'il méditait son *Émile*, il lui demandait de vouloir bien lui mettre par écrit ses idées et le résultat de son expérience maternelle : « A propos d'éducation, lui disait-il (janvier 1759), j'aurais quelques idées sur ce sujet que je serais bien tenté de jeter sur le papier si j'avais un peu d'aide; mais il faudrait avoir là-dessus les observations qui me manquent (1). Vous êtes mère, madame, et philosophe, quoique dévote; vous avez élevé un fils, il n'en fallait pas tant pour vous faire penser. Si vous vouliez jeter sur le papier, à vos moments perdus, quelques réflexions sur cette matière, et me les communiquer, vous seriez bien payée de votre peine si elles m'aidaient à faire un ouvrage utile, et c'est à de tels dons que je serais vraiment sensible (*il a les poulardes sur le cœur*) : bien entendu pourtant que je ne m'approprierais que ce que vous me feriez penser, et non pas ce que vous auriez pensé vous-même. » Il parle d'elle dans ses *Confessions* sur le ton d'une respectueuse reconnaissance.

A un certain moment toutefois, vers l'âge de 44 ans, elle avait pris un parti absolu, celui de la dévotion, qui se marquait alors par une réforme dans la toilette, par les habitudes extérieures. Elle ne voulut pas laisser dans le doute un seul instant ses amis, et elle leur en fit part en leur écrivant : « Je comprends par le commencement de votre lettre, lui répondait sur ce point Jean-Jacques (13 octobre 1758), que vous voilà tout à fait

---

(1) Il n'aurait tenu qu'à lui d'avoir ces observations ; il était père, il n'avait qu'à élever ses propres enfants.

dans la dévotion. Je ne sais s'il faut vous en féliciter ou vous en plaindre : la dévotion est un état très-doux, mais il faut des dispositions pour le goûter. Je ne vous crois pas l'âme assez tendre pour être dévote avec extase, et vous devez vous ennuyer durant l'oraison. Pour moi, j'aimerais encore mieux être dévot que philosophe, mais je m'en tiens à croire en Dieu, etc. » Quelques années après il lui écrivait, et toujours de sa façon la moins bourrue (juillet 1764) : « Je reconnais avec joie toutes vos anciennes bontés pour moi dans les vœux que vous daignez faire pour ma conversion. Mais, quoique je sois trop bon chrétien pour être jamais catholique, je ne m'en crois pas moins de la même religion que vous; car la bonne religion consiste beaucoup moins dans ce qu'on croit que dans ce qu'on fait : ainsi, madame, restons comme nous sommes; et quoi que vous en puissiez dire, nous nous reverrons bien plus sûrement dans l'autre monde que dans celui-ci. » Il était alors fugitif, ayant quitté Montmorency et retiré à Motiers-Travers.

D'Alembert cessa de voir madame de Crequi lorsqu'elle se jeta tout à fait dans la religion. Madame de Crequi était tolérante, mais d'Alembert était trop engagé. Elle avait gardé de lui un bon souvenir. Du temps qu'elle le voyait, elle lui disait quelquefois, à propos de ses colères d'enfant à l'Académie : « Vous n'êtes que furibond, vous n'êtes pas furieux. »

Voltaire aurait dit, selon Pougens, en apprenant cette conversion de madame de Crequi : « Ah! c'est Pascal qui nous a fait ce larcin-là. » Je ne sais s'il a dit réellement ce mot, et je ne voudrais pas refuser à Pascal l'honneur d'avoir contribué à l'entière réformation de madame de Crequi. C'est elle qui a écrit pourtant : « Je ne regrette point Pascal; ses lumières étaient aussi étendues que sa société était triste : c'était de l'absinthe qu'il répandait dans ses communications, et je trouve que la religion et la vraie philosophie, qui apprécient tout, donnent, sinon de la gaieté, du moins de la sérénité. »

La sérénité, quoi qu'elle en dise, n'est point précisément ce qui nous paraît dominer dans la religion de madame de Crequi. La considération de l'Éternité forme la limite habituelle et assez rapprochée de son horizon ; c'est là qu'elle porte les yeux dès qu'elle veut anéantir le présent et amortir en elle quelque peine, quelque regret qui remue encore : « Ce ne sont là que des dégoûts, se dit-elle en songeant aux procédés de son fils ; le détachement suit, et alors l'Éternité paraît et absorbe tout. » Elle ne nous dit jamais comment elle anime et elle éclaire cette Éternité. On aimerait à y voir quelquefois le rayon. — Ce n'est qu'une espèce de repoussoir et d'assommoir dont elle écrase tout.

Elle avait l'esprit naturellement tourné à la morale. Dans le Tacite traduit par d'Alembert, elle goûtait surtout les sentences. « S'il y a quelques maximes dignes de moi, envoyez-les, écrivait-elle à M. de Meilhan ; j'aime le genre, quoique très-avili par la quantité d'ignares qui s'en mêlent. » Les ouvrages de ce dernier lui plaisent par le fond des sujets autant que par le tour. Elle lisait *moralistement* (c'est son mot), en raisonnant et en extrayant de tout une moralité applicable. Elle s'exerçait assez souvent plume en main à définir des Synonymes et aimait ce genre, qui donne à la pensée de l'exactitude, et à l'expression toute sa propriété. A propos de je ne sais quel ouvrage de l'avocat Target, qu'on disait excellent : « Je le crois, mais je ne le saurais lire, disait-elle : *je suis si frivole que j'aime le style, et si bête que j'aime la justesse.* » Ses lettres, qui sont courtes, ne nous donnent que la *note* de son esprit et de sa conversation : celle-ci devrait être nourrie et piquante : « Les nouveaux systèmes, disait M. de Meilhan dans le Portrait d'*Arsène*, les engouements publics ne fixent son attention que par le ridicule qu'ils lui présentent. Son goût en littérature, en ouvrages d'agrément, est juste; son jugement sur les ouvrages sérieux est solide; son esprit a de l'étendue et de la sagacité, il voit promptement et loin. Si l'on croyait à la métempsychose, on penserait que l'esprit de Montaigne est venu animer *Arsène*. »

Mais pour que cette idée de métempsychose de Montaigne à elle fût autre chose qu'un compliment de l'amitié, il aurait fallu à madame de Crequi ce qu'elle n'avait, ni elle, ni aucune des femmes distinguées de ce grand monde et de cette société accomplie mais finissante, la fertilité, la fraîcheur de détail, l'imagination.

Elle n'a rien qui rie dans son style ni dans sa parole. Elle dit quelque part, à propos des scènes du monde et des spectacles plus ou moins agités auxquels elle assistait : « Il y a trois personnages qui raisonnent bien différemment : l'homme du monde, le philosophe et le chrétien : le premier croit que ceci dure; le second, que c'est quelque chose, mais qui passe; et le chrétien le voit comme quelque chose déjà passé. J'y jette quelque fleurs... » Ces fleurs, chez elle, on ne les voit pas. Elle a le bon sens, un certain bon sens âcre en qui se résume une expérience consommée, « un fonds de caustique qui ne demande qu'à sortir, » et que sa charité, plus de principes que de nature, ne suffit pas à contenir au dedans. Seulement, au lieu de s'épancher et de se répandre en longs discours, ce fonds d'humeur s'échappe en mots brefs et secs qui laissent leur empreinte. Ce n'est pas elle qui, avec son découragement et ses sévérités, ce serait jamais amusée à recueillir curieusement tous les riens de société et les caquetages : elle a une disposition de dégoût qui coupe court et qui abrége. Ses cahiers et notes, quand elle noircissait du papier, devaient être surtout de réflexions morales et de jugements concis.

Désabusée comme elle était, elle avait à craindre pourtant le grand ennemi des personnes qui ont vécu dans la société et qui se sont fait une habitude de la conversation, l'ennui. « Je voudrais, disait-elle, trouver quelqu'un qui calculât la vie et qui en fît le cas qu'elle mérite. » Oui, mais pour en causer avec ce quelqu'un et pour se donner le plaisir de dire ensemble que la vie n'est rien. « J'ai eu une destinée singulière, disait-elle encore : j'ai voulu être lettrée, et les lettrés m'ont paru ignorants; femme du monde, et, outre la bêtise des gens du monde, c'est qu'ils ne savent pas vivre. Enfin je ne trouve pas qu'on puisse subsister avec les hommes habituellement. » Jolie conclusion qu'on ne devrait tirer que la veille de sa mort! Mais, comme elle vivait et qu'elle devait exister encore quinze ans après avoir écrit cela, elle se sentait le désir d'en faire part à quelque misanthrope comme elle et qui fît exception à la réprobation commune. C'est dans le cours de cette période morale déjà très-avancée qu'elle rencontra vers 1784, ou chez son amie madame de Tessé, ou chez une autre amie, madame de Giac (l'ancienne duchesse de Chaulnes), Senac de Meilhan, alors intendant de Hainaut, et qui venait chaque année à Paris. Leurs esprits se devinèrent, se prirent de goût l'un pour l'autre. Elle a très-bien rendu le mouvement qui la porta vers lui et qui fut le principe de leur liaison : « Je me sais très-bon gré d'avoir vaincu ma timidité. J'aime vos lettres, votre conversation et vos écrits; mais je crains si fort de prendre sur vos occupations, et je respecte tellement votre loisir, que je n'ai osé le troubler les autres années. Celle-ci (1783), j'ai été plus courageuse, *parce qu'il m'a pris un besoin d'être entendue que je n'éprouve pas souvent;* je sens que je l'ai été, et je m'en trouve si bien, que je continuerai jusqu'à votre retour. » Cela bientôt la mena à s'en faire un ami, un correspondant nécessaire, et, l'habitude prise, à sentir souvent qu'il lui faisait faute : « Êtes-vous pour toujours en Hainaut? Je m'ennuie si fort à Paris, que vous devriez y revenir, ne fût-ce que pour empêcher ma démence. »

Mais il ne sera pas indifférent de bien définir, en présence de madame de Crequi, le confident qu'elle s'est donné dans ses jugements des hommes et des choses. J'ai déjà parlé de M. de Meilhan et ici même (1) : je tâcherai d'y revenir sans trop me répéter, et de repasser sur les mêmes traits avec une couleur presque neuve, ou du moins empruntée à d'anciens écrits qui sont comme nouveaux.

(1) Dans le *Moniteur* du 24 avril et du 1ᵉʳ mai 1854 (voir les *Causeries du lundi*, tome X).

Lundi, 29 septembre 1856.

LA MARQUISE DE CREQUI

(SUITE)

III. — *Ce qu'a été M. de Meilhan pour madame de Crequi. — Ses qualités; ses idées; son brillant. — Le point gâté. — Meilhan-Longueil et Meilhan-Saint-Alban.*

Si je ne craignais que M. Cousin ne me fit une querelle amicale, je dirais que madame de Crequi est la madame de Sablé de cet autre La Rochefoucauld qui se nomme M. de Meilhan. Cela pourtant est vrai et se justifierait presque littéralement. Il lui envoie ses ouvrages en manuscrit, elle les lui renvoie avec notes, observations, avec admiration et conseils; quand ils sont imprimés, elle l'avertit des critiques, elle lui propose des chapitres à ajouter ou de petites corrections à faire. Elle s'intéresse à son succès dans le monde ou auprès des journaux, et le voudrait voir à l'Académie. Il lui arrive à elle-même de le comparer à La Rochefoucauld, et, faut-il s'en étonner? elle lui donne la préférence : « Il pensait, dit-elle de La Rochefoucauld, il exprimait assez fortement ses pensées, mais il est sec et amer. Vous, mon cher ami, vous êtes onctueux et indulgent. » Cette *onction* de M. de Meilhan de loin nous échappe, mais les auteurs contemporains ont ainsi, pour les personnes qui les connaissent et qui les aiment, toutes sortes de vertus et de supériorités singulières qui s'évanouissent à distance. La difficulté, je le sens bien, n'est pas de faire admettre jusqu'à un certain point que madame de Crequi, pour ses mérites d'esprit, pour le ferme et le fin de son jugement, est une manière de madame de Sablé, le plus difficile a obtenir est qu'on accorde à M. de Meilhan de pouvoir être convenablement rapproché de La Rochefoucauld. La feuille en renom au dix-huitième siècle pour la rigidité de ses principes classiques, *l'Année littéraire*, avait parlé de son livre des *Considérations sur les Mœurs*, et en assez bons termes; madame de Crequi n'en était pas très-mécontente : « Venons à la critique de *l'Année littéraire*, lui écrivait-elle; elle est à quelques égards assez obligeante, et à d'autres détestable. Par exemple, dénier que Voltaire et Montesquieu aient donné le ton à leur siècle, c'est une absurdité; cependant, au total, il me paraît qu'il (*le journaliste*) vous loue honnêtement, et dans le second extrait il dit qu'il ne connaît pas de meilleur livre depuis La Bruyère. Oh! c'est l'impossible, monsieur, pour des gens qui ont résolu que personne n'a le sens commun depuis le siècle de Louis XIV. » L'impossible aussi pour ceux qui de nos jours posent en principe qu'on ne sait pas écrire en français, et surtout de ces choses de morale et de société, depuis Louis XIV, ce serait de leur faire reconnaître que Senac de Meilhan est un moraliste et un écrivain des plus distingués, qui a de très-grandes qualités, de belles parties, et plus que de la finesse, je veux dire de la largeur, de l'élévation, de l'essor. Essayons de le prouver pourtant, et sans rien exagérer.

M. Molé, dont le jugement excellent en toute matière était parfait dans ces choses littéraires qui touchent à la société, me disait un jour en parlant de M. de Meilhan :

« Il a bien connu les mœurs de son temps, mais il en avait les vices. » J'ajouterai qu'il n'avait pas seulement les idées de son temps, il les dépassait souvent et les bravait par sa hardiesse d'esprit; il devançait sur bien des points celles du nôtre. C'est ainsi que de près il a pu inspirer une sorte de surprise et d'enthousiasme à ceux qui l'ont beaucoup vu, au prince de Ligne comme à madame de Crequi. Le prince de Ligne aurait voulu que M. de Meilhan, dans l'émigration, écrivît ses Mémoires : « Écrivez, lui disait-il, des souvenirs, des mémoires de votre jeunesse, ministériels, et de Cour et de société; — vos brouilleries et vos raccommodements de Rheinsberg, la vie privée et militaire du prince Henri, ses valets de chambre comédiens français, ses houzards matelots, ses chambellans philosophes; et puis les Zaporogues et les évêques du prince Potemkim, et ensuite vos conversations avec le prince de Kaunitz; — ce sera un ouvrage charmant. » Cet ouvrage n'a jamais été fait qu'en conversation et *causé*, comme tant d'autres brillants projets de M. de Meilhan : il dépensait volontiers sa poudre en feux d'artifice. Mais il y a un écrit de lui, le dernier imprimé de son vivant, et sa dernière production peut-être, que je regrettais de n'avoir pu me procurer, et qui me semblait devoir contenir le dernier mot de son esprit et de son expérience : *l'Émigré*, roman en quatre volumes, imprimé en 1797 à Brunswick, ne se trouve à Paris dans aucune bibliothèque publique; je ne connaissais personne qui l'eût jamais lu ni vu, lorsqu'un ami a eu la bonne fortune de le rencontrer à Berlin et l'obligeance de me l'envoyer. Mon plaisir a été grand d'y retrouver un Senac de Meilhan complet, avec toutes ses opinions et ses jugements sur les choses sérieuses. Le roman, qui est agréable, n'est que pour la forme; tirons-en le fond, et quoique l'auteur, quand il l'écrivait, fût de quelques années plus âgé qu'en ses beaux jours d'éclat auprès du fauteuil de madame de Crequi, soyons bien sûr qu'il avait déjà tous les mêmes jugements dans la tête et dans la conversation quand il désennuyait si bien la marquise. Ce qu'il dit sur les événements qui se sont précipités depuis qu'il a quitté la France en 1791, il le devinait et le présageait à la date de sa sortie ; il est de ceux que la Révolution a le moins étonnés et déconcertés, même en allant à ses extrêmes conséquences. Si madame de Crequi avait pu lire *l'Émigré* et si l'on avait osé en introduire en France un exemplaire à son adresse, elle eût reconnu son ami à chaque page et se fût écriée : « C'est bien lui. »

L'action du roman est censée se passer en 1793. Un jeune militaire émigré, le marquis de Saint-Alban, qui servait dans l'armée prussienne, est blessé dans une affaire sur les bords du Rhin ; il n'évite d'être fait prisonnier qu'en traversant le fleuve dans une barque. Une fois sur l'autre rive, il est rencontré, recueilli, entouré de soins par une noble famille allemande. Il y inspire un tendre intérêt à une jeune dame qui, après bien des troubles et des luttes secrètes de cœur, devient veuve fort à propos, et qui n'aurait plus qu'à l'épouser si lui-même, forcé par l'honneur de se rendre à l'armée de Condé, il n'était fait prisonnier les armes à la main et condamné à périr sur l'échafaud ; il ne s'y dérobe qu'en se donnant la mort et en se frappant d'un coup de stylet, exactement comme Valazé. Le roman est par lettres. Pour nous, ce qui nous attire et ce qui nous en plaît aujourd'hui, ce n'est pas tant ce canevas sentimental aisé à imaginer, et qui est traité d'ailleurs avec grâce et délicatesse, comme aurait pu le faire madame de Souza ; ce sont moins les personnages amoureux que des personnages au premier abord accessoires, mais qui sont en réalité les principaux : c'est un président de Longueil, forte tête, à idées politiques, à vues étendues, une sorte de Montesquieu consultatif en 89, et qui, en écrivant à Saint-Alban, lui communique ses appréciations supérieures et son pronostic chaque fois vérifié; — c'est aussi le père du jeune Saint-Alban, espèce de Pétrone ou d'Aristippe, qui, pour se livrer à ses goûts d'observation philosophique et de voyages, a renoncé dès longtemps aux affaires, aux intérêts publics, même aux soins et aux droits de la puissance paternelle, et s'en est déchargé sur son ami le président de Longueil. Voilà les deux figures originales et, pour nous, les deux acteurs du roman. M. de Meilhan semble s'être divisé à plaisir entre ces deux personnages qui souvent se combattirent en lui, l'homme d'État et l'épicurien.

Le président de Longueil n'est point de ceux qui méprisent les hommes, bien qu'il les pénètre et les juge; il aspirerait plutôt à les guider, à les conseiller utilement, à diminuer le nombre des injustices et des maux dont ils sont auteurs ou victimes. Il a porté son observation sur toutes les branches de l'activité humaine, et il s'élève par le niveau naturel de son esprit aux idées générales, aux principes premiers applicables à chaque science :

« Les hommes, disait-il, sont modifiés par l'état qu'ils embrassent, au point, en quelque sorte, d'être entre eux comme des êtres distincts. Il faut qu'un souverain, qu'un ministre connaisse la moralité des hommes des diverses classes de la société, et un militaire appelé au commandement doit connaître à fond l'homme-soldat. La science militaire est composée de deux choses, de *moralité* et de *géométrie* : par l'une on apprend l'art de plier l'homme à une exacte discipline, d'exalter son âme et de lui inspirer un noble orgueil de son état; par l'autre on combine les moyens les plus prompts d'opérer avec précision différents mouvements. »

De bonne heure le président de Longueil a donc appliqué son élève Saint-Alban aux mathématiques et aux sciences exactes, en même temps qu'il cherchait à lui donner la connaissance des hommes. Et si l'on s'étonnait de voir un magistrat accorder cette importance aux choses militaires, n'a-t-on pas l'exemple de Machiavel, secrétaire de Florence, qui, le premier chez les modernes, a développé les principes de l'art de la guerre? mais il faut surtout ne pas oublier que M. de Meilhan avait été intendant général des armées sous le ministère de M. de Saint-Germain, et qu'il avait rêvé un grand avenir de ce côté.

Grâce aux directions du président de Longueil, Saint-Alban a très-bien vu, pour un si jeune homme, les premiers événements de la Révolution, et il en fait un tableau que ne désavouerait pas le président lui-même. Dans une trentaine de pages qui seraient aussi bien un fragment de Mémoires historiques, il montre comment cette Révolution est née sans qu'on le voulût, et avec quel zèle imprudent on y poussait dans les hautes sphères qui devaient le plus terriblement s'en ressentir. Sous le couvert de Saint-Alban, c'est M. de Meilhan qui nous livre directement ici ses impressions personnelles :

« Il y avait à Paris cinq ou six maisons où circulait tout ce qui composait la haute société, et l'opinion publique n'était que leur écho. Là on voyait rassemblés les ministres passés, présents et futurs ; là étaient distribuées les places à l'Académie, et préparées les intrigues qui devaient élever un homme au ministère et en faire descendre un autre ; là, le maréchal de Beauvau, qui depuis le ministère de M. de Choiseul ne pouvait renoncer à la jouissance d'un grand crédit, était une des personnes qui avaient le plus d'empire dans le monde. Sa maison rassemblait tout ce qu'il y avait de plus distingué dans les diverses classes de la société. M. Necker était l'objet du culte de la maîtresse de la maison, qui chérissait en lui les moyens de conserver un grand ascendant dans le monde et une influence dans les affaires. C'est là que toutes les trames ont été ourdies pour le rappel et le soutien de M. Necker, et pour accréditer ses opinions ; c'est là que le résultat du conseil, principe de la subversion totale de la monarchie, a été conçu, communiqué, applaudi ; c'est là que l'absence de Necker de la séance du 23 juin a été proclamée comme un acte héroïque : «u'ont été forgés les instruments qui ont brisé le trône. Les jeunes gens recevaient dans cette maison les principes d'opposition à l'autorité, qu'ils répandaient dans d'autres sociétés, et qui devinrent la règle de leur conduite. Ce qui paraîtra surprenant, c'est que la maréchale était la personne la plus infatuée de l'avantage d'une haute naissance, et des distinctions attachées à son rang. Elle n'était populaire que pour dominer, et croyait qu'on serait toujours maître de ce *Tiers* qu'elle caressait pour en faire le corps d'armée de Necker, par qui elle prétendait régner. Je ne puis résister à vous raconter un trait qui vous fera connaître la vanité de la maréchale, et qui dans le moment me frappa de la manière la plus comique. J'avais dîné chez elle avec plusieurs personnes dévouées au parti de Necker, et ardentes à soutenir le doublement du *Tiers* et l'opinion par tête ; au moment où cette question était agitée avec le plus de chaleur, la maréchale ouvrit sa boîte pour prendre du tabac, et le lourd avocat Target s'avança et prit familièrement une prise de tabac dans la boîte ouverte de la maréchale. Je ne pourrais vous peindre l'étonnement et l'indignation qu'une telle audace excita chez elle : on vit qu'elle était bien loin de penser que les *droits de l'homme* pussent s'étendre jusqu'à prendre du tabac dans la boîte d'une grande dame, et quelqu'un lui dit avec malice : *C'est un effet naturel de l'égalité.* »

La Révolution, vue du côté de la haute société et des salons, y est ainsi montrée au naturel, moyennant quantité de petites circonstances que je ne vois pas si bien relevées ailleurs et qui sont vivement saisies. Tout le monde sait quelle a été la triste marche et l'humiliante entrée de Louis XVI ramené de Versailles à Paris dans la journée du 5 octobre : « Son cortége, étonnant par sa composition, affreux par sa contenance féroce et ses cris, mit trois heures à passer dans la rue Royale où j'étais (dit un spectateur qui n'est autre que M. de Meilhan) ; des troupes à pied ou à cheval, des canons conduits par des femmes, des charrettes où, sur des sacs de farine, étaient couchées d'autres femmes ivres de vin et de fureur, criant, chantant et agitant des branches de verdure ; ensuite le roi et sa famille escortés de La Fayette et du comte d'Estaing, l'épée à la main à la portière, et environnés d'une foule d'hommes à cheval, voilà ce qui se présenta successivement à mes yeux pendant l'espace de trois heures. » Mais ce qu'on sait moins, ce qu'un observateur moraliste peut seul avoir saisi sur le fait et nous rendre ensuite comme il l'a senti, c'est quel était au moment même et quelques heures après, dans cette même soirée, l'effet de cette scène déplorable sur ce qu'on appelait la *bonne compagnie*, qui n'est bien souvent qu'une autre espèce de peuple. Laissons M. de Meilhan nous le dire par la bouche d'un de ses personnages :

« Je me rendis dans une maison voisine où se rassemblait ordinairement l'élite de la société; mon cœur était navré, mon esprit obscurci des plus sombres nuages, et je croyais trouver tout le monde affecté des mêmes sentiments; mais écoutez les dialogues interrompus des personnes que j'y trouvai, ou qui arrivèrent successivement : « Avez-vous vu passer le roi? disait l'un. — Non, j'ai été à la Comédie. — Molé a-t-il joué? — Pour moi, j'ai été obligé de rester aux Tuileries, il n'y a pas eu moyen d'en sortir avant neuf heures. — Vous avez donc vu passer le roi? — Je n'ai pas bien distingué, il faisait nuit. » — Un autre : « Il faut qu'il ait mis plus de six heures pour venir de Versailles. » — D'autres racontaient froidement quelques circonstances. Ensuite : « Jouez-vous au *whist*? — Je jouerai après souper, on va servir. » Quelques chuchotages, un air de tristesse passager. On entendit du canon. « Le roi sort de l'Hôtel-de-Ville; ils doivent être bien las. » On soupe; propos interrompus. On joue au *trente-et-quarante*, et tout en se promenant, en attendant le coup et surveillant sa carte, on dit quelques mots : « Comme c'est affreux! » et quelques-uns causent à voix basse brièvement. Deux heures sonnent, chacun défile et va se coucher. De telles gens vous paraissent bien insensibles; eh bien! il n'en est pas un qui ne se fût fait tuer aux pieds du roi. »

M. de Meilhan avait traduit Tacite : il a fait là une vignette à Tacite, vignette moderne, originale, et d'une vérité poignante.

En comprenant si bien la Révolution par les surfaces qui touchaient à un monde frivole et sous son aspect de *Fronde*, M. de Meilhan (j'oublie à cet endroit si c'est Saint-Alban ou le président de Longueil qui parle) ne la diminue pas. Dès qu'elle est née et produite, il la reconnaît comme une puissance sans arrêt et une sorte de fatalité irrésistible. Selon lui, elle n'était nullement nécessaire avant d'éclater, elle était évitable ; elle a été purement *accidentelle*, en ce sens que « le caractère de ceux qui ont eu part à l'ancien gouvernement (à commencer par le caractère du roi, ennemi de toute résistance) a été le seul principe de la totale subversion de ce gouvernement ; » mais ce caractère de quelques personnes étant donné, et la faiblesse de l'opposition qu'elle rencontrera étant admise au point de départ, M. de Meilhan est bien d'avis que la Révolution en devenait un effet presque nécessaire : « Sa marche, dit-il, a été déterminée et hâtée par cette faiblesse ; le défaut de résistance a rendu tout possible, et, semblable à un torrent qui ne trouve aucune digue, elle a tout dévasté. » Il ne croit donc pas que la Révolution soit directement sortie des écrits de Rousseau ni de ceux des Encyclopédistes, comme on le répète souvent, ni qu'elle découle de causes aussi générales :

> « Si l'on suit attentivement la marche de la Révolution, il sera facile de voir que les écrivains appelés philosophes ont pu la fortifier, mais ne l'ont pas déterminée ; parce qu'une maison a été bâtie avec les pierres d'une carrière voisine, serait-on fondé à dire qu'elle n'a été construite qu'en raison de ce voisinage ? Il est bien plus probable que, le dessein conçu, on s'est servi des matériaux qui étaient à portée. »

Mais ces matériaux, peut-on lui répondre, étaient tellement sous la main et de telle qualité, et si appropriés au dessein une fois conçu, ils étaient d'une nature si vive, si combustible, qu'ils donnaient terriblement envie sinon de bâtir une nouvelle maison, du moins de commencer par brûler l'ancienne. De pareils matériaux qui volent comme d'eux-mêmes à l'incendie ne sont plus de simples ingrédients, ce sont aussi des causes.

Quoi qu'il en soit, le président de Longueil-*Meilhan* ne diminue, je le répète, ni ne rapetisse la Révolution. Une fois qu'elle a cours et qu'elle est ouverte, il reconnaît et il proclame tout ce qu'elle contient de nouveau, d'irrévocable et d'irrésistible. Et les athlètes d'abord elle les veut à sa taille.

« La présomption que l'homme est porté à avoir de ses talents et de son esprit faisait croire à plusieurs jeunes gens qu'ils joueraient un rôle éclatant; mais la Révolution, *en mettant en quelque sorte l'homme à nu*, faisait évanouir promptement cette illusion qu'il était aisé de se faire à l'homme de Cour, à celui du grand monde, qui se flattait d'obtenir dans l'Assemblée les mêmes succès que dans la société. Le ton, les manières, une certaine élégance qui cache le défaut de solidité, l'art des à-propos, tout cela se trouve sans effet au milieu d'hommes étrangers au grand monde et habitués à réfléchir. »

Il cite des exemples de ces imprudents frivoles qui ont été rudement rejetés, dès le premier jour, par la puissante machine dont ils prétendaient manier les ressorts. Le caractère de force fatale et presque physique que la Révolution n'a pas tardé à acquérir, lui paraît résulter surtout de l'organisation des Clubs. A la voir ainsi passée à l'état d'élément déchaîné, il n'estime pas qu'elle sera de courte durée, ni que la Contre-révolution sera prochaine. Expressément questionné sur ce point par son ami Saint-Alban, il lui fait, dans une certaine lettre LVIIe, une réponse qui est un excellent chapitre de politique *clinique*, si je puis dire, une leçon de politique au lit du malade. Il appelle à son aide les différents faits analogues dans l'histoire; il discute les divers cas, le possible et le vraisemblable; il est bien résolu en ceci, qu'il pense que la Contre-révolution ne peut se faire qu'en France : mais de quelle manière y arriver? comment la produire? « Néron (1) disait : Je voudrais que les hommes rassemblés n'eussent qu'une

---

(1) Ou plutôt Caligula.

seule tête, pour pouvoir la couper. La Révolution a fait le contraire, elle a composé un Néron d'une multitude immense d'hommes. » Comment de cette multitude de têtes revenir à une seule, et à une seule forte et raisonnable? Et dans la meilleure supposition il est forcément amené à demander pour chef de son insurrection idéale, et qui doit réussir, un homme qui ait du *génie* et de la valeur. Mais où le trouver? jusque-là il attend.

Nombre de remarques justes sur l'humeur de la nation, et sur son étrange facilité à se plier pour un temps à cet atroce régime de terreur, révèle le publiciste moraliste, l'homme qui a vécu avec Tacite et qui en a pénétré tout le sens :

« Parmi les habitants de Paris, faibles, légers, indolents pour la plus grande partie, les gens riches ou aisés désiraient intérieurement, l'année passée (1792), le retour de la monarchie, pour assurer leur fortune; mais ils craignaient la transition, et, semblables à ces malades qui ne peuvent supporter l'idée d'une opération douloureuse qui doit les sauver, ils se familiarisaient avec leurs maux... Aujourd'hui, stupides de terreur, ils attendent comme de vils animaux qu'on les conduise à la mort.

« C'est une chose remarquable dans la Révolution que le courage passif et la résignation, tandis que rien n'est plus rare qu'un courage actif et entreprenant... »

Et comme il y a cependant, au milieu de cette apathie publique, d'admirables exemples de ce premier genre de courage, comme on voit des vieillards, des femmes, des jeunes gens à peine sortis de l'enfance, qui marchent à la mort de sang-froid :

« Beaucoup de gens ressemblent, pour le courage, à ces avares qui gémissent à chaque petite somme qu'ils sont forcés de dépenser, et qui sont capables d'en donner une très-grosse sans en être affectés. »

Examinant la nature des différents gouvernements et le dédain que professent les républicains pour celui d'Angleterre, le président de Longueil remarque que le gouvernement romain et celui des Anglais sont les seuls qui aient dû leurs succès et leur grandeur à leur Constitution, tandis que les autres ont dû leur plus grande prospérité à ceux qui en ont tenu les rênes :

« Mais l'art d'attacher les hommes au régime qui les gouverne, et de le renforcer par leurs efforts, quoique souvent en sens contraire en apparence, n'a été le partage que de ces deux peuples. C'est ainsi que le pont de César sur le Rhin était construit de manière que plus le fleuve était violent et impétueux, et plus le pont se renforçait et s'affermissait. »

Le président de Longueil, en ces endroits, devient tout à fait le président de Montesquieu, même pour le bonheur de l'image et le trait du talent.

La bibliothèque du président, qui était considérable, est confisquée comme bien d'émigré par la nation et mise en vente. Il s'en console pour lui-même, en se disant comme Valincourt après un incendie : « Je n'aurais guère profité de mes livres, si je n'avais appris d'eux à m'en passer. » Il ne la regrette que pour son jeune ami à qui il la destinait, et il lui donne en même temps les raisons pour lesquelles cette perte doit lui être moins sensible dans les circonstances : « Le cours des idées, dit-il, augmente ou diminue le prix des choses et dirige vers d'autres objets l'intérêt et la curiosité. Ma bibliothèque était composée en grande partie de livres sur la jurisprudence et sur l'histoire de France; un de mes oncles qui était évêque m'avait laissé une collection complète des procès-verbaux du Clergé, etc., etc.; » et il montre que la Révolution qui s'accomplit a déjà mis beaucoup de ces livres à la réforme, et qu'elle va simplifier bien des sciences. Il le dit en des termes d'une grande justesse et avec une clairvoyance qui fait honneur à son coup-d'œil.

« La Révolution de la France, unique dans son espèce, a donné aux esprits une commotion violente, qui leur a fait parcourir en tous sens les sentiers de l'économie politique et de la législation. Les Français, charmés de leur indépendance, se sont livrés aux plus téméraires conceptions ; ils ont détruit, mais ils ont en même temps creusé, porté la lumière dans les routes les plus obscures ; ils en ont ouvert de nouvelles et forcé les barrières élevées par le préjugé. Un jour viendra où dans le calme on examinera ces nombreuses discussions enfantées au milieu du tumulte et de l'effervescence de l'esprit de parti, et l'on fera paisiblement un choix éclairé de résultats utiles à l'humanité. »

Ne dirait-on pas que le président de Longueil prévoit les discussions calmes et lumineuses du Conseil d'État sous le Consulat, et cette épuration des débats orageux de la Constituante, cette savante extraction des seuls résultats utiles, œuvre immortelle des sages Portalis et surtout du génie qui les présidera?

Ce même homme qui vient de nous dire que la Révolution a été purement accidentelle dans son explosion, reconnaît qu'une fois enfantée, elle ouvre une Ère entièrement nouvelle :

« La Révolution deviendra une époque nationale, comme la captivité de Babylone chez les Juifs, et l'an de l'Hégire chez les Arabes et les Turcs ; et une infinité de familles dateront de ce temps une illustration méritée par des services éclatants, ou un attachement héroïque à la monarchie, qui les rapprocheront des anciennes maisons. »

L'émigré paye sa dette à son opinion en mettant là l'ancienne monarchie ; mais pour tout le reste, comme il sent qu'on a rompu à jamais avec tout un passé, et qu'on est entré sous l'invocation des tempêtes dans un Océan nouveau!

Ne lui reprochez pourtant pas, si vous êtes un émigré comme lui, de faire par là l'éloge de la Révolution :

« Si je vous disais, répond-il, que j'ai vu des enfants qui, au sortir d'une terrible maladie, avaient considérablement grandi, serait-ce faire l'éloge de la maladie? La Révolution a de même hâté la marche de l'esprit; mais cet avantage ne sera jamais la compensation de la millième partie des désordres et des barbaries qui ont fait gémir l'humanité, et quand la plus grande prospérité devrait un jour découler de cette sanglante source, je dirais toujours avec Publius Syrus : *Abominandum remedii genus debere salutem morbo.* »

La fin de cette réponse me paraît un peu faible, je crois qu'on sera de mon avis, et inconséquente; et Publius Syrus, en pareil cas, est une petite autorité. Le président, cette fois, a trop fait entrer en ligne de compte sa sensation de contemporain, au lieu d'oser se dire avec le comte de Maistre, que la Postérité est un ingrate qui profite et qui oublie. Mais sans doute il le savait, et il avait seulement égard à ses compagnons d'infortune.

Il poursuit ses raisonnements au sujet de la perte de sa bibliothèque, et démontre par des applications sa pensée : « A mesure que l'esprit humain avance, une multitude d'ouvrages disparaît. » Le président estime que nous n'avions pas en France, à sa date, de bons historiens :

« Un historien ne peut avoir de gloire durable que lorsqu'il approfondit la moralité de l'homme, et développe avec sagacité et impartialité les modifications que lui ont fait subir les institutions civiles et religieuses : alors il devient intéressant pour toutes les nations et pour tous les siècles...

« Ce n'est pas dans nos histoires qu'on apprend à connaître les Français, mais dans un petit nombre de Mémoires particuliers, et je maintiens que l'homme qui a lu attentivement madame de Sévigné est plus instruit des mœurs du siècle de Louis XIV et de la Cour de ce monarque, que celui qui a lu cent volumes d'histoire de ce temps, et même le célèbre ouvrage de Voltaire. »

Quand il arrive, dans cette revue qu'il fait en idée de sa bibliothèque, aux auteurs dramatiques et aux tragédies, le président exprime des idées littéraires très-libres, très-dégagées, et qui, bien que justes au fond, ne sont pas vérifiées encore. Il prédit, il dessine à l'avance un futur rival romantique de Racine et de Corneille; nous aussi nous le croyons possible, mais nous l'attendons toujours :

> « Les tragédies de Corneille, de Racine, de Voltaire (en nommant Voltaire à côté des précédents, il paie tribut au siècle) semblent devoir durer éternellement; mais si un homme de génie donnait plus de mouvement à ses drames, s'il agrandissait la scène, mettait en action la plupart des choses qui ne sont qu'en récit, s'il cessait de s'assujettir à l'unité de lieu, ce qui ne serait pas aussi choquant que cela paraît devoir l'être, ces hommes auraient un jour dans cet auteur un rival dangereux pour leur gloire. »

Ce président de Longueil eût été homme à écrire dans *le Globe* de 1825. Il devançait, en théorie et en espérance romantique, les jeunes modernes d'il y a trente ans.

Il se trompe quelquefois dans ses prévisions et ses pronostics, mais seulement sur des points de détail. Il accorde trop d'avenir à *la Henriade;* il me semble qu'il réduit trop la part définitive de La Bruyère. Sur Montesquieu il est d'un avis assez tranché et a l'air paradoxal, et peut-être n'a-t-il que raison :

> « Montesquieu perdra moins qu'un autre dans cette révolution d'idées et de sentiments, parce que les objets dont il a parlé seront éternellement intéressants, et que sa manière de s'exprimer est simple et piquante; mais, tout en admirant plusieurs parties de *l'Esprit des Lois*, je crois que cet ouvrage lui donnera moins de droits que les *Lettres persanes* pour se maintenir au premier rang des hommes de génie. Toutes les idées politiques répandues et dans *l'Esprit des Lois*, et dans l'ouvrage si bien fait, si sagement ordonné, sur la *Grandeur et la Décadence des Romains*, sont contenues en germe dans les *Lettres Persanes*, et le sujet y permet certaines idées qui déparent la dignité d'un ouvrage aussi grave que *l'Esprit des Lois*. »

Et il en cite un passage relatif à la polygamie et aux sérails, sujet glissant, auquel l'imagination de Montesquieu, de tout temps, s'est complu.

La conclusion du président, dans cette espèce de liquidation d'une grande bibliothèque, qu'il montre si réduite si l'on en ôtait tout ce qui est devenu inutile, fastidieux ou indifférent, semblera peu en rapport avec nos goûts d'aujourd'hui, à nous qui aimons toutes les sortes de curiosités et d'éruditions, et qui y recherchons, jusqu'à la minutie, les images et la reproduction du passé; elle a pourtant sa vérité incontestable et philosophique, plus certaine que les vogues et les retours d'un moment :

« Tous ces livres, dit-il en achevant son énumération, ne seront pas plus recherchés un jour que les *factums* relatifs à des affaires qui dans leur temps fixaient l'attention générale. Le temps fait perdre de leur prix non-seulement aux pensées des hommes, mais à leurs actions, à mesure que des actions semblables se multiplient ; des exemples de valeur héroïque, des mots sublimes inspirés par l'héroïsme militaire ou patriotique, qu'on admirait chez les Anciens, sont devenus des lieux communs; dès qu'on entend commencer l'histoire, on en devine la fin et le trait, comme on devine souvent l'hémistiche d'un vers; l'esprit se blase ainsi sur tout ; l'amour-propre même s'use; les triomphes, les honneurs, les applaudissements multipliés n'offrent plus le même attrait, et l'homme, de jour en jour, doit être moins avide de succès qu'il voit prodiguer à un grand nombre de personnes, et souvent à des hommes méprisables. Il en doit être un jour des honneurs et de la gloire, comme de la demande des auteurs à la fin d'une pièce; le flatteur empressement avait enivré Voltaire, et les Poinsinet y devinrent insensibles. Que conclure de ce que je viens de vous dire, sinon que rien n'est durable dans le monde, et que les pensées et l'estime des hommes sont comme les flots de la mer qui se succèdent et disparaissent. »

C'est fin à la fois et élevé, et d'une calmante tristesse. Maintenant nous connaissons M. de Meilhan par les parties les plus sérieuses et par les plus beaux jets de son esprit et de sa conversation.

Mais si M. de Meilhan n'était autre que le président de Longueil, et lui seul purement et simplement, il serait trop beau, il serait trop grave, il serait trop sage; il aurait un faux air de génie; il n'aurait pas assez ce qu'a remarqué en lui M. Molé, les vices de son temps, et il se piquait trop de les avoir pour négliger de se peindre par ce dernier aspect : il s'est donc montré aussi dans le père du jeune Saint-Alban, dans ce second personnage sybarite et relâché qui fait contraste avec le président, et qu'il a traité également avec complaisance.

Il est permis de croire toutefois qu'il ne s'y est peint que de profil, et en se figurant par endroits qu'il ne nous présentait que le meilleur de ses amis. Ce Saint-Alban père a la passion de l'indépendance ; à peine maître de lui-même, dès sa jeunesse, il s'est affranchi de la gêne des devoirs de la société et s'est livré à un goût raisonné pour le plaisir, avec un petit nombre d'amis ou de complaisants qui formaient une petite secte de philosophes épicuriens dont il était le chef :

« Le goût des plaisirs, le mépris des hommes, et l'amour de l'humanité et de tous les êtres sensibles, formaient la base de leur système ; mon père (c'est son fils qui parle) méprisait les hommes en théorie par delà ce qu'on peut imaginer, et cédait à chaque instant à un sentiment de bienveillance et d'indulgence qui embrassait les plus petits insectes. »

Ce qui est assez particulier, c'est que ce comte de Saint-Alban, dessiné de la sorte, nous est donné de son propre aveu comme ayant été à l'origine, et presque dès le collège, un libéral sans préjugés et un ambitieux de la belle gloire, de celle qui s'acquérait dans les luttes de la parole publique et de l'antique forum ; ce serait un grand citoyen manqué, un Chatam venu trop tard ou trop tôt, désœuvré dans le pays de madame de Pompadour, et qui, voyant le noble but impossible, en aurait dédaigné de moindres, et se serait jeté, de dégoût et de pitié, dans les délices :

« Les plaisirs sont la seule ressource de l'homme ardent et passionné dont l'ambition est contrariée : je ne pouvais prétendre à jouer le rôle de Cicéron, et je pris celui de Pétrone. Le goût des Lettres et l'amour d'une vie voluptueuse amortirent en peu de temps mon ambition, et, jusques à l'Assemblée des Notables, je ne fus occupé que des Lettres, de mes plaisirs, et du bien que je pouvais faire aux hommes. »

Mais, en vivant de cette vie obscurément délicieuse et amollie, à la fois sentimentale et très-sensuelle, il est arrivé au dégoût final, au néant ; en perdant les enchantements de la jeunesse, il a perdu ses illusions de tout genre qui, même dans l'ordre de l'esprit, avaient besoin d'elle pour se colorer. Ami de la perfectibilité au début, il a fini par douter de l'utilité de la science et des avantages que retire l'homme du progrès des lumières. La Révolution naissante l'a surpris dans cette disposition morale, et l'y a bientôt confirmé :

« Pénétré de ces idées, dit-il, je déplorai les fatales lumières du dix-huitième siècle ; et, prévoyant les malheurs qui devaient résulter de la fermentation de la lie de la nation, je me retirai dans ma terre. On m'a cru misanthrope dans le monde, tandis que la philanthropie était en quelque sorte chez moi une passion. »

On voit, du moins, que M. de Meillan excellait à combiner des nuances très-particulières de misanthrope ou d'épicurien : en homme raffiné, il y faisait entrer les contraires.

Ce Saint-Alban, dont la vie s'est passée dans un cercle de plaisirs et d'émotions agréables, est décidé à ne pas attendre que la Révolution vienne le prendre au collet, et l'atteignant dans sa personne le soumettre à une série d'épreuves cruelles et de tortures : il porte toujours sur lui un poison subtil pour s'y soustraire à temps. Dans les derniers conseils qu'il donne à son fils, à ce fils dont il s'est si peu occupé, et envers qui il ne revendique aucun des droits de l'autorité paternelle, mais seulement le privilége de l'*affection* et de la *prédilection* (ce sont les termes mesurés qu'il choisit), il insiste sur certaines recommandations précises et pratiques; il lui dit en lui faisant passer un reste de fortune :

« Il faut avant tout se garantir de la misère ; tout autre malheur doit peu affecter un homme jeune et bien portant ; mais le besoin, la dépendance et le mépris des autres empoisonnent la vie, flétrissent l'âme, abâtardissent le génie. »

Ces recommandations d'un père philosophe dans une Révolution m'en ont rappelé d'autres d'un très-ancien poëte grec, Théognis, qui avait assisté également à des révolutions politiques, et subi des confiscations, des exils : « O misérable pauvreté, s'écrie Théognis, pourquoi à cheval sur mes épaules déshonores-tu mon corps et ma pensée? Malgré moi tu m'apprends toutes sortes de hontes, moi qui connais tout ce qu'il y a de bon et de beau parmi les hommes. » Le vieux poëte, imbu d'une philosophie naturellement païenne et voluptueuse, s'adresse à un jeune ami Cyrnus. Mais sur toutes ses prescriptions, et par-dessus toutes les plaintes qui lui échappent, il plane un certain respect des Dieux, de la main desquels il convient que l'homme reçoive tout ce qu'ils envoient, les maux comme les biens : « Il ne faut point jurer que telle chose n'arrivera jamais ; car cela irrite les Dieux en qui réside tout accomplissement. » Théognis, courbant la tête sous la puissance mystérieuse qui régit le monde, consent à être quelquefois errant et mendiant comme Homère ; il ne porte point à tout propos dans sa bague le poison de Cabanis. Le raffinement des Pétrone n'était point inventé.

Ce raffinement se décèle dans le recueil des Maximes que Saint-Alban est censé léguer en souvenir à son fils. C'est un catéchisme moral digne d'Aristippe. Je n'en citerai que quelques pensées qui donnent le *fin fond* du cœur de M. de Meilhan, et dont celles qui concernent l'amitié devaient faire entre lui et madame de Crequi le sujet de contradictions assez vives :

« Chacun doit s'empresser de faire aux autres le bien que comportent ses facultés, sans attendre de reconnaissance, et sans mettre dans ses actes de bienfaisance rien de passionné qui puisse compromettre le repos. »

« Ce qui doit dégoûter de la science, c'est que jamais elle ne nous apprendra ni l'origine du monde, ni le premier principe des êtres, ni leur destination. »

« L'ambition est une passion dangereuse et vaine, mais ce serait un malheur pour la plupart des hommes que d'en être totalement dénués ; elle sert à occuper l'esprit, à préserver de l'ennui qui naît de la satiété ; elle s'oppose dans la jeunesse à l'abus des plaisirs, qui entraînerait trop vivement ; elle les remplace en partie dans la vieillesse, et sert à entretenir dans l'esprit une activité qui fait sentir l'existence et ranime nos facultés. »

« Il est bon d'exercer son esprit pour se procurer des plaisirs à tous les âges ; il est bon de se former des plaisirs intellectuels qui servent d'entr'actes aux plaisirs des sens, qui sont les seuls réels... »

« Il faut croire assez à l'amitié pour avoir de douces illusions, mais jamais ne s'abandonner assez fortement pour être surpris de n'avoir embrassé qu'un nuage. »

« Il n'est personne à qui l'on doive confier des secrets dont la publication peut compromettre la vie et le bonheur : il faut donc séparer d'avance dans sa pensée tout ce qui doit être l'objet d'un profond silence avec le plus intime ami, et s'abandonner à lui pour tout le reste. C'est une vaste maison ouverte à l'amitié ; dont une seule pièce reste fermée. »

« Le plus grand plaisir en amitié est de parler de soi, et cet épanchement provient d'une faiblesse mêlée d'amour-propre. »

« Cacher son amour-propre et caresser celui d'autrui est le contraire de ce que font les hommes, et c'est cependant le seul moyen d'avoir avec eux des rapports agréables et de leur plaire. »

Je laisse bien d'autres de ces pensées là où elles sont. C'est encore un poison qu'il avait dans sa bague : il peut y rester (1).

Nous tenons la seconde moitié de M. de Meilhan ;

(1) En voici la dernière, qui résume le système avec une rare énergie : « A mesure que l'on vieillit, il faut se concentrer davantage dans soi-même, se réduire au bonheur sensuel, et restreindre ses rapports avec les autres, parce qu'on n'en peut attendre que des marques du mépris inné dans le cœur de l'homme pour tout ce qui décèle l'impuissance, et que la vieillesse est la plus grande des impuissances. »

qu'elle se rejoigne comme elle pourra à la première. Il s'était dédoublé, nous le rassemblons; nous le comprenons tout entier. Dans tous les cas, nous avons rafraîchi par des impressions nouvelles et bien nettes l'ancienne connaissance que nous avions de lui. Certes, il était plus qu'un homme d'esprit dans le sens ordinaire et même dans le sens distingué où on emploie le mot. Il avait des vues, de la portée, des idées. Dans ce roman de *l'Émigré*, ils en ont tous. Le président de Longueil disait quelquefois en montrant la tête de son jeune élève : « Il y a du monde au logis. » Dans la conversation, M. de Meilhan devait être brillant, imprévu, fertile, plein de coup-d'œil, ouvrant à tout moment des perspectives, donnant le sentiment et l'aperçu de grandes choses qu'il ne s'agissait plus que d'exécuter. Tel madame de Crequi le vit, l'admira et l'aurait voulu perfectionner. Elle aurait voulu développer en lui le président de Longueil, et corriger le Saint-Alban. Elle lui donne quelques conseils dans ce sens. Elle ne pouvait, pure et vertueuse comme elle avait toujours été, soupçonner les recoins profonds que la corruption du siècle avait creusés en lui. Il y avait, dans la première édition des *Considérations sur les Mœurs*, quelques passages assez peu honnêtes qu'elle n'avait pas bien compris : « Ce que j'entends le moins dans ce recueil, disait-elle en lui en renvoyant le manuscrit, c'est ce qui touche mon sexe; mais pour le reste, je l'ai souvent pensé. » Madame de Crequi, malgré sa longue expérience du monde et son esprit mordant, avait l'âme neuve et par certains endroits assez naïve. Il faut voir comme, dans les prétendus *Mémoires d'Anne de Gonzague*, elle goûte l'épisode romanesque de la comtesse de Moret, que M. de Meilhan avait ajouté à la seconde édition; elle y revient sans cesse : cette vie à deux, toute d'union, d'amitié et de sacrifice, au milieu de la forêt des Ardennes, dans une profonde solitude, lui paraît réaliser l'idéal du parfait bonheur et lui arrache des larmes : « Quel dommage, s'écrie-t-elle, que ce ne soient là que des songes ! »

Quand leur liaison se fit, elle avait soixante-huit ans, et lui quarante-six. Le souvenir de la liaison de madame du Deffand et d'Horace Walpole se présente aussitôt à l'esprit, et l'on se demande involontairement : « N'y eut-il rien, chez madame de Crequi, de ce sentiment possible à tout âge chez une femme, et qui la porte avec un intérêt tendre vers un homme dont quelques qualités la séduisent ? n'y eut-il pas un reste de chaleur de cœur tardivement ranimé ? » Qu'on réduise la chose autant qu'on le voudra, qu'on la déguise sous forme d'intellect, qu'on n'y voie qu'un besoin de causer, de trouver qui vous entende et vous réponde, il est certain que la connaissance de M. de Meilhan introduisit un mouvement et un attrait dans la vie de madame de Crequi : elle s'occupe de lui, elle désire son avancement, elle le souhaite plus proche d'elle, elle épouse sa réputation, elle a besoin qu'il soit loué et approuvé. Il lui fait l'effet d'être plus jeune qu'il ne l'était, et M. de Meilhan passa longtemps dans le monde pour être plus jeune que son âge : elle le plaint et elle compatit à le voir ainsi désabusé comme un vieillard, et il semble qu'en mettant son propre désenchantement en commun avec le sien, elle ait quelque désir de le consoler : « Vous êtes destiné, monsieur, lui disait-elle au début, à passer une vie douloureuse : *vous voyez le jeu des machines, et alors plus de bonheur.* »

Je crois qu'en demeurant dans ces termes, et bien en deçà d'une passion qui ferait sourire, on a saisi le point délicat et vif de la liaison de M. de Meilhan avec madame de Crequi.

Lundi, 6 octobre 1856.

LA MARQUISE DE CREQUI

(FIN)

IV. — *Les Lettres de madame de Crequi.* — *Ses jugements sur les auteurs; excès dans la justesse.* — *De l'atticisme en France et de ses variations depuis deux siècles.* — *De la bonne compagnie qui ne meurt pas.*

Je ne parlerai pas bien longuement de la Correspondance qui se publie, de peur que le commentaire ne devienne plus gros que le texte. Ces lettres, en effet, ne sont le plus souvent que des billets, mais ce sont des billets parlants; on n'a nulle part mieux le ton de la conversation qui se faisait l'instant d'avant ou l'instant d'après. « Retirez-vous, polisson! M. Necker s'avance; on m'a dit qu'il désirait succéder au chevalier de Chastellux, et si cela est, il est sûr d'obtenir. » Il s'agissait d'une place à l'Académie; M. Necker ne se présenta pas, mais ce début de billet est le premier mot dont madame de Crequi, de son fauteuil, eût accueilli M. de Meilhan s'il était entré ce jour-là dans son salon. Les jugements qu'elle porte sur les hommes de lettres de son temps sont décisifs; l'accent dont elle les note en passant les grave. On n'a jamais été moins ébloui qu'elle par les réputations contemporaines et par les gloires d'un jour. Et Garat, « qui s'est fait député du Tiers, et qui va être de l'Académie : c'est un pauvre mérite que ce Garat; » — et *le Chamfort*, qu'elle force bel et bien de rétracter une de ses *atrocités* sur une pauvre morte qui n'est plus là pour se défendre; — et le Raynal, dont elle se prive très-volontiers à la lecture : « Je ne connais que sa conversation, très-fatigante, et ses prétentions, très-satisfaites : mon âme est naturellement chrétienne, et tout ce qui me ferait perdre ce sentiment, si cela était possible, il m'est facile de m'en abstenir; » — et Cérutti, qui avait alors son instant de lueur et jetait sa première et dernière étincelle :

« L'administrateur Cérutti vient d'achever sa rhétorique : il promettait beaucoup, il y a vingt ans; il n'a pas fait un pas depuis ce temps-là. On voit effectivement des germes qui ne feront que des fausses couches. Total, ses vers m'ont paru prosaïques, et sa prose une pauvreté pomponnée. Ne vous étonnez pas de son extase vis-à-vis du siècle : il lui doit tout. »

Se peut-il un croquis plus net, un médaillon mieux frappé? — Et le président Dupaty, qui vient de donner (1788) deux volumes de *Lettres sur l'Italie :*

« Il y joue Montesquieu comme le singe joue l'homme. Des éloges de M. Necker, ah! Mais ce qui me charme, c'est qu'il n'a trouvé nulle part une bonne jurisprudence, mais un prince admirable : c'est le Grand-Duc; et partout des sensations, des émotions, tout le contraire de votre paralysie. Il faut cependant voir cela, afin d'accroître, s'il se peut, son mépris sur les réputations; car cela réussit. »

Et le Fortia (d'Urban) dont nous avons vu le pâle couchant, et dont elle salue l'aurore d'un mot sec en trois lettres; — et le Montyon, devenu si cher aux Académies, mais qu'en son temps elle trouve plus frivole chaque jour et plus courtisan, adorant les glorioles, « et toujours à l'affût des petites nouvelles, sur lesquelles il disserte; » — sur eux tous elle a la pierre de touche prompte et qui laissa sa trace.

Elle parle assez favorablement de Rivarol; ce n'est pas qu'elle ne sache ce qu'on y peut reprendre : « Mais, vu la misère des temps, je le trouve bon; il y a une sorte d'originalité dans le style et des aperçus qui ne sont que trop justes, mais il faut s'en distraire. » Il s'agissait de quelque écrit de Rivarol, qui touchait aux affaires du temps.

Sur madame de Genlis, dont elle parle au long dans deux lettres qui ne sont pas adressées à M. de Meilhan, elle développe les raisons de son antipathie et nous explique ses sévérités. Tout la séparait de cette femme de lettres habile, douée de talents et de facilités incontestables, mais de veine mensongère et verbeuse. La religion *romancée* de madame de Genlis révoltait la religion positive et vraie de madame de Crequi; ses jugements littéraires, dictés par la prévention et arrangés selon le thème du moment, étonnaient le goût ferme et sain de la marquise, et ce système d'éducation tout échelonné en jeux et en plaisirs n'offensait pas moins sa solidité. Dans les ouvrages, si vantés alors, de ce professeur d'un nouveau genre, au milieu des qualités spécieuses il y avait un manque de sincérité auquel elle ne pouvait se faire. Elles étaient de deux races d'esprit opposées.

Voltaire est un de ceux sur lesquels madame de Crequi a laissé le plus au net son jugement, et l'on saisit bien les deux principes, les deux termes contraires qu'elle y fait entrer et qu'elle y maintient en présence. Le style, le ton, la manière de Voltaire lui paraissent choses aimables et charmantes; souvent elle blâmera le fond, mais il lui semble difficile de critiquer le tour, et encore plus difficile de l'imiter. Quant à l'effet moral que lui fait le manége de l'homme vu de près et son inquiétude de succès, il faut l'entendre elle-même :

« J'ai vu la Correspondance de Voltaire (dans l'édition de Kehl, qui paraissait alors, et comme je lis *moralistement*, elle me fait beaucoup de plaisir. Un homme tel que lui, si vil par gloriole, est un spectacle pour des yeux observateurs. Ne croyez pas qu'il fût dupe des dieux qu'il encensait, mais il voulait être encensé, prôné et couru : il l'a été, et certainement, sans cette manigance honteuse, il n'aurait pas été aussi célèbre avec le même mérite. J'y ai souvent réfléchi : les vicieux sont plus célébrés et plus aimables que les vertueux modestes. La raison ni les principes n'arrêtent jamais les premiers ; ils se permettent tout, et ils obtiennent tout. On les craint, on les désire, on s'en vante ; et le talent modeste est estimé et souvent oublié. »

Il est à regretter qu'elle n'ait pas également laissé son opinion sur Rousseau qu'elle avait si bien connu, et que ce qu'elle en disait ne soit point arrivé jusqu'à nous. On aurait sur lui quelque chose de plus, et de très-particulier. Elle a une manière de frapper la corde et de la faire résonner que d'autres n'ont pas.

Madame de Crequi, on l'a vu, goûtait peu madame de Staël et ne devinait pas son grand esprit sous son enthousiasme. Elle a parlé légèrement en un endroit de Bernardin de Saint-Pierre. C'est à propos du prix d'utilité déjà fondé par M. de Montyon, et que le peintre des *Études de la Nature* disputa à M. Necker, auteur de l'*Importance des Opinions religieuses :* « Ce M. de Saint-Pierre, dit-elle, était son concurrent : je n'aime pas mieux son livre. » Voilà qui abrége. En général, madame de Crequi, excellent type de fin de société, ne devine pas l'avenir et ne pressent pas l'esprit nouveau. Elle ne croit plus, depuis des années, à de futurs printemps, et Bernardin de Saint-Pierre, avec ses harmonies et ses verdures, lui paraissait hors de saison. Elle revient en maint endroit sur cette peu flatteuse idée, qu'on ne peut plus vivre avec le monde tel qu'il est, « que tous les jours elle trouve le monde plus bête. » Mais cette même personne, qui sait très-bien regimber contre ceux qui ne voulaient pas qu'on eût le sens commun depuis le siècle de Louis XIV, pourquoi ne veut-elle pas que d'autres aient du sens commun après elle, et que l'esprit, tant bien que mal, continue, sauf à prendre un costume un peu différent?

Ces divers jugements de madame de Crequi, le plus souvent justes en dernier résultat, mais si secs, et qui coupent leur homme en quatre, ont un inconvénient, et, par leur rigueur même, atteignent à une sorte d'injustice; ils ne laissent après eux aucune ressource à celui qui en est l'objet. Ce ne sont pas des jugements, ce sont des exécutions. Il n'y aurait plus, en sortant de là, qu'à enterrer le personnage ainsi laissé sur le carreau. Or, plusieurs de ces hommes étaient pleins de vie et devaient agir encore. Le mieux donc, même en causant, est de ne pas désespérer à ce point des talents nés incomplets, de ne pas rayer d'un trait les esprits, eussent-ils leur coin d'infirmité (et chacun a le sien, elle en convient toute la première), de ne pas méconnaître le parti qu'ils peuvent tirer d'eux-mêmes et qu'en peut tirer la société. Cela aide à vivre avec eux, si on a à vivre encore. De leurs défauts combinés avec d'autres parties meilleures, il peut s'engendrer, chemin faisant, de bonnes choses et sortir des effets non méprisables. Je n'en veux pour exemple que M. de Montyon, qui, en obéissant à des mobiles dont quelques-uns au moins étaient nobles, a su se rendre utile jusque dans l'avenir et perpétuer honorablement sa mémoire.

L'objection que je fais ici à madame de Crequi est la même que j'adresserais à madame Du Deffand et à toutes ces personnes d'autrefois, d'un goût exquis, d'un esprit exact, d'un monde consommé, et qui ont trop vécu. On a, en les lisant ou en les écoutant (quand on a eu le plaisir d'en rencontrer quelqu'une de pareille), l'impression qu'on est au bout du monde et que la création est épuisée. Avec elles on a le *tuf* des jugements; ce tuf est recouvert à peine d'une terre très-maigre; c'est stérile. Mais, en revanche et aux belles heures, on se fait aussi près d'elles l'idée d'une certaine perfection, d'un certain atticisme, de quelque chose de net, de bien dit, de définitivement pensé, et qui ne se reverra plus. On jouit singulièrement par la partie la plus civilisée de l'esprit.

Ce qu'on peut appeler l'atticisme dans notre langue ne date guère que du dix-septième siècle, et on le retrouve, selon moi, avec toute sa pureté jusque dans la langue parlée de la fin du dix-huitième; je dis la langue *parlée* et non écrite, la langue de la conversation et non celle des livres; là où cette langue parlée a laissé des traces et des témoignages d'elle-même, c'est-à-dire dans les Correspondances, on la goûte encore en ce qu'elle a de parfait, et c'est à ce titre qu'après l'excellente et plus ample Correspondance de madame Du Deffand, les billets de madame de Crequi ont leur prix.

Nulle part cet atticisme (ne vous en en étonnez pas) ne s'offre dans de meilleures conditions, avec ses qualités propres et sincères, que chez les vieilles femmes qui ont du bon sens et du monde, et qui ont eu le temps de se débarrasser des faux goûts et des fausses expressions que la mode avait mis en circulation dans leur jeunesse. Les écrivains sont de métier, de profession; ils sont doctes, les uns novateurs, les autres académiques; ils ont des systèmes et des recettes d'art, ils ont des curiosités ou des emphases; ils font quelquefois avancer la langue, mais aussi ils la tourmentent ils la déplacent. Pendant ce temps-là, quelques vieilles femmes assises dans leur chambre parlent le français à ravir, familièrement, crûment, comme chez elles, sans demander la permission à personne, et tout à fait comme des vieilles d'Athènes. Cela est vrai des deux derniers siècles, et depuis madame Cornuel jusqu'à madame de Crequi.

N'allez pas me demander de définir l'atticisme; l'atticisme chez un peuple, et au moment heureux de sa société ou de sa littérature, est une qualité légère qui ne tient pas moins à ceux qui la sentent qu'à celui qui parle ou qui écrit; je me contenterai de dire que c'est une propriété dans les termes et un naturel dans le tour, une simplicité et netteté, une aisance et familiarité entre gens qui s'entendent sans appuyer trop, et qui sont tous de la maison. Quelques fautes de grammaire, si elles ne sont que de négligence et d'oubli, n'y font rien et n'y contreviennent pas; bien loin de là, elles y contribuent. Rien d'étranger surtout, ni de cherché du dehors, ni d'affiché; voilà le point. La locution vulgaire s'y relève par l'application seule, et devient piquante. Chaque esprit, au reste, y porte sa nuance particulière; l'un y met le sel, la gaieté ou l'âcreté de la réplique, l'autre une fleur de raillerie et de délicatesse. Toujours et pour tous, la mesure et la sobriété.

J'ai dit qu'en France, à en juger par l'histoire de notre société, les femmes d'un certain âge sont plus propres à ce genre de perfection que les hommes ou que les plus jeunes femmes : ces dernières en effet ont volontiers le travers d'épouser les modes jusque dans les choses de l'esprit, et de les porter d'abord à l'excès. Elles aussi ont des cocardes, et elles les font; elles les distribuent. Du temps de l'Hôtel Rambouillet, bien des jeunes femmes comptaient et brillaient entre les précieuses, qui plus tard et en vieillissant revinrent à la parfaite et saine justesse. Madame de Sablé, retirée à l'ombre de Port-Royal, ne gardait que peu de marques de cette première manière; madame de Longueville ne s'en guérit jamais. Mais madame de Sévigné, madame de La Fayette rejetèrent de bonne heure et bien vite tout soupçon de *préciosité*, si tant est qu'elles en aient été un moment atteintes. La langue du monde, telle que ces deux personnes d'une raison si charmante et leur ancienne amie madame de Maintenon la parlèrent et la firent, était le suprême de cette exquise et simple élégance où le soin disparaît dans la facilité. Les rares jeunes femmes à qui il fut donné d'éclore et de fleurir dans ce cercle des Maintenon et des Coulanges en étaient imbues sans effort; celles-là eurent le regard de la Grâce en naissant. On peut dire de madame de Caylus que sa parole fut sans tache dès qu'elle la bégaya, et qu'elle eut la perfection innée du langage. Une telle félicité de saison ne se renouvelle pas deux fois. Dès le commencement du dix-huitième siècle, une nouvelle maladie de l'esprit, un nouveau genre de précieux, et d'autant plus subtil qu'il se donnait des airs simples, s'introduisit et courut par Fontenelle et La Motte. Le salon de madame de Lambert, la petite Cour de Sceaux, un peu plus tard l'hôtel de Brancas, en tenaient école à des degrés différents, et l'on y voyait comme des jeux d'escrime. Voltaire, dès le premier jour, para au danger pour lui et pour les autres; il rompit avec le concerté; il donna l'exemple d'une source rapide et vive de naturel, circulant à travers le siècle. Quelques femmes n'avaient pas eu besoin de cet exemple pour rester ou redevenir naturelles de leur côté et fidèles à la plus saine diction. Je n'oserais dire que madame du Châtelet ou madame de Staal De Launay n'eussent pas gardé, en écrivant, quelque chose de la science et des études qui les occupaient chacune dans son genre et à sa manière. Mais madame Du Deffand en était tout à fait exempte, et sa langue est la plus excellente qui se puisse rencontrer, sauf les sécheresses qui sont inhérentes à son esprit.

Cependant une grave complication était survenue au milieu du siècle. Jean-Jacques Rousseau se levant avait tout d'un coup parlé une langue éloquente, ferme et franche, pleine de séve, mais où s'accusait aussi la roideur et le travail de l'ouvrier, et que le solennel et le déclamatoire gâtaient par endroits. Ces grands talents, en apparaissant, renouvellent les courants de l'intelligence et de la curiosité publique, mais dérangent et troublent l'atticisme là où il existe encore : on les applaudit, on s'exalte, on les veut imiter, et on les imite même quand on ne le veut pas : ils s'interposent pour longtemps, avec leur manière de dire, entre la pensée et l'expression de chacun de leurs admirateurs. Les imaginations et les âmes, une fois atteintes *du Rousseau*, eurent peine à s'en débarrasser ensuite, et à rejeter cet élément fiévreux tant de leur cœur que de leur parole. Je ne sais si madame de Crequi n'en fut pas attaquée un moment; on le dirait du moins, à voir son vif intérêt pour la personne de Rousseau et pour ses écrits. Mais il semble aussi que c'est surtout pour les qualités mâles et fermes qu'elle le goûta. Quoi qu'il en soit, vieille, il ne lui en restait rien, que peut-être une certaine trempe et vigueur habituelle d'expression quand elle raisonnait. Elle avait eu plus à faire, je le crois, que madame Du Deffand pour être simple la plume à la main, et elle y était également revenue.

Au sortir du dix-huitième siècle, nous franchissons le plus périlleux des détroits, je parle toujours au point de vue de l'atticisme. Ce n'est plus Rousseau qui vient, c'est Chateaubriand : il étonne, il trouble et bouleverse à son tour et les jeunes cœurs et les vieilles formes de langage; il frappe les têtes, il séduit à tort et à travers, à droite et à gauche, et projette jusque dans les rangs de ses adversaires ses fascinations éclatantes. Madame de Staël, quoique moins puissamment, fait de même. On n'est pas encore remis de la commotion violente produite par ces deux talents, et de l'imitation forcée qu'elle entraîne, que viendra Lamartine, cet autre enchanteur et fascinateur, suivi de bien d'autres : les Lamennais, les Sand, les Michelet... Ce n'est pas un crime que je leur fais, mais tout grand talent est presque nécessairement perturbateur d'atticisme. Et puis toutes les langues vivantes qu'on sait désormais et qu'on mêle, les sciences avec l'industrie dont le vocabulaire déborde et nous inonde, tant de produits exotiques, l'Esthétique, l'Hégélianisme, l'Humanitarisme, toutes *ces mers à boire*, tout ce qu'on prend chaque jour, sans s'en apercevoir, avec le feuilleton du matin ! L'atticisme, c'est-à-dire le pur langage naturel français, reposé, coulant de source, et jaillissant des lèvres avant toute coloration factice, est-il donc fini à jamais, et doit-il être rejeté en arrière parmi les antiquités abolies qu'on ne reverra plus? Il est certainement très-compromis, et c'est un mot et une chose qui n'a plus guère de sens aujourd'hui ni d'application.

Mais cependant, même après Chateaubriand ou *pendant* Chateaubriand, sous le premier Empire et sous la Restauration, il se voyait encore de bien beaux restes, des coins réservés d'atticisme. On l'eût retrouvé, par exemple, au suprême degré dans le salon de la princesse de Poix, un de ses derniers asiles. Je viens de lire une très-agréable et fidèle description de ce monde-là par une personne plus jeune et qui en avait reçu dès le berceau les dernières et intimes élégances, par une personne de notre temps, et qui n'a disparu que d'hier. La vicomtesse de Noailles, en écrivant la *Vie de la Princesse de Poix née Beauvau*, sa grand'mère (1), a fait comme le testament de ce vieux et délicieux monde qui s'est prolongé assez tard pour quelques natures d'élite abritées depuis leur naissance dans des cercles privilégiés. Le petit écrit de la vicomtesse de Noailles n'est

(1) Un volume avec portrait, imprimé chez Lahure (1855), et tiré à peu d'exemplaires.

pas seulement une peinture de cette ancienne politesse et de cette finesse comme naturelle du ton et du langage, il en est presque partout un modèle. Se peut-il un portrait plus vrai, qui dise plus et moins, qui rappelle mieux les *Souvenirs de Caylus*, que celui-ci (je le choisis entre dix autres) de la princesse d'Hénin, avec laquelle la vicomtesse de Noailles avait passé une partie de sa jeunesse :

« J'ai vu en elle une chaleur et une vivacité qui étonneraient bien aujourd'hui. Notre tante (M. d'Hénin était cousin germain de ma grand'mère) avait été belle, à la mode, et, je pense, un peu coquette. A cela près (1), l'âge n'avait rien changé en elle ; sa figure resta noble et agréable jusqu'à la fin de sa vie, et son caractère ne subit pas plus de modification. C'était une personne toute de mouvement ; je n'ai jamais rien vu de si vif ; quand la dispute s'échauffait entre elle et mes parents, je ne pouvais m'empêcher de trembler pour eux : les cris, les interruptions, les démentis, les sorties furibondes en brisant les portes, tout faisait croire qu'ils ne se reverraient de leur vie. Il est vrai que le moment d'après on riait de soi et des autres, et on ne s'en aimait que mieux. Le nom de fille de notre tante était Mauconseil ; sa mère était une belle femme de beaucoup d'esprit, qui avait épousé un vieux mari, dont j'ai ouï conter qu'il avait été page de Louis XIV ; il en gardait l'immense souvenir d'avoir un jour brûlé la perruque du grand roi avec son flambeau. Mademoiselle de Mauconseil, fille unique, riche, très-jolie, et passablement enfant gâté, épousa le prince d'Hénin, fils d'une Beauvau, sœur du père de ma grand'mère ; ce fut l'origine de leur liaison. Elle fut dame du palais de la reine, extrêmement à la mode, et resta toute sa vie volontaire, impétueuse, irascible, mais avec tout cela si bonne, si généreuse, si dévouée à ses amis et aux plus nobles sentiments, et puis si spirituelle,

---

(1) Je me suis permis de changer un mot ; le croirait-on ? au lieu de : *à cela près*, il y avait dans le texte : *à ce dernier fait près...!* Tant il est vrai que les langages les plus purs courent des risques par le voisinage, et se ressentent toujours plus ou moins de l'air du dehors. On lit le journal, le regard tombe sur un discours (du temps qu'il y avait des discours) ou sur un rapport concernant les chemins de fer ou tout autre matière d'intérêt public ; on en connaît l'auteur, on essaie de le lire, et il en reste quelque expression de style administratif et positif, qui ensuite se glisse par mégarde sous la plume aux endroits les plus gracieux.

et, par suite de son extrême naturel, si parfaitement originale, qu'elle excitait constamment l'affection, l'admiration, et en même temps la gaieté. Sa réputation fut attaquée en deux occasions, d'abord au sujet du chevalier de Coigny, et ensuite du marquis de Lally-Tolendal. La première de ces médisances fut à peine fondée; la seconde devint respectable, car il s'ensuivit une amitié dévouée qui dura jusqu'à la mort de ma tante, devenue fort pieuse plusieurs années avant sa fin. »

Nous retrouvons dans ce joli volume les portraits de plusieurs amies et connaissances de madame de Crequi, notamment de la maréchale de Mouchy et de madame de Tessé. En parlant de ce monde-là, de la haute société dans les premières années du règne de Louis XVI, la vicomtesse de Noailles lui donne plus de vie qu'on ne lui en voit et qu'on ne lui en supposerait en lisant les lettres de madame de Crequi; elle lui prête peut-être un peu de ce rajeunissement qui était en elle, personne du seizième siècle et qu'avaient caressée les souffles nouveaux. Elle y répand un peu de la teinte animée et de la fraîcheur qui signalèrent les printemps d'une autre époque recommençante, et elle revoit le passé à travers un léger voile embelli que son imagination gracieuse et son émotion colorent :

« Mon Dieu, s'écrie-t-elle, qu'on est injuste pour ce temps-là ! que la société distinguée était généreuse, élevée, délicate! que de dévouement dans l'amitié! que de solidité dans tous les liens! que de respect pour la foi jurée dans les rapports les moins moraux! Jamais le roman ne s'est produit dans la réalité comme alors. Je sais bien que justement c'est un reproche, et un reproche fondé à faire à cette aimable société, que ce manque d'aplomb moral qui laissait un vague dangereux à la vertu; mais n'était-ce pas là l'esprit général du siècle, et n'est-ce pas là la source de tous les maux qui ont ensanglanté notre pays après l'avoir bouleversé?...

« La société française des derniers jours de Louis XV et du commencement du règne suivant, dit-elle encore dans une page d'une apologie séduisante, est, à mon avis, la combinaison la plus exquise de tous les perfectionnements de l'esprit, et surtout du goût. Les hardiesses de la philosophie, devenues plus tard des instruments de destruction, n'étaient alors que des stimulants pour la pensée. Voltaire, dont notre Révolution eût fait le désespoir (car jamais esprit ne fut à la fois plus aristocratique et plus libéral), excitait ses disciples de Cour à mêler aux discussions littéraires l'examen de l'état social de leur époque; ce puissant intérêt, tout nouveau pour des esprits légers, les élevait à leurs propres yeux, en même temps qu'il ouvrait à leur curieuse ardeur un champ inconnu et sans bornes. Quel charme dans ces réunions du commencement de notre terrible Révolution, où les intelligences distinguées, les âmes généreuses de toutes les classes se réunissaient dans le désir du bien! J'ai toujours pensé qu'un homme de génie arrivant aux affaires eût tiré le plus magnifique parti de tous les éléments qui fermentaient alors. Si Napoléon eût été à la place de l'archevêque de Sens (*de toutes les spirituelles suppositions qu'on pouvait faire, voilà certes la plus inattendue*), il eût recommencé en 1789 les conquêtes de Louis XIV, ou réalisé les rêves de nos meilleurs princes. Que de beaux faits d'armes n'eussent pas illustré cette jeune noblesse qui courait en Amérique malgré son roi! que de talents perdus dans nos premières Assemblées auraient réformé l'administration ou relevé la magistrature! Cette première époque de notre Révolution est celle d'une grande injustice envers la jeunesse de la haute classe. On s'obstine encore aujourd'hui à la représenter sous des traits qu'elle n'avait plus, et on la calomnie malgré l'évidence des faits. La philosophie n'avait point d'apôtres plus fervents que les grands seigneurs. L'horreur des abus, le mépris des distinctions héréditaires, tous ces sentiments dont les classes inférieures se sont emparées dans leur intérêt, ont dû leur premier éclat à l'enthousiasme des grands, et les élèves de Rousseau et de Voltaire les plus ardents et les plus actifs étaient plus encore les courtisans que les gens de lettres. L'exaltation chez quelques-uns allait jusqu'à l'aveuglement. Les imaginations vives se flattaient de voir réaliser les plus belles chimères, ou se dépouillaient avec satisfaction de ce qu'on croyait abusif, pensant naïvement s'élever ainsi à une hauteur morale que les masses auraient la générosité de comprendre et de respecter. Enfin, comme l'Astrologue de la fable, on tombait dans un puits en regardant les astres.

« En attendant la catastrophe, la société était délicieuse; la diversité des manières de voir, la vivacité des espérances ou des inquiétudes, la nouveauté des objets d'intérêt, y imprimaient un mouvement sans exemple. Tous les esprits s'y montraient sous un jour imprévu... »

La vicomtesse de Noailles est fidèle encore au salon de la maréchale de Beauvau et de ses grands-parents, en nous le montrant ainsi, aux approches de 89, traversé en bien des sens et agité de ces courants d'opinion qui rafraîchissaient si agréablement les esprits et y remuaient les idées avant qu'on eût la tempête. Nous sommes loin du tableau satirique, et pourtant bien véridique aussi, qu'en a tracé M. de Meilhan. C'est ce même monde dont madame de Crequi répète à tout moment qu'on n'y pouvait plus vivre. On dirait ici que l'illusion n'a pas cessé; elle se ranime aux complaisances de l'affection filiale, et elle se joue cette fois sans danger à l'horizon du souvenir.

Affection, admiration, sources fécondes qui souvent s'égarent, mais qui réjouissent toujours! Après tout, ne soyons point exclusifs et négatifs en aucun genre; ne prenons jamais le dégoût pour le goût, l'exemption pour la qualité; et, de quelque prix qu'il soit à qui l'a su connaître, périsse l'atticisme lui-même si on ne peut absolument le conserver que par le manque de vie, par une stagnation qui mène insensiblement et bientôt à la sécheresse!

Il faut prendre garde de faire à notre tour comme madame de Crequi, et de prétendre fermer après soi le monde. Combien de fois n'a-t-on pas dit que la bonne compagnie s'en va, qu'elle est morte! C'est une doléance qui se renouvelle à chaque génération. Rien n'est moins vrai. Partout où il y aura une femme spirituelle, douée de charme; à côté de l'aïeule souriante et qui n'invoque pas à tout propos son expérience, une mère avec d'aimables filles qui paraîtront presque ses sœurs; un cercle de jeunes femmes amies, honnêtement enjouées, instruites, attirant autour d'elles leurs frères; partout où il y aura de l'aisance, de l'instruction et de la culture, des mœurs sans maussaderie, avec le désir de plaire; partout où tout cela se rencontre, la bonne compagnie à l'instant recommence. Seulement comme la société n'est plus étagée ainsi qu'elle l'était, cette bonne compagnie qui ne sera pas en vue dans quelque hôtel du faubourg Saint-Germain ou du faubourg Saint-Honoré, et qui n'aura point son cadre historique ne sera pas remarquée, ne sera pas citée et célèbre. Et puis il est possible que, dans ce cercle d'ailleurs charmant, et avant tout intelligent, l'admiration surabonde et que la chaleur l'emporte sur la fine raillerie; que quelqu'un parle trop haut, qu'un autre ait l'accent de sa province; qu'on ne sache pas de certaines manières, de certaines traditions d'autrefois, et qu'un raffiné des beaux temps, s'il y entrait à l'improviste, pût trouver à redire. Mais pour tout l'essentiel, on l'aura; on y retrouvera tout de la bonne compagnie, le solide et même l'agréable.

Ce sont les idées qui me venaient à l'esprit en lisant les lettres de madame de Crequi à M. de Meilhan, et en réfléchissant sur cette ancienne société dont elles nous rendent un moment la note rapide et précise, le dernier mot aigu et arrêté. Cette Correspondance, qui n'est qu'une indication de ce qui a fui et de ce qui ne s'écrivait pas, se termine assez naturellement dans les premiers mois de 89 et avec l'ouverture des États généraux, d'abord parce que M. de Meilhan revint à Paris, et aussi parce qu'un commerce de lettres intimes sur les intérêts de société devenait insignifiant en présence des grands événements publics. C'est le moment où l'on a cessé de causer à loisir, à demi-voix, et de s'entretenir d'une manière désintéressée; le bruit de l'Assemblée et celui de la rue absorbaient tout. On ne parlait plus que d'une seule chose, et les dangers de la situation dominaient les âmes. Plus rien de libre ni de léger; comme chez les fabuleux Phéaciens, ce qui l'instant d'auparavant était le navire ailé qui allait et venait sans cesse et volait aussi vite que la pensée, s'était tout d'un coup changé en un rocher fixe, en une écrasante montagne qui barrait la vue et couvrait la ville d'effroi.

Madame de Crequi ne paraît avoir songé en aucun

temps à émigrer. En 1793 elle fut mise en arrestation, elle s'y attendait; conduite au couvent des *Oiseaux*, qui était alors converti en prison, elle y passa tolérablement les mois de la captivité, et en sortit après le 9 thermidor. Elle se refit une société composée de quelques anciens amis et de parents. Son fils mourut deux ans avant elle, lui laissant des ennuis derniers et des embarras d'affaires, et prolongeant ses torts envers elle jusqu'au delà de la mort. Elle-même mourut le 2 février 1803.

Madame de Crequi, à l'en croire, avait toujours été laide; elle faisait bon marché de son passé et de ses grâces de jeunesse : « Mais, nous dit l'auteur de la Notice déjà citée, M. Percheron, qui a eu souvent occasion de la voir, dans cette appréciation d'elle-même elle allait un peu loin : elle était petite, avait une grosse tête et un nez de perroquet très-prononcé; cela ne constitue pas effectivement de la beauté! mais elle avait eu une très-jolie taille, la peau très-blanche et des yeux très-éclatants, qui avaient conservé leur vivacité jusque dans ses derniers jours; avec ces avantages, c'est trop de dire qu'elle était *laide*. » Elle portait dans sa vieillesse un petit bonnet à bec, et était montée sur des mules avec des talons très-hauts. — C'est sous cette figure, qui ne manque pas du moins de caractère, qu'on peut se représenter de loin la personne respectable, aujourd'hui remise dans son vrai jour, au moment où elle disparaît l'une des dernières **au bout d'une des allées du dix-huitième siècle.**

Lundi, 5 janvier 1857.

LE BARON DE BESENVAL

Besenval est certainement, avec Benjamin Constant, le Suisse le plus Français qui ait jamais été. La littérature française lui doit un souvenir, même quand ce souvenir serait fort tempéré de réserves et relevé de quelque sévérité. C'est l'oubli qui est le plus cruel des jugements pour ces morts qui, du temps qu'ils vivaient, n'avaient que ce monde en vue. Le baron de Besenval (prononcez *Bessval* ou *Beusval* pour faire comme l'ancienne société et avoir l'air familier avec le nom) naquit vers 1721 à Soleure, ou du moins d'une famille patricienne de Soleure, qui servait déjà la France. Son père fut envoyé, dès 1707, en Saxe, avec le caractère de ministre. Il eut, par suite, à offrir à Charles XII la médiation de la France entre lui et ses ennemis. Les Affaires étrangères conservent les pièces relatives à cette mission de M. de Besenval, et qui témoignent de ses services (1). Rulhière, dans le temps qu'il travaillait à son *Histoire de Pologne*, fit à Besenval la galanterie de lui copier l'une de ces

---

(1) Un biographe qui aurait du loisir ne ferait pas mal de vérifier ce qu'on rapporte des services diplomatiques du père de Besenval, de même que de relever, s'il est possible, ses propres états de service à lui-même dans le militaire. Les notices que j'ai sous les yeux laissent à désirer pour la précision.

dépêches de son père (1716), où l'on trouve l'idée, depuis attribuée à d'autres, de se servir de l'esprit aventurier de Charles XII pour le lancer sur l'Angleterre, à l'appui d'un coup de main du Prétendant, le chevalier de Saint-Georges. La mère de Besenval était Polonaise, Bielenska, parente des Lekcinski. Elle était à Versailles en septembre 1725, lorsque Louis XV épousa mademoiselle de Leckzinska à Chantilly : « Tout le monde, écrivait Voltaire, fait ici sa cour à madame de Besenval, qui est un peu parente de la reine. Cette dame, qui a de l'esprit, reçoit avec beaucoup de modestie les marques de bassesse qu'on lui donne. Je la vis hier chez M. le maréchal de Villars ; on lui demanda à quel degré elle était parente de la reine ; elle répondit que les reines n'avaient point de parents. » Besenval fut donc un Soleurois très-nourri et acclimaté à Versailles. On a remarqué que ce fut le père de Besenval qui, en mai 1720, lorsque Law était déjà menacé par le peuple, eut ordre de le protéger avec un détachement des Gardes suisses, et que Besenval eut plus tard un ordre du même genre au commencement des troubles de la Révolution, mais un peu plus difficile à exécuter. On lit en effet dans le Journal de l'avocat Barbier, à la date de mercredi 29 mai (1720) : « Je le vis passer (Law) dans la rue de Richelieu dans un carrosse magnifique ; il fut insulté par un particulier, en sortant de la Banque (qui était alors dans un des bâtiments où est actuellement la Bibliothèque). Comme on n'entrait pas dans celle-ci, il y avait un monde infini dans la rue. Le soir, M. Law eut un major des Gardes suisses, M. de *Beuzwalde*, avec trente Suisses. On dit partout qu'il était arrêté, mais je me doutais bien que c'était pour sa sûreté, ce qui était vrai, car il a toujours été très-parfaitement uni avec le Régent. » Et quelques jours après : « M. Law n'a plus sa garde depuis deux jours. M. le Régent dit au major qui l'accompagnait qu'il pouvait se retirer. » Ceci n'a nulle proportion, on en conviendra, avec l'ordre qu'eut le fils de réprimer la sédition dans Paris pendant les journées qui aboutirent à la prise de la Bastille ; toute idée de comparaison s'évanouit.

Cet échec final, qui concourt avec la chute de l'ancien régime et la défaite de la monarchie, a laissé une ombre sur la figure de Besenval : on se le représente volontiers malencontreux et disgracié de la fortune, comme les généraux vaincus devant les révolutions. Ce n'est point là pourtant l'impression qu'il doit faire ; Besenval fut un homme constamment heureux, et qui se piquait de l'être : « Ne me sachez pas gré de mon bonheur, écrivait-il en 1787 à une dame de ses compatriotes ; le hasard seul en fait les frais et m'a toujours bien servi. Moi, je ne m'en suis pas mêlé, si ce n'est par un certain tour d'esprit qui me montre les choses du bon côté, quand il me serait permis de les regarder autrement. » Ce bonheur ne le quitta pas même tout à fait dans les circonstances les plus contraires : arrêté quand il allait sortir de France, en juillet 1789, il fut sauvé, par le plus grand des hasards, de la fureur populaire ; enfin, acquitté devant le tribunal du Châtelet, et redevenu libre à la veille de la ruine totale de l'ancienne société, il eut l'opportunité d'une mort naturelle et tranquille.

Besenval n'a pas été un simple courtisan homme d'esprit, il a eu son côté sérieux et a rendu des services militaires, notamment sous M. de Choiseul, dont il était l'ami particulier. Entré dans le régiment des Gardes à neuf ans en qualité de cadet, il avait fait les campagnes de 1735, de 1743, et avait donné des preuves de son intrépidité, d'une intrépidité assaisonnée de bons mots, ce qu'on aimait alors. On le voit dans la guerre de Sept ans (1757) aide de camp d'abord du duc d'Orléans, avec le grade de brigadier; puis, maréchal de camp. commander en 1758 sur la Meuse un corps de troupes sous ses ordres; en 1760 il prit part à l'opération sur Wesel et au beau combat de Clostercamp, où M. de Castries commandait. La paix faite, il obtint de M. de Choiseul, qui, sans compter qu'il était ministre de la guerre, avait la charge de colonel général des Suisses d'en être nommé inspecteur, et, en cette qualité, il s'appliqua à y réformer la discipline, honteusement relâchée, et à remettre ce service sur un bon pied qui répondît à la vieille renommée du Corps helvétique. Il provoqua une nouvelle capitulation militaire utile à la France, avantageuse à la Suisse; il se chargea seul de toute la partie d'exécution qui se rapportait à la bonne police des corps, et amena les régiments qu'il inspectait à un point de discipline et de régularité qui piqua d'émulation les troupes françaises elles-mêmes. Besenval n'avait pu suivre cette œuvre de réforme en toute rigueur sans se faire bien des ennemis parmi ses compatriotes. Il lui arriva, dans un voyage qu'il fit à Soleure en ces années (1764), d'y choquer l'esprit d'égalité par les honneurs que d'imprudents amis voulurent lui rendre. Un magistrat, chef du parti français, proposa d'accorder par exception à Besenval un fauteuil dans le Conseil des deux cents, dont il était membre depuis quelque temps. Autre grief : l'ignorance étant extrême dans le pays, Besenval eut la pensée d'établir une bibliothèque publique où il commença par placer quatre mille volumes. C'était trop demander et trop faire à la fois. Il avait aisément l'air dominateur, on lui en prêta l'intention. Les petites républiques sont soupçonneuses. Lui parti et retourné à Versailles, on supposa je ne sais quel sot projet de conspiration; on intercepta et l'on commenta une de ses lettres. Il fut dénoncé dans le Conseil des deux cents comme aspirant à la tyrannie ou peu s'en faut. On décréta, sans demander à l'entendre, « qu'il perdrait sa place dans le Conseil, qu'il serait condamné à dix mille livres d'amende, et qu'on lui écrirait une lettre dure par laquelle on lui ferait savoir que ce n'était qu'en faveur des services de ses ancêtres qu'on ne pousserait pas plus loin la punition. » Besenval eut le bon esprit de recevoir cet arrêt de condamnation, non en gentilhomme de Versailles, mais en homme resté de son pays et en sujet soumis aux lois. Il n'y vit que ce qui y était réellement. Ses ennemis avaient oublié de le faire bannir et de confisquer ses biens; il estima qu'il avait toujours pied dans le canton, que cette bourrasque n'aurait qu'un temps, et que dans les républiques l'esprit du *souverain*, comme on dit, change avec plus de facilité qu'ailleurs. Ne voulant point faire de mal à son pays, il s'abstint d'user du crédit de M. de Choiseul qu'il avait en main, et ne songea à faire intervenir aucune autorité étrangère. Il ne crut point non plus devoir se rendre de sa personne à Soleure pour y lutter d'intrigue et d'argent, et travailler à faire casser le décret : « La chose était possible, dit-il; mais, indépendamment de ce que je trouvais le théâtre un peu petit pour me donner la peine d'y préparer cette scène, elle m'aurait demandé du temps que je ne pouvais prendre qu'au détriment de ma machine militaire qui commençait à se monter, et qui voulait ma présence pour tendre à sa perfection. » Après avoir écrit une lettre de soumission respectueuse, il s'en remit donc au cours naturel des choses. En effet, quatre ans après, ses services envers le Corps helvétique étant mieux appréciés, il fut rétabli à son rang dans la place qu'il occupait au Conseil; il eut des lettres honnêtes de son *souverain*, et si on ne lui rendit pas son amende, c'est qu'il crut qu'il était mieux de ne la point demander. Ce n'était pas assez : une parente et une amie qu'il avait à

Soleure, et qui avait toujours souffert de l'injustice dont il avait été l'objet, travailla si bien en sa faveur que, sur un léger prétexte, et pour avoir obtenu du roi qu'on augmentât la quantité de sel qu'on donnait annuellement au canton, Besenval apprit tout d'un coup qu'il était populaire parmi les siens ; les esprits s'émurent en sens inverse de la vieille querelle qu'on lui avait faite quatorze ans auparavant. Par un décret du Sénat de juillet 1778, il fut arrêté « que toute la procédure qu'on avait faite contre lui serait biffée des registres, qu'on lui rendrait son amende ; » et on lui décerna de plus une médaille d'or au nom de la ville, représentant une Justice qui tient une couronne, avec cette légende : *De Republica bene merito.* — C'est par cette petite historiette républicaine que s'ouvrent les Mémoires de cour du baron de Besenval.

Malgré son mérite réel comme officier général, et quoique ensuite, en poussant de tout son crédit au ministère de la guerre M. de Ségur, il ait travaillé indirectement à remettre sur un meilleur pied l'armée française, Besenval n'était pas un de ces militaires ardents qui le sont corps et âme et avant toute chose. Brave, aimant son métier, embrassant avec ensemble et précision ce qui concernait son corps particulier de troupes, il n'avait pas cette avidité à s'instruire dans toutes les branches qui dénote une nature de général proprement dit, l'homme destiné à de grands commandements. Son ambition n'était pas de ce côté, pas plus que du côté de la grande politique. Épicurien par principes comme par goût, ami des jouissances sociales, amateur même des arts, des tableaux, des jardins, il prisait trop les délices de la civilisation pour s'en sevrer volontiers. Il était loin de regretter ces temps de trouble et d'agitation féodale où les ambitions avaient toute carrière et où les facultés énergiques luttaient à nu :

« Le repos, les plaisirs, dit-il en parlant de ces époques de ligue ou de fronde, avaient fait place au tumulte, à la méfiance, à la terreur, à tout ce que la fureur des conjurations, des cabales, peut inspirer de plus atroce. » Il se félicitait donc de vivre sous un régime qui avait mis fin à ce *qui-vive* perpétuel, et depuis que tout était réglé par l'autorité d'un maître :

> « Cet état de choses (il écrivait cela aux derniers beaux jours de Louis XVI, en 1784) n'est pas favorable aux grandes pensées, mais il procure un calme sans lequel il n'y a point de bonheur. Dans le sein de ce calme, les ressorts du génie et de l'industrie pouvant agir sans opposition, produisent des découvertes utiles et agréables dans ous les genres. L'agriculture, les arts sont poussés à leur plus haut point de perfection ; le luxe, les commodités et toutes les recherches qui contribuent à l'agrément de la vie sont des moyens sûrs et faciles de s'enrichir pour les uns, tandis que les autres en jouissent ; la nation est heureuse, et l'État florissant. Qu'on compare maintenant les deux tableaux que je viens de présenter (celui de l'époque féodale et du régime monarchique), et qu'on prononce lequel vaut le mieux, ou celui de ces grandes scènes tragiques, ou la paix de notre siècle. Pour moi, je bénis le Ciel de m'avoir fait vivre sous le règne de Louis XV et sous celui-ci. »

Besenval est donc pour nous un des témoins les plus satisfaits comme les mieux informés du dix-huitième siècle, l'un de ceux qui en ont le plus pleinement et le plus sciemment joui. A tous ces titres, et puisqu'il a pris la peine d'écrire, il a bien quelque compte à rendre auprès de la postérité.

« M. de Besenval, a dit le vicomte de Ségur, héritier et premier éditeur de ses Mémoires, joignait à la taille la plus imposante une figure pleine de charmes dans sa jeunesse, et de dignité dans un âge avancé. » Son organisation était forte et robuste, en même temps que fine et distinguée. Il avait les passions violentes et les premiers mouvements impétueux. De la hardiesse, de l'intelligence, de l'esprit, et même un assez bon esprit, de qualité ferme et assez judicieuse, tout cela se dépensa dans une vie de courtisan et dans un cercle d'intérêts frivoles. Il nous apprend par son exemple comment des hommes de vigueur entrent, s'agitent et tournent dans des boudoirs. L'air du siècle l'avait touché et amolli de bonne heure, l'avait gâté; il en avait contracté les vices, les travers, et il se piquait d'y donner un tour qui était bien à lui.

M. de Lévis, dans le portrait qu'il a tracé de Besenval, commence en ces termes : « Le baron de Besenval était un officier suisse qui avait servi avec distinction pendant la guerre de Sept ans; il joignait à l'intrépidité qui de tout temps a caractérisé sa nation ce feu de valeur qui paraît appartenir à la nôtre; il avait une belle taille, une figure agréable, de l'esprit, de l'audace : que faut-il de plus pour réussir? aussi avait-il eu beaucoup de succès auprès des femmes. Cependant ses manières avec elles étaient trop libres, et sa galanterie était de mauvais ton. » Lauzun, qui n'était pas des amis de Besenval, lui fait un reproche assez pareil sur « le mauvais ton et le peu de mesure, qui sont un grand désavantage à la Cour. » Il semble pourtant que Besenval n'y avait pas trop mal réussi. Madame Campan enfin, qui l'avait beaucoup vu dans le cercle de Marie-Antoinette, dit de lui : « Le baron de Besenval avait conservé la simplicité des Suisses, et acquis toute la finesse d'un courtisan français. Cinquante ans révolus, des cheveux blanchis lui faisaient obtenir cette confiance que l'âge mûr inspire aux femmes, quoiqu'il n'eût pas cessé de viser aux aventures galantes. Il parlait de ses montagnes avec enthousiasme; il eût volontiers chanté le ranz des vaches avec les larmes aux yeux, et était en même temps le conteur le plus agréable du cercle de la comtesse Jules. »

Besenval excédait donc un peu le ton de Versailles par son feu et par une certaine liberté de paroles qu'il ne demandait pas mieux qu'on mît sur le compte d'un reste de franchise helvétique. C'était une manière comme une autre de se distinguer et de trancher. Venu dans un temps « où la fatuité était fort à la mode, où la société était uniquement tournée de ce côté, et où le rôle qu'on y jouait dépendait de s'y faire remarquer par des bonnes fortunes, » il s'y adonna. Je ne sais rien qui peigne mieux le genre de rouerie cher à ce monde oisif et raffiné, que le chapitre de Besenval intitulé *Aventures de la société*, et qui se rapporte à des intrigues galantes tramées vers 1753. Le roman de *Clarisse* venait de paraître, et comme il arrive pour tous les romans qui ont du succès, le monde, afin de le rendre plus ressemblant, s'appliqua aussitôt à l'imiter, à le copier de point en point. Le comte de Frise (Friesen), jeune seigneur allemand et neveu du maréchal de Saxe, très-fat, très-spirituel, se met en tête, un matin, de jouer au naturel le rôle de Lovelace; il choisit son objet, il choisit aussi son confident :

« Pour rendre le roman complet dit Besenval, il fallait encore un Belfort, et j'en remplis le rôle sans en avoir le dessein. M'étant intimement lié avec le comte de Frise, je lui inspirai assez de confiance pour me laisser toujours voir ce qui se passait dans son âme ; j'en étais souvent révolté, je lui faisais quelquefois des représentations ; mais, entraîné par la faiblesse que j'avais pour lui et par la séduction, je ne pouvais m'en détacher. »

Au fait, il était très-peu révolté. Il faut l'entendre nous expliquer par le menu tout le procédé artificieux et méchant du comte de Frise envers la personne qu'il a gagé de séduire (1), ses batteries masquées, ses instances soudaines et ses éclats de grands sentiments,

(1) Cette personne était madame de Blot qui devint l'amie de M. de Castries, et la rivale qu'elle eut quelque temps dans le caprice du comte de Frise était madame de Clermont, la future maréchale de Beauvau.

ses lenteurs calculées, les complications qu'il introduit, les jalousies qu'il suscite et toutes les tortures qu'il inflige :

« J'étais, ose dire Besenval, le confident de ses plus secrètes pensées. Souvent il m'envoyait chercher, et je le trouvais enfermé chez lui, où il avait persuadé à madame de Blot qu'il était au moment de se donner la mort. Là, nous composions des lettres, ou plutôt des volumes, qui, pour être du style le plus pathétique, ne nous portaient pas moins à des rires immodérés, par le contraste de la tranquillité d'âme du comte de Frise avec la peinture des agitations que nous lui supposions, et le penchant que j'ai toujours eu à la gaieté. »

Besenval manque du sens qui l'avertirait que cela ne paraîtra pas du tout plaisant à d'autres que lui, et que l'impression qu'on en doit ressentir est d'un genre tout différent. Lorsqu'au milieu de ces détestables trames qu'il a entre-croisées et embrouillées à plaisir, le comte de Frise, qui cumule le rôle de Lovelace et celui de Cléon du *Méchant*, vient tout de bon à mourir, et de mort presque subite, Besenval, toujours sur le même ton, ajoute :

« Je fus véritablement affligé de la mort du comte de Frise. Personne ne connaissait mieux que moi le fond de son âme (*elle était jolie son âme!*) ; mais plus il l'avait rendue impénétrable à tout autre, plus sa confiance m'avait rapproché de lui. *D'ailleurs il était infiniment aimable et gai ; en voilà plus qu'il n'en fallait pour m'y attacher.* Il fut généralement regretté dans le premier moment ; mais quelques ouvertures, quelques faits éclaircis donnèrent lieu à de plus grands éclaircissements encore, et bientôt le caractère du comte se dévoilant, fit voir à chacun qu'il avait été sa dupe. L'humeur se joignant à la vérité, sa mémoire fut ternie, et sa réputation mise à sa véritable place. »

On se demande comment, en jugeant ou plutôt en révélant si à nu son ami, Besenval ne s'aperçoit pas qu'il se décèle lui-même et qu'il se fait remettre aussi à sa véritable place, lui le confident de telles méchancetés et qui n'y voyait qu'un sujet de rire. Vieux, il y revenait en souvenir et avec regret comme aux meilleurs instants de sa vie, « instants heureux, s'écrie-t-il, où, loin de s'occuper d'événements sinistres tels que ceux qui ont empoisonné la fin de notre carrière, on ne s'occupait que d'amours et de plaisirs! » Mais les événements et les embarras de la fin du siècle tenaient plus qu'il ne croyait à ces jolis passe-temps de son milieu. Quand toute une haute société s'amuse de la sorte, il est juste, tôt ou tard, que revanche et pâtiment s'ensuivent. Besenval, qui ne regrettait pas les atrocités des temps féodaux, ne paraît pas se douter qu'il nous retrace là des *atrocités* plus odieuses encore, et plus pernicieuses de symptômes sous leur élégance putride. Si l'on joint à ce chapitre celui qui concerne la jeunesse de la maréchale de Luxembourg, on aura les aveux les plus complets du désordre et de la dépravation du temps, de la part du témoin et du complice le moins fait pour s'en scandaliser. Besenval était ami de Crébillon fils, et il le consultait sur ses essais littéraires, il fit même un roman dans le genre de l'auteur à la mode, qu'il admirait : ici il aurait pu lui donner des mémoires, et, pour marquer l'époque dans son plein, c'est assurément mieux qu'un roman de Crébillon que ces deux chapitres de Besenval. La vérité de couleur et de ton y est toute crue et sans mélange.

Demandez donc à de telles âmes qui, dès la tendre jeunesse, ont logé en elles un si faux idéal, une si misérable forme de bonheur, d'avoir une grande ambition, de se tourmenter pour un noble but, et eussent-elles reçu de la nature des facultés supérieures et fortes, de les tourner vers de généreux emplois. Elles savent trop comment occuper leur loisir et donner le change à leur ennui. Un ver secret s'est glissé au cœur; un venin subtil a rongé la trempe, le ressort principal n'existe plus.

Autre lèpre du siècle, et dont Besenval nous offre une variété : la raillerie, le persiflage, éclater de rire aux plus graves instants, et, en définitive, se moquer de tout. Un jour qu'un officier présentait à Louis XIV un placet pour avoir la croix de Saint-Louis, le roi lui répondit qu'il lui donnait une pension. L'officier répliqua qu'il aimerait mieux la croix. « Vraiment, je le crois bien, » dit le roi en passant son chemin. Le duc d'Orléans, depuis régent, entendant le mot du roi, se mit à rire. Louis XIV, rentré dans son cabinet, l'appela et lui dit : « Mon neveu, quand je dis ces choses-là, e vous prie de ne pas rire. » Besenval, qui raconte le trait, n'en paraît sentir qu'à demi la portée. Avec le Régent, on entra, en effet, dans le régime de la plaisanterie et de l'esprit qui ne respectait rien ; les premiers en dignité se moquaient d'eux-mêmes et des grâces qu'ils dispensaient et des efforts qu'on faisait pour les mériter, de ce qu'il y avait de plus sérieux dans le métier de politique, des choses de la religion et de celles de l'État : comment l'irrévérence n'eût-elle point gagné à l'entour ?

Maurepas fut le type le plus parfait, au dix-huitième siècle, de cette espèce de frivolité et de ce méchant esprit dans un homme en place. Ministre petit-maître, secrétaire d'État presque au sortir de l'enfance, il ne prit jamais rien au sérieux. Avec de l'esprit, du brillant, de la mémoire et des connaissances assez étendues, il ne fit guère que du mal (1). Il en fit surtout lorsque, après

---

(1) Maurepas avait le goût des arts ; il était agréable à ceux qui les cultivaient ; dans sa retraite à Pontchartrain, il fit illusion à Montesquieu, qui écrivait après avoir passé huit jours avec lui : « Le maître de la maison a une gaieté et une fécondité qui n'a point de pareille : il voit tout, il lit tout, *il rit de tout*, il est content de tout, il s'occupe de tout. C'est 'homme du monde que j'envie davantage : il a un caractère unique » A merveille pour un homme de société et qu'on

vingt-cinq ans de disgrâce, il reparut sous Louis XVI et vint tout glacer et déjouer dans les projets sérieux qui s'agitaient alors, et qu'il eût été si urgent de suivre et d'accomplir avant l'heure de l'assaut populaire. Besenval, qui n'était pas des mieux avec lui, nous l'a montré au naturel dans deux ou trois circonstances. « Extrêmement gai, d'une imagination où tout se peignait du côté plaisant, insouciant sur tout, hors sur son crédit et sur l'espèce de gens à mettre en place, qu'il n'aurait voulu que de sa façon et dans sa dépendance ; toute affaire lui offrait matière à plaisanterie, et tout individu à sarcasme. » Il se moquait de ceux qui travaillaient pour lui et avec qui il traitait, et ne cessait de leur chercher des ridicules. Lorsqu'il eut fait nommer Amelot, ministre de la maison du roi, à la place de Malesherbes, il était le premier à dire à qui voulait l'entendre : « On ne dira pas que j'aie pris celui-là pour son esprit. » Un jour Besenval avait à se plaindre du ministre de la guerre, M. de Saint-Germain, qui ne l'avait point porté sur la liste des lieutenants généraux employés, ce qui d'ailleurs lui était assez égal, il a le soin de nous le dire (car c'est bien son genre, sa conclusion finale favorite, de dire de toutes choses : *Ça m'est égal*); il alla trouver M. de Maurepas, et se mit à lui parler en détail du singulier ministre de la guerre qu'il s'était choisi :

« Je démontrai à M. de Maurepas ses fautes (les fautes de M. de Saint-Germain), sa mauvaise administration, enfin son incapacité. Il ne répondit pas un seul mot à tout ce que je disais, me regardait de temps en temps et rêvait profondément. Après quelques moments de silence : « Vous n'objectez rien, m'écriai-je, à tout ce que je dis,

appelle aimable! mais dans un politique et un ministre qui a charge d'intérêts généraux et qui devrait avoir à cœur la grandeur ou le bien de la chose publique, il y a là un vice radical de caractère et qui ruine les autres qualités : *il rit de tout.* Méchant, on fait quelquefois moins de mal qu'indifférent.

parce que vous n'avez rien à objecter. Eh bien, je vais vous prédire, moi, ce qui arrivera. Il en sera de M. de Saint-Germain comme de M. Turgot. Vous savez que votre ministre de la guerre est de toute incapacité, qu'il perdra votre armée, comme l'autre a perdu vos finances (1); mais vous ne le chasserez que lorsque tout sera si bien bouleversé, qu'il n'y aura plus de remède. » — « Ma foi ! je crois que vous avez raison, » me répondit-il en éclatant de rire.

« J'aurais dû gémir de voir le souverain pouvoir entre les mains de M. de Maurepas, et la France livrée à un tel homme ; mais la chose me parut si ridicule, que je ne pus m'empêcher de rire aussi. Cependant, etc. »

C'est toujours la suite de ce rire du Régent devant Louis XIV. De tels éclats de rire déchirent le cœur, et, si spirituels que soient les gens, rien ne ressemble plus à des rires de fous, quand on sait quels écroulements il s'en est suivi et quels rochers menaçaient déjà de tomber sur toutes les têtes.

Besenval était donc atteint lui-même autant que personne de ce faux genre et de ce vice d'incurable légèreté. Il parle quelque part du jeune vicomte de Ségur, « qui s'amusait à dire des mots plaisants sur les affaires, au lieu de s'en mêler. » Lui il en disait aussi, même en s'en mêlant. Il aimait à railler ; il avait son genre d'impertinence à lui et son cachet particulier de persiflage. Il le portait quelquefois même dans les choses du service. Par les réformes utiles qu'il avait introduites dans les régiments suisses, il avait excité l'émulation des troupes françaises, mais on ne l'avait pas consulté sur les moyens : « Je ne pouvais, dit-il, m'empêcher parfois de rire en moi-même, lorsque j'étais sur la frontière, de voir avec quelle confiance les inspecteurs et

---

(1) C'est là une opinion particulière à Besenval, et dont il faut lui laisser la responsabilité. On ne parle pas ainsi d'un Turgot et de sa tentative de réforme, la jugeât-on même peu ménagée et inopportune. Mais il est assez naturel que les Besenval ne comprennent point les Turgot.

les colonels français me faisaient voir les troupes qu'ils avaient sous leurs ordres ; *je me divertissais des louanges dont je les accablais*, et de leurs réponses à mes questions sur les moyens qu'ils employaient. » Il le fait et il s'en vante. — Dans l'affaire du duel entre le comte d'Artois et le duc de Bourbon, et dont la duchesse avait été cause (1778), Besenval, qui avait conseillé et dirigé le comte d'Artois, crut devoir, dans la soirée, faire une visite au Palais-Bourbon. Il y fut reçu à merveille par le prince de Condé, un peu plus froidement par le duc de Bourbon : « Pour madame la duchesse de Bourbon, dit-il, elle conserva avec moi l'air d'ironie qui ne l'avait pas quittée depuis le commencement de cette affaire ; *j'y opposai un air d'aisance qu'on prétend qui ne m'est point étranger, et que cette fois je ne cherchai pas à réprimer.* » — Dans son procès en 1789, pendant sa détention à Brie-Comte-Robert, Besenval fut gardé par un détachement de gardes nationaux de Paris commandé par Bourdon (de l'Oise), un échappé de la Basoche, qui préludait là à ses exploits révolutionnaires futurs : « Sa prétention, dit Besenval, était d'abord de m'en imposer. *Un sang-froid goguenard que m'a donné le ciel, et que je n'ai pas mal employé dans l'occasion*, déjoua la burlesque importance du procureur, et je le civilisai très-passablement. » Ainsi il a trouvé moyen de persifler même Bourdon (de l'Oise) ; il joua du fleuret, même avec ceux qui allaient tenir la hache. C'était une vocation.

Goguenarderie à part, il avait un fonds de philosophie et de détachement, et ce n'est point de cela qu'on peut le blâmer. Quand il prévit que M. de Choiseul ne tarderait pas à tomber, il fut des premiers à résigner son emploi d'inspecteur des Suisses, qui ne lui promettait plus d'agrément : « Je me suis toujours étonné, remarque-t-il à ce propos, que les hommes qui font tant de choses pour *avoir*, ne sentent que bien rarement qu'il est des époques où il faut *abandonner*. Tout a un période ; et vouloir le reculer au delà du but qu'y mettent les circonstances, c'est se préparer des chagrins qui empoisonnent la vie, et bien souvent une chute dont on ne se relève plus. » Ceci est sage, et s'appliquerait même à de plus grands emplois que celui d'inspecteur des régiments suisses.

Besenval vieillissant eut son moment très-brillant de société sous Louis XVI, et il nous en exprime la nuance (1) ; il était de l'intimité de la comtesse Jules (duchesse de Polignac), et par conséquent du cercle familier de la reine. Ses relations avec cette princesse ont donné lieu à discussion. Il est certain, de l'aveu même de Besenval, qu'il ne négligea rien dès l'origine pour conseiller et peut-être pour dominer la femme aimable et trop peu souveraine, pour lui faire prendre goût aux affaires ou du moins au choix des ministres, pour lui préparer un crédit dont sans doute il comptait lui-même user, ne fût-ce qu'en amateur : c'était en tout le rôle qu'il préférait. Il lui supposait plus d'étoffe politique qu'elle n'en avait. Désappointé dans son espérance, il parle d'elle en termes nets, convenables, mais un peu sévères, et en homme qui est mort avant d'avoir vu les grandeurs touchantes et sublimes auxquelles l'infortune éleva ce noble cœur qui avait paru longtemps léger. M. de Lévis lui a supposé une influence sur la reine et un ascendant funeste qui me paraît exagéré : « La reine, avec un très-bon cœur, avait un malheureux

---

(1) Stendhal (Beyle) qui avait plus d'une raison pour goûter Besenval et qui le cite souvent à l'appui de ses propres vues sur la société, a dit de lui : « J'aime ses Mémoires ; il a la première qualité d'un historien, pas assez d'esprit pour inventer des circonstances qui changent la nature des faits ; et la seconde, qui est d'écrire sur des temps qui intéressent encore. On y trouve le Français de 1770 et la Cour de Louis XVI. »

penchant pour la moquerie. Il applaudit à ce défaut, que l'on pourrait presque appeler vice dans un tel rang... » Il est difficile de faire à Besenval sa part précise dans ce goût de raillerie qui était alors universel et celui de toute la société. Besenval se plaint, à partir d'un certain moment du refroidissement de la reine à son égard et de la diminution de sa confiance. Madame Campan, dans ses Mémoires, a donné sur ce point un éclaircissement qui, si on l'accepte, ne laisserait rien à désirer. Besenval, peu averti par ses cheveux blancs, aurait voulu passer les bornes, et il n'aurait eu à s'en prendre qu'à lui s'il s'était vu ramener en deçà (1).

L'inconvénient de ce qu'on appelle les Mémoires de Besenval, à la lecture, est d'être décousus, de n'offrir que des chapitres morcelés et qui ne se suivent pas. Il est intéressant d'ailleurs et précieux à consulter pour

(1) Voici le récit de madame Campan, qui, par le ton de morale exemplaire qu'elle y met, ne paraîtra peut-être pas exempt de quelque arrangement : « En me parlant (un jour) de l'étrange présomption des hommes, et de la réserve que les femmes doivent toujours observer avec eux, la reine ajouta que l'âge ne leur ôtait pas l'idée de plaire quand ils avaient conservé quelques qualités agréables ; qu'elle avait traité le baron de Besenval comme un brave Suisse, aimable, poli, spirituel, que ses cheveux blancs lui avaient fait voir comme un homme sans conséquence, et qu'elle s'était bien trompée. Sa Majesté, après m'avoir recommandé le plus grand secret sur ce qu'elle allait me confier me raconta que, s'étant trouvé seule avec le baron, il avait commencé par lui dire des choses d'une galanterie qui l'avait jetée dans le plus grand étonnement, et qu'il avait porté le délire jusqu'à se précipiter à ses genoux en lui faisant une déclaration en forme. La reine ajouta qu'elle lui avait dit : « Levez-vous monsieur : « le roi ignorera un tort qui vous ferait disgracier pour toujours ; » que le baron avait pâli et balbutié des excuses ; qu'elle était sortie de son cabinet sans lui dire un mot de plus, et que, depuis ce temps, elle lui parlait à peine. La reine, à cette occasion, me dit : « Il est « doux d'avoir des amis ; mais, dans ma position, il est difficile que « les amis de nos amis nous conviennent autant. » — Besenval ne fut point disgracié pour cela, et il ne laissa pas d'être toujours des Trianon.

un historien sur le personnel d'alors, sur les Castries, les Ségur, M. de Lamoignon, M. de Calonne. Besenval avait pour le comte d'Artois un faible qui se déclare en toute occasion, et qui tenait plus peut-être aux gracieux défauts qu'aux qualités du jeune prince. Ses divers jugements, qui en général, et si l'on excepte celui-là, témoignent d'un assez bon esprit, ne sont guère définitifs, et se sentent des contradictions et de l'inachevé de la conversation. Sa doctrine politique était simple ; il pensait « que la monarchie française ne pouvait subsister qu'autant qu'elle aurait un maître, mais un maître qui le fût ; que tout autre régime la devait livrer à une destruction inévitable. » Il voulait les réformes par le roi, et ne paraît point s'être fait beaucoup d'illusions sur l'avenir.

Sa défense de Paris au 12 juillet, défense bien modérée et réduite, paralysé qu'il était sous les ordres du maréchal de Broglie, avait rendu Besenval très-impopulaire. Blâmé des uns pour avoir faibli, on le signalait d'autre part comme un massacreur. Il était le point de mire de menaces de tout genre, et jusque dans la galerie de Versailles. Le roi, par mesure de sûreté, lui ordonna de retourner en Suisse. C'est à la première halte de ce voyage qu'ayant paru suspect, il fut arrêté dans un village près de Provins par des paysans en armes. Dirigé immédiatement sur Paris, sa vie était en danger si M. Necker, qui en ce moment revenait de l'exil en triomphe, ne l'avait rencontré sur la route et n'avait fait différer le départ. Besenval, séparé de M. Necker sur tant de points, se plaît à le nommer son sauveur. L'affaire traîna ; il fut, par décision de l'Assemblée, traduit devant le Châtelet comme accusé du crime de lèse-nation. Il eut pour défenseur Desèze, qui préludait par là à de plus hautes défenses. Il fut acquitté en janvier 1790, et il mourut seize mois après, le 2 juin 1791, à l'âge de soixante-dix ans, échappant au spectacle des derniers malheurs où allait achever de se confondre l'ordre social qu'il avait aimé.

Son nom pourtant restera toujours attaché au souvenir de la Révolution française, moins encore pour avoir été son adversaire à main armée et impuissant le jour de son début, que pour nous avoir raconté et dévoilé avec son insouciance trop nue et une trop insolente aisance, la société gâtée, corrompue, railleuse et frivole qui, sous des dehors charmants, nourrissait tant de vices, et qui avait atteint et passé la mesure où les choses humaines veulent être renouvelées.

APPENDICE

J'ajoute à ce volume, comme je l'ai fait pour des volumes précédents, un Rapport dont j'ai été chargé et qui a paru le lundi 29 décembre 1856.

On lit dans *le Moniteur* de cette date :

« La Commission des primes à décerner aux ouvrages dramatiques était composée, cette année, de MM. Lebrun, Mérimée, Scribe, Nisart, Camille Doucet, Rolle, Théophile Gautier, Édouard Thierry, Sainte-Beuve, et M. Cabanis, secrétaire. Elle était présidée par Son Exc. M. Baroche, président du Conseil d'État.

« La commission a nommé M. Sainte-Beuve pour son rapporteur. Voici le rapport adressé à M. le ministre d'État et de la Maison de l'Empereur :

« Monsieur le Ministre,

« La Commission que Votre Excellence a chargée de désigner, parmi les ouvrages dramatiques envoyés au concours et représentés dans le courant de l'année 1855, ceux qui lui paraîtraient mériter les primes instituées par l'arrêté ministériel du 12 octobre 1851, a l'honneur de vous soumettre le résultat de son travail et le résumé de ses délibérations.

« L'attention de la Commission s'est portée d'abord sur les pièces jouées au Théâtre-Français, soit « en cinq ou quatre actes, » soit « en « moins de quatre actes, » et qui, ayant obtenu un succès, pouvaient de plus prétendre avoir satisfait, selon les termes de l'arrêté, « à toutes « les conditions désirables d'un but honnête et d'une exécution bril-« lante. »

« Après s'être occupé quelque temps, et non sans trouver à y louer de deux pièces, l'une (1) d'une exécution assez vigoureuse, atteignant à des effets dramatiques assez émouvants, mais trop pénible de combinaison et d'une moralité un peu forcée; l'autre (2) délicate et gracieuse, toute morale d'intention sans doute, mais bien légère de tissu et d'un dessin trop arrangé, la Commission s'est sentie particulièrement attirée vers un ouvrage qui lui était signalé par un succès vif, dû à un agréable entrain, à une facilité de bonne veine, à beaucoup de gaieté et de naturel, qualités excellentes et qui deviennent rares. *Les Jeunes Gens*, de M. Léon Laya, renouvellent avec fraîcheur et dans un tour bien moderne ce thème, si cher à l'ancienne comédie depuis et même avant *les Adelphes* de Térence, de deux pères ou oncles, l'un sévère, l'autre indulgent, et qui, par ce régime contraire auquel ils soumettent leurs fils ou leurs neveux, arrivent en leur personne à un résultat opposé qui juge la méthode et donne en définitive gain de cause à l'indulgence. « J'ai éprouvé par l'expérience qu'il « n'y a rien de mieux pour les hommes qu'une certaine facilité et de « la douceur; » ainsi parle, chez Térence, un de ces vieillards d'autrefois, celui qui se repent d'avoir été trop sévère. Et l'un des jeunes gens de M. Laya le redit à sa manière, presque dans les mêmes termes : « Mon père a le meilleur cœur du monde; mais il n'a pas ces allures « larges, cette science des hommes qui se résume en un mot : *l'in-* « *dulgence.* » Pourtant il faut savoir encore sur quelle terre elle tombe, cette semence aisée qui demande si peu de culture, cette doctrine du laisser-faire et du laisser-aller; car, comme le dit, chez Térence encore, le vieillard le plus indulgent : « Il y a bien des marques dans « l'homme d'après lesquelles on peut distinguer lorsque deux per- « sonnes font une même chose, et qui permettent souvent de dire : « *Celui-ci peut le faire, celui-là ne le peut pas*; non que la chose soit « différente en elle-même, mais c'est que ceux qui la font sont diffé- « rents. » Cette morale, on le voit, est purement et simplement celle du bon naturel. Elle réussit quelquefois dans la famille, et toujours au théâtre. Il faut bien, comme dit le proverbe, que jeunesse se passe; soyez bien né, ayez un fonds d'honnêteté première, et, nonobstant quelques écarts faits pour être pardonnés, tout, en fin de compte, ira bien. Mais cette morale n'est pas précisément celle qui répond au but indiqué par l'arrêté; elle est à l'adresse des pères plus encore que des enfants, et ce ne serait en bonne logique qu'une juste conséquence si un fils aimable, morigéné le matin par son père pour quelques dissipations, et assistant le soir avec lui à la représentation des *Jeunes Gens*, lui disait, de ce ton de familiarité qu'autorisent les mœurs modernes : « Eh bien, qui de nous deux, ce matin, avait rai- « son? Cher père, tu le vois bien ! »

« La Commission, tout en reconnaissant les qualités heureuses d'un

---

(1) *La Joconde*, par MM. Paul Foucher et Régnier.
(2) *Péril en la demeure*, par M. Octave Feuillet.

talent fait pour être encouragé dans l'étude de la comédie franche, qu'il n'a qu'effleurée cette fois sans assez creuser les caractères, n'a donc pu, et elle le regrette, monsieur le Ministre, exprimer une conclusion positive en faveur de l'ouvrage.

« Parmi les pièces représentées sur un autre théâtre que le Théâtre-Français, la Commission, même après un premier choix, avait à en examiner plusieurs de mérite inégal et de genre fort divers; mais elle ne pouvait ne point se préoccuper, avant tout, d'un ouvrage qui lui était désigné par le plus brillant succès, par la jeunesse et la maturité du talent, et qui est, sans contredit, la plus remarquable des pièces représentées pendant l'année.

« *Le Demi-Monde*, de M. Alexandre Dumas fils, était envoyé au concours, et la Commission, dont chaque membre aurait aimé individuellement à n'avoir qu'à louer et à applaudir l'auteur pour la franchise de ses expositions, pour la spirituelle et frappante énergie de ses tableaux, a dû se former un avis au point de vue particulier où elle était placée, en vue de la fonction dont votre confiance, monsieur le Ministre, l'avait investie.

« *Le demi-monde*, cette chose longtemps douteuse, équivoque mal définie, et qui a maintenant un nom, cette province aux frontières vagues et dont la géographie est comme fixée pour le moment, est-ce là un sujet qui prête à une leçon morale vivement donnée? Assurément oui. Si dans quelques pièces précédentes qui roulaient à peu près sur les mêmes personnages, et dont les situations étaient empruntées à un monde au moins très-voisin de celui-là, la nature même des scènes et des tableaux nuisait à la leçon qui en pouvait résulter; si l'exemple avait sa contagion à première vue, et son rapide attrait avant que le dégoût eût opéré, il n'en est pas ainsi de la nouvelle pièce, où l'auteur a su très-bien observer et saisir, pour le lui mieux enlever, le faux vernis d'honnêteté dont se couvre précisément ce monde limitrophe, qui voudrait bien par moments s'incorporer à l'autre et s'en faire reconnaître. Ici l'attrait des sens ne s'étalait pas, et l'auteur s'attaquait surtout à la corruption du cœur et de l'esprit. Il a été dit, au sein de la Commission, beaucoup de choses très-fines et très-ingénieuses sur les mérites de l'ouvrage en ce sens; ample justice a été rendue à ces quatre premiers actes surtout, qui sont presque en entier excellents, si nets d'allure et de langage, coupés dans le vif, semés de mots piquants ou acérés, et d'une comédie toute prise dans l'observation directe et dans une réalité flagrante. On a insisté sur le peu d'intérêt qui s'attache ici aux caractères vicieux et sur la répulsion qu'ils inspirent, même sous la forme élégante et habile dont ils sont revêtus, et que fait si bien valoir la principale et ingénieuse interprète. A propos du second acte et de cette scène parfaite entre Raymond et Olivier chez madame de Vernières, il a été remarqué, et par les juges les moins soupçonnés d'être complaisants, qu'il y avait là une leçon en même temps qu'une définition, une leçon donnée sur place, au cœur du camp ennemi, de la façon la plus insultante, la plus neuve et qui se retient le mieux. Ce *panier de pêches* a fait fortune dès le premier jour, il a fait le tour de la société. Et le mérite de cette scène n'est pas seulement dans un ou deux jolis traits que l'on en peut détacher, il consiste aussi dans un jet qui recommence et redouble à plusieurs reprises, toujours avec un nouveau bonheur et une fertilité d'images, une verve d'expressions comme il s'en rencontre chez les bons comiques. C'est une de ces scènes enfin qui méritent de rester dans la mémoire et qui justifient cette définition de la bonne comédie, qu'elle est l'*œuvre du démon*, c'est-à-dire du génie de la raillerie et du rire. Ces jugements, tout favorables à l'ouvrage, et dans lesquels on s'appuyait de l'aversion non douteuse que devaient produire sur les cœurs droits et les esprits bien faits ces odieux personnages et leurs manéges honteux si fidèlement représentés, venaient se résumer dans un seul mot : « C'est une pièce « où l'on ne mènera certes pas sa fille, mais on pourra y conduire son « fils. »

« A cela il a été répondu, moins comme contradiction directe à ce que ces éloges avaient, littérairement, de mérité, que comme correctif et au point de vue où la Commission avait à juger l'ouvrage, qu'il ne paraissait point du tout certain que la peinture fidèle de ce vilain monde fût d'un effet moral aussi assuré ; que le personnage même le plus odieux de la pièce avait encore bien du charme ; que le personnage même le plus honnête, et qui fait le rôle de réparateur, était bien mêlé aux autres et en tenait encore pour la conduite et pour le ton ; que le goût du spectateur n'est pas toujours sain, que la curiosité est parfois singulière dans ses caprices, qu'on aime quelquefois à vérifier le mal qu'on vient de voir si spirituellement retracé et si vivant ; que, dans les ouvrages déjà anciens, ces sortes de peintures refroidies n'ont sans doute aucun inconvénient, et que ce n'est plus qu'un tableau de mœurs, mais que l'image très-vive et très à nu, et en même temps si amusante, des vices contemporains, court risque de toucher autrement qu'il ne faudrait, et qu'il en peut sortir une contagion subtile, si un large courant de verve purifiante et saine ne circule à côté.

« Il a été répondu encore, et d'une manière plus directe (toujours au point de vue dont la Commission n'avait point à s'écarter), que, toute part faite et toute justice rendue au talent de l'auteur, sur lequel il n'y avait qu'une voix, on ne pouvait découvrir réellement dans sa pièce d'autre intention dominante que celle de peindre ; qu'il avait porté son miroir où il avait voulu, qu'il avait fait une exhibition fidèle, inexorable, de ce qu'il avait observé, et avait montré les gens vicieux tels qu'il les avait saisis ; que ce n'était pas un reproche qu'on lui faisait, mais que c'était le caractère de sa comédie qu'on se bornait à relever, et que ce serait lui prêter gratuitement que de voir autre chose dans son *Demi-Monde* qu'une peinture attachante, ressemblante et vraie, digne d'être applaudie sans doute, mais non pas d'être récompensée comme ayant atteint un but auquel l'auteur n'avait point songé.

« Reprenant alors le texte même de l'arrêté du 12 octobre 1851, on n'a eu qu'à relire l'article 4, ainsi conçu : « Une prime de cinq « mille francs pourra être accordée chaque année à l'auteur d'un ou- « vrage en cinq ou en quatre actes, en vers ou en prose, représenté « avec succès à Paris, pendant le cours de l'année, sur tout autre « théâtre que le Théâtre-Français..., et *qui serait de nature à servir* « *à l'enseignement des classes laborieuses par la propagation d'idées* « *saines et le spectacle de bons exemples.* » — La seule lecture de ce paragraphe si précis a mis fin à la discussion, et la Commission, à l'unanimité, n'a eu qu'à passer outre.

« Il restait quelques ouvrages encore qui avaient appelé son attention au premier choix : l'un (1), une agréable pièce de jour de l'an, qu'animait une inspiration sensible, une jolie idée née du cœur; l'autre (2), un grand drame touchant, construit de bonne main et avec habileté, plein de larmes, de repentirs, de fautes intéressantes cruellement expiées, et de naïves vertus ignorées de ceux qui les pratiquent. Mais ce dernier ouvrage, fondé, comme presque tous ceux du même genre, sur ce qu'on peut appeler l'adultère fondamental et antérieur à l'action, n'a point paru d'ailleurs différer notablement en mérite d'autres drames de la même famille, déjà couronnés les années précédentes; et quant à l'agréable petite comédie donnée à la veille du nouvel an, c'eût été l'exagérer que de l'élever isolément jusqu'à l'importance d'un enseignement utile.

« Monsieur le Ministre, la Commission ne s'est point résignée, sans prendre beaucoup sur elle, à ces conclusions négatives sur tous les points. Quand des récompenses publiques sont proposées par l'État, il est de bon exemple qu'elles trouvent leur objet; il est pénible de venir déclarer après examen qu'il n'y a pas lieu à les décerner. Dans le cas présent du moins, ce ne sont pas les talents qui ont fait faute; il n'y a que la direction de ces talents qui ne s'est point rencontrée avec le sens de l'arrêté; et cette direction elle-même, bien qu'on n'ait pu la comprendre dans l'encouragement proposé, ne mérite point pour cela le blâme. En considérant de plus près les termes de l'arrêté du 12 octobre 1851, il a semblé par moments à la Commission que les circonstances sociales, très-différentes d'alors, dans lesquelles nous vivons, permettraient peut-être aujourd'hui d'exprimer un conseil autre et de parler un langage différent. Le ministre, homme de bien,

---

(1) *Je dîne chez ma mère*, par MM. Decourcelles et Thiboust.
(2) *Le Médecin des enfants*, par MM. Anicet-Bourgeois et Adolphe Dennery.

qui a laissé une mémoire si honorée (1), en recommandant expressément aux auteurs dramatiques, à la date de 1851, une direction morale formelle et un enseignement d'une utilité presque directe, portait secours là où il y avait encore danger ; il cherchait à proportionner le contre-poids à la force de l'entraînement qui avait précipité les esprits en sens contraire. Quand la société était en péril continuel de verser, il était tout naturel que l'autorité mît fortement la main du côté opposé. Aujourd'hui que, selon une expression mémorable, la pyramide a été retournée et replacée dans son vrai sens, quand la société est remise sur sa large base et dans son stable équilibre, ne serait-il pas plus simple, dans cet ordre aussi de récompenses dramatiques, de rendre aux choses leur vrai nom, d'encourager ce qui a toujours été la gloire de l'esprit aux grandes époques, ce qui est à la fois la morale et l'art, c'est-à-dire l'Art même dans sa plus haute expression, l'Art élevé, sous ses diverses formes, la tragédie ou le drame en vers, la haute comédie dans toute sa mâle vigueur et sa franchise? La Commission, en terminant un travail qui, cette année comme la précédente, est resté sans fruit, ne se hasarderait pas toutefois à exprimer ce vœu, monsieur le Ministre, si elle ne sentait qu'elle va en cela au-devant de vos désirs, et si elle ne confiait l'idée à votre goût.

« J'ai l'honneur d'être avec respect, monsieur le Ministre, etc., etc. »

(1) M. Léon Faucher.

FIN DU TOME DOUZIÈME.

TABLE DES MATIÈRES

AVERTISSEMENT..	1
Les chants modernes, par MAXIME DU CAMP..............	3
SANTEUL, *ou de la Poésie latine sous Louis XIV.* — I........	20
— II........	39
Œuvres inédites de RONSARD................ — I........	57
— II........	76
LE MARQUIS D'ARGENSON *d'après les Manuscrits.* — I........	93
— II........	112
— III.......	132
Histoire du Consulat et de l'Empire, par M. THIERS. Tome XII.	157
OEuvres complètes de SAINT-AMANT......................	173
OEuvres de VOITURE..	192
Une petite guerre sur la tombe de Voiture...................	210
EUGÉNIE DE GUÉRIN. *Reliquiæ*..............................	231
Mémoires et Journal de l'abbé Le Dieu, sur la Vie — I........	248
et les Ouvrages de BOSSUET................ — II........	263
SÉNECÉ, *ou un Poëte agréable*..............................	280
LE DUC DE ROHAN............................ — I........	298
— II........	316
— III.......	337
OEuvres de FRÉDÉRIC-LE-GRAND. *Correspondance* — I........	356
avec le PRINCE HENRI...................... — II........	375
LA MARGRAVE DE BAREITH.................. — I........	395
— II........	414
LA MARQUISE DE CREQUI.... .... — I........	432
— II........	454
— III.......	476
LE BARON DE BESENVAL...................................	492
APPENDICE..	511

FIN DE LA TABLE.

Paris. — Imp. E. CAPIOMONT et Cⁱᵉ, rue des Poitevins, 6.

www.ingramcontent.com/pod-product-compliance
Lightning Source LLC
Chambersburg PA
CBHW051130230426
43670CB00007B/749